Dezvăluirea adevărului vostru sacru

Esența cea mai profundă a tuturor învățăturilor lui Buddha împreună cu explicații suplimentare ale metodelor de introducere în calea profundă Kalachakra a celor Șase Vajra Yoga.

བདེ་གཤེགས་སྙིང་པོའི་འཆད་རིམ་རྟོགས་ལྡན་གསར་པའི་ཁྲིད་ཆོས

༄༅།། རབ་ལམ་རྗེའི་རྒྱལ་འབྱོར་དྲུག་ལ་འཇུག་ཚུལ་འཕྲོས་དོན་དང་བཅས་པ་ཀུན་འདུས་རྒྱལ་བསྟན་ཡང་སྙིང༌།།

— VOLUMUL I —

Realitatea externă

de Shar Khentrul Jamphel Lodrö

ཤར་མཁན་སྤྲུལ་རིན་པོ་ཆེ་འཇམ་དཔལ་བློ་གྲོས

Dzokden

DZOKDEN

3436 Divisadero Street
San Francisco, California
USA 94123

https://dzokden.org/

Copyright © 2022 Dzokden.

Toate drepturile rezervate. Nicio parte a acestui material nu poate reprodusă sub nicio formă sau prin orice mijloace electronice sau mecanice, inclusiv fotocopierea, înregistrarea sau prin orice sistem de stocare și recuperare a informațiilor, fără permisiunea în scris a editorului.

Autor: Shar Khentrul Jamphel Lodrö
Editat în limba engleză: Ven. Tenpa'i Gyaltsen
Tradus în limba română de: Daniela Fotache, Sandu Guinea, Adriana Zainea
Editat în limba română de: Dalina Georgescu, Raluca Ioniță, Alina Nacu, Bogdan Brăescu, Magdalena Toader, Tudor Sucală

PRIMA EDIȚIE

ISBN Paperback (limba română): 978-1-7349115-5-8
ISBN E-book (limba română): 978-1-7349115-6-5

Names: Shar Khentrul Jamphel Lodrö, author

Identifiers: LCCN: 2021911491

Mulțumiri

Khentrul Rinpoché dorește să mulțumească tuturor celor care au ajutat la realizarea acestei cărți în limba română, în special membrilor asociației Pundarika Lotusul Alb pentru efortul de traducere, corectare și editare, dar și celorlalte persoane care au susținut acest proces, au oferit sugestii și au ajutat la cizelarea versiunii finale a textului. Fie ca serviciile pe care le-ați adus să devină o cauză pentru ca toate ființele simțitoare să realizeze adevărul profund al propriei lor naturi de Buddha.

Cuprins

Mulțumiri	VII
Introducere	IX

PARTEA ÎNTÂI: CREAREA SPAȚIULUI PENTRU REFLECȚIE

1 Înțelegerea minții	1
2 Lucrul cu stările distructive ale minții	23
3 Cum să medităm	49
4 Etapele meditației	75

PARTEA A DOUA: REFLECTÂND ASUPRA SITUAȚIEI ACTUALE

5 Cum să practicăm Dharma	99
6 Legea karmică a cauzei și efectului	117
7 Suferința existenței ciclice	153
8 Prețioasa oportunitate a nașterii umane	195
9 Reflecția asupra morții și nepermanenței	217

PARTEA A TREIA: DEZVOLTÂND CREDINȚA ÎNTR-O CALE

10 Alegerea unei căi spirituale	241
11 Introducere în budism	261
12 Vehiculul de bază	293
13 Marele vehicul	319
14 Vehiculul vajra	347

ANEXE

I Cei cincizeci și unu de factori mentali	381
II Cuprinsul volumului întâi	391
Glosar	401
Despre autor	439
Viziunea lui Rinpoche	440

Shar Khentrul Jamphel Lodrö Rinpoché

Mulțumiri

În numele Institutului Budist Tibetan Rimé, vreau să mulțumesc tuturor celor implicați în realizarea acestei cărți. În primul rând, bineînțeles, învățătorului nostru Khentrul Rinpoché, ale cărui învățături profunde și îndrumare răbdătoare au făcut sistemul Kalachakra accesibil tuturor. Suntem etern recunoscători pentru oportunitatea de a întâlni această cale incredibilă și pentru implicarea în pregătirea acestei serii de cărți.

Dorim să mulțumim îndeosebi membrilor echipei editoriale care au lucrat cu sârguință pe tot parcursul anului trecut pentru a pregăti această ultimă ediție. Apreciem sincer eforturile Vanessei Mason, ale lui Holly Reilly și ale lui Val Mason. Suntem foarte recunoscători pentru sprijinul binevoitor și reacțiile primite de la întreaga comunitate TBRI, dar în special doamnei Julie O'Donnell, ale cărei eforturi neobosite asigură condițiile necesare pentru îndeplinirea muncii noastre. Dorim, de asemenea, să mulțumim lui Edward Henning pentru generozitatea cu care ne-a oferit multe dintre resursele personale referitoare la Kalachakra.

Am făcut tot posibilul pentru a reproduce sensul învățăturilor lui Rinpoche folosindu-ne capacitățile la maxim. Acestea fiind spuse, îmi cer scuze pentru orice greșeli apărute ca urmare a propriilor noastre limite. Apreciem orice sugestie ce ni se poate oferi.

Dorința noastră sinceră este ca această carte să vă ofere o poartă autentică de intrare pe calea Kalachakra. Fie ca ea să aducă beneficii în viața voastră și fie să devină o cauză pentru realizarea fericirii ultime adevărate și eliberarea de suferință, atât pentru voi cât și pentru toate ființele simțitoare.

Fie ca ea să devină cauza unei vieți lungi și sănătoase a lui Rinpoche, fie ca măreața sa viziune de înflorire a tradiției Jonang și a Dharmei să se realizeze și fie ca era de aur a Shambalei să se manifeste.

Joe Flumerfelt
Belgrave, Australia
Octombrie 2015

Buddha Shakyamuni

Introducere

Dezvăluirea adevărului vostru sacru a fost scrisă pentru a prezenta calea spirituală așa cum a fost ea predată de către Buddha Shakyamuni. Pe parcursul acestui text am încercat să prezint principiile de bază ale budismului într-un mod accesibil, fără a pierde esența înțelepciunii străvechi a lui Buddha. Sper că *Dezvăluirea adevărului vostru sacru* vă va permite să trăiți o viață cu sens și compasiune.

Când lecturați o carte despre Dharma precum aceasta, nu citiți pur și simplu cuvintele autorului. Prin *Dezvăluirea adevărului vostru sacru* vă conectați la neasemuita înțelepciune a lui Buddha și ajungeți să cunoașteți mareți practicanți din trecut sau contemporani care au realizat Buddha-Dharma pentru ei înșiși. Această moștenire budistă, cunoscută ca linia de descendență, este decisivă pentru dezvoltarea spirituală deoarece ne bazăm pe povestirile, comentariile și realizările acesteia ca sursă de îndrumare și de inspirație.

Învățăturile lui Buddha au fost predate pentru o mare varietate de oameni, fiecare experimentând în moduri diferite nemulțumirea și suferința. Prin urmare, studierea acestor învățături poate duce la diferite niveluri de beneficii, la obținerea cărora putem aspira cu toții. La nivelul cel mai de bază, putem găsi instrumente practice prin care să diminuăm stresul zilnic și să ducem o viață mai plină de însemnătate. La un nivel mai profund, ne putem realiza potențialul incredibil și putem cultiva cauzele pentru o fericire autentică și de durată, atât pentru noi cât și pentru ceilalți.

Dintre toate învățăturile lui Buddha, sistemul cu care mă simt cel mai conectat este cel al tantrei Kalachakra. După părerea mea, este cel mai abil sistem pentru realizarea acestui potențial extraordinar și pentru realizarea iluminării într-o singură viață. Deși cei mai mulți oameni asociază aceste învățături practicilor ezoterice avansate, calea Kalachakra este de fapt un sistem complet, potrivit pentru practicanți în toate stadiile dezvoltării lor spirituale.

PREZENTAREA GENERALĂ A CĂII KALACHAKRA

Literal, Kalachakra înseamnă *roată* (chakra) a *timpului* (kala). Acesta este numele dat unui sistem de practici provenit de la Buddha Shakyamuni și transmis de-a lungul veacurilor printr-o linie de descendență neîntreruptă până în ziua de azi. Sistemul Kalachakra se axează pe ajutarea oamenilor să realizeze sensul experiențelor proprii astfel încât să poată cultiva o mai mare pace și armonie atât în viața personală, cat și în relațiile lor cu ceilalți.

Kalachakra este unică prin faptul că oferă învățături pe o arie largă de teme care susțin o mare varietate de practicanți aflați în diverse stadii de dezvoltare spirituală. Într-un cadru unificat, găsim un ocean de înțelepciune profundă care este relevantă imediat și directă în abordare.

Obiectivul principal al *Dezvăluirii adevărului vostru sacru* constă în prezentarea completă a căii Kalachakra. Aceasta are o natură progresivă, oferind instrucțiuni clare pas cu pas pentru a vă ghida prin multitudinea de niveluri ale experiențelor trăite. Am separat această cale în trei volume, fiecare dintre ele concentrat pe un anumit nivel al realității, care este prezentat liniar, de la grosier spre subtil. Prin urmare, se recomandă ca materialul să fie studiat în ordine, astfel încât fundamentele necesare să poată fi dezvoltate pentru fiecare practică ulterioară.

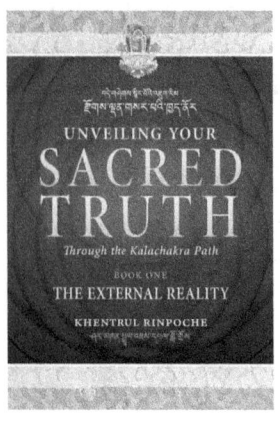

Volumul I:
Realitatea externă

Ne vom începe călătoria studiind caracteristicile experienței imediate. Mai exact, examinăm lumea obișnuită pe care o întâlnim în fiecare zi, cu scopul de a dezvolta înțelepciunea care ne va permite să ducem o viață mai semnificativă și mai echilibrată. În această etapă se pune accentul pe strategiile pragmatice, înrădăcinate stabil într-o abordare experimentală de înțelegere a realității.

Această carte introduce multe idei cu caracter de noutate, care vă vor provoca să gândiți mai pe larg asupra naturii universului nostru comun. Aceste idei reprezintă fundamentele pentru înțelegerea punctului de vedere budist, care la rândul lor reprezintă fundamentul unui sistem profund de practică contemplativă.

Vă rugăm să rețineți că în această etapă a studiului nu este necesar să adoptați o viziune budistă, în scopul de a primi beneficiile tehnicilor pe care aceasta le inspiră. Dacă întâlniți o idee pe care pur și simplu nu o puteți accepta, este în regulă. În loc să respingeți complet ideea, pur și simplu lăsați-o în pace și concentrați-vă pe dezvoltarea experienței prin diverse exerciții. În timp s-ar putea să vi se modifice înțelegerea și să obțineți o nouă perspectivă asupra lucrurilor. În acest fel, propriul punct de vedere poate evolua într-un mod natural și organic.

Acest volum a fost împărțit în trei părți, fiecare reprezentând o altă fază a călătoriei voastre spirituale. Există mai multe moduri prin care se poate studia acest material, dar v-aș sugera să lucrați secvențial, în cicluri. Începeți prin concentrarea asupra primei părți, citind-o de la început până la sfârșit. Apoi recitiți-o, dar în timpul acestei runde petreceți mai mult timp familiarizându-vă cu exercițiile. Continuați în acest fel până când simțiți că aveți o înțelegere relativ stabilă a materialului și sunteți gata pentru a trece la următoarea parte a cărții.

Partea Întâi—Crearea spațiului pentru reflecție

Marea majoritate a oamenilor aleg o carte ca aceasta în principal din dorința fundamentală de a depăși multele probleme și obstacole cu care se confruntă în viața de zi cu zi. În Occident, deși am realizat un anumit nivel de bunăstare materială, deseori suntem lipsiți de capacitatea de a face față multiplelor provocări generate de acest stil de viață. Câteodată simțim că ne înecăm într-un ocean, luptându-ne să menținem capul deasupra apei.

Atât timp cât ne aflăm într-o astfel de situație, avem foarte puține șanse să ne transformăm experiența în vreun mod semnificativ. Prin urmare, primul pas este să găsim un anumit grad de stabilitate în viață și să creăm spațiul în care să putem face alegeri care să conducă spre mai multă fericire, pace și armonie.

Putem realiza aceasta folosind două metode de bază: *psihologia budistă* și practica *meditației*. Împreună, aceste metode ne furnizează o multitudine de instrumente pe care le putem folosi pentru observarea experienței, identificarea problemelor și dezvoltarea de strategii viabile pentru răspunsuri cât mai constructive.

Când mințile ni se stabilizează, suntem mai pregătiți să facem față la suișurile și coborâșurile vieții. Este ca și cum am reuși să ieșim la suprafața apei și ne-am urca pe o plută unde, în sfârșit, ne putem odihni și trage sufletul. Fiind mai puțin preocupați să călcăm apa și să ținem capul deasupra valurilor, vom avea mai mult timp să reflectăm asupra a ceea ce este cu adevărat important pentru noi.

Partea a doua—Reflectând asupra situației actuale

Următorul pas în călătoria noastră este de a utiliza noul nostru avantaj pentru a arunca o privire lungă și intensă asupra naturii realității în care trăim. De prea multe ori neglijăm să ne oprim și să vedem ce se întâmplă cu adevărat în jurul nostru și, în consecință, percepția noastră asupra a ceea ce este și ce nu este important poate deveni deformată. Devenim confuzi, ne consumăm prețiosul timp obsedați de lucruri care, în cele din urmă, sunt incapabile să ne aducă fericirea autentică și de durată.

Reflectând sistematic asupra a patru teme, numite *Cele patru convingeri pentru renunțare*, învățăm felul în care acțiunile noastre individuale joacă un rol direct în perpetuarea unor situații nesatisfăcătoare. Prin extinderea în continuare a câmpului înțelegerii noastre, începem, de asemenea, să vedem cum alegerile făcute în prezent ne modelează constant viitorul. Pe baza acestei înțelegeri, vom dezvolta un simț al responsabilității privind modul în care ne trăim viețile și vom decide să profităm pe deplin de condițiile care apar.

Pe baza acestor contemplări, am putea constata că prioritățile noastre încep să se schimbe. Vom începe să vedem că ceea ce am considerat înainte drept surse adevărate de fericire sunt, de fapt, cauzele suferinței. Recunoscând acest lucru, ne vom concentra atenția pe găsirea metodelor care pot cu adevărat să genereze rezultatele căutate. Acesta e momentul când apare dorința de a ne angaja mai mult în practica unei căi spirituale. Procesul este similar cu cineva care, de pe o plută, urmărește cu privirea orizontul și, văzând în depărtare o insulă, alege să vâslească spre siguranța uscatului.

Partea a treia—Dezvoltând credința într-o cale

După ce am căpătat o dorință puternică de schimbare, următoarea provocare este să identificăm modul cel mai abil de a face schimbarea. Fiecare suntem indivizi unici, cu condiții unice cu care să lucrăm. Prin urmare, trebuie să găsim un set de metode cu adevărat potrivite pentru nevoile noastre personale. Precum cineva care este bolnav, trebuie să găsim un medicament capabil să ne vindece de boala noastră specifică.

INTRODUCERE

De-a lungul miilor de ani de istorie a omenirii au apărut multe tradiții spirituale, fiecare oferind o gamă largă de învățături și metode care pot fi utilizate pentru a trăi cu un scop măreț și semnificativ. În această etapă din dezvoltarea noastră spirituală, este important să conștientizăm în mare aceste tradiții diferite, astfel încât să ne încredem în calea pe care alegem să o urmăm.

Calea Kalachakra, care este prezentată în aceste cărți, derivă din tradiția Jonang a budismului tibetan. Pentru a înțelege modul în care această tradiție se raportează la alte forme de budism, vom analiza mai atent *învățăturile de bază ale lui Buddha și diversele interpretări care au apărut din aceste învățături*. Acest lucru ne va oferi un context general teoretic pentru înțelegerea practicilor care sunt descrise în cărțile ulterioare.

Până la sfârșitul acestei cărți, ar trebui să aveți toate informațiile necesare pentru a decide dacă doriți să continuați pe această cale. Pe măsură ce avansăm în următoarea fază a dezvoltării noastre, vor apărea provocări în timp ce lucrați pentru a vă crea obiceiuri constructive. Din acest motiv, va trebui să fiți încrezători în ceea ce faceți. La unii credința va apărea foarte repede, în timp ce la alții poate dura ceva timp până ce le vor fi îndepărtate îndoielile. Indiferent de situație, atât timp cât sunteți sinceri cu voi înșivă și cu ceilalți, puteți fi siguri că mergeți în direcția bună.

Volumul II:
Realitatea internă

Concentrându-ne spre exterior, suntem capabili să dezvoltăm strategii pentru a face față la ceea ce apare în viața noastră. Putem găsi modalități de a ne folosi înțelepciunea, în scopul de a acționa constructiv în fața adversității. Dar indiferent cât de eficiente pot fi strategiile noastre, ele nu sunt în măsură să genereze o transformare de lungă durată, care să poată întrerupe ciclul suferinței noastre și să ne deschidă ușa spre fericirea autentică. Pentru aceasta trebuie să ne întoarcem spre interior. Trebuie să ne uităm direct în propria noastră minte și să începem să experimentăm potențialul natural al acesteia.

XIII

În al doilea volum vom explora lumea fenomenologică a aparențelor și modul în care aceste aparențe există în realitate. Deși vom continua să lucrăm cu concepte la nivel teoretic, vom începe să punem din ce în ce mai mult accentul pe experiența directă. Nu este suficient doar să înțelegem ce se întâmplă, trebuie să dezvoltăm o experiență directă a ceea ce descriu aceste concepte. Numai prin transformarea înțelegerii în experiență putem să integrăm cu adevărat aceste idei în modul nostru de a fi. Acest proces de transformare este facilitat prin diverse practici cunoscute sub numele de *Practicile preliminare Kalachakra* (ngöndro).

Volumul III: Realitatea iluminată

Lucrând cu realitatea internă ne redobândim lent capacitatea de a distinge între aparițiile impure ale realității externe și aparițiile pure ale realității iluminate. Similar cu procesul de curățarea a lentilelor unui telescop, după ce am îndepărtat întunecările grosiere din mintea noastră, devenim capabili să zărim o bucățică din adevărata noastră natură. Chiar dacă această natură nu ni se dezvăluie pe deplin, prima întrezărire ne oferă o bază cu care să lucrăm, o fundație pe care să o extindem.

În cele două volume anterioare am lucrat cu învățăturile comune tuturor tradițiilor tibetane budiste. În acest volum final ne vom concentra pe practicile unice, care sunt prezentate în mod specific în *Tantra Kalachakra*. Aceste metode profunde pun la dispoziția unui practicant pregătit să se dedice căii tot ceea ce este necesar pentru a atinge iluminarea într-o singură viață.

CUM SĂ PROFITĂM LA MAXIM DE ACEASTĂ CARTE

Pe măsură ce citiți materialul din carte, poate fi util să păstrați în minte câteva puncte cheie. Vă prezentăm câteva sfaturi generale, care se aplică oricărei forme de studiere a Dharmei, indiferent dacă se citește o carte sau se ascultă o învățătură.

Atitudinea corectă pentru studierea Dharmei

Când ne întâlnim cu învățături budiste, este important să generăm o atitudine plină de entuziasm. Dacă suntem capabili să recunoaștem faptul că prin aceste învățături ne sunt prezentate idei ce ne pot conduce în final spre o mai mare pace și fericire, acest lucru ar trebui să fie relativ ușor. Acestea fiind spuse, cultivarea unui spirit luminos și alert reprezintă o abilitate care ia timp pentru a fi dezvoltată și va trebui să facem un efort prelungit pentru a depăși diferitele obstacole care pot apărea. O învățătură care evidențiază aceste dificultăți este cunoscută sub numele de *Cele trei defecte ale unui vas*:

1. Nu ar trebui să fim precum **un vas întors cu gura în jos** din care se scurge lichidul, fiind atât de distrași și cu atâta obtuzitate a minții, încât învățăturile nu pot pătrunde în el. Ascultați cu o minte deschisă și pregătită.

2. Nu ar trebui să fim nici ca **un vas găurit**. Indiferent cât de mult lichid ai turna, se scurge și nu reținem nimic din ceea ce se predă.

3. În cele din urmă, să nu fim ca **un vas otrăvit**. Să evităm să cădem pradă prejudecăților și ideilor fixe. Acestea duc la interpretări eronate a ceea ce am auzit și denaturează Dharma, precum nectarul turnat în otravă.

Pe măsură ce citiți fiecare capitol, încercați să mențineți o atitudine deschisă, receptivă, complet angajată în învățătură și liberă de orice prejudecăți sau atitudini greșite. Verificați din când în când pentru a vă evalua calitatea atenției pe care o acordați lecturii textului. Amintiți-vă această învățătură simplă ori de câte ori aveți nevoie de inspirație pentru a vă îmbunătăți metoda de studiu.

Opriți-vă pentru a reflecta

În acest text au fost introduse diferite exerciții pentru a vă oferi posibilitatea de a reflecta asupra materialului studiat. Deoarece este important să nu fiți copleșiți de teorie și de idei potențial provocatoare, întreruperea lecturii cu scurte perioade de reflecție personală poate oferi informații valoroase despre modul în care materialul se referă la experiența personală.

Dacă o secțiune nu cuprinde un anumit exercițiu, este totuși un obicei bun de a selecta pasaje din text, să le recitiți de câteva ori și să vă asigurați că într-adevăr ați înțeles ceea ce vi se spune. Apoi lăsați deoparte cartea și luați în considerare modul în care aceste învățături se referă la viața voastră. Gândiți-vă la exemple din propria voastră experiență care ilustrează principiile respective.

Un alt obicei bun pentru dezvoltarea voastră este ca în timp ce citiți să vă notați întrebările care vă apar. Păstrați un carnețel în apropiere și, atunci când vă vine în minte o întrebare, pur și simplu notați-o. Când ați terminat de citit o secțiune, recitiți întrebările și vedeți dacă ați găsit răspunsuri la acestea. Dacă întrebarea persistă, gândiți-vă că atunci apare o ocazie să discutați acest subiect cu un profesor sau cu un prieten Dharma.

Bucurați-vă de călătorie

În cele din urmă, indiferent de motivație, fiți încrezători că, dacă vă păstrați inima și mintea deschise, înțelepciunea atemporală a Buddha-Dharmei vă va aduce mari beneficii.

Rețineți că aceasta este o călătorie de descoperire, un proces de transformare. Aceasta necesită timp pentru ca practicile și conceptele să se dezvolte în mintea voastră și, prin urmare, este important să fiți răbdători cu voi înșivă. Lucrați cu ideile în ritm propriu, oferindu-vă cât de mult timp vă este necesar. După ce ați terminat câteva capitole, recitiți-le și vedeți dacă vi s-a schimbat cumva înțelegerea. Deseori veți descoperi că învățăturile mai recente au adus o lumină nouă asupra celor mai vechi, au înlăturat straturile neînțelegerii și au condus spre o semnificație mai profundă.

Mai presus de toate, fiți bucuroși și acceptați această oportunitate prețioasă. Lectura nu ar trebui să fie nici seacă, nici plictisitoare. Gândiți-vă la ea ca la o aventură și bucurați-vă de provocările aduse de ea. În budism vorbim de multe ori despre plantarea semințelor pentru viitoarele realizări. Aceasta înseamnă pur și simplu că, indiferent de cât de multă confuzie am avea aici și acum, ea stă la baza înțelegerii ce va apărea în viitor.

*"În mintea începătorului există multe posibilități,
dar în mintea expertului există doar câteva"*
— *Shunryu Suzuki* —

PARTEA ÎNTÂI

Crearea spațiului pentru reflecție

CAPITOLUL UNU

Înțelegerea minții

Gândiți-vă la începutul zilei, începând cu primul moment pe care vi-l puteți aminti. Dormiți, sunteți probabil în mijlocul unui vis și dintr-o dată vă treziți. Uneori e foarte clar, nu aveți nici o îndoială, știți cu siguranță că v-ați trezit. Soarele strălucește prin fereastră și lumea onirică în care erați în urmă cu câteva momente a dispărut. Alteori sunteți un pic confuzi și s-ar putea să nu fiți complet siguri dacă încă visați sau v-ați trezit.

În ambele cazuri, în cele din urmă realitatea câștigă, vă dă jos din pat și astfel începe ziua. Cei mai mulți dintre noi avem o rutină matinală, o serie de acțiuni pe care le facem zilnic. O obișnuință pe care am creat-o pe parcursul multor ani, care uneori ne face să ne simțim ca și cum am fi pe pilot automat și adesea nici măcar nu suntem conștienți de ceea ce facem. Să luăm experiența de a face duș. Sunetul deschiderii robinetelor, apa care curge, picuratul plăcut al stropilor de apă pe piele și imaginea aburilor care încețoșează panourile de sticlă. În fiecare moment primim un flux constant de informații: imagini, sunete, gusturi, mirosuri și senzații, toate combinate într-o bogată experiență senzorială.

Dar nu este vorba doar de simțuri, nu-i așa? În timp ce vă spălați părul cu șampon, apar pe neașteptate gânduri despre ziua care a început. Poate că astăzi este o zi deosebit de importantă, poate o zi în care începeți o nouă slujbă. S-ar putea să fiți un pic neliniștiți, nesiguri în legătură cu noii colegi sau noul șef. Poate sunteți un pic surescitați. Puteți revedea toată munca grea care v-a adus în acest punct. Toate aceste gânduri, sentimente și amintiri constituie un alt nivel al modului în care experimentați propria lume.

În budism acest flux constant de experiență este cunoscut sub denumirea de "minte". Asemenea unei oglinzi, mintea reflectă tot ce îi este prezentat. Mintea nu reprezintă moleculele H_2O ale picăturilor de apă, ci experiența ta subiectivă asupra picăturilor de apă atingându-ți pielea. Mintea nu reprezintă undele de lumină care intră prin ochi și nici impulsurile energetice care traversează nervul optic. Ea nu reprezintă nici măcar rețeaua neuronală care activează cortexul vizual. Mintea este experiența unui duș fierbinte cu bule de săpun și a soarelui care se strecoară prin fereastră.

Între corp și minte, pe ce anume suntem tentați să punem accentul în viață? Ce e mai important? Lumea fizică, obiectivă, a lucrurilor de "acolo" sau lumea subiectivă a experiențelor, a lucrurilor de "aici"? Deschideți televizorul și uitați-vă pe ce se concentrează reclamele. Se pare că în societatea occidentală convingerea copleșitoare este că lumea fizică e în mod evident cea mai importantă. Există ideea că toate problemele noastre pot fi rezolvate dacă învățăm să manipulăm corect lumea noastră fizică.

Dacă ne oprim și analizăm serios această idee, vom descoperi multe neconcordanțe. Există o mulțime de oameni frumoși care au tot ce și-ar putea dori vreodată și totuși sunt nefericiți. Pot locui în cele mai extravagante case și totuși se plictisesc și sunt nemulțumiți. Pe de altă parte, cineva ar putea să trăiască în condiții precare și totuși să aibă parte de mulțumire și fericire. Poate să nu posede nimic altceva decât hainele de pe el și totuși să fie satisfăcut și plin de bucurie.

Dacă ați putea alege, ce ați prefera? O viață fericită sau una plină de tristețe? Cred că suntem cu toții de acord că în mod natural alegem prima opțiune. Indiferent de condițiile exterioare, dacă putem experimenta fericirea, atunci această alegere va fi mereu câștigătoare. Dacă recunoaștem că fericirea se găsește în minte, ar trebui să fie evident că mintea este cel mai important fenomen pe care trebuie să îl înțelegem.

Prin urmare, este destul de surprinzător cât de puțin se știe despre minte în cultura noastră occidentală. Din fericire, vechile tradiții înțelepte, cum este budismul, au investit timp considerabil în dezvoltarea unei robuste *științe a minții*. În acest prim capitol vom analiza diferitele caracteristici ale minții, așa cum este ea înțeleasă în *psihologia budistă* și vom vedea cum putem lucra cu mintea pentru a depăși multele probleme cu care ne confruntăm în viața noastră.

CE ESTE MINTEA?

Să începem prin a stabili ce se înțelege prin minte. Pentru aceasta, trebuie să înlăturăm câteva concepții uzuale eronate care sunt foarte răspândite în societatea noastră. Cea mai mare neînțelegere este că mintea *este* creierul. Există credința că mintea e, în esență, o entitate fizică și că experiențele noastre sunt proprietăți care apar din această entitate. Pe baza acestei ipoteze, oamenii de știință cercetează neuronii și sinapsele din creier încercând să înțeleagă cum apar experiențele noastre din acestea. Până în prezent nu au avut succes.

Ei au reușit să identifice doar că există *o corelație* foarte strânsă între activitatea electrică din creier și experiențele corespondente din minte. Aceasta sugerează că există două tipuri distincte de fenomene capabile de a se influența reciproc. Diferite, dar totuși legate între ele.

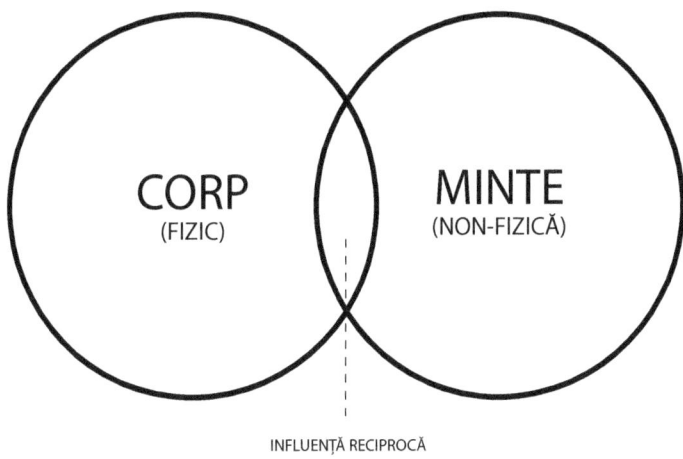

Figura 1-1: Relația dintre corp și minte.

Potrivit psihologiei budiste, mintea are o natură non fizică. Acest lucru înseamnă că nu este alcătuită din particule și nici nu ocupă un loc specific în spațiu și timp. În schimb, este caracterizată ca fiind clară și având abilitatea de a cunoaște. Claritatea se referă la capacitatea de bază a minții de a da naștere la diferite manifestări, în timp ce cunoașterea este capacitatea minții de a fi conștientă de acestea.

În timp ce activitatea din creier influențează manifestările apărute în minte, nu se poate spune că mintea și creierul sunt unul și același lucru. De asemenea, gândurile și ideile apărute în minte pot influența activitatea electrică din creier, ceea ce poate duce la formarea de noi căi neuronale sau poate declanșa anumite comportamente fizice. Această influență reciprocă e ca o stradă cu două sensuri. Pentru a o vedea în acțiune, haideți să facem un experiment foarte simplu: opriți-vă pentru o secundă din lectura acestei cărți, ridicați brațul drept și apoi coborâți-l.

Să vedem ce s-a întâmplat prin această activitate aparent simplă. Diferite lungimi de undă ale luminii reflectate de pe pagina din această carte vă intră în ochi și sunt transformate în impulsuri electrice. Ele ajung la creier, activează diferiți neuroni, iar această activitate a creierului face să vă apară în minte forma literelor. Conștientizarea literelor duce la apariția semnificației lor. La rândul ei, conștientizarea semnificației literelor activează o structură neuronală și impulsul electric trece prin sistemul nervos în braț, contractând mușchii. Brațul se ridică, iar după un timp amintirea semnificației a ceea ce s-a citit declanșează o altă reacție în lanț care conduce la coborârea brațului. Toate aceste mici interacțiuni între corp și minte se petrec într-un interval de timp incredibil de scurt, atât de rapid, încât noi le percepem că se întâmplă aproape instantaneu.

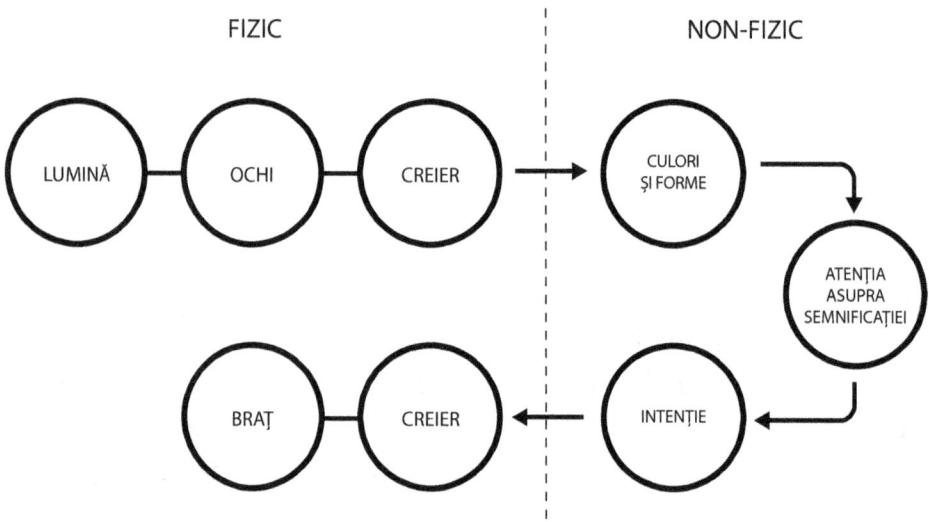

Figura 1-2: O ilustrare simplă a modului în care corpul și mintea se influențează reciproc.

Budiștii susțin că, deși există, fără îndoială, o relație puternică între creier și minte, aceasta reprezintă doar o mică parte din capacitatea totală a minții. Ne putem gândi la minte ca la spațiu în totalitatea sa și la creier ca la un singur sistem solar din acest spațiu. Contemplând doar sistemul solar suntem uluiți de mărimea și forma sa și am putea fi chiar curioși să-i cunoaștem originile. Dar, dacă privim dintr-o perspectivă mai amplă, el este doar un singur sistem dintr-o galaxie și dintr-un univers. Pe de altă parte, spațiul are o natură omniprezentă, sfidând orice încercare de a-i înțelege vastitatea. Indiferent de ce se manifestă în acest spațiu, el rămâne neschimbat și, totuși, în lipsa spațiului, nimic nu poate apărea vreodată.

Dacă acceptăm că mintea este non fizică, atunci trebuie să acceptăm că fenomenele fizice nu o pot detecta. Credința comună este că tot ceea ce există trebuie să fie detectabil prin măsurători fizice. Ceva ce nu poate fi măsurat, nu există. Dar aceasta e o concepție greșită. Chiar dacă instrumentele noastre pot detecta fluctuațiile de energie subtilă ori schimbările care au loc în câmpurile cuantice, ele nu vor putea să detecteze manifestările echivalente care apar în minte. Ceea ce ele pot detecta sunt influențele corespondente pe care aceste fenomene non-fizice le au în lumea fizică. În cele din urmă, ajungem la concluzia că singurul lucru care este capabil să detecteze un fenomen non fizic este un alt fenomen non fizic, în acest caz, mintea însăși.

Realizând aceasta, marii meditatori, yoghini și filozofi precum Siddhartha Gautama (Buddha Shakyamuni) au făcut mari eforturi pentru a dezvolta o serie de tehnici mentale pentru observarea directă a minții cu ajutorul minții însăși. Prin angajarea prelungită în aceste tehnici, ei au aflat că mintea poate fi antrenată și condiționată să manifeste calități dezirabile specifice. De fapt, lucrând cu mintea, ei au fost capabili să transforme complet modul în care interacționau cu propria lor lume.

E ușor să observăm cat de semnificativ s-au dezvoltat cunoștințele noastre despre lumea în care trăim, dacă ne gândim la progresul științific și tehnologic din secolul trecut. Acest lucru nu s-a întâmplat peste noapte. A fost nevoie ca nenumărați oameni să-și dedice timpul și strădaniile pentru a descoperi secretele universului fizic. La fel, marii meditatori din trecut și-au dedicat viețile pentru a descoperi adevărata natură a minții. Au renunțat complet la confort, la plăcerile lumești și la preocuparea pentru prestigiu și faimă, pentru a descoperi natura ascunsă a minții și pentru a înțelege toate fenomenele legate de minte. Următoarele secțiuni vor explora unele dintre descoperirile acestor maeștri.

CONTINUITATEA MINȚII

Una dintre primele observații făcute de către acești maeștri este că ceva nu poate apărea din nimic. Nici nu se poate ca ceva să se transforme dintr-o dată în nimic. La fel ca în cazul energiei fizice, avem de-a face cu un principiu al conservării. Energia nu este creată și nici distrusă, este doar transformată și reconfigurată. În același mod, mintea reprezintă o continuitate unde fiecare moment dă naștere următorului, care la rândul său, dă naștere următorului moment și așa mai departe.

Pentru orice moment trebuie să fi existat un moment ce l-a precedat direct, care a acționat ca bază pentru apariția următorului moment. Acest lucru înseamnă că nu putem găsi un început al minții. Nu a existat niciodată un moment în care din nimic a apărut ceva.

Faptul că există un moment ce apare acum, în prezent, reprezintă și baza pentru ca momentul următor să apară. Experiența care va apărea în viitor depinde de condițiile din prezent. Chiar dacă momentul următor nu va fi exact la fel cu precedentul, mintea reprezintă totuși mintea și, prin urmare, nici sfârșitul minții nu poate fi găsit. Nu va exista niciodată un moment în care ceva să devină nimic. În acest fel, putem spune că mintea este un proces de transformare, fără început și fără sfârșit.

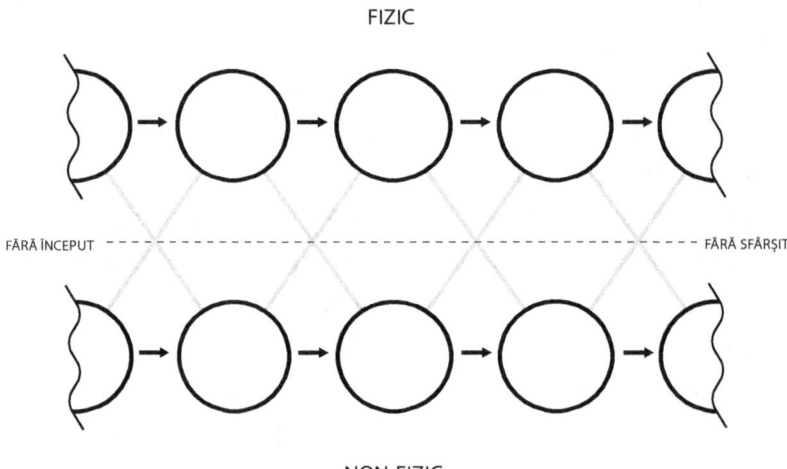

Figura 1-3: Fluxul continuu, nesfârșit, al schimbărilor din fiecare moment.

Acest proces poate fi numit *roata externă a timpului* (Kalachakra). În acest context, "roată" se referă la procesul nesfârșit al conștientizării clipă de clipă, un ciclu fără început, fără mijloc și fără sfârșit. "Timp" se referă la mișcarea și schimbarea continuă, la schimbarea constantă a manifestărilor din minte, rezultate din influența reciprocă dintre fenomenele fizice și cele non-fizice.

De ce au importantă pentru noi toate acestea? Deoarece această înțelegere ne poate ajuta să recunoaștem legătura de cauzalitate între experiențele trecute, prezente și viitoare. Putem vedea cu ușurință că unele experiențe sunt preferabile altora. Pe cele care ne plac le numim fericire, iar cele care nu ne plac pot fi numite suferință. Prin analiza condițiilor care dau naștere fericirii și a celor care dau naștere suferinței suntem capabili să ne modificăm comportamentul în mod corespunzător. Ceea ce numim educarea minții este pur și simplu procesul de modelare intenționată a felului în care se dezvoltă continuumul nostru mental.

Exercițiul 1.1—Înapoi în timp

- *Stați liniștiți, cu spatele drept, adoptând o stare relaxată a minții.*

- *Analizați-vă situația actuală. Cum ați ajuns aici? Ce evenimente v-au adus până în acest moment? Pe măsură ce identificați diferitele acțiuni, analizați gândurile care le-au motivat. Reconstituiți lanțul cauzal de evenimente derulând tot drumul înapoi, de la momentul prezent și până în momentul în care v-ați trezit de dimineață.*

- *Să analizăm acum ultima săptămână. Selectați câteva momente care v-au lăsat o anumită impresie. Gândiți-vă atât la experiențele mentale, cât și la acțiunile fizice pe care le-ați făcut. Continuați să mergeți înapoi ca și cum ați urma o dâră de firimituri.*

- *Priviți înapoi și mai departe. Amintiți-vă evenimentele majore care au avut loc pe parcursul anului trecut. Analizați modul în care fiecare dintre aceste evenimente a contribuit la momentul pe care îl experimentați în prezent.*

- *Acum mergeți înapoi, analizându-vă toată viața și identificați diferite momente pe care le percepeți că au fost semnificative pentru ceea ce sunteți ca persoană. Analizați modul în care aceste momente critice v-au influențat deciziile ulterioare.*

- *Detaliați cât puteți de mult în timpul pe care îl aveți la dispoziție. Când ați obosit, odihniți-vă puțin.*

SUBTILITATEA MINȚII

O altă descoperire importantă făcută de marii meditatori din trecut a fost că mintea are multe straturi de subtilitate. Fiecare strat este așezat pe cele de sub el, creând o configurație din ce în ce mai elaborată și distinctă de straturile anterioare. Când mintea este suficient de instruită, ea este capabilă să distingă aceste niveluri diferite.

Această idee este foarte asemănătoare cu noțiunea de subtilitate din lumea fizică. La un nivel foarte grosier ne putem gândi la solide, lichide și gaze. Acestea sunt lucruri pe care toată lumea le poate experimenta. Prin înțelegerea legilor de bază ale fizicii, putem învăța modul în care interacționează aceste tipuri diferite de materie.

La un nivel mai subtil, ne putem gândi la atomi, cu diversele lor componente (electroni, neutroni, protoni etc). Din nou, prin înțelegerea diferitelor legi care acționează aici, putem face schimbări și mai mari decât la nivelul grosier. Gândiți-vă doar la felul în care manipulăm energia electrică pe care tehnologia noastră se bazează atât de mult.

Nivelul particulelor cuantice este și mai subtil. La acest nivel, legile fizicii clasice eșuează și totul funcționează într-un mod foarte diferit. Atât de diferit, încât comunitatea științifică încă lucrează la explicarea modului în care acest nivel le afectează pe celelalte. Sunt sigur că în timp vom fi martorii unor descoperiri cu adevărat extraordinare provenind din această cercetare.

La fel ca și în lumea fizică, în minte putem identifica trei niveluri principale de subtilitate:

1. **Mintea grosieră:** La nivel grosier, toate aspectele fizice și mentale ale experienței noastre sunt strâns legate de creier. Acesta este nivelul foarte

evident de experiență, care ne este imediat prezentat prin diferite simțuri ale noastre. Este, de asemenea, nivelul pe care îl identificăm cu un "ego", care este specific pentru o anumită persoană și durează o singură viață. Gândirea rațională și intuiția sunt grade progresive, mai fine, ale minții grosiere.

2. **Mintea subtilă:** Avem apoi nivelul subtil al minții, care poate fi asemănat cu un fel de celule stem mentale. Acest nivel este complet neconfigurat, ceea ce îi permite să apară în oricât de multe configurații diferite. Chiar dacă nu îl putem numi neapărat minte umană în acest stadiu, acest nivel poate fi identificat ca fiind un flux mental individual. Această minte subtilă este cea care poate da naștere la o secvență nesfârșită de vieți, în care fiecare viață reprezintă o configurație a minții, de exemplu umană sau animală. Ne putem gândi la mintea subtilă ca la o apă ce alternează între starea lichidă și care devine solidă, atunci când îngheață. Tipul de minte dezvoltată prin antrenamentul meditativ este în general axat pe starea neconfigurată a acestui nivel de minte subtilă.

3. **Mintea foarte subtilă:** Mintea foarte subtilă este mintea luminii clare, cunoscută și sub numele de natura noastră de Buddha sau strălucirea fundamentală. Nu are o bază fizică și nici nu este un flux continuu uman sau individual, deoarece transcende toate aceste categorii. Mintea foarte subtilă poate fi complet descoperită doar de către minte însăși prin concentrare supremă și prin practică meditativă. Practicile avansate din tantra budistă sunt proiectate special pentru a permite unui practicant experimentarea acestui nivel al minții.

Nivel	Fizic	Non-Fizic
Grosier	Atomi și molecule: solide, lichide și gaze	Cele șase simțuri: imagini, sunete, mirosuri, gusturi, senzații tactile și evenimente mentale (gânduri, amintiri, emoții)
Subtil	Particule subatomice: protoni, neutroni, electroni	Flux mental neconfigurat
Foarte subtil	Particule quantice: leptoni, quarcuri, bosoni	Mintea luminii clare (conștientizarea pură sau natura de Buddha)

Tabelul 1-1: Nivelurile de subtilitate ale corpului și minții.

Când combinăm înțelegerea diferitelor niveluri ale minții cu faptul că mintea este o continuitate fără de sfârșit, ajungem să înțelegem că mintea a existat înainte de această viață și va continua și după această viață. Din momentul în care ne-am născut și până în momentul morții, experimentăm în general o configurație specifică unei minți grosiere. După ce murim, mintea grosieră se dizolvă și mintea subtilă este tot ce mai rămâne. Din această minte subtilă apare o nouă minte grosieră. Numim acest proces *reîncarnare*.

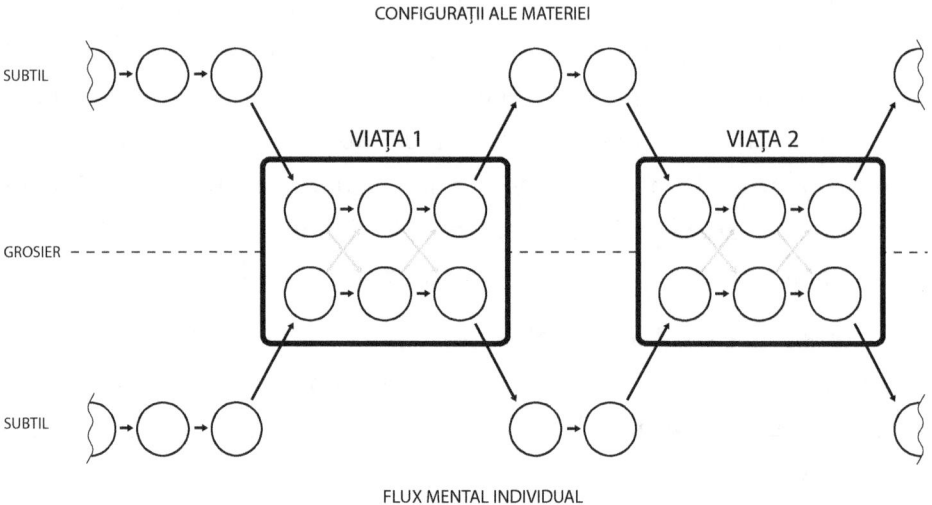

Figura 1-4: Formarea și disoluția vieților de-a lungul timpului.

Un meditator foarte avansat poate să-și controleze mintea subtilă astfel încât să poată efectiv alege forma pe care o va lua în viitor mintea sa grosieră. Acest grad de control îi permite să mențină o continuitate a practicii de-a lungul viețilot și, prin urmare, facilitează stăpânirea continuă a minții. Deoarece nu-și uită toate "cercetările", o astfel de persoană este capabilă să acceseze niveluri din ce în ce mai subtile ale experienței mentale.

O examinare mai atentă, realizată de oamenii de știință și cercetători a ideii că mintea există ca ceva separat de existența fizică, ar putea încuraja aplicarea cercetării contemplative în cadrul altor discipline științifice. Este interesant să speculăm ce descoperiri științifice am putea face dacă ar fi acceptată ideea că mintea poate fi investigată doar de către ea însăși.

UN MODEL AL MINȚII

Încet-încet, construim un model al modului în care funcționează mintea. Cu cât îl detaliem mai mult, cu atât avem la dispoziție mai multe informații pentru luarea deciziilor. Amintiți-vă că nu studiem mintea doar pentru a avea un model frumos al unui lucru intangibil. Scopul nostru este să folosim acest model pentru a lua decizii constructive în viață. Printr-o astfel de examinare a minții încercăm să identificăm sursa suferinței și să dezvoltăm strategii practice pentru depășirea ei.

În budism există diferite moduri de clasificare a minții. Putem lucra cu ea considerând-o o singură entitate, așa cum am făcut mai sus sau o putem împărți în diferite părți componente. Fiecare sistem de clasificare evidențiază diferite aspecte ale modului în care funcționează mintea. Atunci când sunt combinate, aceste clasificări ne oferă o imagine mai completă a ceea ce se întâmplă în minte.

În următoarele secțiuni vom analiza o serie de clasificări referitoare la nivelele grosiere și subtile ale minții. Deoarece nivelul foarte subtil este accesibil numai practicanților de yoga avansați, vom lăsa acest subiect pentru discuțiile ulterioare.

Mintea primară și mintea secundară

Clasificarea cea mai uzuală a minții constă în divizarea ei în două categorii:

1. **Mintea primară:** O minte primară reprezintă experiența noastră asupra percepției de bază. Este acel *ceva* de care suntem conștienți. Există diferite tipuri de minte primară, fiecare identificat prin tipurile de obiecte pe care le percepe. De exemplu, o conștiință vizuală care percepe aspecte și forme este considerată o minte primară. Deși nivelurile grosiere de conștiință au în mare măsură un caracter obiectiv, există, de asemenea, niveluri mai subtile care sunt axate pe experiența subiectivă a unui agent sau observator.

2. **Mintea secundară:** O minte secundară reprezintă un mod specific de relaționare cu un obiect. Se referă mai mult la modul *în care* suntem conștienți de ceva. Diverse tipuri de minte secundară sunt definite printr-o relație aparte care se creează între un subiect care percepe și un obiect perceput. Un exemplu ar fi mintea secundară a "atenției", a cărei

funcție este de a angrena mintea cu un aspect particular al obiectului care se manifestă.

Utilizarea termenilor "primară" și "secundară" nu trebuie înțeleasă în relație cu timpul. Mai degrabă, ambele sunt proprietăți co-emergente ale minții care se petrec simultan. Cuvântul primar se referă aici mai mult la natura fundamentală a acestor minți. Aceasta este recunoașterea faptului că, fără percepția subiectului și a obiectului, nu ar exista baza pe care să se creeze relații.

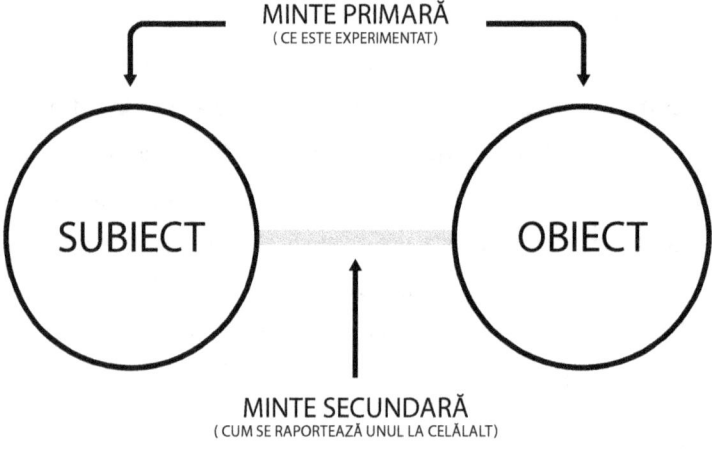

Figura 1-5: Modul în care mintea primară și mintea secundară determină viziunea dualistă.

Ambele categorii ne oferă oportunități pentru diferite tipuri de analize. Prin studierea minților primare, putem să obținem o semnificație a componentelor de bază care alcătuiesc mintea. Apoi, prin studierea minților secundare, suntem capabili să înțelegem diferitele moduri în care aceste componente sunt legate unele de altele. În special, suntem capabili să identificăm atât tipurile de relații care conduc la o experiență armonioasă, cât și pe cele care conduc la probleme.

Cele opt forme de conștiință

Vom prezenta acum diferite tipuri de minte primară pe care le putem experimenta la nivel grosier și la nivel subtil. Amintiți-vă că numim în general „minte" un fenomen compozit construit din mai multe tipuri diferite de minte ce lucrează pe diferite niveluri. În acest caz, tipul de minte pe care ne vom concentra este cunoscut sub numele de *conștiință*. Conștiința se referă la orice conștientizare condiționată de relația dualistă dintre subiecte și obiecte. Putem numi *flux mental* continuitatea unei astfel de conștiințe. Întrucât fiecare persoană are o perspectivă unică, atunci și fluxul său mental va fi unic. Dacă ne uităm la propriul nostru flux mental, putem identifica două categorii principale de conștiință:

Conștiința senzorială

O conștiință senzorială este orice conștiință legată direct de un organ de simț. De exemplu, conștiința vizuală se produce atunci când lumina ricoșează de pe un obiect și vine în contact cu organul de simț al ochiului. Informația este transmisă într-un anumit model de activitate electrică, iar aceasta, la rândul său, dă naștere experienței culorilor și formelor.

Figura 1-6: Componente ale unei conștiințe senzoriale.

Dacă extindem acest model de bază la celelalte organe de simț, putem identifica cinci forme de conștiință senzorială:

Obiect	Organ	Conștiință	Experiență
Unde luminoase	Ochi	Vizuală	Culori și forme
Vibrații	Urechi	Auditivă	Ritmuri și tonalități
Compuși chimici	Nas	Olfactivă	Mirosuri
Compuși chimici	Limbă	Gustativă	Arome
Configurații ale materiei	Corp	Tactilă	Senzații de consistență diferită, căldură și mișcare

Tabelul 1-2: Cele cinci tipuri de conștiință senzorială.

Toate aceste forme de conștiință sunt percepute direct în minte ceea ce înseamnă că experiența va apărea atunci când condițiile sunt îndeplinite. Ele au natură non-conceptuală, dar sunt și forme extrem de grosiere ale minții, întrucât se bazează foarte mult pe prezența fizică a organelor de simț. Înlăturați organul de simț și conștiința corespunzătoare încetează să apară în minte.

În mod asemănător se poate vedea că, în timp, pe măsură ce organele noastre de simț se deteriorează, calitățile corespunzătoare ale conștiinței senzoriale se diminuează și ele. Vederea devine neclară, sunetele sunt înăbușite, gusturile slăbesc. Unele dintre aceste lucruri pot fi reglate prin tehnologie (ochelari sau proteze auditive) sau prin intervenție chirurgicală pentru a repara organul de simț (de exemplu, eliminarea cataractei). Toate acestea indică următorul fapt: conștiința senzorială nu reprezintă întotdeauna clar realitatea care i se prezintă. Uneori obținem doar un aspect parțial sau deformat al acesteia.

Conștiința mentală

Când mintea nu este condiționată de un organ de simț ne putem referi la ea ca fiind conștiința mentală. Spre deosebire de cele cinci tipuri de conștiință senzorială, conștiința mentală are capacitatea de a fi conștientă de ceea ce este perceput. De exemplu, în cazul în care percepem o floare, conștiința vizuală este ca o oglindă care reflectă detaliile precum culoarea și forma, dar nu înțelege ceea ce se reflectă. Conștiința vizuală vede obiectul, dar conștiința mentală cunoaște obiectul. Aceasta este baza conștientizării ce poate genera modele conceptuale care să reprezinte fenomene ce pot sau nu pot fi percepute de către o conștiință senzorială. Dacă analizăm conștiința mentală, putem identifica trei categorii distincte ale minții:

3. **Conștiința mentală grosieră:** Aceasta este mintea rațională. Ea este formată din gânduri, ansambluri de imagini mentale și sentimente subiective, cum ar fi emoțiile. Acestea sunt tipurile de experiență pe care majoritatea o asociază cu cuvântul "minte". Este foarte dependentă de starea creierului care îi este suport. În cazul în care creierul este deteriorat, capacitatea noastră de a manifesta pe deplin conștiința mentală grosieră este oarecum limitată. Experiența etichetată ca "memorie" apare atunci când conștiința mentală grosieră generează imagini mentale care recreează experiențe din trecut.

4. **Conștiința amăgită:** Acest tip de conștiință este folosit pentru a ne referi la orice percepție greșită a realității. Se referă, în special, la percepțiile greșite pe care le avem în legătură cu sentimentul nostru de sine. Acest tip de conștiință oferă baza pentru dezvoltarea a tot felul de stări distorsionate ale minții, pe care le numim "tulburări". Unele tulburări sunt grosiere, în timp ce altele sunt mai subtile. Toate au în comun faptul că denaturează înțelegerea realității și ne creează condițiile pentru experimentarea suferinței.

   Conștiința amăgită poate fi foarte dificil de detectat deoarece produce o proliferare a conceptelor ce apar în conștiința mentală grosieră. Cu atât de multe gânduri ce roiesc în jur, este adesea dificilă identificarea concepțiilor greșite care le alimentează. Prin practică meditativă, este posibil să calmăm suficient mintea astfel încât să identificăm tipuri de minte amăgită. Există patru idei preconcepute esențiale care stau la baza acestei conștiințe.

   Prima este credința în existența unui sine substanțial. Aceasta este convingerea că ego-ul există ca un fel de entitate separată, pe care o etichetăm ca "sine". A doua este convingerea că acest ego are caracteristici care îl fac să existe într-un mod specific, oferind condiționarea pentru "cum" există sinele. A treia este convingerea noastră că acest sine este mai important decât oricine altcineva, lucru pe care îl putem numi prețuire de sine. În cele din urmă, este ignoranța, convingerea că sinele există în mod intrinsec, independent de eticheta pe care i-o aplicăm. Până când nu vom elimina conștiința minții amăgite, percepția noastră va fi întotdeauna influențată de aceste patru înțelegeri eronate și de tulburările mentale care decurg din acestea. Ca un pahar de apă murdară, natura pură a conștiinței noastre mentale este ascunsă de prezența acestor concepte amăgitoare.

5. **Conștiința fundament:** Cea mai subtilă formă a conștiinței mentale este cunoscută drept conștiința fundament, numită și *alayavijñana* sau conștiința substrat. Ea este baza tuturor conștiințelor —modul în care gândim și experimentăm lumea, mediul nostru, toate obiectele simțite sau observate, inclusiv modul în care ne percepem corpul. Acesta este

fundamentul minții și depozitul ce condiționează celelalte tipuri de conștiință. Toate tendințele noastre recurente sunt stocate în această conștiință și se crede că ea este cea care se continuă de la o viață la alta. Este considerată a fi neutră, în sensul că la acest nivel nu există conceptele de bine sau de rău. Există doar o conștientizare a faptului de a fi conștient. Aceasta este de fapt conștiința pe care conștiința amăgită o înțelege în mod greșit ca fiind "eu". Acest simț de bază al sinelui este mai apoi complicat de conștiința mentală grosieră prin adăugarea de diverse caracteristici.

Conștiința fundament poate fi asemănată cu cele mai profunde adâncimi ale oceanului. Emoțiile și gândurile noastre sunt valurile agitate de la suprafață, dar care, deși fac parte din ocean, nu deranjează apa din adâncuri. Atunci când ne pierdem cunoștința, leșinăm ori ne aflăm într-o stare profundă de absorbție meditativă, toate celelalte conștiințe se dizolvă în conștiința fundament. Totul se absoarbe în acest continuum fără sfârșit. Când mintea amăgită a fost eliminată, conștiința fundament apare în formă pură.

Exercițiul 1.2—Identificarea minții grosiere

- *Stați liniștiți pentru câteva momente, cu scopul de a vă calma mintea.*

- *Cu ochii deschiși, priviți încet împrejur. Deveniți conștienți de multele culori și forme pe care le puteți vedea cu ochii voștri. Închideți ochii pentru o clipă și vedeți felul în care aceste culori și forme se schimbă. Deschideți ochii și observați cum formele reapar. Aceasta este conștiința vizuală.*

- *Cu ochii închiși, deveniți conștienți de orice sunete se manifestă acum. Căutați semnificația calităților sunetelor și modul în care se schimbă în timp. Observați modul în care sunetele se suprapun, fiecare contribuind la experiența generală. Aceasta este conștiința auditivă.*

- *Petreceți un timp mirosind diverse arome. Puteți selecta produse alimentare pentru a deveni conștienți de variațiile mirosurilor în timp ce ele vă traversează nările. Aceasta este conștiința olfactivă.*

- *De asemenea, încercați să gustați diferite alimente. Vedeți dacă puteți distinge diferitele componente din alimentele pe care le gustați. Observați cum gustul apare atunci când produsul atinge limba, persistă după ce ați înghițit hrana și, în cele din urmă, cum dispare cu timpul. Aceasta este conștiința gustativă.*

- *Apăsați-vă mâinile pe o suprafață tare. Simțiți soliditatea obiectului, fermitatea sa. Apoi luați o gură de apă și nu o înghițiți. Simțiți-i mișcarea specifică. Acum explorați-vă corpul și observați senzațiile de căldură sau de frig din orice zonă a corpului. Observați cum unele zone sunt simțite mai activ decât altele. Conștientizați fluxul respirației, inspirația și expirația. Simțiți contractarea și extensia pieptului sau a abdomenului. În cele din urmă, căutați orice zone din organism unde nu apare nici o senzație deosebită. Încercați să găsiți un sens pentru spațiile goale. Aceasta este conștiința tactilă.*

- *Acum, stând liniștiți pentru un moment, imaginați-vă că vă aflați pe o pajiște frumoasă, primăvara. La marginea pajiștii e o pădure cu copaci înalți ce își aruncă umbrele pe pământ. Cerul e senin și soarele strălucește. Puteți să-i simțiți căldura pe piele. În apropiere e un iaz mic. Puteți vedea undele făcute de peștii care înoată chiar sub suprafața apei. Încercați să simțiți toate acestea cu adevărat, ca și cum ați fi prezenți în această scenă. Aceasta este conștiința mentală grosieră.*

În total putem identifica opt forme diferite de conștiință. Dintre acestea opt, șase sunt considerate a fi de natură grosieră: cele cinci tipuri de conștiință senzorială și conștiința mentală grosieră. Conștiința amăgită este un amestec de minte grosieră și subtilă, în timp ce conștiința fundament este considerată a fi subtilă.

Subtilitate	Tip	Conștiință
Grosieră	Senzorială	1. Conștiința vizuală
		2. Conștiința auditivă
		3. Conștiința olfactivă
		4. Conștiința gustativă
		5. Conștiința tactilă
	Mentală	6. Conștiința mentală grosieră
Grosieră și subtilă		7. Conștiința amăgită
Subtilă		8. Conștiința fundament

Tabelul 1-3: Rezumatul celor opt forme ale conștiinței.

Cum apare o conștiință mentală

Pentru a începe să înțelegem dinamica dintre diferitele forme de conștiință putem folosi un model simplu cu cinci componente cunoscut sub numele de *cele cinci agregate*. Fiecare pas ilustrează procesul secvențial prin care este generată o conștiință mentală, după cum urmează:

6. **Formă:** Vom începe cu manifestări care apar într-o conștiință senzorială sau mentală. Putem numi aceste apariții *forme*. Presupunând că toate simțurile noastre funcționează corect, vom primi șase fluxuri distincte de informații ce corespund celor șase simțuri (cinci simțuri fizice și unul mental). Aceste forme creează concentrarea concretă a minții noastre. Întrucât procesul are un caracter instantaneu, atunci când ne referim la manifestarea minții ca obiect pentru conștiința mentală, ne referim la conștiința prezentă ce devine conștientă de un moment anterior al conștiinței mentale.

7. **Percepție:** Conștiința mentală prezentă poate fi conștientă doar de un singur flux de informații la un moment dat. Chiar dacă percepem simultan lumina și sunetul, aceasta este de fapt o iluzie creată de conștiința mentală care oscilează foarte rapid între cele două. Atunci când conștiința mentală devine conștientă de un anumit flux de apariții,

ea lasă o amprentă mentală asupra minții. Această amprentă este cunoscută sub numele de *percepție*. Funcția principală a percepției este de a crea o imagine mentală cu care conștiința mentală poate stabili o conexiune.

8. **Senzație:** Pe baza caracteristicilor acestei imagini mentale, mintea va experimenta o reacție inițială. Această reacție este relația fundamentală care se stabilește între obiectul perceput (imaginea mentală) și subiectul care percepe (conștientizarea imaginii). Ea se produce atunci când imaginea mentală declanșează diferitele predispoziții recurente stocate în conștiința fundament și se manifestă ca o constrângere, fie de a se implica, fie de a se detașa de obiect.

9. **Formațiuni mentale:** Odată realizată conectarea inițială între subiect și obiect vor apărea o serie întreagă de modele cognitive asociate. Ne putem gândi la conștiința fundament ca la o mare rețea interconectată. Când este activată o predispoziție, ea determină activarea altor predispoziții, asemenea undelor produse de o piatră aruncată în lac. Aceste predispoziții se manifestă ca o gamă largă de identificări conceptuale care modelează sau condiționează tipul de relație pe care îl dezvoltăm cu obiectul. Într-un fel, mintea construiește o poveste în jurul senzației inițiale, finisând detaliile cu straturi conceptuale.

10. **Conștiință:** Momentul ce rezultă din apariția conștiinței mentale în acest proces va depinde de tipul de poveste care a fost proiectată de către formațiunile mentale. În cazul în care povestea se bazează pe concepții amăgite, atunci interpretarea experienței va fi în dezacord cu realitatea. Această distorsiune va servi ca bază pentru apariția suferinței sub formă de sentimente neplăcute. În același timp, dacă interpretarea este în conformitate cu realitatea, ea va servi ca bază pentru apariția fericirii.

Pentru a înțelege acest proces, putem folosi un exemplu simplu:

Imaginați-vă că vă aflați într-un restaurant. Tocmai ați terminat de mâncat și așteptați desertul, o felie mare și frumoasă de tort de ciocolată. Chelnerul se apropie de masă și vă servește desertul. Spre groaza dumneavoastră, este o felie de plăcintă cu lămâie. Priviți în sus indignat spre chelner și întrebați: "Unde este tortul meu de ciocolată?"

Să vedem ce se întâmplă în minte. În primul rând, să începem cu forma. Conștiința vizuală experimentează apariția unui cerc de culoare albă, în care se află un triunghi maro deschis, umplut cu ceva vâscos de culoare gălbuie. Conștiința mentală preia aceste culori și forme și construiește o imagine mentală în minte. Se întâmplă să nu îți placă plăcinta cu lămâie și reacția inițială la vederea acestei forme este una de dezgust. Apoi formațiunile mentale încep să vină: *"Aceasta nu este o prăjitură cu ciocolată. Este o plăcintă cu lămâie. Urăsc plăcinta cu lămâie. Vreau ciocolată, nu lămâie. Ce caută această plăcintă cu lămâie aici? De ce mi-a adus această persoană un lucru atâta de îngrozitor? De ce mi se întâmplă mereu astfel de lucruri rele?"* Și așa mai departe.

Pe măsură ce construim concepte în jurul experienței, creăm o buclă de reacții. Sentimentul de aversiune crește tot mai puternic pe măsură ce ațâțăm flăcările. În cele din urmă, devine atât de puternic încât ne simțim obligați să facem ceva în această privință. În acest caz, fața vi se schimonosește într-o grimasă identificată de obicei cu furia și vă dezlănțuiți verbal la bietul chelner.

Lucrurile nu sunt întotdeauna atât de exagerate ca în acest exemplu. Uneori reacțiile noastre sunt foarte subtile și suprapunerile conceptuale la fel de subtile. Alteori pot fi mult mai urâte. Gândiți-vă la un episod de furie extremă în trafic. Prin acest model simplu putem începe să înțelegem că felul în care creăm situația joacă un rol important în experimentarea ei de ansamblu.

RECAPITULAREA PUNCTELOR CHEIE

- Mintea este sursa întregii noastre fericiri și, prin urmare, este cel mai important fenomen pe care trebuie să îl înțelegem.

- Mintea nu e același lucru cu creierul. Mintea este un fenomen non fizic care are aspecte grosiere strâns legate de creier și aspecte subtile care nu sunt legate de acesta.

- Mintea este un continuum etern de experiență, fără început și fără sfârșit.

- Momentul prezent al minții este un rezultat al momentelor anterioare ale minții, în timp ce momentele viitoare sunt rezultatele celor prezente. Acest lucru înseamnă că, prin educarea minții în prezent putem da formă experiențelor care vor apărea în viitor.

- Mintea funcționează la diferite niveluri de subtilitate: grosier, subtil și foarte subtil.

- Mintea poate fi împărțită în minte primară și minte secundară, unde mintea primară descrie ceea ce se manifestă în minte, iar mintea secundară descrie modul în care ne raportăm la aceste manifestări.

- Există opt tipuri de minte primară: cinci tipuri de conștiință senzorială și trei tipuri de conștiință mentală.

- Putem înțelege natura felului în care apare o conștiință mentală prin utilizarea a cinci categorii: forma, percepția, senzația, formațiunile mentale și conștiința.

Manjushri, Bodhisattva al Înțelepciunii

CAPITOLUL DOI

Lucrul cu stările distructive ale minții

În capitolul anterior am sugerat că mintea este cauza principală datorită căreia experimentăm fericirea sau suferința. Condițiile externe, oamenii și circumstanțele care ne înconjoară zi de zi, pot acționa doar ca niște condiții care ne catalizează experiențele. Pentru a avea o viață mai bună și mai constructivă, trebuie așadar să înțelegem cum funcționează mintea.

Cu toții ne putem aminti situații din viață când am simțit anxietate, furie sau tristețe. Prin studierea minții primare, putem ajunge să avem o înțelegere generală a felului în care apare conștiința, dar nu putem determina cu exactitate cauzele stărilor nedorite ale minții. Pentru a diagnostica aceste cauze cu precizie (și să înțelegem apoi cum să le remediem) avem nevoie de un model mai detaliat cu care să lucrăm. În continuare este prezentat un astfel de model.

CEI CINCIZECI ȘI UNU DE FACTORI MENTALI

Un factor mental reprezintă un mod specific în care mintea se raportează la un obiect. Aceste tipuri diferite de relații influențează modul în care este experimentat un moment de conștiință mentală. Pentru a le înțelege, putem să ne gândim la aceste relații ca la ingredientele necesare pregătirii unei cești de ceai. În funcție de cantitatea diferitelor ingrediente, ceaiul obținut este experimentat diferit.

În următoarea secțiune vom prezenta o imagine de ansamblu a celor șase categorii de factori mentali identificate de psihologia budistă. Pentru o mai mare concizie, nu vom intra în detalii referitoare la toți factorii mentali. Dacă doriți o prezentare mai detaliată, vă rugăm să consultați anexa acestei cărți.

1. Factori mentali omniprezenți

Acest prim set de factori mentali reprezintă ingredientele de bază pentru un moment cognitiv. Deoarece apar în fiecare moment al conştiințelor senzoriale şi mentale, ei sunt denumiți *omniprezenți*. Aceşti factori sunt în mare parte legați de mecanismul percepției directe, oferind minții conceptuale o bază ca să apară. Există cinci *factori mentali omniprezenți*:

1. **Senzația:** Senzația oferă conexiunea de bază, absolut necesară pentru ca mintea să experimenteze un obiect prin cele şase simțuri. Când o conştiință senzorială percepe un obiect printr-un organ de simț, apare o senzație. Acesta nu este doar sentimentul grosier pe care toată lumea îl recunoaşte, ci include şi senzații mai subtile care însoțesc orice tip de percepție. Această calitate a senzației este inerentă tuturor stărilor mentale şi cuprinde toate asocierile imediate cu obiectul, care pot fi plăcute, neplăcute sau neutre şi care au loc într-o nanosecundă. Principalul lucru pe care trebuie să îl înțelegem este că orice tip de conştiință care apare în fiecare moment al experienței conține un element senzorial.

2. **Discriminarea (sau distingerea):** Discriminarea apare atunci când câmpul nostru de simț preia o caracteristică specifică a unui obiect sau o trăsătură distinctă a acestuia şi îi atribuie o semnificație convențională. Ea nu etichetează şi nici nu denumeşte obiectul, doar distinge că obiectul este ceva şi nu altceva. De exemplu, diferențiază lumina de întuneric sau distinge o masă de fundal. Pentru asta nu are nevoie de cuvinte. Indiferent ce experimentăm, totul se întâmplă pe loc, simultan şi constant. Dacă nu ar face distincții, mintea nu ar putea lega obiectul de procesele mentale ulterioare.

3. **Intenția (sau voința):** Aceasta este fie impulsul conştient şi spontan care determină mintea să se angajeze în experimentarea obiectelor sau scopul conştient care ghidează acțiunea. Fără intenție, mintea nu şi-ar putea îndrepta atenția spre un obiect. Orice activitatea mentală are intenție.

4. **Contactul:** Contactul reprezintă modul în care ne conectăm cu un obiect. El apare când se reunesc trei factori: momentul precedent de conştiință (care poate fi oricare dintre tipurile de conştiință), obiectul şi

facultatea senzorială. Fără contact, mintea nu ar întâlni obiectul, nu ar putea să îl perceapă sau să stabilească o relație cu acesta. Contactul este cel care distinge obiectul perceput ca fiind plăcut, neplăcut sau neutru, oferind fundamentul care leagă obiectul de sentimentul de fericire, nefericire sau indiferență.

5. **Atenția (și angajarea mentală):** Angajarea mentală reprezintă pătrunderea conștiinței într-un obiect, acordându-i un anumit grad de atenție. Orice tip de conștiință, indiferent cât de puțin apare, este întotdeauna legat de un anumit obiect. Atenția este prezentă în fiecare fracțiune de secundă la toate ființele și, fără ea, mintea nu ar putea rămâne fixată pe un obiect experimentat prin oricare dintre cele șase simțuri, ceea ce ar conduce la pierderea completă a stabilității.

Dacă oricare dintre acești factori mentali lipsește nu se poate stabili o relație între subiect și obiect. Atâta timp cât toți cei cinci factori sunt activi, indiferent cât de puternic, aveți cel puțin baza unei conexiuni ce poate susține apariția ulterioară a altor factori mentali. Prin consolidarea factorilor mentali omniprezenți puteți întări conexiunea pe care ei o creează. Cu cât conexiunea este mai puternică, cu atât mintea are mai multe informații cu care să lucreze și astfel percepția ei asupra realității va fi mai precisă.

Exercițiul 2.1—Stabilirea unei conexiuni

- *Stați liniștiți câteva momente pentru a vă calma mintea.*

- *Alegeți o anumită conștiință asupra căreia să vă concentrați. Poate fi una dintre cele cinci conștiințe senzoriale sau conștiința mentală. Încercați să identificați o experiență pentru a o folosi ca subiect de analiză.*

- *Analizați subiectul pe care l-ați ales. Poate fi aspectul vizual al unei flori sau al unei cești. Oricare ar fi fenomenul, stabiliți scenariul prin care acesta apare în minte. Notați ceea ce apare. Această manifestare se numește senzație.*

- *Care sunt detaliile acestei senzații? Care sunt caracteristicile sale? Înțelegeți cum mintea izolează și separă senzația de fundal. Cât de clar apare senzația? Această separare a obiectului se numește discriminare.*

- *Pe ce vi se concentrează mintea? Este fixată pe senzație sau senzația se află undeva la periferie? Această direcționare a minții se numește intenție.*

- *Acum întrebați-vă: cum îmi apare senzația în minte? Prin ce facultate senzorială o percep? Aduceți în minte cele trei condiții: obiectul, facultatea senzorială și conștiința. Identificați-le pe fiecare. De exemplu, undele de lumină ar putea fi obiectul, ochiul este facultatea senzorială. Când se întâlnesc, apare conștiința vizuală a unei flori. Întrunirea acestor condiții se numește contact.*

- *În cele din urmă, cât de puternic sunteți implicați în legătură cu această senzație? Sunteți complet absorbiți de ea sau senzația vă ocupă doar o parte din minte? Această forță a concentrării se numește atenție.*

2. Factori care determină obiectul

Prin factorii mentali omniprezenți mintea poate stabili o conexiune cu manifestările care apar prin cele șase simțuri. Următorul set de factori mentali permite minții să cunoască efectiv manifestările care îi apar. Această cunoaștere se prezintă sub forma unui anumit grad de certitudine că obiectul este acesta și nu altceva. În total, există cinci *factori mentali care determină obiectul*:

- **Aspirația:** Aspirația este legată de dorința sau de intenția de a realiza ori obține ceva, indiferent dacă este util sau nu. Mintea este cea interesată de un obiect și cea care dorește să-l cunoască mai în detaliu. Aspirația acționează ca bază pentru efort și sârguință.

- **Credința (Convingerea fermă):** Credința reprezintă menținerea stabilă și statornică a unei idei despre modul în care există sau nu un obiect sau subiect. Este convingerea fermă că obiectul este ceva și nu altceva.

Poate că există o dovadă evidentă că ceea ce se crede este realmente adevărat sau pot fi multe dovezi în acest sens obținute prin experiență directă, raționament logic sau prin referință la scripturi. Cineva poate, de asemenea, presupune ori crede "orbește" ceva, fără nicio dovadă. În toate aceste cazuri, credința apare în legătură directă cu obiectul sau subiectul.

- **Atenția conștientă:** Atenția conștientă poate fi asemănată cu un fel de "lipici mental" care păstrează un obiect în centrul atenției, menținându-l clar în minte, așa cum cineva evocă o imagine referindu-se la ea în timpul unei conversații. Aceasta poate dura o perioadă mai lungă sau mai scurtă de timp, iar obiectul poate include momentul prezent. Starea de atenție conștientă se realizează prin cultivarea conștientizării gândurilor, acțiunilor și motivațiilor.

- **Concentrarea:** Concentrare înseamnă fixarea minții într-un singur punct, pe un singur obiect sau subiect de investigație, fără nicio distragere a atenției. Aceasta este o stare de concentrare netulburată, ca atunci când răsucim vârful unui fir de ață pentru a-l trece prin urechea acului.

- **Înțelepciunea:** Înțelepciunea este antidotul îndoielii. Este o conștientizare discriminatorie care adaugă un nivel de determinare pentru a distinge un obiect al cunoașterii înțelegând realitatea acelui obiect, indiferent despre ce obiect este vorba. A înțelege că la nivel subtil întreaga existență convențională este temporară reprezintă un exemplu de înțelepciune. Adevărata înțelepciune duce întotdeauna la pace și liniște, ea învățându-ne că totul este interdependent și, în mod firesc, ne oferă intuiția a ceea ce e mai bine pentru noi și pentru ceilalți. Acest lucru este foarte diferit de unele tipuri de cunoaștere care pot fi dăunătoare și pot aduce mari suferințe, cum ar fi proiectarea armelor. Desigur, această cunoașterea în sine nu este dăunătoare, dar nu se bazează pe adevărata înțelepciune.

Când acești factori mentali sunt puternici și certitudinea cuiva în legătură cu ce percepe este puternică. Cu o certitudine puternică, puteți acționa mai eficient în orice situație. Dacă acești factori sunt slabi, există un grad mare de incertitudine referitor la ceea ce se întâmplă de fapt, crescând probabilitatea de a face greșeli.

Exercițiul 2.2—A cunoaște ceea ce este un obiect

- *Stați liniștiți câteva momente pentru a vă calma mintea.*

- *Alegeți o anumită formă a conștiinței asupra căreia să vă concentrați. Poate fi una dintre cele cinci conștiințe senzoriale sau conștiința mentală. Încercați să identificați o anumită experiență pentru a o folosi ca obiect al analizei.*

- *Cât de interesant vi se pare acest obiect? Analizați cât de mult obiectul vă atrage atenția. Dorința de a interacționa cu obiectul se cheamă aspirație.*

- *Cât de ferm păstrează mintea voastră obiectul? Sunteți convinși că experimentați într-adevăr obiectul într-un mod realist sau aveți îndoieli? Ar putea fi o iluzie ceea ce experimentați? Puterea certitudinii că obiectul este așa cum apare reprezintă convingerea fermă.*

- *Cât de stabilă este înțelegerea voastră despre obiect? Interacționați cu obiectul doar temporar sau mintea e capabilă să stea fixată asupra obiectului pentru un timp? Această stabilitate a minții care păstrează permanent obiectul se numește atenție conștientă.*

- *Cât de concentrată vă este mintea? Este focalizată pe un singur obiect sau e distrasă de mai multe obiecte diferite? Sunteți complet absorbiți de obiect sau atenția vă este divizată? Capacitatea de focalizare într-un singur punct se numește concentrare.*

- *Știți ce percepeți? O masă, un scaun, un sunet, un gând? Ce este? Capacitatea de a deosebi diverse caracteristici și de a ști efectiv ce sunt reprezintă înțelepciunea.*

3. Perturbări mentale de rădăcină

Deși factorii mentali omniprezenți și cei care determină obiectul pot fi mai greu de observat, ei reprezintă totuși baza pe care sunt construite toate celelalte niveluri ale minții conceptuale. Celelalte categorii de factori mentali reprezintă exemple mai evidente ale diferitelor tipuri de concepte ce ne influențează modul în care ne raportăm la un obiect.

Orice factor mental care provoacă agitația minții este cunoscut sub numele de perturbare. Acești factori sunt denumiți și impurități sau întunecări perturbatoare și sunt emoții negative care ne pot face să ne pierdem calmul, controlul de sine și ne determină să luăm decizii nepotrivite. Provocând suferința noastră și a altora, întunecările sunt asemenea noroiului care se lipește de noi ca un adeziv, acoperind calitățile bune pe care le avem în interior.

O perturbare reprezintă un mod specific de relaționare cu obiectele, în dezacord cu realitatea. Toate perturbările implică un anumit grad de distorsionare a realității. Din acest motiv sunt considerate o parte a *conștiinței amăgite*. După cum vom vedea, există o mare varietate de perturbări mentale derivate, dar toate provin din *șase perturbări de rădăcină*:

1. **Atașamentul:** Agățarea de calitățile pozitive ale unui obiect perceput.
2. **Aversiunea:** Agățarea de calitățile negative ale unui obiect perceput.
3. **Ignoranța:** Necunoașterea unui anumit aspect al realității.
4. **Vederile greșite:** Credința activă într-o concepție greșită.
5. **Mândria:** A considera propriile calități superioare calităților altora.
6. **Îndoiala perturbatoare:** A nu avea încredere în ceva ce este adevărat.

Deoarece aceste perturbări joacă un rol major în experimentarea suferinței, ele vor fi prezentate în detaliu mai târziu în acest capitol.

4. Perturbări mentale derivate

Trei din cele șase perturbări de rădăcină sunt deosebit de puternice: atașamentul, aversiunea și ignoranța. Acestea trei sunt deseori numite cele trei otrăvuri, ele fiind responsabile pentru o gamă largă de stări mentale distructive. În total, sunt douăzeci de perturbări mentale derivate, grupate în funcție de perturbarea de rădăcină din care provin.

Perturbare/perturbări de rădăcină	Factor mental
Aversiunea	1. Furia
	2. Resentimentul
	3. Ostilitatea
	4. Nocivitatea
Atașamentul	5. Zgârcenia
	6. Surescitarea
	7. Îngâmfarea
Aversiunea și atașamentul	8. Invidia
Ignoranța	9. Tăinuirea
	10. Lenea
	11. Letargia
	12. Lipsa de credință
	13. Uitarea
	14. Nepăsarea
Atașamentul și ignoranța	15. Înșelăciunea
	16. Ipocrizia
Atașamentul, aversiunea și ignoranța	17. Lipsa de conștiință
	18. Nerușinarea
	19. Lipsa de introspecție
	20. Distragerea

Tabelul 2-1: Cele douăzeci de perturbări derivate.

5. Factori mentali virtuoși

Spre deosebire de perturbări, factorii mentali virtuoși se consideră că derivă dintr-o înțelegere corectă a realității. Deoarece sunt lipsiți de denaturări, ei pot acționa ca antidot pentru stările perturbate ale minții. Atunci când sunt prezenți, acești factori au un efect liniștitor sau armonios asupra minții. Există unsprezece *factori mentali virtuoși*:

1. Credința
2. Decența morală
3. Frica de aspectele nesănătoase
4. Lipsa de atașament
5. Lipsa de ură
6. Lipsa de ignoranță
7. Sârguința
8. Flexibilitatea mentală
9. Conștiinciozitatea
10. Imparțialitatea
11. Lipsa de violență

6. Factori mentali variabili

Ultima grupă de factori mentali are potențialul de a produce atât stări mentale virtuoase, cât și stări mentale perturbate. Întrucât au o natură neutră, acești factori preiau "aroma" generală a celorlalți factori mentali prezenți. Există patru *factori mentali variabili*:

1. Somnul
2. Regretul
3. Identificarea grosieră
4. Discernământul

Primele două din cele șase categorii contribuie la calitatea informațiilor pe le putem percepe. A treia și a patra categorie reprezintă interpretări distorsionate ale realității și de aceea trebuie să fie abandonate, iar a cincea categorie trebuie cultivată. A șasea categorie ar trebui dezvoltată cu abilitate în conexiune cu stările virtuoase ale minții.

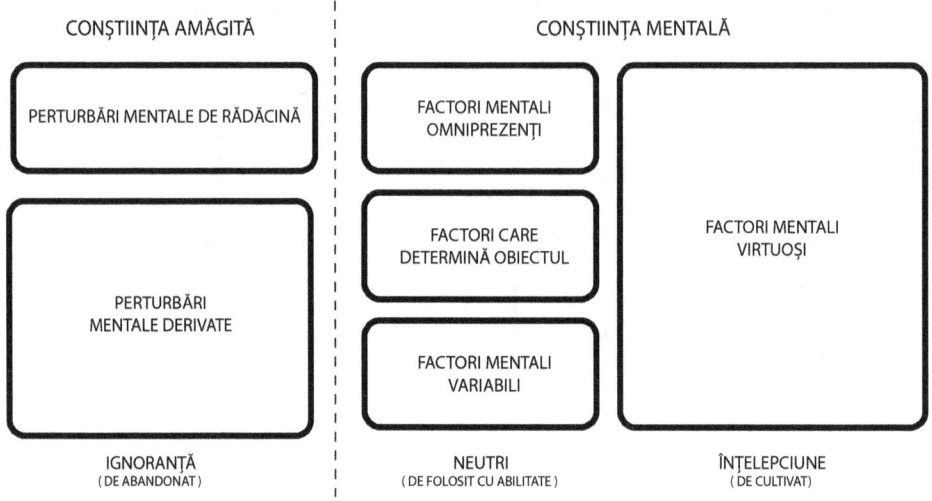

Figura 2-1: Imaginea generală a celor cincizeci și unu de factori mentali.

STABILIREA UNEI PERCEPȚII VALIDE

Având acum un model mult mai detaliat al minții, putem vedea cum ceea ce experimentăm nu este întotdeauna în conformitate cu realitatea. Denaturările pot apărea prin organele fizice de simț, prin concepte deformate ale conștiinței amăgite sau printr-o combinație a celor două categorii. Mai simplu spus, felul în care mintea percepe lucrurile nu este întotdeauna modul în care ele există cu adevărat. Din acest motiv, este din ce în ce mai important să analizăm cum putem ști dacă experiențele noastre sunt reprezentări valide sau nu ale realității.

Pentru a răspunde la această întrebare, trebuie mai întâi să identificăm diferitele tipuri de fenomene pe care le putem experimenta. În general, există trei tipuri de fenomene:

1. **Evidente:** Fenomenele evidente pot fi ușor de perceput atât prin cele cinci conștiințe senzoriale, cât și prin conștiința mentală. Exemplele includ lucruri cum ar fi un scaun, o emoție, o amintire sau un elefant. Acestea sunt fenomene pe care oricine ar trebui să le poată experimenta.

2. **Ascunse:** Un fenomen ascuns este orice fenomen care nu poate fi perceput direct. Un astfel de fenomen este, de exemplu, natura subtilă, temporară, a corpurilor noastre care, deși se schimbă de multe mii de ori

în fiecare secundă, întrucât celulele se divid și se regenerează continuu, această transformare constantă este ascunsă vederii noastre. Pentru a detecta această schimbare trebuie să folosim fie tehnologia care mărește capacitatea vederii, fie practicile meditative care îmbunătățesc calitatea minții. Astfel, remarcăm că un fenomen ascuns nu este ascuns în mod inerent, el este ascuns doar atâta timp cât lipsesc condițiile pentru a deveni evident.

3. **Foarte ascunse:** Un fenomen foarte ascuns este un fenomen atât de complex încât nu poate fi experimentat nici cu mintea grosieră, nici cu mintea subtilă. Un exemplu de astfel de fenomen constă în înțelegerea tuturor cauzelor și condițiilor care concură pentru a forma modelul specific al penelor cozii unui păun sau înțelegerea tuturor cauzelor ce determină pe cineva să experimenteze un moment de fericire sau de suferință.

Putem defini ca percepție validă orice experiență care știe cu exactitate un anumit aspect al unui fenomen. Pentru a dezvolta cunoașterea validă referitoare la toate tipurile de fenomene enumerate mai sus, trebuie să ne bazăm pe următoarele forme de percepție:

Percepția directă

O percepție directă reprezintă orice apare în minte pe baza unei conștiințe senzoriale sau mentale nedistorsionate. Un exemplu este capacitatea noastră de a cunoaște o floare după mirosul ei. În general, mintea neantrenată poate percepe în mod direct numai fenomene evidente, prin intermediul simțurilor fizice sau al conștiinței mentale grosiere. Sunt posibile și forme mai subtile de percepție mentală directă, însă, dacă nu ne antrenăm mintea prin practica meditației, acestea apar atât de rapid încât nu suntem conștienți de ele.

Așa cum meditația ne poate îmbunătăți capacitatea de a percepe mai ușor fenomenele, la fel și tehnologia modernă poate ajuta la extinderea capacității noastre senzoriale. În știință folosim tot felul de dispozitive pentru a sesiza fenomenele care sunt în afara capacităților umane obișnuite. Gândiți-vă doar la un telescop gigantic ce ne permite să observăm galaxii aflate la miliarde de ani-lumină depărtare sau cum o secvență de filmare foarte lentă ne poate arăta mișcarea plantelor sau a ghețarilor.

Dintre toate formele de percepție valabilă, percepția directă conferă cea mai mare certitudine. Deoarece este directă, există foarte puține denaturări sau suprapuneri între mintea ta și fenomenul observat. Din fericire, toate fenomenele au potențialul de a fi cunoscute în mod direct, chiar și cele ascunse și foarte ascunse. Când mintea este instruită în mod corespunzător și toate distorsiunile sunt eliminate, nu mai există limite pentru ceea ce putem cunoaște.

Raționamentul logic

Când nu putem observa direct un fenomen, trebuie să ne mulțumim să îl cunoaștem în mod indirect. Realizăm acest lucru prin construirea unui model conceptual care reprezintă fenomenul. Pe baza modelului putem face deducții logice care ne ajută să ne extindem cunoștințele.

Să luăm ca exemplu focul. Focul este un fenomen evident și, prin urmare, putem să-l cunoaștem prin experiență directă. Din această experiență îi putem atribui diverse caracteristici, cum ar fi că atunci când arde, focul produce fum. Pe baza acestui model foarte simplu se poate deduce că ori de câte ori vedem fum, trebui să existe și un foc. În acest fel, chiar dacă suntem în imposibilitatea de a percepe în mod direct un foc, îi putem deduce prezența în mod indirect, prin percepția directă a unei dovezi a existenței sale și anume fumul care se înalță spre cer.

Știința utilizează raționamente logice pentru a cunoaște în mod indirect o mare varietate de fenomene. Gândiți-vă la modul în care am ajuns să cunoaștem originile universului nostru. Nimeni nu a călătorit vreodată înapoi în timp pentru a asista la Big Bang, dar oamenii de știință au dezvoltat modele matematice care permit ingineria inversă a secvențelor de cauzalitate bazate pe observațiile care le sunt accesibile.

Pentru ca raționamentul logic să aibă putere în mințile noastre, trebuie să avem încredere în modelul pe care se sprijină. Credința într-un model este dezvoltată atunci când pot fi făcute observații directe care să-l confirme, așa cum se întâmplă în cazul unui experiment științific bine conceput. Mai întâi omul de știință stabilește o ipoteză, o anticipare a unui anumit rezultat bazat pe un anumit model. Apoi se realizează un experiment care produce o serie de observații directe. Observațiile sunt comparate cu ipoteza și ele fie susțin modelul, fie îl contrazic. Cu fiecare observație care îl susține, crește convingerea că modelul reprezintă corect realitatea.

În budism este valabil același lucru. Modelul minții studiat până în prezent este rezultatul unor cercetări semnificative efectuate de practicanți avansați în domeniul contemplației. Deoarece s-au angajat intens în antrenarea minții, ei au fost în măsură să facă din ce în ce mai multe observații directe și multe fenomene ascunse altora au devenit pentru ei fenomene evidente. Apoi și-au folosit observațiile pentru a crea un model care să facă posibilă cunoașterea indirectă a aspectelor ascunse ale minții și pentru cei cu mai puțină pregătire. Acest model poate fi testat de oricine este dispus să facă experimentele contemplative prezentate în învățăturile lor.

Încrederea într-o autoritate

Câți oameni au văzut cu adevărat un quarc? Cred că pentru cei mai mulți particulele cuantice sunt un fenomen foarte ascuns. Pur și simplu nu avem nici o idee despre ceea ce sunt sau despre existența lor. Deși știm că există modele care descriu cum funcționează realitatea cuantică, acestea sunt reprezentate prin matematici extrem de complexe, indescifrabile pentru o minte neantrenată. Prin urmare, singura cale prin care putem să le cunoaștem este prin mărturia celor care înțeleg aceste modele și care au executat experimente pe baza lor.

Numim aceste persoane "autorități". O autoritate este cineva despre care considerăm că are cunoștințe valide referitoare la un anumit fenomen. Ne încredem în aceste persoane din diferite motive:

1. **Experiența:** Cunoscând procesul de formare pe care l-a parcurs cineva, avem încredere în statutul său de expert într-un anumit domeniu. Avem încredere atât în totalitatea cunoașterii acumulate de către acea persoană, cât și în experiența dobândită prin punerea în practică a acestor cunoștințe. Gândiți-vă la încrederea cu care mergem la un doctor care practică de douăzeci de ani, comparativ cu cea într-un medic care tocmai a terminat facultatea.

2. **Consistența:** Dacă am văzut că o autoritate a avut dreptate în ce privește subiecte pe care noi le putem înțelege, atunci avem mare

încredere că ea poate avea dreptate şi referitor la lucruri pe care nu le putem înţelege. Un exemplu ar fi încrederea în comunitatea ştiinţifică. Din moment ce ştiinţa a adus numeroase beneficii concrete în viaţa noastră cotidiană, cei mai mulţi dintre oameni nu au nicio problemă să aibă încredere în "faptele ştiinţifice". Oamenii au încredere chiar dacă înţeleg puţin sau chiar deloc ştiinţa din spatele acestor fapte.

3. **Motivaţia:** Gradul de încredere pe care îl acordăm cuiva depinde în mare măsură şi de motivaţia pe care considerăm că o persoană o are pentru a împărtăşi o anumită informaţie. În cazul în care persoana s-a dovedit a fi de încredere şi vedem că doreşte sincer să ne ajute, este mult mai uşor să acceptăm că este adevărat ceea ce ne spune. Cel puţin, recunoaştem sinceritatea din cunoştinţele ei şi nu simţim că doreşte să ne înşele. Depinde apoi de noi să alegem să avem sau nu încredere în ideile sale. De exemplu, doi oameni vă recomandă să luaţi un anumit medicament. Unul este reprezentantul unei companii farmaceutice care vrea să vândă cel mai recent produs al acesteia. Celălalt este un prieten biochimist care consideră că medicamentul vă poate ajuta. În cine aveţi mai multă încredere?

După cum vom descoperi în studiul nostru despre budism, există multe idei despre fenomene pe care acum nu le putem percepe în mod direct. Unele din acestea pot fi indirect dovedite prin raţionamente, dar numai dacă avem încredere în modelele care ne sunt prezentate.

Dacă examinăm calităţile lui Buddha istoric (sursa acestor modele), putem începe să înţelegem de ce el este considerat o sursă validă de informaţii. În primul rând, putem vedea că toată înţelegerea la care a ajuns a apărut din experienţă directă, dezvoltată printr-un antrenament intens în practici contemplative. El a dezvoltat condiţiile pentru apariţia acestor experienţe alocând mai mult de şase ani cercetării lor exclusive şi alte patru decenii a pus în practică aceste descoperiri. De atunci, învăţăturile sale au fost practicate de milioane de persoane, timp de peste două mii de ani, dovedindu-se eficiente şi capabile să producă rezultatele afirmate. În cele din urmă, motivaţia lui Buddha este compasiunea supremă, întrucât fiecare cuvânt din învăţături a fost gândit special pentru a ne atenua suferința. Din aceste motive, Buddha este considerat o autoritate reală și de încredere.

Din fericire, Buddha însuși nu era adeptul credinței oarbe. În schimb, el și-a încurajat discipolii să pună în practică învățăturile, pentru ca ei înșiși să vadă beneficiile. În general, este de preferat să păstrăm o minte deschisă la idei noi, considerându-le "ipoteze de lucru". Apoi, cu timpul, le putem testa prin experiență și putem să dobândim o mai mare încredere în adevărul lor.

Fenomene	Tip de percepție	Relație	Certitudine
Evidente	Percepție directă	Directă	Puternică
Ascunse	Raționament logic	Indirectă (prin modele conceptuale)	Medie
Foarte ascunse	Încrederea în autoritate	Indirectă (prin credință)	Slabă

Tabelul 2-2: Moduri de cunoaștere a realității.

GESTIONAREA STĂRILOR MENTALE DISTRUCTIVE

Prin studiul psihologiei budiste am putut identifica mecanismele de bază prin care apare experiența. Am obținut o înțelegere teoretică a diferitelor tipuri de experiențe pe care le avem și asupra diferitelor moduri prin care ne raportăm la aceste experiențe. Acum este timpul să punem această teorie în practică. Trebuie să învățăm cum să aducem aceste idei în viața noastră astfel încât să ne poată ajuta să îmbunătățim calitatea experiențelor trăite. Pentru aceasta, ne vom uita mai atent la cele șase perturbări de rădăcină pentru a identifica strategiile specifice de diminuare a influenței lor.

Abordarea generală este familiarizarea cu stări sănătoase ale minții care acționează ca un antidot la aceste perturbări. Antrenamentul este destul de simplu:

1. Identificați ce perturbări apar în experiența voastră.

2. Cultivați prin antrenament formal antidoturile la aceste perturbări.

Prin acest proces aplicăm efectiv o forță contrară la perturbările mentale. Perseverând, vom slăbi perturbările atât de mult, încât ele nu vor mai fi capabile să ne copleșească. Acest lucru ne va face mai încrezători în fața adversităților și, în final, ne va ajuta să avem o mai mare stabilitate și liniște în viață.

Cele șase perturbări de rădăcină și antidoturile lor

La începutul antrenamentului, accentul trebuie să fie pus pe înțelegerea clară a ceea ce reprezintă fiecare perturbare și ce antidoturi pot fi folosite pentru a-i contracara influența.

Atașamentul

Atașamentul apare atunci când ne-am fixat sau ne-am agățat foarte mult de un obiect. Obiectul poate fi o persoană, un sentiment, o posesiune materială sau chiar o idee. Orice ar fi, atașamentul ne face să ne blocăm și să exagerăm calitățile dezirabile ale obiectului. Acest lucru ne creează o dorință puternică de a fi în posesia obiectului sau de a nu renunța niciodată la el. Natura atașamentului ne îngustează aria de concentrare și ne orbește referitor la efectele pe care obiectul le are asupra noastră și asupra celor din jur.

Problema care apare este că din atașament se construiește o fantezie ce nu poate fi împlinită de obiectul însuși. Începem să vedem obiectul ca fiind o adevărată sursă de fericire și suferim atunci când, inevitabil, credința se dovedește falsă. Să luăm exemplu a ceea ce adeseori numim "dragoste romantică". Atunci când o persoană se îndrăgostește, ea poate vedea doar calitățile partenerului. Își vede partenerul ca fiind perfect și crede că felul în care se simte este efectul direct al prezenței lui. Inițial, cei doi sunt inseparabili, dar odată cu trecerea timpului, persoana începe să observe mici imperfecțiuni. La început acestea sunt nesemnificative deoarece atașamentul este încă foarte puternic. În cele din urmă, imperfecțiunile devin din ce în ce mai mari și lumea fantasmagorică se prăbușește. Dacă persoana poate dezvolta o perspectivă mai realistă asupra partenerului său, există șansa unei relații mai îndelungate. Dar dacă se agață de fanteziile sale este puțin probabil că așteptările să îi fie îndeplinite și despărțirea devine aproape inevitabilă.

Antidotul atașamentului este construirea unei imagini mai realiste a obiectului de care ne atașăm mai degrabă decât să ne alimentăm fanteziile. Nu așteptați ca balonul de săpun să se spargă, ci gândiți-vă la natura efemeră a obiectului și la felul în care acesta se va schimba în timp. Imaginați-vă obiectul în diferite situații și că nu va fi întotdeauna așa cum este acum. Continuând cu exemplul dragostei romantice, pentru a construi o relație mai sănătoasă și mai echilibrată cu partenerul vostru, reflectați asupra defectelor lui. Amintiți-vă că el nu este perfect și că imperfecțiunile sale reprezintă o parte la fel de importantă ca și calitățile pe care le iubiți atât de mult. În general, încercați să dezvoltați o înțelegere mai amplă a obiectului atașamentului vostru, în care să includeți mai multe caracteristici, nu doar pe cele de care sunteți atașați.

Exercițiul 2.3—Ancorarea noastră în realitate

- *Stați liniștiți câteva momente pentru a calma mintea.*

- *Identificați un obiect fizic de care vă simțiți foarte atașați. Ar trebui să fie ceva de care vă este foarte dificil să vă despărțiți.*

- *Amintiți-vă diferite calități ale obiectului. Începeți cu tot ce vă place la el. Aceasta face să se manifeste atașamentul. Identificați cum vă simțiți.*

- *Acum analizați calitățile obiectului pe care nu le considerați chiar așa de grozave. Gândiți-vă la imperfecțiunile pe care le are sau la diferitele feluri în care s-ar putea îmbunătăți. După ce v-ați gândit un timp la defectele obiectului, observați ce simțiți acum față de el.*

- *Așteptați puțin până obțineți un sentiment de echilibru între calitățile care vă atrag și aspectele pe care le considerați nesatisfăcătoare. Luați în considerare obiectului în ansamblul lui, nu doar un aspect al său. Priviți felul cum s-a schimbat în timp obiectul.*

- *Eliberați toate gândurile și pur și simplu odihniți-vă câteva momente.*

Aversiunea

Furia, frica, resentimentele și ura sunt manifestări ale aversiunii. Putem considera că aversiunea este opusă atașamentului. În loc să ne agățăm de calitățile dezirabile ale unui obiect, ne concentrăm asupra aspectelor sale nedorite. La fel ca și în cazul atașamentului, ne construim o fantezie, numai că de această dată încercăm să ne convingem cât de îngrozitor este obiectul. Natura aversiunii este să respingem obiectul și să ne dorim să ne distanțăm de el.

Putem vedea cum funcționează acest lucru când cineva face ceva care ne jignește, de exemplu spunând ceva care ne rănește sentimentele. Mintea noastră reacționează la durerea resimțită spunându-și o poveste despre acea persoană. "De ce a fost atât de rău cu mine? I-am făcut eu vreodată ceva? Este o persoană atât de egoistă și de nepăsătoare. Aș vrea ca cineva să-l rănească la fel cum m-a rănit el pe mine. Nu merită să fie fericit." Foarte repede, mânia și ura ni se dezvoltă în minte până când vom fi demonizat complet cealaltă persoană. Uneori ne pierdem controlul atât de rău încât păstrăm resentimente ani în șir și în tot acest timp ne simțim mizerabil.

Aceasta este tristul adevăr despre ură. Singura persoană rănită este cea care păstrează ura în mintea sa. Atât timp cât permitem aversiunii să ne domine viața nu vom putea experimenta niciun sentiment de pace. Antidotul aversiunii este să cultivăm un sentiment de conexiune sau de apropiere puternică față de obiectul aversiunii noastre. În cazul în care este vorba de o persoană, ne putem gândi că suntem asemenea, la faptul că și ea dorește să fie fericită și liberă de suferință. Motivul pentru care ne atacă este confuzia sa, deoarece e dominată de perturbări mentale. Pe această bază, putem dezvolta un sentiment de compasiune față de ea. În loc să o respingem, cultivăm dorința ca ea să poată experimenta fericirea și bunăstarea reală și astfel să înceteze să-i mai rănească pe alții.

Desigur, vor exista unele persoane față de care ne este foarte greu să simțim compasiune. Poate considerăm comportamentul lor atât de îngrozitor, cum ar fi cel al criminalilor în serie, încât să credem că ele nu ne merită compasiunea. A avea compasiune pentru o ființă nu înseamnă a-i scuza comportamentul, ci să recunoaștem că este bolnavă și suferă. Încercați să dezvoltați o dorință sinceră ca ea să fie eliberată de boală, pentru că numai atunci se va opri din a înfăptui lucruri îngrozitoare. Când lucrăm cu oameni dificili trebuie să începem cu lucruri ușoare și să ne dezvoltăm în timp capacitatea de a avea compasiune. După ce am învățat să lucrăm cu neplăceri minore putem, în cele din urmă, să ne construim compasiunea și să învățăm să trăim alături de cei pe care îi percepem că ne-au lezat profund pe noi înșine sau pe alții.

Exercițiul 2.4—Compasiunea față de cei care vă rănesc

- *Stați liniștiți câteva momente pentru a vă calma mintea.*

- *Amintiți-vă o situație în care ați simțit că cineva v-a deranjat sau v-a supărat. Recreați scenariul în minte, adăugând cât de multe detalii puteți, astfel încât experiența să fie vie în mintea voastră. Fără a vă lăsa copleșiți, permiteți aversiunii să apară și observați cum vă simțiți.*

- *Acum concentrați-vă pe această persoană. De ce credeți că a făcut ceea ce a făcut? Ce a crezut ea că se întâmplă? Ce ați crezut voi că se întâmplă?*

- *Încercați să aflați starea mentală pe care o avea această persoană. Puteți identifica prezența unor perturbări? Dacă da, care sunt acestea? Cum justifică aceste tulburări acțiunile care v-au declanșat sentimentele?*

- *Acum imaginați-vă același scenariu în cazul în care această persoană nu ar fi fost influențată de perturbări. Credeți că ar fi acționat în același mod? Cum s-ar fi putut desfășura lucrurile?*

- *Recunoscând influența distorsionată pe care perturbările o au asupra acestei persoane, întăriți-vă dorința ca ea să fie eliberată de acele stări distructive ale minții.*

- *Eliberați toate gândurile și pur și simplu odihniți-vă câteva momente.*

Ignoranța (adevărului)

Există două tipuri de ignoranță ce trebuie luate în considerare: ignoranța asupra adevărului și vederile greșite. Ignoranța asupra adevărului se referă la simpla "necunoaștere" a modului în care realitatea există de fapt. Deoarece nu avem cunoștințe despre anumite fenomene, nu putem înțelege ce se întâmplă în experiența noastră și, prin urmare, facem alegeri nepotrivite.

Un bun exemplu în acest sens este ignorarea legii cauzei și efectului. Majoritatea oamenilor nu sunt conștienți de ce tipurile de acțiuni generează anumite rezultate și astfel se angajează în mod eronat în tot felul de activități care le aduc exact opusul rezultatului dorit.

Antidotul pentru acest tip de ignoranță este familiarizarea cu învățăturile prin studiu și reflecție. Chiar asta faceți în acest moment. În acest capitol ați învățat despre natura minții. Sper că prin cunoștințele dobândite veți putea să lucrați mai constructiv cu experiențele voastre.

Exercițiul 2.5—Identificarea oportunităților de a învăța

- *Stați liniștiți câteva momente pentru a vă calma mintea.*

- *Analizați-vă situația actuală. În ce fel de mediu trăiți în prezent? În ce tipuri de activități sunteți angajați? Ce felul de oameni vă înconjoară?*

- *În acest context, cu ce fel de probleme vă confruntați? Identificați lucruri din viața voastră care credeți că ar putea fi îmbunătățite. Gândiți-vă la toate speranțele și visele voastre și la ceea ce credeți că vă este necesar pentru a fi capabili să le îndepliniți.*

- *Ce cunoștințe vă lipsesc și vă limitează capacitatea de a depăși obstacolele sau de a vă atinge obiectivele? Identificați câteva teme despre care considerați că ar fi util să știți mai multe.*

- *Luați în considerare cum ați putea învăța mai multe despre aceste subiecte. Ați putea să mergeți la un curs sau să cumpărați o carte? Știți pe cineva care v-ar putea vorbi despre aceste subiecte? Gândiți-vă la diferite surse de informații pe care le-ați putea accesa și întăriți-vă hotărârea de a le investiga în continuare.*

Vederile greșite

A doua formă de ignoranță este ignoranța datorată vederilor greșite. Cu acest tip de ignoranță nu numai că nu vom reuși să cunoaștem realitatea așa cum este ea (ignoranța adevărului), ba mai mult, vom crede că ea există într-un mod care este fals. Este o percepție activă greșită asupra realității. Putem să ne formăm vederi greșite din cauza culturii noastre sau prin interpretarea eronată a experiențelor noastre.

Există două forme foarte des întâlnite de vederi greșite: credința că ceva există la nesfârșit (eternalismul) și credința că nimic nu există cu adevărat (nihilismul). Ambele puncte de vedere duc la o înțelegere distorsionată a realității. Când folosim ipoteze distorsionate, toate conceptele pe care le construim pe baza lor moștenesc aceleași deformări. Acest lucru ne face să interpretăm complet greșit experiențele și ne împiedică să ajungem la adevăr. Această influență omniprezentă este ceea ce face ca vederea greșită să fie rădăcina din care apar atât de multe perturbări.

Antidotul contra opiniilor greșite este analizarea lor prin raționament logic sau experiență directă. Pentru că o opinie greșită este o simplă născocire minții, ea nu are corespondent în realitate. Când investigăm cum există de fapt lucrurile, punctul de vedere greșit va fi distrus, deoarece nu poate rezista analizei.

Exercițiul 2.6—Provocarea non existenței

- *Stați liniștiți câteva momente pentru a vă calma mintea.*

- *Aduceți în minte o idee despre care sunteți siguri că nu există sau cel puțin credeți într-o măsură destul de mare că nu există. Imaginați-vă că cineva se apropie de voi și începe să vă vorbească despre această idee. Poate e ideea că mintea noastră e o continuitate eternă ce se reîncarnează viața după viață. Poate e ideea că toate fenomenele au în mod intrinsec o natură fizică. Încercați să vă identificați reacția inițială pentru a stabili dacă voi credeți sau nu în ideea pe care ați ales-o.*

- *Acum analizați motivele pentru care nu credeți în această idee. Identificați toate argumentele referitoare la faptul că acest fenomen pur și simplu poate sau nu poate exista.*

- *Apoi schimbați perspectiva și încercați să vă imaginați că apărați ideea. Cum ați răspunde la fiecare argument? Din ce cauză credeți că cineva ar trebui să creadă în această idee?*

- *Dintre cele două puncte de vedere (a celui care atacă și a celui care apără ideea), care credeți că rezistă mai bine? Procesul de analiză v-a consolidat sau v-a slăbit credința în idee? Dacă erați atât de siguri că ceva nu există, puteți acum susține gândul că ar fi posibil să existe? Încercați să vă dați seama de direcția spre care vi se îndreaptă mintea.*

- *Odihniți-vă mintea câteva momente.*

Mândria (aroganța)

Această perturbare mentală se manifestă ca o modalitate de a proteja ego-ul. Toți avem anumite calități cu care ne identificăm. De-a lungul timpului, am ajuns să ne cramponăm de aceste calități și le considerăm mai bune decât ale altora. Natura mândriei este de a ne izola, de a ne separa de cei din jurul nostru.

Atunci când conduce la creșterea încrederii în sine, un anumit grad de mândrie poate fi benefic. Devine o problema atunci când apare o atitudine de dispreț sau lipsă de respect față de alții, care pot conduce apoi la îngâmfare și la prea multă siguranță de sine. Când ajungem la această extremă, nu mai putem învăța de la alții. Ne închidem în noi înșine și ne atrofiem

Antidotul mândriei este dezvoltarea modestiei. Putem face acest lucru gândindu-ne la teme foarte complexe despre care nu știm nimic. Scopul aici este să ne recunoaștem propriile limite. Prin cultivarea dorinței de a învăța de la alții ne opunem în mod direct atitudinii că noi știm totul.

O altă tehnică utilă este de a contempla mai multe moduri în care ne bazăm pe alții. Recunoscând beneficiile primite de la alte persoane, vom învăța să apreciem prezența lor în viața noastră. Aceasta întărește sentimentul de interconectare și ne ajută să ne considerăm asemenea celorlalți.

Exercițiul 2.7—Recunoștința față de cei ce vă ajută

- *Stați liniștiți câteva momente pentru a vă calma mintea.*

- *Amintiți-vă cele mai bune calități ale voastre ca persoană. Gândiți-vă la tot ceea ce vă face într-adevăr speciali și unici. În ce privințe sunteți mai buni decât alții? Lăsați să răsară un sentiment de mândrie. Cum vă simțiți?*

- *Acum analizați-vă toate punctele slabe. Luați în considerare domeniile din viața voastră în care nu sunteți deosebit de abili. Gândiți-vă la oameni care sunt foarte buni la a face lucrurile pe care voi nu le puteți face la fel de bine. Dezvoltați aprecierea calităților lor. Cum vă simțiți?*

- *Privind înapoi în timp, gândiți-vă cum ați dobândit calitățile de care sunteți mândri. S-au manifestat natural? S-au dezvoltat în timp? Pe cine v-ați bazat pentru a vă ajuta să le dezvoltați? Gândiți-vă la rolul jucat de părinții și de profesorii voștri în sprijinirea călătoriei voastre. Gândiți-vă la toți oamenii care au făcut tot posibilul pentru ca voi să obțineți experiențele necesare pentru a învăța. Imaginați-vă cum ar fi fost viața voastră dacă ei nu v-ar fi ajutat atunci când aveați nevoie de ei. Permiteți să apară sentimentul de recunoștință față de acești oameni.*

- *Pe măsură ce vă concentrați când pe voi, când pe ceilalți, observați dacă sentimentul de mândrie este încă puternic.*

- *Odihniți-vă mintea câteva momente.*

Îndoiala perturbatoare

Adeseori oamenii nu consideră îndoiala ca fiind o perturbare serioasă, dar, de fapt, aceasta este o stare mentală negativă. Pentru a realiza ceva trebuie să fim convinși că ne putem realiza obiectivul. Acțiunile făcute cu ezitare sau cu îndoieli devin slabe și ne fac să le abandonăm la jumătatea drumului. Dacă nu ne vom angaja pe deplin în activitățile desfășurate, nu vom putea profita pe deplin de beneficiile lor. De acest tip de îndoială trebuie să ne ferim.

Să presupunem că doriți să învățati să meditați. Vă duceți la un curs de meditație unde învățati diferite tehnici. Vă place cum vă simțiți atunci când le practicați, dar nu sunteți siguri că o să puteți dedica timp practicii. Aveți atât de multe lucruri de făcut și nu vă simțiți capabili să găsiți timp și pentru asta. Pentru că vă lipsește încrederea să vă angajați în ceea ce faceți, practicați doar din când în când. Rezultatul este că practica voastră nu va căpăta niciodată forță. Veți sfârși prin a vă pierde interesul și veți merge mai departe, căutând altceva.

Așa lucrează îndoiala. Drenează puterea acțiunilor voastre și vă face să săriți constant de la ceva la altceva. Fără încredere, nu puteți rămâne pe cale. Va abateți mereu și nu reușiți să terminați nimic. Antidotul acestei atitudini problematice este să vă acordați timp pentru a vă dezvolta încrederea în orice acțiune întreprindeți. Puteți lua în considerare diferitele beneficii pe care vi le aduce o acțiune. Imaginându-vă tot ce veți putea face atunci când veți finaliza activitatea, veți oferi mai multă energie hotărârii voastre și forță de a nu șovăi în fața îndoielilor. În loc să abandonați o acțiune valoroasă pe parcurs, învățați să perseverați în fața dificultăților și să terminați ceea ce ați început.

Exercițiul 2.8—Întăriți-vă convingerile

- *Stați liniștiți câteva momente pentru a vă calma mintea.*

- *Alegeți o aspirație personală pe care o aveți, ceva ce v-ați dorit mereu să faceți, dar niciodată nu ați ajuns să faceți cu adevărat. Poate ați dorit să dezvoltați o practică de meditație regulată sau ați dorit să vă reduceți tendința de a vă înfuria. E preferabil să fie ceva ce cere timp pentru a fi finalizat, ceva ce necesită un efort considerabil din partea voastră.*

LUCRUL CU STĂRILE DISTRUCTIVE ALE MINȚII

- *Analizați toate beneficiile pe care le-ați avea prin îndeplinirea acestei aspirații. Identificați de ce ar fi un lucru bun pentru voi să realizați această activitate. Cum vă va ajuta în viață?*

- *Acum analizați toate dezavantajele aduse de neîndeplinirea aspirației voastre. Cu ce probleme vă veți confrunta? Cum se va schimba situația voastră actuală dacă nu veți face nimic?*

- *Imaginați-vă viața după ce finalizați această aspirație. Imaginați-vă cunoștințele pe care le veți fi dobândit. Imaginați-vă capacitățile pe care vi le veți dezvolta. Dați viață acestei viziuni cât de mult puteți pentru a vă hrăni dorința de a vedea acest viitor potențial devenit realitate.*

- *Odihniți-vă mintea câteva momente.*

Lucrând cu fiecare dintre aceste meditații în sesiuni regulate vă poate ajuta să vă slăbiți stările perturbate ale minții, astfel încât acestea să nu mai apară atât de puternic în viața voastră cotidiană. Amintiți-vă că suntem foarte obișnuiți cu acești factori mentali și, de aceea, așteptați-vă ca acest proces să dureze. Dacă sunteți răbdători și consecvenți, puteți fi siguri că veți vedea rezultatele.

Perturbare	Antidot
Atașamentul	Contemplați defectele obiectului sau natura sa nepermanentă
Aversiunea	Contemplați iubirea binevoitoare și compasiunea
Ignoranța	Studiați învățăturile și reflectați asupra lor
Vederile greșite	Provocați-vă vederile prin raționament logic și meditați asupra naturii realității
Mândria	Cultivați modestia și conștientizarea interdependenței
Îndoiala perturbatoare	Dezvoltați încrederea și devoțiunea

Tabelul 2-3: Rezumatul perturbărilor de rădăcină și antidoturile lor.

RECAPITULAREA PUNCTELOR CHEIE

- Factorii mentali reprezintă mintea secundară care descrie relația dintre un subiect și un obiect asociat.

- Există cinci categorii de factori mentali: factori mentali omniprezenți, factori mentali care determină obiectul, perturbări de rădăcină, perturbări mentale derivate, factori mentali virtuoși și factori mentali variabili.

- Trebuie să ne bazăm pe percepții valide pentru a putea lua deciziile cele mai constructive în legătură cu situațiile care apar în experiențele noastre.

- Există trei tipuri de fenomene pe care le putem experimenta: evidente, ascunse și foarte ascunse.

- Există trei forme corespunzătoare percepției valide: percepția directă, raționamentul logic și încrederea într-o autoritate. Putem cunoaște fenomenele evidente prin percepție directă. Putem cunoaște fenomenele ascunse în mod indirect, prin raționament logic. Fenomenele foarte ascunse pot fi cunoscute indirect, având încredere în sursele cu autoritate.

- Pentru a lucra cu perturbările trebuie să avem, în primul rând, capacitatea de a le identifica când apar. De asemenea, putem examina o experiență cu scopul de a-i identifica modelele și de a o înțelege. După ce identificăm unele zone cu probleme, putem petrece timpul contemplând antidoturile la perturbări. Cu cât suntem mai familiarizați cu aceste antidoturi, cu atât perturbarea va fi mai slabă.

- Există șase perturbări de rădăcină: atașamentul, aversiunea, ignoranța, vederile greșite, mândria și îndoiala perturbatoare.

CAPITOLUL TREI

Cum să meditām

Psihologia budistă este minunată pentru că ne poate ajuta să conștientizăm mai bine modul în care ne raportăm la mintea noastră. Ea este însă limitată, întrucât descoperirile pe care le putem accesa sunt direct legate de calitatea minții noastre. Dacă mintea ne este copleșită de lene, confuzie sau orice fel de emoții necontrolate, atunci calitatea informațiilor pe care le poate culege va fi, în cel mai bun caz, superficială. Pentru a accesa un nivel mai profund de înțelegere, trebuie să învățăm noi metode de a ajuta mintea să devină un instrument de analiză mai eficient.

Meditația poate fi folosită pentru a ne purifica și rafina mintea. La un anumit nivel, poate contribui la o viață mai echilibrată, calmă și liniștită, în timp ce la un nivel mai profund, ne poate ajuta să dezvoltăm o minte incredibil de puternică și concentrată. Dintr-o perspectivă budistă, atunci când aceste două aspecte sunt reunite, cumulate cu dezvoltarea unei compasiuni puternice și cu eliberarea de atașamentul față de grijile lumești, ele ne pot conduce la descoperirea propriei noastre naturi iluminate.

Acest lucru este posibil deoarece meditația lucrează direct cu conștiința mentală, care are o natură non-fizică. Întrucât conștiința mentală nu este limitată de corpul fizic, așa cum sunt celelalte tipuri de conștiințe senzoriale, ea are potențialul de se rafina la un grad infinit de subtilitate. Din acest motiv, practica meditației poate conduce la rezultate cu adevărat extraordinare.

CE ESTE MEDITAȚIA?

De-a lungul ultimelor decenii, meditația a câștigat lent în popularitate în întreaga lume și mulți oameni au auzit despre multiplele sale beneficii pentru sănătate și pentru gestionarea stresului. Din păcate sensul meditației este de obicei înțeles greșit, rămânând limitat și de multe ori simplificat. Meditația reprezintă mult mai mult decât a sta jos pentru a ne relaxa. Ea este ca un ocean imens care cuprinde un tezaur uimitor de abilități și metode diverse.

Din punct de vedere budist, meditația este cel mai bine descrisă ca fundamentul tehnologic al *științei minții*. Este microscopul electronic ce permite practicanților contemplativi să privească adânc în propria lor experiență și să adune informații valoroase despre natura realității lor. Întocmai cum un om de știință își poate observa lumea folosind diverse tehnologii, la fel o poate observa și un practicant contemplativ, folosind diferite stiluri de meditație. Indiferent de forma practicii meditative, scopul său este întotdeauna de a folosi observarea directă a experiențelor pentru a facilita un proces individual al descoperirii de sine.

Cuvântul tibetan pentru meditație este *gom*, care înseamnă atât „familiaritate" cât și procesul de „a se familiariza cu" ceva. Aceasta înseamnă să învățăm să recunoaștem și să ne familiarizăm cu natura adevărată a experiențelor noastre. Mai simplu spus, să ne înțelegem pe noi înșine prin lucrul cu mintea noastră. Pe măsură ce practicați meditația, vă veți obișnui cu un sentiment mai autentic despre cine sunteți și veți întări acest punct de vedere, făcându-l mai solid și mai stabil. Mai degrabă, decât a fi doar ceva intelectual, această perspectivă poate deveni o parte a realității de zi cu zi, care să permită dezvoltarea unei înțelepciuni și compasiuni mai profunde.

La nivel de bază, ne putem gândi la meditație ca la o unealtă pentru cultivarea bunăstării mentale și pentru a dobândi un echilibru mai mare în viața noastră. Luați, de exemplu, tensiunea pe care o avem în mod uzual în corp. Ea provine dintr-o combinație de influențe culturale specifice și un flux obsesiv de modele de gândire nesănătoasă. Stările noastre mentale sunt în esență cauza ce ne blochează energia în diferite părți ale corpului, generând disconfort și o lipsă generală de liniște. Prin meditație putem calma aceste gânduri discursive și putem descoperi o abordare mai echilibrată prin care să relaționăm cu lumea. Acest echilibru liniștește corpul care, la rândul său, eliberează energia acumulată, ceea ce ne permite să fim mai eficienți și cu mintea mai clară atunci când acționăm.

Chiar dacă eliminarea stresului poate fi foarte benefică, este important să ne amintim că nu acesta este scopul principal al meditației. Din punct de vedere budist, scopul nostru trebuie să fie întotdeauna să trecem dincolo de trăirile superficiale de extaz și să utilizăm meditația pentru a transforma complet modul în care ne raportăm la experiențele cotidiene. În acest fel, meditația nu este o evadare din asprimea realității, ci un mod de a ne angaja pe deplin față de tot ceea ce se întâmplă în viața noastră.

CATEGORII DE MEDITAȚII

Când analizăm gama largă de tehnici meditative, putem identifica două categorii generale de practici:

1. **Meditația de plasare (*shamatha*):** Această primă categorie, care se referă la o colecție de tehnici concepute să dezvolte o minte concentrată și flexibilă, este cunoscută sub numele de concentrarea într-un singur punct. Caracterul esențial al acestor practici constă în antrenarea minții pentru a acorda întreaga atenție unui obiect ales, atât timp cât dorește meditatorul. Obiectul folosit poate varia semnificativ în diferitele tehnici de meditație. Această formă de meditație poate fi asemănată cu dezvoltarea unei minți asemănătoare laserului, care poate fi folosită pentru observații extrem de precise ale minții.

   Termenul de *shamatha* (care înseamnă "a rămâne liniștit") este, de asemenea, utilizat pentru a descrie starea rezultată care este produsă prin aceste tehnici. Pe măsură ce meditatorul progresează în această practică, mintea sa grosieră intră într-o stare latentă, dezvăluind nivele din ce în ce mai subtile ale minții. Ca un scafandru ce coboară sub valurile turbulente de la suprafață, el poate să se odihnească în calmul și adâncimile nemișcate ale oceanului. Ceea ce numim "realizarea *shamatha*", este similară cu starea în care meditatorul își odihnește conștientizarea în conștiința fundamentală. Această stare este caracterizată ca fiind beatifică, calmă și extrem de strălucitoare.

2. **Meditația de pătrundere (*vipashyana*):** A doua formă de meditație este folosită pentru a desemna orice tehnică meditativă care caută în mod activ să ne dezvolte înțelegerea asupra naturii unui anumit fenomen. Putem compara meditația de fixare cu un microscop foarte puternic, iar meditația de pătrundere cu experimentele realizate folosind acel

microscop. Natura fundamentală a acestei forme de meditație este că ea analizează caracteristicile unui fenomen prin observarea directă a acestuia. Putem extinde acest lucru pentru a include observarea indirectă a unui fenomen prin raționamentul conceptual. Din acest motiv ne putem referi la meditația de pătrundere și ca la o "meditație analitică".

Dacă ne gândim la o lumânare, shamatha este similară stabilității flăcării, în timp ce *vipashyana* se aseamănă strălucirii ei. Pentru a vedea clar un tablou, ne trebuie o torță atât stabilă cât și strălucitoare. În mod similar, pentru a descoperi adevărata natură a experienței voastre, aveți nevoie de o minte stabilă și luminoasă. Aceasta nu înseamnă că *shamatha* și *vipashyana* sunt complet separate. Mulți învățători aseamănă aceste două metode cu cele două capete ale unui băț sau cu cele două părți ale unei mâini. Cu cât dezvoltăm mai mult calmul și concentrarea, cu atât crește probabilitatea ca să dezvoltăm înțelegerea. Cu cât dezvoltăm mai mult înțelegerea, cu atât îi va fi mai ușor minții să se concentreze și să rămână calmă. Pentru a elimina complet emoțiile negative și stările mentale neproductive, este necesar ca ambele categorii să fie prezente. Aceasta este starea cunoscută drept *uniunea dintre shamatha și vipashyana*.

STRUCTURA DE BAZĂ A UNEI PRACTICI MEDITATIVE

Indiferent de tehnica pe care o folosim, toate practicile meditative formale utilizează o structură similară:

Figura 3-1: Structura pentru o sesiune tipică de meditație.

Această procedură de bază poate fi folosită pentru a observa un obiect destul de simplu, precum fluxul respirației sau poate fi folosită pentru a observa un obiect mai complex, cum ar fi o imagine mentală complicată. Indiferent de obiectul ales, folosim două aptitudini de bază pentru a ne antrena calitatea minții noastre:

1. **Atenția conștientă:** Aceasta este capacitatea noastră de a ne aminti ce intenționăm să facem. Atunci când suntem conștienți, suntem pe deplin angajați față de obiectul nostru. Este opusul distragerii. Ne putem gândi la ea ca la un lipici care ne ține conectați cu obiectul meditației.

2. **Introspecția:** Aceasta este capacitatea noastră de a fi conștienți de ceea ce se întâmplă în minte în momentul prezent. Asemenea unui agent de pază, introspecția este capabilă să "verifice" și să se asigure că nu ne lăsăm perturbați de vreo formă de agitație sau că ne scufundăm în nepăsare. Introspecția ne permite să ne controlăm calitatea minții. Este un declanșator pentru angrenarea stării de atenție conștientă și pentru a ne readuce atenția înapoi la obiect.

Pe măsură ce aceste două aptitudini capătă putere, mintea devine din ce în ce mai rafinată. Calitățile specifice care caracterizează această stare a minții sunt:

1. **Relaxarea:** Prin procesul de meditație corpul învață să elibereze toate tensiunile sale recurente, rezultând un sentiment extatic de spațialitate și ușurare. Această calitate este fundamentul care permite atenției să se mențină atât timp cât dorim.

2. **Stabilitatea:** Prin aplicarea repetată a stării de atenție conștientă, mintea devine absorbită de obiectul ales. Acest lucru este comparat cu realizarea unei stări de "curgere" în care sunteți complet concentrați pe ceea ce faceți, fără distrageri.

3. **Claritatea:** Prin cultivarea introspecției suntem capabili să realizăm o conștientizare sporită a ceea ce se întâmplă în interiorul minții. Această conștientizare ne permite să stabilizăm tot mai multe aspecte ale obiectului, ca și cum am viziona un film la o rezoluție foarte înaltă.

Aceste trei calități sunt ca rădăcinile, trunchiul și frunzele unui copac. Pe măsură ce ne perfecționăm practica, rădăcinile relaxării merg mai adânc, trunchiul stabilității devine mai puternic și frunzișul clarității crește din ce în ce mai bogat.

BENEFICIILE MEDITAȚIEI

Cheia meditației este să dezvoltați o continuitate a practicii, care să permită îmbunătățirea în timp a acestor calități. Una dintre cele mai mari provocări pentru un meditator începător este menținerea disciplinei necesare pentru dezvoltarea acestei continuități. Atunci când ne pierdem aspirația de a practica sau începem să amânăm meditația, este folositor să reflectăm asupra diferitelor beneficii pe care o practică meditativă sănătoasă ni le poate aduce în viață:

1. **Conștientizare crescută:** practica meditației sporește conștientizarea în legătură cu ceea ce se întâmplă în viața noastră. Cu o mai mare conștientizare, putem învăța să abordăm viața într-un mod mai calm și o manieră mai clară. Acest lucru vă poate ajuta să vă simțiți prezenți și poate dezvolta un grad de conexiune mai mare cu toate experiențele voastre. În loc să vă lăsați dominați de emoții și gânduri, puteți învăța să vă implicați mai deplin în viață, fără să vă pierdeți perspectiva.

2. **Creează spațiu pentru alegere:** practica meditației vă oferă spațiul în care să puteți lua decizii constructive. Pe măsură ce reacționați mai puțin la evenimentele externe, deveniți mai apți în a înțelege modul în care apar diversele situații. Această înțelegere vă oferă posibilitatea de a răspunde în mod optim. În acest fel, puteți aduce mai multă înțelepciune, răbdare și bunătate în relațiile voastre.

3. **Îmbunătățește sănătatea:** Mintea și corpul sunt inextricabil conectate. Stările mentale distructive stau la baza multor boli. Prin meditație vă puteți dezvolta abilități de adaptare, o memorie mai bună, o mai mare eficiență a funcțiilor cerebrale, un somn mai odihnitor, îmbunătățește răspunsul de relaxare, reducerea anxietății și depresiei și, în unele cazuri, chiar o diminuare a durerilor cronice. Deși meditația nu este un panaceu, s-a dovedit că ea are, în general, un impact semnificativ asupra sănătății celor ce o practică. Au fost dovedite reducerea tensiunii arteriale și a ritmului cardiac, îmbunătățirea funcțiilor sistemului imunitar și diverse îmbunătățiri ale unor afecțiuni fizice, cum ar fi bolile de inimă, diabet și chiar cancer. Pe măsură ce comunitatea științifică continuă cercetările asupra corelațiilor dintre meditație și sănătate, este posibil să se descopere și alte beneficii.

4. **Face posibilă iluminarea:** În cele din urmă, pentru un practicant budist, cel mai mare beneficiu al practicii meditative autentice este acela că meditația reprezintă cheia ce deschide ușa spre iluminare. Meditația realizează aceasta dezvoltându-ne acuitatea mentală necesară pentru a observa adevărata natură a realității. Prin meditație putem explora nivelul foarte subtil al minții noastre și debloca cel mai mare potențial al nostru.

Indiferent de motivația voastră personală, dacă porniți cu sinceritate în această călătorie veți obține, fără îndoială, multe beneficii din procesul transformator oferit de practica meditației.

CUM SĂ ÎNCEPEM O PRACTICĂ MEDITATIVĂ

Acum, după ce am făcut cunoștință cu aspectele generale ale meditației, putem începe prin a vedea ce ne trebuie pentru dezvoltarea unei practici meditative personale. La început este important să nu complicăm prea mult lucrurile. Meditația este, de fapt, un proces foarte simplu. Important este să vă oferiți șansa de a experimenta beneficiile acestui proces.

Pentru aceasta, trebuie mai întâi să creăm o fereastră în programul nostru zilnic aglomerat în care să începem familiarizarea cu aceste tehnici. Avem obiceiul să credem că nu avem niciun moment liber și totuși acest lucru nu este adevărat. Ne facem timp pentru tot felul de activități care nu ne aduc niciun beneficiu semnificativ. De fapt, multe dintre activitățile în care ne angajăm contribuie direct la suferințe personale. Așa că, înainte de a începe să ne scuzăm că nu putem medita, trebuie să ne analizăm sincer obiceiurile cotidiene.

Exercițiul 3.1—Cum să găsim timpul necesar

- *Stați liniștiți câteva momente, pentru a calma mintea.*

- *Analizați rutina cotidiană. Începeți cu momentul în care vă treziți și terminați cu cel în care mergeți la culcare. Descifrați modul în care vă petreceți timpul. Care vă sunt prioritățile?*

- *Acum analizați avantajele pe care le obțineți din aceste activități. De exemplu, care este rezultatul privitului la TV timp de două ore? Nu trebuie să vă judecați în legătură cu aceste activități, ci pur și simplu să identificați ce anume obțineți de la ele.*

- *Găsiți în programul vostru niște ferestre de timp de zece, cincisprezece sau treizeci de minute pe care le-ați putea folosi stând singuri și dedicându-vă dezvoltării minții? Dacă nu, există obiceiuri la care puteți renunța pentru a vă elibera programul? De exemplu, ce s-ar întâmpla dacă v-ați trezi cu cincisprezece minute mai devreme decât în mod uzual? Ați fi dispus să vă pierdeți cincisprezece minute de visare pentru un mai mare echilibru în viață? Gândiți-vă și la alte schimbări ce pot fi făcute în rutina zilnică ce ar aduce mai multe posibilități de practică.*

Alegerea obiectului meditației

Odată ce ne-am făcut timp pentru practica meditativă, putem începe prin alegerea unui obiect potrivit pentru concentrare. Putem lucra exclusiv cu un singur tip de obiect al meditației sau putem alege dintr-o varietate de metode. Există un număr infinit de obiecte de meditație ce se potrivesc persoanelor cu temperamente și tipuri de personalitate diferite.

Vă puteți baza alegerea pe experiență ori preferință sau un învățător vă poate recomanda un obiect de meditație potrivit. Un obiect specific este de obicei ales pentru a vă ajuta să vă depășiți o anumită slăbiciune sau pentru că se bazează pe punctele voastre forte. De exemplu, dacă aveți un temperament impulsiv, bunătatea iubitoare ar putea fi un obiect adecvat deoarece aceasta poate servi ca antidot la furia voastră. În cazul în care aveți o personalitate mai sentimentală, s-ar putea să fiți atrași de o practică devoțională, folosind ca obiect al meditației imaginea mentală a unui Buddha. În mod similar, pentru cei cărora le place să gândească mult, pot fi potrivite anumite forme de meditație analitică.

Dacă obiectivul vostru este să realizați concentrarea într-un singur punct, pe măsură ce concentrarea vi se îmbunătățește, puteți alege să treceți la fixarea pe obiecte din ce în ce mai subtile. La început, un obiect în mișcare cum ar fi pășitul lent sau respirația poate fi o alegere bună, dar mai apoi este mai bine să vă concentrați pe un obiect stabil, care nu se mișcă, cum ar fi o imagine sfântă sau o vizualizare mentală. Întotdeauna amintiți-vă că pentru a ajunge la stările subtile ale minții va trebui în cele din urmă să lucrăm direct cu conștiința mentală.

În mod tradițional, obiectele de meditație pot fi împărțite în opt categorii sau tipuri:

1. **Meditații asupra respirației:** În cazul în care mintea vă este îndeosebi afectată de gânduri excesive (o situație destul de întâlnită datorită stilului nostru de viață încărcat și tensionat), concentrarea asupra fluxului natural al respirației poate fi un mod eficient de a relaxa corpul și mintea. Aceasta include respirația spontană și respirația controlată. Utilizarea respirației ca obiect al meditației este descrisă amănunțit în capitolul următor.

2. **Vizualizările mentale:** Pentru cei obișnuiți cu creștinismul sau cu alte religii bazate pe credință și care sunt atrași de rugăciuni sau de practicile devoționale, vizualizarea unei zeități cum ar fi Iisus, Fecioara Maria sau Buddha ar putea fi cel mai eficient obiect. Vizualizarea poate fi, de asemenea, și ceva simplu, precum imaginarea unei lumânări sau a unei flori.

3. **Meditații cu mantre:** Potrivite în special pentru cei cu o personalitate de tip intuitiv, acestea reprezintă repetarea unui sunet sau a unui grup de silabe. Este posibil să fiți atrași de o anumită formă, în funcție de temperament. Sunt prezentate câteva exemple din budism în tabelul de mai jos:

Aspectul de Buddha	Mantra	Calitățile care se dezvoltă
Manjushri	OM AH RA PA TSA NA DHI	Înțelepciune
Chenrezig	OM MANI PADME HUNG	Compasiune
Vajrapani	HUNG VAJRA PHET	Forță plină de compasiune și tărie
Buddha al medicinei	TAYATA OM BEKANZE BEKANZE MAHA BEKANZE RADZA SAMUDGATE SVAHA	Vindecare
Tara verde	OM TARE TUTARE TURE SVAHA	Puterea de a depăși obstacole și de a realiza toate activitățile

Tabelul 3-1: Mantre budiste uzuale.

4. **Meditațiile în mișcare:** Atenția conștientă prin mișcarea corpului, cum ar fi mersul lent sau yoga reprezintă o altă focalizare eficientă pentru relaxarea și concentrarea minții. Pentru meditația în mișcare, vă puteți concentra pe mișcarea fiecărui picior, sincronizând-o cu respirația. Inspirați, conștientizați mișcarea piciorului stâng, expirați, conștientizați mișcarea piciorului drept. Puteți combina, de asemenea, mersul lent cu o mantră, cum ar fi "*bud-dho*", metodă frecvent utilizată în tradiția thailandeză. La fiecare pas recitați în gând câte o silabă.

5. **Meditația asupra centrelor energetice (chakre):** Centrele energetice reprezintă un alt tip de obiect de meditație, cu toate că în budismul tibetan acestea sunt, în general, utilizate în practicile avansate. Practicarea lor de către un începător este precum construirea unei case fără o fundație solidă și este puțin probabil să-i aducă acestuia prea multe beneficii. Câteva școli non-budiste de yoga oferă metode puternice pentru a activa chakrele, metode ce pot fi foarte eficiente pentru anumite tipuri de oameni.

6. **Meditațiile Jhana:** După ce meditatorul a realizat starea shamatha, el este apt să continue un proces progresiv de stări mai subtile de absorbție, cunoscute sub numele de Jhana. Puteți afla mai multe despre aceste tehnici în cartea mea "*Un ghid autentic pentru meditație*".

7. **Meditații analitice:** Este posibil ca procesul gândirii să fie folosit ca obiect de meditație. În această practică meditatorul alege un subiect de reflecție asupra anumitor subiecte cum ar fi: impermanența, bunătatea iubitoare sau karma. Practica este să menținem un flux de gândire fără să fim distrași de la acesta. Vom examina această formă de meditație mai în detaliu în capitolele următoare.

8. **Meditații de conștientizare:** Acest tip de meditație se concentrează pe mintea în sine ca obiect de meditație. Ea poate fi practicată în mod obiectiv, prin concentrarea pe spațiul minții și pe conținutul acesteia (cum ar fi gânduri, senzații, etc.) sau, în mod subiectiv, pur și simplu pe conștientizare. În ambele abordări vă dezvoltați o minte fără distragere și eliberată de fixații.

Primele cinci categorii pun accentul pe dezvoltarea concentrării într-un singur punct, în timp ce ultimele trei sunt mai mult axate pe dezvoltarea meditației analitice. Acestea fiind spuse, fiecare categorie are potențialul de a dezvolta atât concentrarea cât și înțelegerea.

Accentul principal	Obiect	Tipul de personalitate
Concentrare	Respirația	Predispusă la gânduri excesive
	Vizualizări mentale	Devoțională
	Recitările de mantre	Intuitivă
	Mișcarea	Neliniștită
	Centrele energetice	Minte concentrată
Înțelegere	Absorbția mentală	Practicant avansat
	Analiza	Gânditoare
	Conștientizarea	Relaxată

Tabelul 3-2: Tipuri de obiecte de meditație.

Crearea mediului adecvat pentru meditație

Pentru ca o sămânță să crească și să ajungă un arbore, ea are nevoie de condiții variate, precum un sol fertil, lumina soarelui și ploaie. În mod similar, pentru antrenarea minții cu ajutorul meditației avem nevoie de diverse condiții, atât externe cât și interne. În continuare vom enumera condițiile elementare, necesare pentru a maximiza beneficiile derivate din practică.

Locul potrivit

Este util să pregătim un loc ce favorizează practica meditativă. În mod ideal ar trebui să fie liniștit, curat, fără lucruri aruncate în dezordine, fără întreruperi și fără surse de distragere. Anumite locuri se potrivesc anumitor tipuri de practică. Un amplasament într-o pădure liniștită, de exemplu, poate ajuta la dezvoltarea calmului și concentrării, în timp ce un loc cu o panoramă pitorească poate fi mai eficient pentru a cultiva intuiția sau înțelegerea. Un mediu gălăgios sau plin de surse de distragere poate fi un obstacol pentru începători, totuși, dacă puteți dezvolta o bună practică meditativă în ciuda acestor provocări, acest lucru poate să vă conducă spre realizări remarcabile.

Postura corectă

După cum am văzut, mintea noastră poate avea un impact semnificativ asupra corpului fizic. La rândul său și corpul are un efect important asupra stării mentale. Prin urmare, este foarte important să stabilim o postură fizică propice dezvoltării unei minți stabile. Atâta timp cât suntem ființe într-un corp fizic, trebuie să fim pricepuți în folosirea cu abilitate a acestuia. Dacă meditatorul e precum călătorul care dorește să traverseze un ocean mare, atunci corpul poate fi considerat barca ce ne poartă de-a lungul său. Odată ajunși pe celălalt mal, barca nu ne mai este necesară.

În timpul meditației este important ca postura să ne permită să fim relaxați și să stăm confortabil, menținând o stare mentală atât alertă cât și conștientă. Postura aleasă va avea o influență directă asupra capacității de a rămâne liniștiți timp îndelungat. Prin urmare, merită să alocați ceva timp și să învățați să o faceți corect. Următoarele poziții pot fi utilizate în sesiuni de meditație atât formale, cât și informale:

1. **Așezat:** În poziția așezat, puteți folosi un scaun căptușit, un scaun special de meditație ori o simplă pernă așezată pe podea. Mâinile se odihnesc în poală sau pe coapse, în timp ce spatele stă drept ca o săgeată, iar bărbia este ușor înăuntru.

2. **Întins:** Dacă aveți mintea agitată puteți, de asemenea, să vă întindeți pe spate cu brațele de o parte și de alta a corpului și palmele deschise, deși ar trebui să evitați această postură, dacă mintea vă este greoaie. Pentru a susține o mare claritate a minții, puteți sta pe partea dreaptă, cu fața sprijinită pe palma dreaptă, picioarele alăturate, cu genunchii ușor îndoiți și brațul stâng pe partea stângă a corpului.

3. **Mergând sau stând în picioare:** Asigurați-vă că aveți o postură verticală, dar relaxată, cu brațele atârnând în mod natural în fața corpului. Ar trebui să vă țineți mâna dreaptă în stânga sau, dacă vi se pare prea greu, doar încrucișați degetele.

Postura în șapte puncte a lui Vairochana

Pentru meditația budistă o postură specială s-a dovedit a fi deosebit de eficientă. Fiecare aspect al acestei posturi ajută meditatorul să controleze în corpul său fluxul de energie, care, la rândul său, îl ajută să atingă stări mai înalte de concentrare.

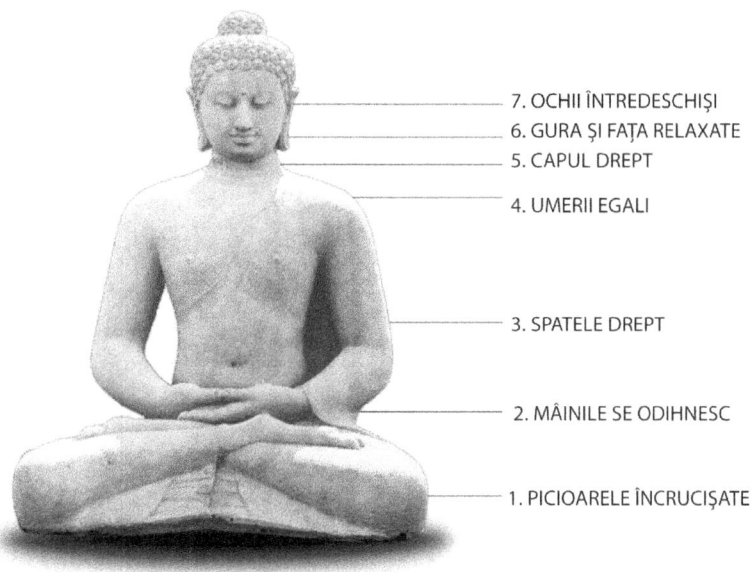

Figura 3-2: Șapte puncte principale pentru o postură de meditație stabilă.

Postura se compune din următoarele caracteristici:

1. **Picioarele (încrucișate):** În mod ideal picioarele ar trebui încrucișate în postura cunoscută drept postura vajra, în care laba piciorului stâng se odihnește pe coapsa dreaptă, iar laba piciorului drept se odihnește pe coapsa stângă. Dacă această poziție este prea dificilă, se poate sta în orice postură cu picioarele încrucișate care vă e confortabilă, dar ar trebui remarcat că mai multă stabilitate se realizează în cazul în care fesele sunt ridicate astfel încât șoldurile să fie înclinate în față. Deoarece corpurile ne sunt foarte sensibile la mediul înconjurător, statul pe jos vă poate conecta cu pământului de dedesubt, oferindu-vă o idee despre imensa lui energie. O postură bună cu picioarele încrucișate ne oferă un echilibru fizic excelent și reprezintă, de asemenea, uniunea metodei cu înțelepciunea.

    A sta în poziția corespunzătoare e la fel de important cu a sta în mod confortabil. Postura optimă contribuie la dezvoltarea practicii voastre meditative, dar stând confortabil înseamnă că veți fi mai puțin distrași în timpul meditației și vă va fi mult ușor să relaxați corpul. De aceea, veți putea alege poate să stați cu picioarele relaxate pe un scaun, cu genunchii în unghi drept și fesele ferm sprijinite de scaun, amintindu-vă să mențineți spatele drept.

2. **Palmele (în poală):** Palmele ar trebui să se odihnească ușor în poală, cea dreaptă deasupra celei stângi, orientate în sus. Pentru femei, poate fi mai eficient să așeze palma stângă deasupra. Vârfurile degetelor mari ar trebui să se atingă ușor, un pic mai jos de ombilic. Postura palmelor semnifică uniunea metodei cu înțelepciunea în timpul practicii. Ar trebui să simțiți o senzație de relaxare de la umeri până la încheieturi și în jos până la palme, permițând oricărei tensiuni din partea superioară a corpului să fie eliberată.

3. **Spatele (cu coloana vertebrală dreaptă):** Corpul ar trebui să fie menținut în poziție verticală ca o săgeată sau o grămadă de monede de aur, plasate una peste alta. Ar trebui să fiți atenți să nu vă aplecați în lateral, înapoi sau înainte. Spatele drept ajută mintea să rămână alertă și atentă și are, de asemenea, un impact enorm asupra vânturilor interne, ce reprezintă deplasări subtile ale energiei care circulă în interiorul corpului și minții. Aceste vânturi sunt foarte strâns conectate cu respirația și pot fi folosite cu mare eficiență în anumite practici avansate. Odată ce v-ați stabilit poziția, petreceți un moment ca să vă imaginați corpul din creștetul capului până la bază. Puteți efectua ajustări ușoare în timpul meditației, pentru a vă asigura că aveți o postură dreaptă și echilibrată. Scopul este să rămâneți calmi, relaxați și alerți, rigiditatea și imobilitatea reprezentând obstacole pentru conștientizare.

4. **Umerii și coatele (trase înapoi și ușor îndepărtate de corp):** Umerii și brațele trebuie să fie trase puțin înapoi și ușor curbate, astfel încât să fie plasate în mod uniform pe lângă corp. Aceasta ajută plămânii să se extindă în mod corect și înlesnește respirația din timpul meditației. Coatele ar trebui să rămână un pic îndepărtate de corp.

5. **Capul și gâtul (bărbia ușor coborâtă):** Capul ar trebui să fie drept și centrat, nici prea lăsat pe spate, nici prea aplecat. Păstrați bărbia retrasă,

astfel încât nasul să fie în linie cu ombilicul. Încercați să nu îndoiți gâtul în nicio direcție.

6. **Gura (fața relaxată cu vârful limbii atingând cerul gurii):** Dinții și buzele trebuie ținute în poziție naturală, dinții abia atingându-se. Menținerea feței și maxilarelor relaxate previne salivatul excesiv, în timp ce plasarea vârfului limbii în spatele dinților de sus (atingând ușor cerul gurii) ne ajută să ascuțim mintea și să prevenim uscarea gurii și scurgerea salivei. Dacă mintea vă este agitată și aveți dificultăți pentru atingerea stării de calm, plasarea limbii în spatele dinților de jos ar putea fi utilă pentru relaxarea și calmarea minții.

7. **Ochii (privesc peste vârful nasului):** Ochii n-ar trebui să fie nici prea larg deschiși, nici complet închiși. Dacă sunt prea larg deschiși puteți fi distrași cu ușurință, iar dacă sunt complet închiși mintea vă poate deveni neclară sau plictisită. La început, totuși, păstrarea ochilor închiși cu blândețe vă poate ajuta corpul să intre într-o stare mai profundă de relaxare. După ce veți medita astfel o vreme, veți deveni în mod natural mai echilibrați și s-ar putea să doriți să întredeschideți ușor ochii. De asemenea, dacă folosiți un obiect vizualizat pentru a vă concentra în meditație sau când aveți mintea prea agitată, poate fi benefic să închideți ochii.

   Există mai multe metode de a vă direcționa privirea. Prima metodă este de a vă îndrepta privirea direct în față, la orice culoare care nu este prea strălucitoare sau spre un obiect plăcut sau sfânt, cum ar fi o floare sau o imagine a lui Buddha. A doua metodă mai uzuală este de a direcționa privirea în jos, privind ușor și cu seninătate în spațiu, puțin în fața vârfului nasului vostru. Nu vă concentrați prea puternic, priviți liniștiți și permiteți-le pleoapelor să clipească în mod natural. Aceste două metode sunt potrivite pentru începători. Alte metode meditative implică să priviți în sus cu ochii deschiși larg spre spațiul deschis. Aceasta se poate întâmpla în mod natural atunci când mintea a atins un anumit nivel de calm și începe să se dezvolte înțelegerea clară.

Oricine perseverează practicând în mod corect *postura în șapte puncte a lui Vairochana*, indiferent de cât de greu sau dureros ar părea inițial, va găsi în cele din urmă această postură extrem de confortabilă și benefică pentru sănătate. Totuși, avantajul principal este că sprijină practica meditativă și dezvoltarea mentală pe termen lung. Dacă nu sunteți cu adevărat preocupați de practicarea intensivă și de obținerea shamathei, atunci orice poziție pe care o considerați confortabilă și facilă va fi la fel de utilă pentru a vă relaxa.

Atitudinea corectă

Pentru practicanții budiști, atitudinea potrivită se referă la multe condiții interioare importante, cum ar fi să aveți motivația și intenția corecte. Aceste aspecte sunt necesare pentru a progresa cu succes pe calea spirituală. Totuși, pentru începătorii în practica meditativă, a avea atitudinea potrivită poate fi privită într-un sens mai practic. Odată ce începeți să practicați, ar trebui să renunțați la gândurile personale, să abandonați orice îngrijorări referitoare la trecut sau la viitor. Încercați să aduceți mintea la momentul prezent, eliberată de orice distrageri și așteptări. În mod special, ar trebui să abandonați gândurile descurajante, în cazul în care întâmpinați dificultăți în practică și să evitați distragerea provocată de mândrie sau entuziasm în cazul experiențelor "bune" din timpul meditației.

Practicile preliminare

Pentru a putea începe meditația cu o minte calmă și receptivă, sunt utile câteva practici preliminare:

1. **Expirarea aerului viciat:** Prima dintre acestea este o practică scurtă din tradiția tibetană care implică vizualizarea tuturor impurităților sub formă de fum și evacuarea lor puternică pe nas cu ajutorul a trei respirații profunde. Aceasta ne ajută să eliminăm fluxurile contraproductive de energie din corpul subtil, asociate cu atașamentul, aversiunea și ignoranța. Întrucât mintea și respirația sunt strâns legate, această practică este un excelent punct de pornire pentru orice meditație. Știința a descoperit că trei respirații adânci pornesc sistemul nervos parasimpatic, inducând un răspuns de relaxare în corp.

2. **Balansarea corpului:** A doua practică preliminară constă în balansarea laterală a corpului, până când acesta atinge poziția naturală de relaxare.

Verificați coloana vertebrală să fie dreaptă, fără a fi încordată și relaxați-vă în poziție. Scopul este de a crea o bază stabilă pentru practica meditativă.

3. **Conștientizarea tuturor fenomenelor exterioare:** Deveniți acum conștienți de experiențele voastre senzoriale, de sunetele, gusturile, mirosurile și priveliștile ce vă înconjoară. Scopul este de a vă aduce mintea complet în momentul prezent, fără a crea o poveste. Doar fiți prezent.

Exercițiul 3.2—O practică simplă de atenție conștientă asupra respirației

Practicile preliminare:

- *Revizuiți-vă postura, asigurându-vă că sunteți așezați într-un mod relaxat și totuși alert.*

- *Respirați adânc de trei ori și, cu fiecare expirație, imaginați-vă că eliberați toate grijile și preocupările.*

- *Balansați ușor corpul dintr-o parte în alta, permițând corpului să se stabilizeze în poziție.*

- *Acum renunțați în mod conștient la toate amintirile și la toate planurile. Aduceți conștiința în acest moment prezent. Acum e timpul vostru și pe durata acestei sesiuni nimic altceva nu mai contează.*

Practica principală:

- *Permiteți conștiinței să umple complet corpul, ca un nor nebulos care se întinde din partea de sus a capului până la punctul în care corpul vostru atinge solul. În acest moment, pur și simplu deveniți conștienți de diferitele senzații tactile din corp.*

- *Dintre aceste senzații, identificați-le pe acelea care sunt legate de ritmul constant al inspirației și expirației voastre. Nu trebuie să faceți nimic pentru a crea aceste senzații, pur și simplu observați ce senzații apar în mod natural.*

- *Vedeți dacă vă puteți menține conștientizarea pe un ciclu complet de respirație. Observați ce simțiți când aerul intră prin nări. Observați ce simțiți când inhalarea se oprește și aerul începe să iasă afară. Observați ce simțiți când tot aerul este expirat. Observați ce simțiți atunci când așteptați să apară următoarea respirație.*

- *Stați o perioadă până vă familiarizați cu procesul.*

- *Acum folosiți fiecare expirație ca pe o oportunitate de a continua eliberarea tuturor tensiunilor din corp și din minte. În timp ce expirați, permiteți-vă să deveniți din ce în ce mai relaxați, dar în același timp rămâneți senini și prezenți.*

- *Folosind capacitatea de introspecție, verificați din când în când, pentru a vă asigura că nu amorțiți sau că nu adormiți. Dacă observați că mintea devine greoaie, învioreți-o acordând atenție mai mare inspirației. Când sunteți din nou prezenți și conectați, reveniți la concentrarea pe expirație.*

- *Continuați în acest fel până la terminarea sesiunii.*

OBSTACOLE ÎN CALEA PRACTICII MEDITATIVE

Nu este ușor să înveți să meditezi. Pentru majoritatea oamenilor poate fi prima oară în viața lor când fac un efort conștient să își analizeze mintea și, prin urmare, sunt destul de surprinși să descopere cât de zgomotoasă este. Concentrarea minții pe un singur obiect poate părea ceva relativ simplu, dar, în realitate, este o sarcină destul de dificilă și, la fel ca și obținerea oricărei alte abilități, e nevoie de multă practică.

A fi conștienți de obstacolele cu care vă confruntați în mod uzual atunci când practicați meditația, reprezintă un pas important în progresul vostru în această direcție. Aceste cunoștințe vă permit să realizați starea actuală a minții, ceea ce vă îngăduie ulterior să aplicați metodele adecvate pentru a depăși obstacolele. Piedicile ce apar în timpul meditației sunt adeseori similare cu obstacolele din viața de zi cu zi, deci învățând să lucrați cu ele în sesiuni formale de meditație, vă veți dezvolta aptitudini foarte utile.

Dacă sunteți conștienți de obstacole, veți putea să vă evaluați mai realist capacitățile și astfel să evitați așteptările nerealiste referitoare la practica noastră. Aceasta vă va ajuta să dezvoltați mai ușor obiceiuri constructive. La un nivel mai avansat, veți putea chiar să identificați cu precizie în ce stadiu al meditației ați ajuns și cum să procedați mai departe.

Cele cinci greșeli și cele opt antidoturi

Cele cinci greșeli și cele opt antidoturi ne oferă un cadru eficient pentru a recunoaște și pentru a depăși piedicile care interferează cu capacitatea noastră de a medita. Ele descriu diferitele obstacole în calea meditației, care apar pe măsură ce progresați prin diferitele niveluri de concentrare ce conduc spre shamatha. Cunoașterea acestor greșeli și a antidoturilor lor vă ajută să le depășiți cât mai rapid și mai eficient posibil, nu numai în timpul meditației, dar și în viața de zi cu zi. Cele cinci greșeli, împreună cu antidoturile corespunzătoare, sunt după cum urmează:

1. Lenea
(Antidoturi: aspirația, credința, sârguința și flexibilitatea mentală)

Lenea este o stare de stagnare a minții care ne poate împiedica să începem să medităm. Prin urmare, ea reprezintă un obstacol major în practica noastră meditativă. Poate lua diferite forme și este mai mult decât pur și simplu a sta nefăcând nimic. Putem identifica trei tipuri de lene:

1. **Automulțumirea:** Aceasta se manifestă când suntem dezinteresați sau nemotivați de meditație. Automulțumirea apare când preferăm să stăm pe canapea și să ne uităm la televizor.

2. **Lipsa de încredere în sine:** Aceasta se referă la lipsa de încredere referitoare la abilitățile noastre de a medita, având senzația că nu vom putea atinge vreo realizare, indiferent că este vorba de shamatha sau de orice alte etape.

3. **A fi mereu ocupat:** Cunoscută, de asemenea, sub numele de lene activă, acest tip de lene poate fi destul de înșelătoare, deoarece apare atunci când ne menținem ocupați cu multe sarcini lumești. Putem să găsim energie să ne întâlnim cu prietenii sau să mergem la film, dar gândul meditației ne face să ne simțim brusc obosiți.

Lenea poate fi depășită prin dezvoltarea *credinței* în calitățile excelente pe care practica meditativă le produce, atât în practică, cât și în viața de zi cu zi. Numai atunci vom aprecia suficient meditația pentru a o face prioritară în viața noastră. Cu cât mai mult îi realizăm beneficiile, cu atât mai mult va crește *aspirația* de a o practica, care, la rândul său, încurajează dezvoltarea *sârguinței* și a efortului făcut cu bucurie. Prin puterea familiarizării cu ea putem realiza *maleabilitatea fizică și mentală* - o flexibilitate unică și extatică a corpului și a minții.

Dacă vă descurajați deoarece simțiți că nu progresați, poate fi de folos să vă amintiți efortul incredibil depus în alte aspecte ale vieții noastre, cum ar fi creșterea copiilor sau învățarea unei meserii. Dacă luăm cu adevărat în considerare beneficiile meditației, putem ajunge la concluzia că merită să ne dedicăm timpul și efortul pentru dezvoltarea minții.

2. A nu cunoaște sau a uita instrucțiunile
(Antidot: atenția conștientă)

Această greșeală se referă la o lipsă de atenție conștientă în legătură cu procesul corect de meditație. Apare atunci când uităm obiectul de meditație sau nu au fost învățate corect instrucțiunile, astfel încât mintea rătăcește frecvent spre alte obiecte. Schimbarea frecventă a obiectului meditației, mai ales în cadrul aceleiași sesiuni, este un alt semn al acestei erori.

Remediul este cultivarea unui nivel de *atenție conștientă* care vă permite să păstrați mintea pe obiectul de meditație și vă împiedică să uitați instrucțiunile. Acest tip de atenție se referă atât la amintirea instrucțiunilor, cât și la angajarea minții astfel încât să se "umple" cu obiectul. Odată ce ați început să stabilizați starea de atenție conștientă, puteți începe să dezvoltați *vigilența*. Acest lucru înseamnă să observați chiar mintea ce meditează și să detectați când ea se îndepărtează de obiect, chiar și în mod subtil. Atunci veți putea aplica remediul potrivit. Situația se aseamănă cu cea în care un comentator raportează ceea ce se întâmplă, fără a participa efectiv.

3. Moleșeala mentală și agitația
(Antidot: vigilența)

Agitația grosieră

În timpul etapelor de început ale meditației, mintea poate fi destul de agitată. Fuge adesea spre stimuli externi, cum ar fi sunetul activităților dimprejurul nostru. De asemenea, ea rătăcește constant, preocupată de alte gânduri. Ar putea fi un cântec, un plan al zilei gândit mai devreme sau o idee despre ce să gătim pentru cină, practic orice altceva decât obiectul meditației. Această agitație apare atunci când concentrarea nu este prea accentuată sau nu sunteți suficient de relaxați, păstrând tensiune în corpul vostru. Când mintea distrasă își pierde complet obiectul de focalizare, acest lucru este destul de ușor de detectat. Totuși, la început, unei minți neantrenate îi sunt necesare câteva minute pentru a remarca că și-a pierdut obiectul de focalizare. Agitația grosieră este comparată cu deplasarea unui nor, care este remarcată ușor atunci când se întâmplă.

Aplicarea remediilor nu este în general prea dificilă în acest stadiu și există mai multe lucruri care pot fi încercate. Puteți coborî mental obiectul, imaginându-vă că este destul de greu. Poate fi util să vă relaxați corpul, concentrându-vă pe senzațiile corporale sau să vă plasați pentru un timp limba în fața dinților de jos, stând cu ochii închiși. O altă tehnică de a vă supune mintea este să vizualizați un punct negru pe scaunul vostru. Dacă sunteți foarte neliniștiți, exercițiile fizice vă obosesc și obligă mintea să rătăcească mai puțin. La început poate dura ceva timp pentru a detecta când gândurile rătăcitoare apar, dar după ceva timp și practică o astfel de conștientizare devine naturală.

Moleșeala grosieră

Aceasta apare când mintea își pierde claritatea și devine excesiv introvertită. Ne simțim tulburați și pe punctul de a adormi. Aici claritatea se referă mai degrabă la o stare a minții curată, proaspătă și luminoasă și nu atât de mult la claritatea obiectului meditației.

Puteți percepe mai clar sau mai intens obiectul meditației dacă ridicați ușor privirea sau acordați mai multă atenție detaliilor sale, ca și cum ați cădea pe de o stâncă dacă i-ați da drumul din mână. De asemenea, puteți crește luminozitatea minții amintindu-vă ceva benefic, care să vă inspire sau imaginându-vă o lumină albă în centrul frunții. O altă tehnică este de a medita într-un loc situat la înălțime, cu o panoramă largă sau de a găsi un loc răcoros și aerisit. Stropirea feței cu apă, exercițiile în aer liber și adoptarea unei diete ușoare vă pot ajuta.

Totuși trebuie să fiți foarte atenți pentru a distinge oboseala datorată lenei de adevărata oboseală, caz în care aveți nevoie cu adevărat de odihnă. Este demn de remarcat faptul că lipsa de bunăvoință față de voi înșivă, cum ar fi așteptările nerealiste față de practica personală, se poate manifesta ca oboseală. Dacă sunteți cu adevărat obosiți, veți continua să vă simțiți istoviți în ciuda aplicării remediilor de mai sus. În acest caz, este important să vă odihniți, deoarece a vă strădui prea mult poate deveni contraproductiv.

Agitația subtilă

Agitația subtilă este mai greu de recunoscut, întrucât apare când o parte a minții se odihnește confortabil pe obiectul meditației, în timp ce altă parte rătăcește spre alte obiecte, fără să fiți conștienți de asta. Mult mai dificil de detectat, seamănă cu o maimuță ce se mișcă rapid.

Pentru a remedia agitația subtilă trebuie să dezvoltați o vigilență deosebit de puternică. Acest lucru nu poate fi obținut prin mijloace intelectuale, ci numai prin intermediul propriei voastre experiențe și practici. Prin avântul luat prin practică repetată, mintea voastră va putea în cele din urmă să identifice agitația subtilă imediat ce aceasta apare și va reveni rapid la obiectul meditației.

Moleșeala subtilă (scufundarea)

Greșeala moleșelii subtile sau a scufundării nu este de obicei o problemă pentru începători, deoarece, în general, sunt prea agitați. Ea poate fi recunoscută doar când un meditator este mai avansat și are capacitatea de a se concentra mai stabil pe obiectul meditației. Moleșeala subtilă apare atunci când există fermitate și ceva claritate, dar nu și intensitate. Aceasta înseamnă că obiectul este fixat cu puțină vitalitate sau putere. Opacitatea subtilă este mult mai dificil de detectat și de eliminat. Mulți meditatori se blochează aici, convinși că meditația lor decurge foarte bine. Aceasta este o capcană des întâlnită.

Remediul pentru moleșeala subtilă este dezvoltarea unei intensități consistente, puternice și vii, care poate fi cultivată doar printr-o disciplină incredibilă. Aceasta nu poate fi descrisă intelectual, ci doar experimentată de către practicanții cei mai pricepuți. Poate fi util, de asemenea, să reîmprospătați mintea reflectând la teme ce vă inspiră, precum ar fi o deosebită recunoștință față de învățătorul vostru și incredibilele beneficii ale antrenării minții voastre. Aceste gânduri vă inspiră și vă înnobilează mintea.

4. Aplicarea insuficientă a remediilor
(Antidot: aplicarea remediilor)

Aceasta înseamnă că nu ați luat suficiente măsuri pentru a corecta moleșeala, agitația sau lenea atunci când acestea se ivesc. Ați eșuat în aplicarea antidoturilor, deoarece adeseori sunteți prea letargici sau prea mulțumiți de sine.

În acest caz, remediul îl reprezintă acțiunea și *aplicarea antidoturilor corespunzătoare*. Uneori ajută să întrerupeți meditația, să vă plimbați puțin, să faceți întinderi ușoare, să vă stropiți fața cu apă rece sau să ieșiți la aer curat. Odată întorși la locul de meditație, vă va fi mai ușor să reluați practica. Poate ajuta, de asemenea, să vă amintiți beneficiile practicii meditative.

5. Aplicarea excesivă a remediilor
(Antidot: echilibrul imparțial)

Această greșeală reprezintă aplicarea antidoturilor atunci când nu sunt necesare sau aplicarea lor în exces. Un exemplu ar putea fi când scufundarea sau agitația au fost recunoscute și eliminate, dar totuși continuați aplicarea măsurilor corective. Antidotul acestei probleme este aplicarea echilibrului. Cu alte cuvinte, lăsați-le în pace.

Dacă veți memora aceste cinci greșeli și cele opt antidoturi ale lor, meditația voastră nu va mai avea un succes incert, ci va fi mai degrabă un proces dinamic, de care în mod sigur veți beneficia.

Greșeală	Antidot
1. Lenea	1. Aspirația
	2. Credința
	3. Sârguința
	4. Flexibilitatea mentală
2. A nu cunoaște sau a uita instrucțiunile	5. Atenția conștientă
3. Moleșeala mentală și agitația	6. Vigilența
4. Aplicarea insuficientă a remediilor	7. Aplicarea remediilor
5. Aplicarea excesivă a remediilor	8. Echilibrul imparțial

Tabelul 3-3: Cele cinci greșeli și cele opt antidoturi.

Cele cinci obstacole

La fel ca și cele cinci greșeli, cele cinci obstacole vă pot domina complet practica. Totuși, pe măsură ce veți progresa de-a lungul căii meditației, ele vor slăbi treptat și vor dispărea, permițându-vă să descoperiți o minte care este în mod natural calmă și clară.

1. Dorința senzorială

Dorința senzorială se referă la atașamentul față de obiectele pe care le percepem prin cele cinci simțuri: priveliști atractive, sunete, arome, gusturi și senzații tactile. Atunci când meditam, încercăm să transcendem simțurile noastre prin renunțarea la preocuparea față de corpul nostru. Prin urmare, acest obstacol se manifestă atunci când mintea e preocupată cu distrageri ca durerile de spate, mirosul de grătar de la vecin sau muzica din camera de alături. Cheia depășirii acestui obstacol este să îl abandonați încetul cu încetul. Mai întâi puteți învăța să fiți atenți și receptivi la obiectele simțurilor fără să reacționați și, treptat, să reduceți tendința spre distragere în timpul meditației.

2. Rea-voința

Rea-voința în meditație apare ca o aversiune față de obiectul de focalizare sau față de meditația în sine, determinând mintea să rătăcească. Acesta poate fi îndreptată spre voi înșivă, legată de sentimentele de vinovăție sau de așteptări nerezonabile. Remediul față de acest obstacol este să generați iubire și bunătate față de obiectul care generează acest sentiment negativ. Meditația poate părea uneori o corvoadă, așa că vă poate ajuta vizualizarea ei ca pe un prieten drag, pe care am ajuns să îl privim cu iubire și apreciere. Să fiți buni cu voi înșivă este, de asemenea, foarte important, deoarece învățând să înțelegeți greșelile și având curajul să le iertați, vă va permite să renunțați la ele și să mergeți mai departe.

3. Moleșeala și lâncezeala

Acest obstacol se referă la greutatea corpului și opacitatea minții ce duc la o atenție fragmentată. Aceasta ne poate face să ațipim în timpul meditației, fără să ne dăm seama. Cheia pentru depășirea moleșelii este înainte de toate să te împaci cu ea și să nu i te mai opui. În caz contrar, mintea tinde să oscileze haotic între moleșeală și agitație. Dacă sunteți relaxați și simțiți cum alunecați în moleșeală, este important să încordați ușor mintea și să deveniți vigilenți ca atunci când mergeți pe marginea unei stânci. Puteți de asemenea să reflectați la oportunitatea prețioasă de a dezvolta mintea prin meditație sau la alte subiecte care vă inspiră. Dacă după toate acestea încă simțiți oboseala, mai bine vă odihniți decât să forțați în continuare meditația. Uneori problema nu este moleșeala, ci mai degrabă rea-voința, întrucât avem tendința de a evada în moleșeală când facem ceva ce nu ne place.

4. Agitația

Agitația apare atunci când mintea sare de la un gând la altul așa cum o maimuță sare din creangă în creangă. Agitația este depășită prin cultivarea unui sentiment interior de mulțumire, lipsit de așteptări, fericit să fie liniștit și tăcut. De asemenea, ajută să relaxăm un pic meditația și să ne asigurăm că avem corpul destins.

5. Nesiguranța sau îndoiala

Acest obstacol apare când suntem copleșiți de întrebări interioare în timp ce încercăm să liniștim mintea și să ne concentrăm pe obiectul meditației. Ne putem întreba "Pot face asta?" sau " De ce mă obosesc cu asta? Ce rost are?" De asemenea, îndoiala poate lua forma unei constante auto-evaluări: "Oare la ce nivel de atenție am ajuns?" sau " Cum merge practica mea?" Astfel de întrebări sunt obstacole, întrucât sunt formulate la momentul nepotrivit și servesc doar la distragerea atenției. Acest lucru poate fi depășit prin înțelegerea motivului pentru care ne facem timp să medităm, deținerea de instrucțiuni clare înainte de a începe meditația și lucrul cu un învățător bun care să ne ghideze. Dubiile pe care le aveți asupra voastră pot fi depășite cu determinare și experiență, în timp ce evaluarea meditației la finalul sesiunii este mult mai utilă decât în timpul practicii.

Obstacol	Antidot
1. Dorința senzorială	Reduceți atracția senzorială prin atenția conștientă
2. Rea-voința	Direcționați bunătatea iubitoare spre voi înșivă
3. Moleșeala și lâncezeala	Identificați-le și nu luptați contra lor
4. Agitația	Cultivați mulțumirea
5. Nesiguranța sau îndoiala	Înțelegeți atât beneficiile meditației, cât și ceea ce faceți

Tabelul 3-4: Cele cinci obstacole.

RECAPITULAREA PUNCTELOR CHEIE

- Meditația este o colecție de tehnici care ajută să ne familiarizăm mintea cu calitățile ei.

- Există două forme principale de meditație: meditația de fixare și meditația de pătrundere. Meditația de fixare este, de asemenea, cunoscută sub numele de shamatha și se referă la îmbunătățirea calității minții noastre. Meditația de pătrundere este cunoscută de asemenea sub numele de vipashyana și ne ajută la dezvoltarea înțelepciunii despre natura diferitelor fenomene mentale.

- Există două abilități pe care le folosim în timpul unei sesiuni de meditație tipice: atenția conștientă și introspecția. Atenția conștientă ne menține mintea fixată pe obiectul de meditație, în timp ce introspecția ne ajută să recunoaștem când mintea este distrasă.

- Meditația ne ajută să dezvoltăm trei calități ale minții: relaxarea, stabilitatea și vivacitatea. Relaxarea ne permite să ne susținem atenția pentru o perioadă de timp. Stabilitatea ne permite să păstrăm mintea fixată pe un obiect. Vivacitatea ne permite să observăm caracteristici din ce în ce mai subtile ale obiectului asupra căruia medităm.

- Meditația aduce multe avantaje, cum ar fi creșterea gradului de conștientizare generală, crearea unui spațiu pentru a lua decizii înțelepte, îmbunătățirea sănătății noastre fizice, precum și posibilitatea dezvoltării potențialului nostru spiritual.

- Pentru a experimenta beneficiile meditației trebuie să vă faceți timp pentru practică regulată.

- Există diferite obiecte de meditație pe care le puteți alege, în funcție de tipul de personalitate și de nevoile specifice.

- O parte din crearea cadrului unei meditații reușite constă atât în alegerea locului potrivit, cât și în menținerea posturii și atitudinii corecte.

- Există multe obstacole care pot apărea în practica meditativă. Prin înțelegerea celor cinci greșeli și a celor cinci obstacole, puteți dezvolta capacitatea de a aplica antidoturi, îmbunătățind astfel calitatea sesiunilor voastre.

CAPITOLUL PATRU

Etapele meditației

Meditația este un proces care se dezvoltă într-o perioadă îndelungată de timp. Este un proces special conceput pentru a calma mintea și a o face suficient de flexibilă pentru a fi folosită în mod constructiv. Putem să ne comparăm mintea cu o oaie neastâmpărată care fuge mereu din turmă. În timp ce păstorul este ocupat cu îngrijirea celorlalte oi, ea rătăcește prin munți. Păstorul merge în căutarea ei și, în cele din urmă, o găsește și o aduce acasă în siguranță. Dar oaia continuă să scape, iar ciobanul începe să o supravegheze și astfel reușește să o prindă înainte ca ea să se depărteze prea mult. Cu calm, păstorul prinde oaia de fiecare dată și o readuce în turmă. Cu timpul, el devine atât de conștient de acel animal, încât ajunge să îl prindă chiar în momentul în care el se pregătește să fugă. În cele din urmă, oaia învață să rămână în turmă, iar ciobanul nu mai trebuie să o urmărească.

Similar, prin folosirea a două abilități, atenția conștientă și introspecția, meditatorul învață să-și monitorizeze și să-și dirijeze mintea în mod consecvent. Cu cât folosim mai mult aceste calități, cu atât ele devin mai puternice. În timp, ele ne permit să condiționăm mintea în așa fel încât ea să nu mai cadă pradă distragerilor și astfel să o putem folosi mult mai eficient, indiferent de sarcinile pe care ni le propunem.

De-a lungul multor ani de cercetare contemplativă, marii meditatori din trecut au identificat o secvență clară a etapelor prin care trece un practicant atunci când pornește pe acest drum. Aceste experiențe alcătuiesc o hartă clară pe care o putem urma și care ne ajută să identificăm unde ne aflăm în cadrul acestui proces. După cum vom vedea, capacitatea de a evalua cu precizie propriul stadiu de dezvoltare ne poate ajuta să nu mai dăm atâta atenție obstacolelor întâlnite în fiecare etapă.

FOLOSIREA RESPIRAȚIEI CA OBIECT AL MEDITAȚIEI

Pentru a ilustra acest proces, vom prezenta fiecare etapă a meditației folosind senzațiile tactile ale respirației ca obiect al meditației. Pentru cei care trăiesc într-un mediu foarte agitat și stimulator, fiind predispuși la gândire excesivă și la anxietate, *atenția conștientă pe respirație* este o metodă deosebit de eficientă pentru a învinge energia nervoasă care generează aceste probleme. Dintre toate metodele predate de Buddha, aceasta a fost de departe cea mai populară.

Exercițiile din acest capitol sunt preluate din *Satipatthana Sutta* din tradiția Theravada. Buddha a oferit această învățătură pentru a arăta cum poate fi folosită atenția conștientă pe respirație ca bază pentru realizarea uniunii dintre *shamatha* și *vipashyana*. Prima parte a acestei învățături oferă instrucțiuni pentru șaisprezece feluri de concentrare pe respirație (*anapanasati*), fiecare fiind conceput pentru a calma în mod eficient mintea, dezvoltând în același timp o conștientizare clară a experienței din momentul prezent. Împreună, aceste practici reprezintă o dezvoltare gradată, care poate fi rezumată în cinci etape:

1. Atenția conștientă asupra momentului prezent
2. Plasarea minții asupra obiectului
3. Păstrarea minții asupra obiectului
4. Reglajul fin al minții
5. Unificarea minții

Fiecare etapă va fi descrisă în detaliu mai târziu. Pentru moment, este suficient să știți că primele două etape subliniază starea de relaxare. A treia pune accentul pe cultivarea atenției conștiente care are ca rezultat creșterea stabilității concentrării, iar a patra și a cincea etapă accentuează cultivarea unei mai mari clarități ori a atenției mai intense, care se bazează pe relaxarea și stabilitatea concentrării dezvoltate anterior.

În aceste faze progresul nu este în alb și negru. În timpul unei singure sesiuni puteți atinge diferite niveluri. În unele zile puteți experimenta prima etapă, în altele pe cea de-a treia. Astfel, ne putem măsura mai precis capacitatea actuală pe baza mediei experiențelor din mai multe sesiuni dintr-o anumită perioadă. Când experimentați constant o anumită etapă, se poate considera că ați "atins" acea etapă. Cu toate acestea, rețineți că agățarea de aceste etape ca de ceva ce trebuie atins poate aduce o serie de obstacole în practica voastră. De aceea, e mult mai bine să fiți relaxat și răbdător, fără să aveți așteptări inutile.

În tradiția tibetană, cele cinci etape ale meditației sunt înțelese pe baza a nouă stări ale atenției. Această învățătură a fost prezentată pentru prima dată de către marele învățat indian Kamalashila în comentariul său la învățăturile lui Buddha Maitreya. Cele nouă stări ale atenției sunt:

1. Plasarea minții pe un obiect
2. Plasarea continuă
3. Plasarea „peticită"
4. Plasarea apropiată
5. Disciplinarea minții
6. Pacificarea minții
7. Pacificarea completă a minții
8. Concentrarea într-un singur punct
9. Echilibrul imparțial

Principala diferență dintre aceste două abordări este că împărțirea în cinci etape se concentrează pe calitatea minții care se dezvoltă, iar cele nouă stări ale atenției pun accentul pe tipurile de obstacole care apar.

CELE CINCI ETAPE ALE MEDITAȚIEI ȘI CELE NOUĂ STĂRI ALE ATENȚIEI

Pentru a înțelege mai bine acest proces, vom combina cele două sisteme într-o singură prezentare. Legătura dintre etapele meditației și stările atenției sunt ilustrate în tabelul de mai jos:

Etapele meditației	Stările atenției	Accent pus pe
1. Atenția conștientă asupra momentului prezent		Relaxare
2. Plasarea minții asupra obiectului	1. Plasarea minții pe un obiect	
	2. Plasarea continuă	
3. Păstrarea minții asupra obiectului	3. Plasarea „peticită"	Atenție conștientă
	4. Plasarea apropiată	
	5. Disciplinarea minții	
4. Reglajul fin al minții	6. Pacificarea minții	Vigilență
	7. Pacificarea completă a minții	
5. Unificarea minții	8. Fixarea într-un singur punct	
	9. Echilibrul imparțial	

Tabelul 4-1: Cele cinci etape ale meditației și cele nouă stări ale atenției.

Etapa 1—Atenția conștientă asupra momentului prezent

Pentru mulți dintre noi viața constă într-un bombardament constant de stimuli senzoriali și jonglarea cu un flux frenetic, aparent fără sfârșit, de lucruri ce trebuie făcute. Nu este surprinzător că atunci când ne așezăm pentru prima dată să medităm poate fi destul de dificil să rămânem atenți la obiectul meditației. De aceea, scopul acestei prime etape este să creăm un cadru receptiv al minții, astfel încât să devină capabilă să se conecteze efectiv cu obiectul.

Realitatea tristă este că, indiferent de cât de atent ne vom alege locul pentru practică, întotdeauna va fi ceva care să ne distragă. La început ar putea fi lătratul unui câine în depărtare. Acest sunet ar putea declanșa un șir de gânduri de genul: "Trebuie să cumpăr mâncare pentru câinele meu. Sper că e bine. Mi-e dor de el. Abia aștept să-mi văd câinele". Și înainte să ne dăm seama, suntem copleșiți de un potop de pălăvrăgeală mentală.

Pentru a reduce capacitatea mediului înconjurător de a ne distrage, trebuie să ne antrenăm pentru a accepta condițiile din jurul nostru. În loc să reacționăm la stimulii externi, pur și simplu îi observăm și îi acceptăm, fără să ne lăsăm perturbați de ei. Folosiți respirația pentru a vă relaxa în mod conștient corpul și ancorați-vă conștiința pentru a fi prezentă atât în momentul prezent, cât și în corp.

Exercițiul 4.1—Relaxarea în momentul prezent

- *Găsiți o poziție confortabilă de meditație și angajați-vă în practicile preliminare. Respirați adânc de trei ori, eliberând toate tensiunile. Balansați cu blândețe corpul pentru a stabiliza postura. Eliberați-vă de toate amintirile din trecut și de toate gândurile despre viitor, aducând mintea în momentul prezent.*

- *Plasați atenția în vârful capului. În timp ce expirați, imaginați-vă că eliberați toată energia din acea zonă a corpului. Relaxarea este totală.*

- *Acum mutați atenția mai jos, aducând-o la nivelul feței. Deveniți conștienți de senzațiile tactile din această zonă. În timp ce expirați, eliberați toate tensiunile și relaxați-vă pe deplin.*

- *Coborâți încet atenția asupra corpului, oprindu-vă câte un moment în fiecare punct. Faceți efortul conștient de a observa senzațiile din fiecare zonă, apoi eliberați toate tensiunile prin expirație.*

- *Pe parcursul acestui proces mențineți o stare de calm, dar cu mintea alertă, angajată și lucrând cu orice vă apare în minte.*

- *Când ați terminat scanarea întregului corp, odihniți-vă câteva momente în senzațiile care au apărut. Nu faceți altceva decât să observați felul în care vă simțiți.*

Etapa 2—Plasarea minții asupra obiectului meditației

"...ca o cascadă revărsându-se peste pietre"

Cultivând pentru prima oară atenția conștientă asupra momentului prezent, ați descoperit cum pot coexista mintea alertă și corpul relaxat. Cu toate acestea, pentru a dezvolta un tip mai direct de concentrare, poate fi util să restrângeți zona de concentrare la un singur obiect, în acest caz respirația. Dacă ați sări direct la această etapă fără a relaxa corpul în momentul prezent, e foarte probabil să contractați atât mintea, cât și corpul, agravând orice tensiune deja existentă, ceea ce v-ar împiedica să vă angajați în practică.

Satipatthana Sutta arată chiar la început că modul cel mai eficient pentru a începe această practică este să observați pur și simplu cum experimentați respirația:

Inspirați, conștienți de o respirație scurtă, expirați, conștienți de o respirație scurtă. Inspirați, conștienți de o respirație lungă, expirați, conștienți de o respirație lungă.

În această etapă cheia este să mențineți o stare relaxată a minții, iar cel mai mare obstacol cu care vă veți confrunta este tendința minții de a controla respirația. De aceea, instrucțiunea vă arată cum să fiți conștienți de fluxul natural al respirației și, în același timp, cum să rezistați impulsului de a o controla. Renunțarea la tendința de a controla respirația, observând pur și simplu când se oprește de la sine, ajută la relaxare. Îndreptarea atenției asupra duratei respirației vă sporește vigilența.

Pentru a vă relaxa mai bine este util să fiți conștienți de respirație în tot corpul, dar s-ar putea să vă fie mai ușor să vă concentrați pe o anumită zonă, cum ar fi pieptul, abdomenul sau nările. Pe măsură ce deveniți conștienți de felul în care întregul corp „respiră", respirația va deveni în mod natural mai subtilă și mai lină. Acest sentiment este cunoscut ca vântul interior și poate fi simțit uneori sub forma unor curenți de energie circulând prin tot corpul. Puteți vizualiza această respirație subtilă care vă circulă prin corp traversându-i pe rând toate părțile sau vă puteți imagina tot corpul cum expiră și inspiră, asemenea unui val. De asemenea, plasarea limbii în spatele dinților de jos și încetinirea expirației poate ajuta corpul să se relaxeze.

Exercițiul 4.2—Atenția conștientă pe respirație pentru relaxare

- *Găsiți o poziție confortabilă de meditație și angajați-vă în practicile preliminare.*

- *Efectuați o scurtă scanare a corpului de sus în jos, relaxând toate tensiunile cu ajutorul expirației.*

- *Permiteți conștientizării să umple întregul corp, relaxat și liber.*

- *Conștientizați senzațiile tactile care însoțesc inspirația și expirația. Acestea pot fi ridicarea și coborârea pieptului sau abdomenului ori senzația că aerul trece prin nări. Nu contează ce, doar identificați senzațiile care arată că respirați.*

- *Adoptați starea mentală a unui observator imparțial. Acum urmăriți cum se dezvoltă aceste senzații în timp. Acordați atenție, în special, duratei relative a inspirației și expirației. Remarcați dacă acestea sunt lungi ori scurte.*

- *Dacă descoperiți că mintea s-a umplut de gânduri, puteți genera un gând complet diferit numărând respirațiile. La sfârșitul inspirației numărați mental "unu". Apoi eliberați toate tensiunile pe expirație. Din nou, urmăriți inspirația, numărați "doi" și eliberați tensiunile pe expirație. Repetați acest proces, numărând până la zece și apoi înapoi până la unu.*

- *Când mintea s-a calmat, opriți numărătoarea și pur și simplu reveniți la observarea duratei fiecărei respirații.*

- *Pe măsură ce vă apropiați de finalul sesiunii, eliberați toate tensiunile și odihniți-vă în momentul prezent.*

Această etapă de meditație, centrată pe respirație, corespunde cu aproximație primelor două din cele nouă stări progresive ale atenției din sistemul tibetan. Aici accentul este pus pe înțelegerea instrucțiunilor pentru meditație și pe relaxarea corpului și a minții. Primele două stări ale atenției sunt:

1. **Plasarea minții asupra unui obiect:** La început, menținerea minții fixate pe un obiect necesită mult efort. Puterea voastră de a păstra mintea fixată pe un obiect este la început destul de limitată și s-ar putea să realizați acest lucru doar pentru câteva momente scurte. S-ar putea chiar să vi se pară că mintea este mai agitată decât la început și să aveți senzația că

gândurile discursive s-au înmulțit. Acest lucru înseamnă doar că abia acum ați devenit conștienți de starea obișnuită a minții voastre. Aceasta este prima voastră realizare deosebită.

Prima stare se obține prin puterea ascultării instrucțiunilor oferite de învățător în legătură cu metoda de meditație și cu alegerea obiectului de meditație. Ea este realizată atunci când puteți plasa mintea pe obiectul de meditație dorit pentru cel puțin o secundă sau două. Dacă ați ales respirația, atunci stadiul poate fi realizat încă de la prima încercare, dar dacă obiectul ales este o vizualizare complexă, realizarea poate dura câteva săptămâni.

2. **Plasarea continuă:** În timpul acestui stadiu, perioadele de distragere sunt încă mai lungi decât cele de concentrare, dar perioadele în care vă puteți fixa atenția pe obiect sunt mai frecvente. Mintea devine mai stabilă și, ocazional, puteți menține o concentrare neîntreruptă de la unu până la cinci minute. De asemenea, aveți senzația că gândurile discursive se reduc. Acest stadiu se realizează prin forța reflecției. Puteți sa vă fixați mintea pe obiect, dar trebuie să vă reamintiți în permanență instrucțiunile.

Aceste două stări ale atenției vizează conectarea minții cu un obiect și, de aceea, necesită un angajament concentrat. Principalele greșeli ce trebuie depășite în acest moment sunt *lenea* și *uitarea obiectului meditației*.

În această etapă mișcarea gândurilor prin minte este asemenea unei cascade ce se revarsă peste pietre. Aceasta nu înseamnă că gândurile ni s-au înmulțit, ci mai degrabă că acum am devenit conștienți de ele pentru prima dată.

Starea atenției	Greșeală principală	Putere	Mișcare
1. Plasarea minții asupra unui obiect	Lenea	Ascultare	Precum căderea unei cascade
2. Plasarea continuă	Uitarea obiectului	Reflecție	

Tabelul 4-2: Plasarea minții asupra unui obiect.

Etapa 3—Păstrarea minții asupra obiectului de meditație

"...ca un râu ce curge printr-un defileu."

În etapa precedentă ați început să experimentați concentrarea continuă pe respirație, îndreptându-vă atenția pe conștientizarea lungimii respirației ori numărând respirațiile, în timp ce corpul se relaxează din ce în ce mai mult. Odată ce ați realizat o oarecare stabilitate prin această metodă, puteți lăsa atenția să curgă odată cu respirația, urmărind-o pe întreaga sa durată. Mintea devine mai absorbită în respirație, de la primul moment al inspirației și până la sfârșitul ei, observând intervalul de pauză dintre inspirație și expirație. Apoi urmăriți expirația de la început până la sfârșit. În acest fel, cu corpul deja destul de relaxat, începeți să dezvoltați atenția conștientă continuă și apoi vigilența. Conform *sutta*, ar trebui să știți pur și simplu că:

Inspirând conștient de tot corpul (care respiră),
Expirând conștient de tot corpul (care respiră).

De obicei, se consideră că aceste instrucțiuni se referă la lungimea respirației, dar există și interpretarea că trebuie să fim conștienți de mișcarea respirației prin tot corpul. Ca și în etapele precedente, trebuie să vă concentrați pe respirație oriunde se află ea în mod natural, plasând atenția mai jos în corp (de exemplu în abdomen) dacă aveți nevoie de mai multă relaxare și urcând atenția (de exemplu spre vârful nasului) dacă trebuie să măriți vigilența. În același timp, trebuie să mențineți o conștientizare de ansamblu a întregului corp în timp ce respirați.

Scopul acestei etape este să deveniți atât de absorbiți de respirație, încât să nu mai fiți distrași de sunete, imagini sau chiar de senzațiile de disconfort din corp. Această etapă este foarte utilă, în special când sunteți obosit. În loc să permiteți minții să fie neclară, folosiți eforturi vigilente pentru intensificarea concentrării și surprindeți clar fiecare moment al respirației.

Exercițiul 4.3—Atenția conștientă pe respirație pentru stabilitate

- *Găsiți o poziție confortabilă de meditație și angajați-vă în practicile preliminare. Efectuați o scurtă scanare a corpului, adoptând o stare a minții relaxată, dar în același timp alertă.*

- *Îndreptați-vă atenția asupra regiunii abdomenului inferior, devenind conștienți de senzațiile tactile corespunzătoare respirației.*

- *Pe durata unei singure respirații, încercați să observați modul în care se dezvoltă ciclul respirației. Mai întâi observați începutul respirației. Cum se simte când aerul respirat începe să curgă în corp?*

- *Apoi observați mijlocul procesului. Ce se simte atunci când se termină inspirația și fluxul se inversează spre exterior?*

- *În final observați sfârșitul respirației. Ce se simte atunci când aerul expirat este eliberat natural, fără efort?*

- *Odată ce v-ați familiarizat cu fiecare fază a ciclului, observați ce se simte atunci când se termină o respirație și începe următoarea.*

- *Deveniți conștienți de acest flux constant, când spre interior, când spre exterior. Observați un ciclu complet, cu mintea relaxată și alertă în același timp.*

- *Pe măsură ce vă apropiați de finalul sesiunii, eliberați toate tensiunile și odihniți-vă pur și simplu în momentul prezent.*

Stările atenției care urmăresc să contribuie la obținerea atenției conștiente și apoi a vigilenței sunt următoarele:

3. **Plasarea "peticită":** În acest stadiu deveniți conștienți de orice distragere de la concentrare. Prin forța atenției conștiente, ați dezvoltat abilitatea de a aduce mintea înapoi pe obiectul de meditație imediat ce aceasta începe să rătăcească, la fel cum ați petici o haină găurită. În acest fel, restabiliți

concentrarea și puteți păstra mintea pe obiect fără întrerupere, timp de cinci până la zece minute. Atenția conștientă crește și astfel progresați spre meditația reală, în care atenția este fixată pe obiect în cea mai mare parte a timpului, în aproape toate sesiunile de meditație. A ajunge și doar la acest stadiu este o mare realizare și creează o mare diferență în capacitatea de a vă controla mintea în viața de zi cu zi.

4. **Plasarea apropiată:** În acest punct concentrarea voastră este atât de intensă încât mintea nu mai pierde niciodată complet fixarea pe obiect, iar agitația grosieră nu mai reprezintă un obstacol. Prin urmare, mintea se retrage dintr-o gamă largă de lucruri și concentrarea voastră poate să crească și mai mult. Chiar dacă sunteți capabili să fixați obiectul în mod continuu, mai trebuie să dezvoltați progresiv nivelele de claritate sau intensitate și, de asemenea, să faceți față agitației subtile. Aceasta se întâmplă atunci când o parte din minte se abate de la obiectul de meditație, dar nu îl pierde complet. Pe parcursul acestui al patrulea stadiu este realizată puterea atenției conștiente, acum fiind capabili să fixați obiectul cu o asemenea stabilitate, încât să reveniți cu ușurință la el ori de câte ori sunteți distrași. Cu toate acestea, trebuie să vă asigurați că această stabilitate nu e realizată în detrimentul relaxării. Puteți fi nevoit să aplicați tehnici de relaxare a minții pentru a face față agitației subtile, precum plasarea limbii în spatele dinților de jos.

5. **Disciplinarea minții:** La acest nivel am dezvoltat capacitatea de a depăși moleșeala grosieră și agitația și am mărit vigilența minții. Principalul obstacol ce trebuie depășit în acest stadiu este moleșeala subtilă sau scufundarea care apare atunci când retragerea minții de la obiectele străine, fără legătură cu meditația, a avansat prea mult. Există pericolul semnificativ de a nu recunoaște moleșeala subtilă, mascată de o stare stabilă și calmă a minții. De aceea, este nevoie de multă disciplină și efort pentru a depăși acest pericol. Îndepărtarea acestui obstacol necesită întărirea conștientizării cu nivele crescute de vigilență. Realizarea acestui lucru fără să compromitem stabilitatea poate fi o provocare și uneori acest echilibru este greu de atins. La acest nivel trebuie să generăm o minte motivată, amintindu-ne de exemplu calitățile shamatha sau învățăturile lui Buddha. Este de ajutor să ridicăm obiectului meditației,

făcându-l mai mic sau mai clar. Acum trebuie să ne asigurăm că limba e plasată în spatele dinților de sus.

În timpul acestui stadiu gândurile involuntare continuă să apară, dar acum, în loc să vină ca o cascadă, sunt ca un râu ce curge lin printr-un defileu. Chiar dacă mai există o urmă de rezistență la practică, rezultatele eforturilor noastre sunt din ce în ce mai evidente.

Starea atenției	Greșeală principală	Putere	Mișcare
3. Plasarea „peticită"	Agitația grosieră	Atenție conștientă	Ca un râu ce curge rapid printr-un defileu
4. Plasarea apropiată	Moleșeala grosieră	Atenție conștientă	
5. Disciplinarea minții	Moleșeala subtilă	Vigilență	

Tabelul 4-3: Păstrarea minții asupra obiectului meditației.

Etapa 4—Reglajul fin al minții

"Ca un râu ce curge lin printr-o vale."

După ce ați realizat atenția conștientă continuă asupra respirației cu ajutorul unei discipline stricte, trebuie să domoliți respirația. Dacă săriți prea repede la această etapă, s-ar putea să cădeți pradă letargiei și somnolenței. De aceea, trebuie să vă asigurați că ați realizat complet etapele precedente, „capturând" întreaga respirație înainte de a încerca să o domoliți, la fel cum trebuie mai întâi să prindeți un cal sălbatic și abia apoi să-l îmblânziți.

Sutta continuă cu următoarele instrucțiuni:

Inspirând calmez corpul (respirației),
Expirând calmez corpul (respirației).

Pot apărea dificultăți aici deoarece am folosit multă voință pentru a realiza etapele anterioare. Acum e nevoie de detașare blândă și persistentă. Acesta este un act de echilibrare fină, ce poate ajuta la a diminua amploarea respirației și poate pune din nou accent pe relaxarea corpului.

Sutta continuă:

Inspirând conștientizez bucuria, expirând conștientizez bucuria.
Inspirând conștientizez fericirea, expirând conștientizez fericirea.

Aceasta se referă la apariția bucuriei și fericirii (*piti* și *sukha* în limba pali) pe măsură ce respirația se calmează, așa cum apare la orizont lumina aurie a zorilor. Acum dezvoltați atenția susținută pe deplin asupra "respirației minunate" și v-au mai rămas doar câteva urme de gândire discursivă. Când puteți rămâne cu ușurință fixați timp îndelungat asupra obiectului, experimentând multă bucurie și fericire, mintea devine foarte concentrată.

Exercițiul 4.4—Atenția conștientă pe respirație pentru claritate

- *Găsiți o poziție confortabilă de meditație și angajați-vă în practicile preliminare. Efectuați o scurtă scanare a corpului, adoptând o stare a minții relaxată, dar în același timp alertă.*

- *Aduceți atenția la buza superioară, exact unde se află deschiderea nazală. Deveniți conștienți de senzațiile subtile, în timp ce aerul intră și iese prin nări. Lăsați celelalte senzații și experiențe să se estompeze în fundal. Lăsați toată atenția să se odihnească în această mică zonă.*

- *La fiecare inspirație, distingeți cu atenție fluxul de senzații. Observați cum apar senzațiile fără a fi nevoie să faceți ceva. Adoptați atitudinea mentală a observatorului pasiv, ca un bătrân ce privește păsările așezat pe o bancă în parc.*

- *Relaxați-vă observând, fără să încercați să controlați respirația în vreun fel, fiind concentrați complet pe obiectul de meditație.*

- *Pe măsură ce respirația devine mai subtilă, senzațiile vor deveni mai dificil de detectat. Fiți mulțumiți că nu trebuie să faceți nimic pentru a "crea" vreo senzație. Doar continuați să liniștiți mintea, în timp ce priviți mai intens obiectul. Lăsați-vă complet absorbiți de fluxul respirației.*

- *Pe măsură ce vă apropiați de finalul sesiunii, eliberați-vă de orice efort și odihniți-vă pur și simplu în momentul prezent.*

Sunteți acum pregătiți pentru a trece la următorul pas, care, conform *Sutta*, este:

Inspirând conștientizez mintea, expirând conștientizez mintea.

În acest stadiu, atenția este atât de rafinată, încât respirația pare că a dispărut complet și este înlocuită de un *semn dobândit* mai subtil (*nimitta*). Senzația fizică a respirației și simțul tactil dispar, iar acum experimentați respirația ca obiect pur mental, perceput de unii ca o lumină albă, o perlă albastră sau ca o senzație de extaz. Așa cum luna plină apare din spatele norilor, lumea celor cinci simțuri s-a dizolvat și mintea poate fi văzută clar. Acest obiect subtil devine acum centrul meditației și vă poartă către stări de concentrare superioare.

Semnul dobândit este aidoma unui animal timid care se apropie doar dacă rămâneți complet nemișcați, dar se aseamănă și cu o cameră întunecată în care puteți vedea formele după ce ochii vi s-au obișnuit cu întunericul. În același fel, semnul dobândit apare treptat, din liniștea fără formă a minții.

Următoarele două versuri din *Sutta* ne arată ce să facem atunci când apar forme subtile de moleșeală sau agitație în timp ce vă concentrați pe semnul dobândit:

Inspirând bucur mintea, expirând bucur mintea.
Inspirând concentrez mintea, expirând concentrez mintea.

Se poate întâmpla ca experiența semnului dobândit să fie monotonă sau pătată, probabil datorită nivelului scăzut al energiei mentale. Acest lucru poate fi contracarat aducând mai multă bucurie în meditație și experimentând mai intens obiectul subtil al minții. Vă puteți concentra mai intens pe centrul semnului, puteți ascuți atenția sau puteți reveni la stadiul anterior, concentrându-vă pe respirație. De asemenea, puteți intensifica bucuria amintindu-vă de beneficiile virtuților, cum ar fi bunătatea iubitoare.

Dacă, pe de altă parte, apariția semnului este instabilă, trebuie să vă asigurați că mintea este complet nemișcată și concentrată. Aceasta nu înseamnă să păstrați doar imaginea nemișcată, ci și "cunoscătorul" - aspectul minții care "vede" imaginea - trebuie să rămână nemișcat. Când semnul dobândit apare pentru prima, dată puteți simți frică sau surescitare, la fel ca atunci când întâlniți un străin pentru prima dată. În același fel în care învățați să vă relaxați în compania acestui străin pe măsură ce începeți să-l cunoașteți, puteți învăța să vă relaxați puțin mintea și să rămâneți prezent cu semnul cel frumos.

Există două stadii ale atenției ce corespund acestor două etape ale meditației centrate pe respirație:

6. **Pacificarea minții:** În timpul precedentelor stadii ați înfrânt moleșeala subtilă prin forța vigilenței, dar mai persistă încă unele urme ale acesteia. Acum apare pericolul ca mintea să fie prea vioaie, provocând agitație subtilă ori surescitare, stări care trebuie pacificate. Pe parcursul acestui stadiu, atenția conștientă devine mai intensă, după ce a fost rafinată prin atenție neîntreruptă. Se dezvoltă o abilitate mai puternică, cunoscută sub numele de vigilență completă. Aceasta vă permite să înfruntați agitația subtilă, chiar dacă aceasta nu este complet eliminată. Calitatea atenției devine acum similară emisiei clare a unui post de radio, fără niciun zgomot exterior sau paraziți. La acest nivel nu mai există rezistență la practica meditației, iar sesiunile pot dura o oră sau mai mult.

7. **Pacificarea completă a minții:** Cu inspirație și perseverență, vigilența completă este dezvoltată și mai mult, rămășițele moleșelii subtile și ale agitației fiind eliminate și dispărând complet. Sunteți astfel în măsură să abandonați cele două obstacole subtile imediat ce apar, prin forța stăruinței entuziaste. Astfel, imediat ce apare „scufundarea" întăriți atenția, iar când apare agitația, relaxați-vă ușor. Aceste dezechilibre ale atenției sunt astfel recunoscute rapid și remediate ușor prin ajustări subtile.

Starea atenției	Greșeală principală	Putere	Mișcare
6. Pacificarea minții	Agitația subtilă	Vigilență	Ca un râu ce curge lent printr-o vale.
7. Pacificarea completă a minții	Aplicarea insuficientă a remediilor	Efort	

Tabelul 4-4: Reglarea fină al minții.

Etapa 5—Unificarea minții

"Ca un ocean neclintit de valuri."

Practica de conștientizare a respirației a trecut acum complet la conștientizarea unui semn mental stabil și minunat. Depășind aproape orice urmă de moleșeală și agitație, meditația se desfășoară acum lin și fără efort. Învățați să aveți încredere totală în experiența voastră și să rămâneți absorbiți în obiect, încercând să renunțați la orice control, în timp ce frumusețea intensă a semnului menține atenția fără alt sprijin din partea voastră. Pur și simplu savurați călătoria, indiferent dacă atenția este atrasă spre centru sau dacă lumina se extinde și vă învăluie.

Continuând analogia cu animalul timid care se apropie doar dacă nu vă mișcați, veți observa mai multe animale materializându-se pe măsură ce nemișcarea crește. La început erau doar animale obișnuite, dar acum apar animale ciudate și minunate. În același fel, apar semne noi care vă duc spre nivele mai adânci de meditație. Apare îndeosebi un semn mental mai subtil, cunoscut sub numele de *semn echivalent* (*patigabha nimitta*), ca și cum s-ar desprinde din semnul dobândit subtil. El este mult mai pur și nu are culoare sau formă. Apariția acestui semn corespunde cu atingerea stării de shamatha.

Această descriere este echivalentă cu ultimele două stadii ale atenției ce conduc direct către shamatha:

8. **Concentrarea într-un punct:** În acest stadiu dezvoltați o abilitate specială și spontană de a vă concentra ferm pe un obiect, oricât de mult doriți. La începutul meditației e nevoie de puțin efort, dar apoi veți „curge" odată cu practica, fără întrerupere și fără efort suplimentar. Scufundarea subtilă și agitația sunt, prin urmare, eliminate cu puțin efort, prin forța sârguinței entuziaste. În acest al optulea stadiu obțineți o implicare neîntreruptă, ceea ce înseamnă că mintea se poate concentra în absorbție continuă asupra obiectului concentrării. Aceasta este în contrast cu precedentele stadii, care se obțineau prin implicare întreruptă. La acest nivel puteți menține o concentrare puternică a atenției pentru aproape trei ore, iar mintea va rămâne "ca un ocean fără valuri", tulburat doar de unde ocazionale.

9. **Echilibrul imparțial:** În stadiul al nouălea intrarea în meditație profundă se face fără efort, la fel ca și rămânerea într-o stare de meditație profundă. Mintea se plasează de la sine pe obiect, fără efort și spontan. Aceasta se realizează prin puterea familiarizării depline și a implicării spontane. Mintea este acum complet liniștită, iar apariția moleșelii subtile sau a agitației nu mai este posibilă în timpul sesiunii de meditație. Acum puteți menține concentrarea perfectă pentru cel puțin patru ore. Totuși, dacă întrerupeți practica, pot reapărea atât moleșeala subtilă, cât și agitația, deoarece acestea nu au fost complet eliminate.

Starea atenției	Greșeală principală	Putere	Mișcare
8. Concentrarea într-un punct	Aplicarea excesivă	Efort	Ca un ocean neclintit de valuri.
9. Echilibrul imparțial	Nici una	Familiarizare	

Tabelul 4-5: Unificarea minții.

REALIZAREA SHAMATHA

Atunci când atingeți cu adevărat *shamatha* are loc o transformare radicală în corpul și în mintea voastră, asemenea fluturelui care iese din crisalidă. În acest stadiu mintea voastră a trecut dincolo de tărâmul dorinței și ați câștigat accesul spre tărâmul formei, o dimensiune subtilă a conștiinței ce transcende tărâmul simțurilor fizice.

Această schimbare este caracterizată prin anumite experiențe care au loc într-un interval scurt de timp. Mai întâi, un vânt puternic intră prin creștetul capului și se dizolvă în tot corpul și vă simțiți ca și cum ați fost umpluți cu forța unei energii dinamice extatice. Atât trupul, cât și mintea vă sunt acum îmbibate de un tip special de flexibilitate, corpul pare că plutește și este eliberat complet de orice disfuncționalitate și, în același timp, mintea se umple cu o senzație de bucurie copleșitoare. Aveți un sentiment de prospețime completă și capacitatea mentală este crescută, mintea asemănându-se unei lămpi cu ulei a cărei flacără este nemișcată în vânt, luminoasă și clară.

Odată ce ați atins *shamatha*, puteți intra în acest stadiu oricând doriți și puteți medita fără întrerupere, oricât de mult doriți. Puteți chiar supraviețui fără necesitățile de bază, cum ar fi alimentele, băutura sau somnul. În timpul meditației atenția se retrage complet din simțurile fizice, din gândurile discursive și din imaginile mentale, dar puteți stabili să ieșiți din meditație după o anumită perioadă. Cu toate acestea, tendințele perturbatoare nu sunt complet eradicate și emoții puternice pot încă ieși la suprafață în anumite condiții. Pe de altă parte, dacă urmați calea budistă, la acest nivel de realizare, shamatha poate fi folosită ca instrument pentru obținerea unei înțelegeri directe a adevăratei noastre naturi. Aceasta poate duce la eliminarea completă a emoțiilor și stărilor mentale perturbatoare și la atingerea iluminării.

CELE PATRU APLICAȚII ALE ATENȚIEI CONȘTIENTE

După ce a fost antrenată complet în atenția conștientă pe respirație, mintea meditatorului este acum un instrument perfect pregătit pentru a face observații introspective. Ultima parte din *Satipatthana Sutta* descrie patru practici care pot fi folosite pentru a genera înțelegere asupra naturii experienței. Aceste patru practici sunt cunoscute drept *Cele patru aplicații ale atenției conștiente* și reprezintă nucleul învățăturilor despre vipashyana:

1. **Atenția conștientă asupra corpului:** Aceasta include atenția conștientă pe respirație: să știți când o respirație este lungă sau scurtă, să fiți conștienți de mișcarea ei și de calmul pe care îl aduce în întregul corp. Se referă de asemenea la atenția conștientă asupra posturilor corpului: să știți când mergeți, când stați în picioare, când sunteți așezați sau întinși, să știți unde vă duceți sau cum vă mișcați. Reprezintă și atenția conștientă asupra actului de a mânca, a bea sau a defeca, să știți când vorbiți și când păstrați tăcerea. În cele din urmă reprezintă atenția conștientă asupra elementelor care alcătuiesc corpul, al caracteristicilor sale neatractive precum și atenția conștientă asupra efemerității și a morții iminente.

2. **Atenția conștientă asupra senzațiilor:** Înseamnă pur și simplu să știți când sunteți fericiți, când experimentați o senzație dureroasă sau chiar o emoție neutră. Acestea pot apărea fie prin contactul cu cele cinci simțuri, fie prin contactul cu obiecte mentale, cum ar fi percepțiile, amintirile, gândurile și imaginile mentale. Când mintea este calmă pot apărea senzații mai subtile, de exemplu un sentiment de satisfacție sau de ușoară supărare sau iritare.

3. **Atenția conștientă asupra stărilor mentale:** Aceasta presupune să știi că o minte ce are dorințe este o minte ce are dorințe, în timp ce o minte

fără dorințe este o minte fără dorințe. La fel, știți când sunt prezente sau absente mânia, ignoranța, distragerea sau concentrarea. Știți, de asemenea, când mintea este eliberată și când nu este.

4. **Atenția conștientă asupra fenomenelor:** Aceasta înseamnă că sunteți conștienți de toate fenomenele sau de conținutul minții. Acesta poate include atât conștientizarea obiectelor senzoriale, cum ar fi sunetele, obiectele vizuale, gusturile, mirosurile și senzațiile tactile, cât și a obiectelor mentale, cum ar fi amintirile și gândurile. Se mai referă și la cunoașterea naturii acestor fenomene ca fiind temporară, plină de suferință (adică incontrolabilă) și lipsită de natură intrinsecă.

Fiecare dintre aceste forme de atenție conștientă se distinge prin obiectul pe care se concentrează meditatorul. Prin observație atentă, meditatorul este capabil să recunoască felul în care diferitele tipuri de fenomene apar, există și în cele din urmă dispar. Odată cu realizarea efemerității acestor fenomene, meditatorul examinează, de asemenea, cum apare fiecare dintre ele în plan intern, în plan extern și în ambele planuri. Această metodă evidențiază în mod specific tipurile de relații pe care le dezvoltăm prin aceste experiențe.

CALEA SHAMATHA PE SCURT

Cele nouă stadii progresive ale atenției sunt ilustrate în tradiția tibetană printr-un desen cu un elefant, o maimuță și un călugăr, așa cum este ilustrat în desenul de mai jos. Elementele de bază din imagine sunt:

Simbol	Semnificație
călugărul	meditatorul
flacăra	efortul
elefantul	mintea
maimuța	distragerile
iepurele	moleșeala / letargia
culoarea neagră	mintea dominată de una din cele cinci greșeli
culoarea albă	mintea eliberată de cele cinci greșeli

Tabelul 4-6: Simbolismul folosit în ilustrația următoare.

Figura 4-1: Cele nouă stadii progresive ale shamatha.

La început maimuța neagră are control total asupra elefantului negru, ceea ce simbolizează modul în care suntem în mod natural controlați de distrageri. Călugărul, la început, muncește din greu ca să își controleze mintea, iar focul simbolizează efortul mare ce trebuie depus. Datorită stăruinței, călugărul începe treptat să controleze elefantul și astfel, printr-o disciplină severă, începe să depășească moleșeala mentală. Elefantul începe să se albească, simbolizând începerea îndepărtării moleșelii mentale grosiere prin eforturile meditației. Totuși, în acest stadiu, un iepure mic și negru apare pe creștetul elefantului, simbolizând moleșeala subtilă. Continuând cu sârguință practica meditativă, ajungem la stadiul următor, în care maimuța nu mai controlează elefantul. Deoarece încă mai avem dificultăți cu nivele mai rare de agitație și moleșeală, maimuța continuă să ne întrerupă ocazional.

Pe măsură ce maimuța îl întrerupe din ce în ce mai rar, călugărul câștigă tot mai mult control asupra elefantului, care încet-încet devine complet alb. În cele din urmă, vom ajunge la stadiul în care maimuța nu mai poate influența elefantul, mintea fiind complet pacificată. Noi controlăm acum emoțiile și nu ele pe noi. Acest lucru este ilustrat prin călugărul ce meditează lângă elefantul îmblânzit. Dincolo de acest stadiu vedem călugărul meditând în timp ce este așezat pe elefant. În continuare, se văd două curcubeie ce ies din inima călugărului, simbolizând dezvoltarea puterilor supranaturale ca urmare a stăpânirii meditației de fixare. Am câștigat apoi capacitatea de concentrare a minții într-un punct pentru dezvoltarea meditației de pătrundere. În funcție de calea urmată, se progresează prin diferite etape de aprofundare a înțelegerii, până când se ajunge la iluminare.

În conformitate cu tradiția Theravada, realizarea shamatha folosind respirația ca obiect al meditației vă conduce la pragul de experimentare a jhana sau stări de concentrare care sunt încă și mai strălucitoare și mai puternice, ce conduc în mod direct spre înțelegere. Buddha a rezumat această cale afirmând că atenția conștientă pe respirație a fost "un lucru care, odată dezvoltat și cultivat, ar trebui să îndeplinească patru lucruri " și anume *Cele patru aplicații ale atenției conștiente*. Cele "patru lucruri, odată dezvoltate și cultivate, vor împlini șapte lucruri " sau *Cei șapte factori ai iluminării*: atenția conștientă, investigarea, energia, bucuria, liniștea, concentrarea și echilibrul. Cele "șapte lucruri, odată dezvoltate și cultivate, vor îndeplini două lucruri ", care sunt adevărata cunoaștere și eliberarea.

RECAPITULAREA PUNCTELOR CHEIE

- În tradiția Theravada există cinci etape care reprezintă progresia treptată spre atingerea shamatha: atenția conștientă asupra momentului prezent, plasarea minții pe obiect, păstrarea minții pe obiect, reglajul fin al minții și unificarea minții.

- În tradiția tibetană există nouă stări ale atenției, folosite pentru a descrie aceeași progresie: plasarea minții pe obiect, plasarea continuă, plasarea "peticită", plasarea apropiată, disciplinarea minții, pacificarea minții, pacificarea completă a minții, concentrarea într-un punct și echilibrul imparțial.

- În timpul primelor două etape se pune accentul pe dezvoltarea relaxării, în a treia se pune accentul pe atenția conștientă și, la final, în a patra și a cincea etapă, se pune accentul pe vigilență.

- Prin atenția conștientă pe respirație, veți abandona în cele din urmă senzațiile tactile ale respirației și veți comuta către un obiect mental foarte subtil, cunoscut sub numele de *semnul dobândit*. Acesta, la rândul său, va lăsa loc unui obiect și mai subtil, cunoscut sub numele de *semn echivalent*.

- Când veți atinge shamatha, corpul și mintea vor experimenta o schimbare energetică radicală. Aceasta produce un grad fără precedent de flexibilitate fizică și mentală, care vă permite să direcționați mintea fără efort oriunde doriți.

- Pe baza liniștirii minții, vă puteți apoi angaja în practica *celor patru aplicații ale atenției conștiente*, pentru a dezvolta înțelegerea naturii experiențelor voastre.

PARTEA A DOUA

Reflectând asupra situației actuale

CAPITOLUL CINCI

Cum să practicăm Dharma

Având la dispoziție instrumentele psihologice despre care am învățat în primele capitole, suntem acum mai bine pregătiți să facem față suișurilor și coborâșurilor vieții. În plus, tehnicile contemplative de meditație ne oferă o metodologie fundamentală pentru cultivarea virtuților, ceea ce diminuează și mai mult impactul pe care aceste suișuri și coborâșuri îl pot avea asupra minții noastre. Împreună, aceste instrumente ne oferă o platformă mai stabilă de unde să începem cu adevărat să sondăm natura experiențelor noastre.

V-ați putea întreba de ce ne-am dori să facem asta. Ce ne motivează să mergem în profunzime? Răspunsul este că ne dorim cu toții să fim fericiți și nu vrem să suferim. Este chiar atât de simplu. Dacă suntem sinceri, putem vedea că în spatele tuturor acțiunilor noastre se află această motivație fundamentală datorită căreia suntem mereu atrași de unele tipuri de fenomene, iar pe altele le respingem.

Deși toți căutăm o formă de fericire, foarte puțini sunt conștienți de ce înseamnă fericirea autentică. Iată de ce, înainte de orice, trebuie să înțelegem semnificația acestui termen. În budism vorbim de două feluri sau nivele de fericire:

1. **Fericirea lumească:** Această formă de fericire reprezintă plăcerea ce derivă din interacțiunea cu stimuli externi. Când vedem o imagine frumoasă, gustăm un aliment delicios sau mirosim un parfum minunat, experiența care se naște în minte ca răspuns la aceste manifestări se numește fericire "lumească". Este lumească pentru că depinde de lumea exterioară pentru a se manifesta.

2. **Fericirea autentică:** Această formă de fericire nu se bazează pe nimic din afara minții voastre. Ea apare în mod natural din caracteristicile înnăscute ale minții însăși și poate fi experimentată atunci când suntem

în stare să ne trăim viața în acord cu această natură. În timp ce fericirea lumească este ceva ce *primiți* din lume, fericirea autentică este ceva ce *aduceți* în lume.

Confuzia apare atunci când nu reușim să recunoaștem că toți dorim să experimentăm o fericire autentică și de lungă durată și totuși suntem mereu doar în căutarea fericirii lumești. Din moment ce fericirea lumească depinde de obiecte exterioare, ea nu ne poate oferi decât o plăcere de moment. Atunci când obiectul nu mai este prezent sau când ne-am obișnuit cu prezența sa, plăcerea asociată obiectului se estompează. Din păcate, căutăm fericirea autentică în locul greșit. E ca și cum am încerca să obținem apă dintr-o stâncă, fericirea lumească pur și simplu nu ne poate da ceea ce ne dorim.

În cele din urmă, este vorba de satisfacție. Undeva, adânc în interior, avem sentimentul chinuitor că "lipsește ceva". Indiferent de situația în care ne aflăm, mereu lipsește ceva sau ceva nu e destul de bine, nu-i așa? La nivel fundamental, pare că noi trăim într-un fel de insatisfacție continuă. Aceasta ridică întrebarea: ce putem face? Trebuie doar să acceptăm această realitate? Sau există schimbări pe care le putem face în viața noastră pentru a obține o formă de satisfacție de durată?

Conform învățăturilor lui Buddha, există cauze ale insatisfacției noastre și, prin urmare, este posibil ca aceste cauze să fie îndepărtate. Putem face acest lucru prin practicarea Dharmei. *Dharma* este un termen sanscrit care are mai multe conotații diferite. În acest caz îl utilizăm pentru a ne referi la toate tipurile de fenomene. O dharma este ceva ce creează cauza pentru producerea unui anumit rezultat. Deci, putem vorbi de *dharme lumești*, care produc fericirea lumească sau despre *dharme sacre*, care produc fericirea autentică. "Practicarea Dharmei" se referă la cultivarea acestora din urmă.

Dharma sacră este ca o oglindă. Ea reflectă experiența noastră în așa fel încât ne permite să dezvoltăm înțelegerea profundă a modului în care apare experiența. Ne provoacă să ne privim comportamentul cu adevărat, îndelung și foarte profund și să ne punem câteva întrebări dificile. Dacă ne putem răspunde sincer la aceste întrebări, atunci e posibil să învățăm din greșeli și să facem schimbări în viața noastră. Aceste schimbări ne vor conduce în cele din urmă la fericirea autentică.

CELE OPT DHARME LUMEȘTI

Când începem să vorbim despre diferența dintre dharmele lumești și dharmele sacre, este foarte ușor să credem că tot ce e lumesc este "rău" și tot ce e sacru este "bun", ceea ce ne poate forma o viziune foarte pesimistă și deprimantă asupra vieții cotidiene. De fapt, noi trăim în această lume, ea este realitatea noastră. Ceea ce avem de făcut este să înțelegem relația noastră cu această realitate într-un mod sănătos și productiv. În loc să trăim într-o fantezie distorsionată, vrem să trecem dincolo de concepțiile noastre greșite și să ajungem să avem o perspectivă mai realistă.

Pentru acesta, vom analiza dharmele lumești prin intermediul a patru perechi de fenomene. *Cele opt dharme lumești* reprezintă patru lucruri pe care ne străduim să le avem și patru lucruri pe care încercăm să le evităm cu orice preț. După cum vom vedea, perturbarea de bază care determină aceste polarități diferite este atașamentul. Noi suntem fie atașați de ideea de a avea ceva, fie atașați de a nu avea ceva. Cu cât e mai mare atașamentul, cu atât experimentăm mai mult suferința. Studiind aceste patru subiecte și reflectând asupra implicațiilor lor, putem începe să diminuăm atașamentul.

Accent pus pe	Atașament față de	Aversiune față de
1. Resurse	Câștig	Pierdere
2. Senzații	Plăcere	Durere
3. Influență (Putere)	Recunoaștere	A fi ignorat
4. Prețuirea de sine	Laudă	Critică

Tabelul 5-1: Cele opt dharme lumești

Pierderea și câștigul

Prima pereche pe care o analizăm are legătură cu relația noastră cu resursele externe. Câștigul se referă la imboldul de a dobândi mai multă bogăție ca mijloc de a obține o fericire mai mare. Ipoteza generală este "mai mult este mai bine". Cu cât am mai mulți bani, cu atât am o casă mai mare, o mașină mai bună, haine mai frumoase și cumva toate acestea îmi vor aduce o fericire mai mare. Pierderea se referă la opusul câștigului. Este frica noastră adânc înrădăcinată de a trăi fără resursele de care credem că avem nevoie. În timp ce câștigul se manifestă ca o dorință avidă de lucruri, pierderea este ca un curent subteran de anxietate care ne împiedică să ne bucurăm cu adevărat de lucrurile pe care le avem.

Atunci când cineva este foarte atașat de avere, viața sa tinde să graviteze în jurul câștigului financiar și a extinderii posesiunilor sale. Putem vedea foarte clar această atitudine în societatea noastră, unde accentul e pus pe economie și pe cultura de consum.

Exercițiul 5.1 — Posesiunile materiale

- *Într-o poziție relaxată, stabilizați-vă o minte neutră prin practica atenției conștiente pe respirație.*

- *Identificați câteva dintre bunurile voastre cele mai de preț. Alegeți unul și amintiți-vă momentul în care l-ați dobândit. Cum v-ați simțit atunci? Comparați această senzație cu ceea ce simțiți acum în legătură cu obiectul. Cum s-a schimbat sentimentul inițial? Încă mai simțiți aceeași emoție, aceeași bucurie, același sentiment de satisfacție?*

- *Analizați tot efortul pe care l-ați făcut pentru a dobândi acel obiect. Gândiți-vă la energia pe care ați investit-o în el. Gândiți-vă la tot ce ați făcut pentru a-l păstra în condiții de siguranță, la măsurile de siguranță pe care le-ați luat, la reparațiile pe care le-ați făcut și la tot efortul investit pentru a vă păstra obiectele neschimbate.*

- *Gândiți-vă acum la toate obiectele pe care le-ați avut de-a lungul vieții. Cât timp a trecut până să simțiți că trebuie înlocuite? Imaginați-vă cum v-ați simți dacă vi s-ar sparge obiectele pe care le-ați păstrat sau dacă cineva vi le-ar fura.*

- *Gândiți-vă la modul în care relația voastră cu lucrurile materiale s-a schimbat de-a lungul timpului. Comparați momentele în care bunurile materiale au fost prioritatea voastră principală cu momentele în care acestea nu au fost o prioritate. Există vreo diferență calitativă a experienței?*

- *Pe măsură ce vă gândiți la aceste întrebări, mintea voastră poate ajunge să înțeleagă lucrurile în mod diferit. Dacă înțelegerea apare, întrerupeți meditația și pur și simplu odihniți-vă în conștientizarea certitudinii că așa stau lucrurile.*

Plăcerea și durerea

Cea de-a doua pereche se referă la relația cu experiențele senzoriale. Dintre toate perechile, aceasta ne este de departe cea mai apropiată. Pe deoparte căutăm tot felul de experiențe pe care le etichetăm ca fiind dezirabile, iar pe de altă parte, încercăm să evităm experiențele de durere și disconfort. Obiectele care declanșează plăcere sau durere sunt diferite pentru fiecare persoană în parte. Este important să ne amintim acest lucru, deoarece avem tendința să considerăm că obiectele în sine au capacitatea de a ne produce experiențe de plăcere sau de durere. În realitate, aceste două tipuri de experiențe există numai în minte.

Când atașamentul față de experiență este foarte puternic, vedem adesea că se pune puternic accentul pe "căutarea de senzații tari". Acestea pot lua forma obsesiilor pentru anumite alimente sau de substanțe (cum ar fi alcoolul sau drogurile), a unei dorințe constante de satisfacere sexuală sau a necesității permanente de a experimenta o situație nouă și extraordinară. Deoarece toate aceste experiențe sunt trecătoare prin natura lor, ele pot oferi cel mult o fericire de moment.

Exercițiul 5.2—Experiențe senzoriale

- *Într-o poziție relaxată, stabilizați-vă o minte neutră prin practica atenției conștiente pe respirație.*

- *Gândiți-vă la unul dintre alimentele voastre preferate. Analizați calitățile care îl fac să fie alimentul vostru preferat. Aduceți în minte experiența pe care o aveți când consumați acest aliment. Există vreo diferență între a mânca efectiv alimentul și amintirea gustului său? Analizați cât de mult dăinuie experiența de a mânca înainte de a se transforma într-o simplă amintire.*

- *Acum, analizați timpul necesar pentru a pregăti alimentul. Cât de important este ca mâncarea să aibe un gust bun? Cât de mult efort faceți pentru asta? Nu vă gândiți doar la gătit. Gândiți-vă și la energia cheltuită pentru procurarea ingredientelor potrivite și pentru a învăța cum să gătiți aceste alimente.*

- *Acum amintiți-vă toate nimicurile pe care le facem în timpul zilei pentru a evita experiențele de disconfort. Luați în considerare modul în care ne înconjurăm cu lucruri frumoase pentru a evita să vedem orice este urât sau cum dăm cu spray parfumat peste tot pentru a evita anumite mirosuri. Gândiți-vă la diferitele moduri în care ne protejăm de situații dureroase.*

- *Oricât de mult încercăm să ne protejăm, ne întâlnim inevitabil cu lucruri care ne provoacă sentimente nedorite. Gândiți-vă la câteva exemple de experiențe recente pe care le-ați avut. Cum ați reacționat la aceste experiențe? Au avut un impact mare sau mic în mintea voastră?*

- *Integrați cu calm orice înțelegere apare.*

A fi recunoscut și a fi ignorat

Cu această a treia pereche ne concentrăm asupra calității influenței pe care o avem asupra celorlalți. Ceea ce noi numim recunoaștere este dorința ca alte persoane să ne respecte și să aibă o părere bună despre noi. Este o preocupare generală legată de impactul acțiunilor noastre asupra comportamentului celorlalți. Cineva care primește multă apreciere din partea altora și este cunoscut, va putea să-i influențeze mai eficient pe ceilalți. Dar dacă cineva este complet ignorat de alții, acțiunile sale nu pot influența pe nimeni.

Prezența sau absența puterii poate fi și ea un obiect de atașament. Atunci când un astfel de atașament este puternic poate duce la o nevoie constantă de a fi plăcut sau de a avea o poziție prin care să-i controlezi sau să îi manipulezi pe ceilalți. Această formă de atașament este foarte des întâlnită în lumea celebrităților, în politică și în afaceri.

Exercițiul 5.3—Influența

- Într-o poziție relaxată, stabilizați-vă o minte neutră prin practica atenției conștiente pe respirație.

- Gândiți-vă la persoane cu care vă simțiți conectați chiar acum. Cum ați caracteriza puterea relației cu acești oameni? Sunteți la fel de apropiați de fiecare dintre ei sau unii vă sunt mai apropiați decât alții? Gândiți-vă la modul în care această apropiere afectează importanța influenței pe care o aveți asupra acestor oameni.

- Gândiți-vă cum s-a dezvoltat această apropiere. În ce moment acești oameni au încetat sa fie străini pentru voi și v-au devenit prieteni sau parte din familia voastră? Gândiți-vă la energia pe care ați investit-o în dezvoltarea acestor relații.

- Acum gândiți-vă cât este de important pentru voi să-i aveți pe acești oameni în viața voastră. Ce-ați face dacă toți prietenii v-ar abandona? Cum v-ați simți? Luați în considerare toate acțiunile pe care le-ați făcut pentru a vă asigura că acest lucru nu se întâmplă.

- Priviți înapoi la viața voastră și reflectați asupra oamenilor care au apărut în diferite perioade. Analizați influența pe care ați avut-o atunci asupra vieții lor și comparați-o cu influența pe care o aveți acum asupra vieții lor. Ce efect au avut relațiile din trecut asupra vieții voastre prezente?

- Integrați cu calm orice înțelegere apare.

Lauda și critica

Ultima pereche se referă la percepția valorii pe care o avem ca indivizi. Aceasta este strâns legată de concepția noastră despre sine și de modul în care alții se raportează la acest sine. Atunci când oamenii laudă o calitate pe care o avem sau o acțiune pe care am făcut-o, simțim că avem o mare valoare de sine.

Invers, atunci când cineva ne critică acțiunile sau calitățile, simțim cum sinele nostru este cumva micșorat.

Când oamenii se atașează de prețuirea de sine, ei tind să se concentreze pe a se face plăcuți altora pentru a fi lăudați. Nu este vorba de exercitarea unei influențe asupra altora, ci de atașamentul de o experiență de moment care apare atunci când fac un lucru ce-i determină pe ceilalți să-și exprime aprecierea sau respectul față de ei. Este o sete pentru orice le întărește ego-ul și, în același timp, o nesiguranță la fel de puternică față de tot ceea ce cred că le-ar putea ataca acest ego.

Exercițiul 5.4—Prețuirea de sine

- *Într-o poziție relaxată, stabilizați-vă o minte neutră prin practica atenției conștiente pe respirație.*

- *Gândiți-vă la calitățile care considerați că vă definesc cel mai mult ca persoană.*

- *Amintiți-vă de un moment în care cineva v-a complimentat sau v-a lăudat de față cu alții. Cum v-ați simțit?*

- *Comparați aceasta cu un moment când cineva v-a criticat în mod deschis. Cum v-a făcut să vă simțit? Cum ați reacționat la această critică?*

- *Acum gândiți-vă la diferite etape ale vieții voastre. Gândiți-vă cum reacționați la laude sau la critici când erați copii, când erați adolescenți, tineri adulți și tot așa, până la vârsta actuală. Pe măsură ce sentimentul de sine a evoluat în timp, cum a influențat acesta modul în care reacționați la laude sau la critici?*

- *Integrați cu calm orice înțelegere apare.*

Pe scurt, atunci când îngrijorările pentru dharmele lumești ne conduc viața, suntem implicați constant într-un proces nesfârșit de rearanjare a lumii noastre, pentru a ne împlini speranțele și a evita temerile. Acest tip de viață poate fi perceput ca o luptă permanentă cu cei din jurul nostru, cu mediul în sine și chiar cu noi înşine. Este o viaţă petrecută în anxietate, griji şi nemulţumire, mai ales atunci când eşuăm să ne împlinim aşteptările.

Totuşi, înţelegerea dharmelor lumeşti nu sugerează că este greşit să vrem să fim admiraţi pentru aptitudinile noastre sau să ne bucurăm de gustul unei mâncări bune. Şi nici că este greşit să nu dorim să simţim durerea respingerii. Conştientizând cât suntem de ataşaţi de aceste aspecte putem să ne schimbăm perspectiva asupra lor. Reducerea fixaţiei pentru a le avea sau pentru a le evita ne poate ajuta să ne "detensionăm" şi să ne relaxăm puţin. Dacă recunoaştem că este plăcut să avem anumite lucruri, dar că acestea nu sunt întotdeauna necesare sau dacă acceptăm că nu trebuie întotdeauna să fim lăudaţi ca să ştim că ne-am făcut bine treaba, putem dobândi o mai mare toleranţă faţă de lucrurile pe care le avem şi ne va ajuta să fim mai puţin frustraţi faţă de ceea ce ne lipseşte. Cu alte cuvinte, ne învaţă să fim mai mulţumiţi cu orice apare.

Uneori percepţia noastră asupra dharmelor lumeşti poate fi destul de limitată şi ne concentrăm prea intens pe o singură direcţie. De aceea nu reuşim să vedem orice alte posibilităţi. De exemplu, am putea fi aşa de fixaţi pe ideea că familia noastră are nevoie de "casa de vis" pentru a fi fericită încât lucrăm ore lungi pentru a câştiga banii necesari, dar, pentru că nu mai avem timp pe care să-l petrecem cu cei dragi, singurul rezultat este nefericirea. Cu câştigul poate veni şi pierderea şi ar fi poate util să ne întrebăm cu ce cost obţinem ceea ce ne dorim. Am putea primi recunoaşterea, dar cu preţul libertăţii noastre. Am putea câştiga o avere imensă, dar cu un imens consum de energie. Nu trebuie să sacrificăm lucrurile pe care le dorim sau să ne amăgim crezând că nu ne pasă ce cred oamenii despre noi. Dacă am putea fi mai atenţi şi conştienţi de modul în care cele opt dharme ne conduc viaţa şi dacă le-am examina mai serios, am putea găsi echilibrul corect pentru fiecare pereche şi, astfel, să experimentăm un sentiment profund de echilibru sufletesc.

PRACTICA DHARMEI

Comportamentul nostru implicit este de a ne ataşa de dharme lumeşti. Acest lucru nu este decât un obicei adânc înrădăcinat. Din nefericire, acest obicei generează o gamă largă de probleme în viaţa noastră. De aceea, pentru a contracara acest obicei, trebuie să facem un efort considerabil. Numim procesul prin care se face acest efort "a practica Dharma".

Analiza de mai sus a *celor opt dharme lumești* este un exemplu de astfel de practică. Lucrând cu fiecare dintre aceste teme, faceți efortul de a vă dezvolta o perspectivă diferită asupra lor, iar rezultatul este că dezvoltați un anumit grad de realizare care vă ajută să vă diminuați atașamentul față de aceste opt tipuri de fenomene.

Practica se produce atunci când suntem capabili să ajungem la o înțelegere clară și apoi o integrăm în viața noastră. Când nu reușim să integrăm cunoștințele primite, nu ne dezvoltăm obiceiuri noi. Informațiile vor rămâne la un nivel intelectual și nu vor pătrunde în experiența noastră. Acest lucru este în regulă atât timp cât nu ne confruntăm cu nici un fel de probleme. În momentul în care apar însă probleme, vom aluneca înapoi spre felul nostru obișnuit de a vedea lucrurile și vom continua să facem aceleași greșeli mereu și mereu. A asculta pur și simplu învățăturile fără a le pune în practică nu are niciun beneficiu pe termen lung.

Scopul principal al practicării Dharmei este îmblânzirea minții, pentru ca prin aceasta mintea să devină mai utilă. Acest proces este similar cu tăbăcirea unei bucăți de piele. Mintea noastră este ca o bucată de piele tare și uscată. Ea a fost întărită de cultura noastră prin accentul puternic pus pe lumea exterioară, un accent care solidifică felul în care există lucrurile, blocându-le doar într-un anume fel de a fi. Când concentrarea noastră interioară este limitată, ea este de multe ori dominată de ego, de prețuire de sine și tot felul de atașamente părtinitoare. Aceste condiții ne usucă mintea așa cum se usucă o bucată de piele lăsate afară la soare. Dacă încercăm să îndoim bucata de piele, ea se poate rupe pentru că este rigidă. La fel, atât timp cât mintea noastră este rigidă și fixă, ea va rezista oricărei încercări de a o îndoi sau adapta. Prin practicarea Dharmei învățăm cum să domolim mintea pentru a o face mai flexibilă și mai maleabilă.

Dezvoltarea unei minți având aceste caracteristici ne permite să fim mai bine pregătiți să facem față încercărilor și situațiilor cu care ne confruntăm în fiecare zi, de exemplu un coleg de muncă excesiv de critic la adresa performanțelor noastre. În loc să reacționăm cu furie și să rostim cuvinte dure sau să ne internalizăm durerea (ambele reacții vor crea și mai multe dificultăți), având o minte maleabilă, ne dă posibilitatea de a privi situația într-un mod diferit. Colegul nostru ar putea fi într-o zi proastă și doar se descarcă, poate că este ceva adevărat în cuvintele lui sau poate simțim că nu merită să intrăm într-o dispută cu el. Îmblânzirea minții noastre prin practica Dharmei ne ajută să învățăm să răspundem, mai degrabă decât să reacționăm. Se creează astfel un spațiu în care putem fi conștienți de faptul că toate acțiunile noastre au consecințe și, cu toate că nu suntem capabili să prezicem cu exactitate rezultatele, putem alege cum să răspundem și să acționăm mai înțelept. Aceasta ne permite și să acceptăm mai ușor circumstanțe dificile, făcându-ne astfel viața mai ușoară.

În general, putem distinge între două tipuri de practică:

1. **Practica formală:** se referă la practicile spirituale specifice în care ne putem angaja, cum ar fi să recităm rugăciuni sau mantre, să facem prosternări sau să ne așezăm pe o pernă pentru a medita. Acestea sunt mai clar identificate ca fiind activități al căror scop principal este cultivarea calităților spirituale.

2. **Practica ocazională:** se referă la toate activitățile care nu se concentrează în mod explicit asupra scopurilor spirituale. Acest lucru poate include tot felul de activități lumești cotidiene. Aceste activități ne oferă contextul pentru integrarea în experiența noastră a înțelegerii dobândite prin practica formală.

Ambele forme de practică sunt importante în procesul de îmblânzire a minții. Ideal este să dedicați zilnic un timp pentru practica formală și apoi să folosiți restul timpului pentru practica ocazională. În acest fel, întreaga zi devine o oportunitate pentru îmblânzirea minții.

Am amintit mai devreme dobândirea de cunoștințe și înțelegere. Dacă atunci când suntem cuprinși de o emoție puternică suntem capabili să ne oprim și să ne examinăm mintea sau dacă ne surprindem verificându-ne intenția și analizând consecințele înainte să răspundem într-o situație dificilă, înseamnă că înțelegerea a fost integrată. Noi aplicăm cunoașterea Dharmei și o integrăm în viața noastră de zi cu zi, mergând dincolo de înțelegerea cuvintelor și permițând sensului acestora să pătrundă. La asta se referă practica spirituală. Dacă nu este relevantă pentru viața ta obișnuită, atunci este puțin probabil să îți fie de folos.

Putem vedea practica Dharmei și ca pe o modalitate de a ne pregăti mintea pentru cultivarea înțelepciunii și a unor calități minunate, cum ar fi iubirea, compasiunea, bucuria și echilibrul sufletesc imparțial. Imaginați-vă un teren stâncos și sterp, pe care cresc doar buruieni. Cu muncă grea și disciplină, un fermier poate înlătura pietrele, poate scoate buruienile și poate turna materie organică pe sol, transformându-l într-un câmp sănătos, capabil să producă o recoltă bogată, nutritivă și generoasă. Fără o practică spirituală, mintea noastră se aseamănă cu acest pământ neroditor. Este năpădită de perturbări cum ar fi ataşamentul şi preţuirea de sine. Când începem să practicăm Dharma, lucrăm treptat pentru a elimina "buruienile" şi pentru a ne transforma mintea într-un sol fertil din care se pot dezvolta şi creşte toate calităţile pozitive.

La început, îmblânzirea şi pregătirea minţii pot părea o sarcină destul de dificilă, ca atunci când am meditat întâia oară. Întorcând mintea spre interior am putut să vedem pentru prima dată cât de haotice şi de repetitive erau de fapt gândurile noastre. La fel, pe măsură ce devenim mai conştienţi de natura gândurilor ce ne stimulează acţiunile, putem începe să înţelegem influenţa pe care cele opt dharme lumeşti o au asupra vieţii noastre. Observând proporţiile ataşamentelor şi aversiunilor pe care le avem putem fi uneori frustraţi şi descurajaţi văzând cantitatea mare de "buruieni" pe care o descoperim. De aceea, e necesar să fim răbdători cu noi înşine şi să permitem procesului să se desfăşoare în timp. Dacă nu renunţăm, când vom privi în urmă peste câţiva ani, vom fi destul de miraţi de schimbările prin care am trecut.

DEZVOLTAREA ÎNŢELEGERII PRIN MEDITAŢIA ANALITICĂ

Am făcut anterior o serie de exerciţii ce v-au cerut să contemplaţi sau să vă gândiţi la anumite subiecte. Aşa cum am învăţat în capitolul despre meditaţie, există o formă de practică cunoscută sub numele de *meditaţie analitică*. Scopul principal al acestei tehnici este de a cultiva o mai mare înţelepciune. În general, putem identifica trei niveluri de înţelepciune:

1. **Înţelepciunea ascultării:** reprezintă înţelegerea rezultată din procesul de studiere a învăţăturilor referitoare la un anumit subiect. Rezultatul acestei forme de înţelepciune este că vă dezvoltă o înţelegere clară a ceea ce spun învăţăturile. Puteţi să faceţi distincţia între diferite subiecte şi să ştiţi cum sunt prezentate.

2. **Înţelepciunea contemplaţiei:** Următoarea formă de înţelepciune reprezintă înţelegerea dobândită când vă gândiţi în mod activ la învăţăturile pe care le-aţi primit şi le înţelegeţi semnificaţia. Punându-vă întrebări şi lămurind incertitudinile, vă dezvoltaţi o mai mare claritate şi siguranţă a înţelegerii.

3. **Înțelepciunea meditației:** Ultima formă de înțelepciune este legată de realizările directe care apar atunci când transformați înțelegerea în experiență. Meditând repetat asupra unui subiect, vă familiarizați din ce în ce mai mult cu acesta. Această familiaritate vă permite să experimentați stări specifice ale minții, fără a mai fi nevoie de elaborare conceptuală.

Dintre aceste trei niveluri de înțelepciune, numai înțelepciunea meditației poate contracara în mod direct o concepție greșită adânc înrădăcinată, deoarece numai la acest nivel putem realiza de fapt experiența fenomenelor pe care le observăm. Totuși, nu trebuie să ignorăm celelalte forme de înțelepciune, ele asigurând condițiile necesare pentru ca înțelepciunea meditației să poată apărea. Fără a studia mai întâi, nu avem la ce să reflectăm. Fără să reflectăm, nu există o înțelegere care să fie stabilită. Fără această înțelegere, nu există o bază pentru a experimenta semnificația.

Din acest motiv, o mare parte din practica Dharmei constă în studiu și reflectarea asupra diferitelor subiecte care ne ajută să dezvoltăm o perspectivă ce favorizează fericirea autentică. Instrumentul principal pentru aceasta este meditația analitică. Ceea ce urmează este o scurtă prezentare a unui proces de bază pe care îl putem folosi pentru a beneficia la maximum de această tehnică puternică.

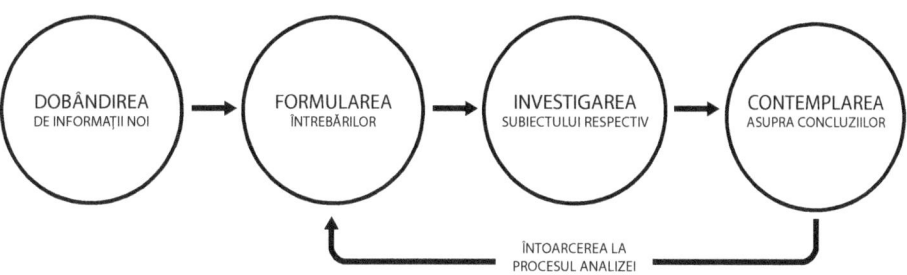

Figura 5-1: Procesul meditației analitice.

1. **Dobândirea informațiilor:** primul pas înainte de a ne angaja în meditația analitică este să dobândim informații noi prin studiu. Acest lucru poate fi făcut prin lectura unei cărți sau prin ascultarea unei învățături. Principalul aspect este să vă procurați materiale cu care să lucrați.

2. **Formularea întrebărilor:** Următorul pas este să identificați o serie de întrebări care apar în legătură cu informațiile pe care le-ați dobândit. Puteți să analizați materialul pentru a identifica diferitele afirmații făcute, apoi transformați afirmațiile în întrebări, astfel încât să le puteți investiga.

3. **Investigarea:** După ce vă aduceți mintea într-o stare neutră, îndreptați-vă atenția asupra uneia dintre întrebări. Începeți să explorați felul în care această întrebare se raportează la viața voastră, în lumina învățăturilor pe care le-ați primit. Pe măsură ce vă gândiți la implicațiile răspunsurilor, puteți constata că apar și mai multe întrebări. Urmați aceste linii de raționament și vedeți unde vă duc. Continuați în acest mod, explorând subiectul din cât mai multe puncte de vedere.

4. **Contemplarea asupra concluziilor:** După ce ați petrecut un timp gândindu-vă la aceste lucruri, veți începe să fiți mai siguri de răspunsul la întrebarea inițială. Când această siguranță este puternică, puteți opri procesul de analiză și pur și simplu vă odihniți în certitudinea că "așa este".

5. **Alternarea analizei cu contemplarea:** Când sentimentul de certitudine dispare, reveniți la procesul de investigare, fie prin repetarea analizei, fie selectând o altă întrebare. Când experimentați același sentiment de siguranță și convingere că "așa este", vă puteți odihni din nou mintea ca mai înainte. În acest fel alternați între meditația analitică și meditația contemplativă, aprofundând treptat subiectul și rafinându-vă înțelegerea.

Jamgon Kongtrul oferă câteva indicații utile cu privire la modul în care se poate alterna meditația analitică cu cea de contemplare, în textul său *Tezaurul cunoașterii*:

Dacă, din cauza unei analize intense, capacitatea de relaxare se diminuează,
Practicați mai multă meditație contemplativă și refaceți nemișcarea.
Dacă, din cauza relaxării prelungite, nu mai doriți să analizați,
Practicați meditația analitică pentru a consolida claritatea minții.

Prin urmare, dacă vi se pare că mintea devine agitată prin practicarea meditației analitice, ar trebui să-i permiteți să se stabilizeze prin relaxarea corpului și practicând o vreme meditația de fixare. Dacă meditația de fixare duce la moleșeală, puteți spori claritatea mentală prin reluarea analizei. În plus, atunci când vă obișnuiți cu procesul de alternare între analiză și odihnă, veți ajunge în cele din urmă într-o fază în care este necesară tot mai puțină analiză pentru a da naștere certitudinii. La început s-ar putea să vi se pară că aveți nevoie de mai multă meditație analitică, dar după un timp veți trece la mai multă meditație de fixare.

CELE PATRU CONVINGERI PENTRU RENUNȚARE

În următoarele patru capitole vom explora patru teme specifice care sunt folosite pentru a genera calitatea mentală a *renunțării*. Această calitate este un fundament esențial pentru angajarea pe orice cale spirituală. Din acest motiv este util să încercăm să înțelegem semnificația acestui termen.

În sensul de bază, renunțarea implică o schimbare radicală de direcție. Ne dăm seama că ceva reprezintă o forță distructivă în viața noastră și ne îndepărtăm de ea. Acest lucru implică faptul că există și o întoarcere spre altceva. Deci, într-un fel, renunțarea poate fi înțeleasă ca fiind o schimbare a ceea ce era ținta noastră: o îndepărtare de la concentrarea pe distructiv și îndreptarea către ceva constructiv.

Cele patru teme pe care le vom studia sunt cunoscute sub numele de *Cele patru convingeri pentru renunțare*. Acestea sunt concepute special pentru a facilita tranziția de la o viață condusă de atașamentele față de cele opt dharme lumești către o viață axată pe îmblânzirea minții prin practicarea Dharmei. Ele fac acest lucru fie ajutându-ne să înțelegem natura condițiilor noastre prezente, fie prin evidențierea potențialului pe care aceste condiții îl oferă.

Concentrarea cu predilecție pe cele opt Dharme lumești poate avea ca efect îngustarea minții noastre. Ele ne obișnuiesc cu o viziune limitată, care spune o poveste foarte precisă despre ceea ce este și ce nu este important. Cele patru convingeri ne ajută să ne lărgim perspectiva și să acceptăm o înțelegere mai vastă. Ele spun o poveste a posibilităților, unde schimbarea se poate realiza cu adevărat. Este foarte important să ne amintim acest lucru la început, când putem fi copleșiți mult prea ușor de apatie și să rămânem blocați într-un mod obișnuit de gândire.

Renunțarea poate fi înțeleasă și ca o formă de compasiune pentru sine însuși, prin dorința de a fi eliberat de suferință. La început această dorință de a fi liberi ne motivează, iar apoi vom extinde această dorință pentru a-i include pe toți ceilalți. Dacă suntem incapabili să ne dorim sincer să fim eliberați de suferință, este imposibil să dorim cu sinceritate acest lucru pentru alții. Atunci când această dorință este puternic cultivată, mintea renunțării poate deveni o forță puternică pe care se bazează practicile spirituale.

În mod tradițional, cele patru teme sunt prezentate într-o anumită ordine. Se începe cu *prețioasa viață umană*, apoi cu *nepermanența și moartea*, urmate de *suferința existenței ciclice* și în cele din urmă de *legea karmică a cauzei și a efectului*. Am constatat că multe dintre aceste meditații presupun o familiarizare anterioară cu viziunea budistă, ceea ce era de la sine înțeles pentru publicul din India antică și din Tibet, dar unor studenți occidentali acestă ordine de prezentare le poate crea obstacole inutile. Din acest motiv, atunci când predau aceste subiecte occidentalilor, mi se pare util să schimb puțin ordinea temelor, punând mai întâi bazele viziunii asupra lumii pentru ca apoi ei să poată înțelege implicațiile acestui punct de vedere. Ceea ce urmează este o prezentare generală a acestei abordări:

1. **Legea karmică a cauzei și a efectului:** începem prin a ne dezvolta înțelegerea asupra legii naturale a cauzalității mentale, cunoscută sub numele de *karma*. Acest principiu fundamental este cheia pentru a înțelege modul în care experiența este modelată prin acțiunile corpului, vorbirii și minții. Când înțelegem mai clar acest principiu, suntem capabili să dezvoltăm mintea renunțării care se îndepărtează de angajarea în acțiuni non virtuoase și se concentrează mai mult asupra unui comportament virtuos.

2. **Suferința existenței ciclice:** prin înțelegerea karmei putem dezvolta un model de înțelegere a felului în care acțiunile noastre produc un ciclu continuu de reîncarnări. Pe baza acestui model, ne îndreptăm apoi atenția spre analiza naturii nesatisfăcătoare a experiențelor noastre în cadrul acestui proces. Ne uităm la întregul spectru de experiențe, la nivelele ei grosiere, subtile și foarte subtile. Aceasta ne ajută să cultivăm mintea renunțării care se îndepărtează de existența ciclică și se îndreaptă spre eliberarea de suferință.

3. **Prețioasa viața umană:** având dorința să fim liberi de suferință, avem nevoie să ne dezvoltăm convingerea că suntem capabili să ne atingem

obiectivul. Pentru aceasta, contemplăm uimitorul potențial al diverselor condiții ce sunt prezente în această viață umană. În acest fel, dezvoltăm mintea renunțării care se îndepărtează de obiectivul de a lucra doar pentru beneficiul acestei vieți și se îndreaptă și spre beneficiul vieților viitoare.

4. **Moartea și nepermanența:** Ultima temă se concentrează pe a ne ajuta să depășim familiarizarea puternică pe care o avem cu cele opt dharme lumești. Obiceiurile actuale acționează ca o puternică forță opusă la orice schimbare benefică. Din acest motiv, trebuie să rupem atașamentul de dharmele lumești și să ne implicăm cât mai urgent în practică. Facem acest lucru prin meditația asupra naturii nepermanente a existenței ciclice, în special asupra nepermanenței propriei vieți. Această temă ne ajută să dezvoltăm mintea renunțării, care se îndepărtează de lene și de amânări și se întoarce către o atitudine de implicare în practicarea Dharmei.

Pentru mulți oameni aceste subiecte pot fi dificile, deoarece ele descriu o viziune asupra lumii care este semnificativ diferită de modelele materialiste folosite de comunitatea științifică. Din acest motiv, este important să ne menținem o minte deschisă față de aceste idei și să lucrăm cu ele metodic. Amintiți-vă că fiecare model prezentat de Buddha în învățăturile sale provine dintr-o multitudine de cercetări contemplative derivate din observarea fenomenelor prin experiență directă. Această cercetare a fost reprodusă ulterior de mii și mii de meditatori care i-au confirmat concluziile. Deci, indiferent cât de străină ar putea suna o anumită idee, aveți potențialul să cunoașteți și voi personal aceste fenomene, dacă sunteți dispuși să faceți efortul de a repeta cercetarea. Priviți fiecare idee ca pe o ipoteză de lucru și explorați ce implicații ar avea dacă ar fi adevărată. Apoi, cu timpul, dacă simțiți că modelul este convingător, puteți alege să continuați să-l explorați.

Temă	Renunțarea la	Concentrarea pe
1. Legea karmică a cauzei și a efectului	Acțiuni non virtuoase	Acțiuni virtuoase
2. Suferința existenței ciclice	Existența ciclică	Eliberarea de suferință
3. Prețioasa viață umană	Dharmele lumești	Practicarea Dharmei
4. Moartea și nepermanența	Lene și amânare	Angajare activă

Tabelul 5-2: Cele patru convingeri pentru renunțare.

RECAPITULAREA PUNCTELOR CHEIE

- Există două forme de fericire: *fericirea lumească*, bazată pe stimuli externi și *fericirea autentică*, care se bazează pe natura intrinsecă a minții noastre. Tânjim după fericirea autentică și totuși ne concentrăm pe fericirea lumească, ceea ce ne aduce un sentiment general de nemulțumire.

- O *dharma* este orice fenomen care acționează ca o condiție pentru obținerea unui anumit rezultat. Există dharme lumești care au potențialul de a produce fericire lumească și dharme sacre care pot aduce fericirea autentică.

- *Cele opt dharme lumești* sunt: atașamentul față de câștig și aversiunea față de pierdere, atașamentul față de plăcere și aversiunea față de durere, atașamentul față de recunoaștere și aversiune față de a fi ignorat și atașamentul față de laudă și aversiunea față de critică.

- Practica Dharmei este procesul prin care se face efortul necesar pentru a elimina influența factorilor mentali perturbatori asupra minții. Prin acest proces, mintea este îmblânzită, devenind astfel mai utilă.

- Există două tipuri de practică: practica formală și practica ocazională. Ambele sunt necesare pentru a integra Dharma în viața noastră.

- Putem folosi meditația analitică pentru a dezvolta înțelepciunea. Sunt trei tipuri de înțelepciune: înțelepciunea ascultării, înțelepciunea gândirii și înțelepciunea meditației. Puteți să alternați între meditația analitică și meditația de fixare, ca o modalitate de a vă ascuți mintea.

- Renunțarea recunoaște defectele unui anumit mod de gândire prestabilit și dorește să abandoneze aceste defecte.

- *Cele patru convingeri pentru renunțare* sunt patru teme pe care le analizăm pentru a ne îndepărta mintea de la obiceiurile distructive în favoarea unor obiceiuri mai constructive, cum ar fi practicarea Dharmei. Acestea sunt: legea karmică a cauzei și a efectului, suferința existenței ciclice, prețioasa viață umană și reflectarea asupra morții și nepermanenței.

CAPITOLUL ȘASE

Legea karmică a cauzei și efectului

Priviți în jurul vostru. Sunteți înconjurați de obiecte, nu-i așa? Tot felul de lucruri, unele mari, altele mici, unele rotunde, altele plate. Unele dintre acestea s-au format în mod natural, în timp ce altele au fost făcute de oameni sau mașini. De unde provin toate aceste obiecte? Cum au ajuns să fie aici cu voi chiar acum?

Dacă ne oprim să ne gândim, vom vedea că fiecare dintre aceste obiecte reprezintă efectul unei întregi secvențe de evenimente din care au rezultat în final lucrurile pe care le vedem în jurul nostru. Să luăm, de exemplu, o masă de lemn:

Undeva a fost o persoană care a avut ideea să construiască o masă. A luat o bucată de hârtie și a început să schițeze cum va arăta masa. Când a fost mulțumită de schiță, a plecat să cumpere lemne și cuie. Apoi a adus lemnele în atelier și a început să le taie cu un fierăstrău. A sculptat lemnul, modelându-l după schița pe care o desenase. De îndată ce au fost terminate toate piesele, a folosit ciocanul și cuiele pentru a le asambla. După multe ore de muncă grea masa a fost terminată.

Conform budismului, toate fenomenele depind de cauze și condiții. Ceva nu poate veni din nimic, iar acest lucru înseamnă că totul trebuie să apară în dependență cu ceva ce era înaintea sa și anume cu o cauză. Fiecare cauză conduce apoi la un anumit efect atunci când condițiile specifice sunt prezente. Numim acest principiu *legea naturală a cauzalității*. Din această descriere putem identifica două tipuri de cauze:

1. **Cauză substanțială:** aceasta este de fapt esența din care a apărut efectul. Este acel lucru care este transformat de diversele condiții pentru a se produce efectul. În exemplul nostru cu masa, lemnul este cauza substanțială a mesei. Pentru o floare, cauza substanțială putem spune că este sămânța.

2. **Condiții suport:** aceasta se referă la diferitele împrejurări care trebuiau să fie prezente pentru ca un efect specific să apară. Pentru masa noastră, condițiile suport au fost: persoana care a proiectat masa, hârtia pe care a fost desenată schița, diferitele instrumentele care au fost folosite pentru a modela lemnul și toți ceilalți factori care au făcut posibilă construirea mesei.

Deși există doar o singură cauză substanțială, poate exista un număr aproape infinit de condiții care o susțin.Gândiți-vă doar la tot ce a contribuit la crearea ciocanului care a fost folosit la construirea mesei sau de unde a provenit hârtia folosită pentru schițarea proiectului, ca să nu mai vorbim despre tot ce a fost necesar să se întâmple pentru ca persoanei să-i vină ideea să creeze masa. Această diversitate incredibilă a condițiilor face din cauzalitate un fenomen destul de complicat de studiat.

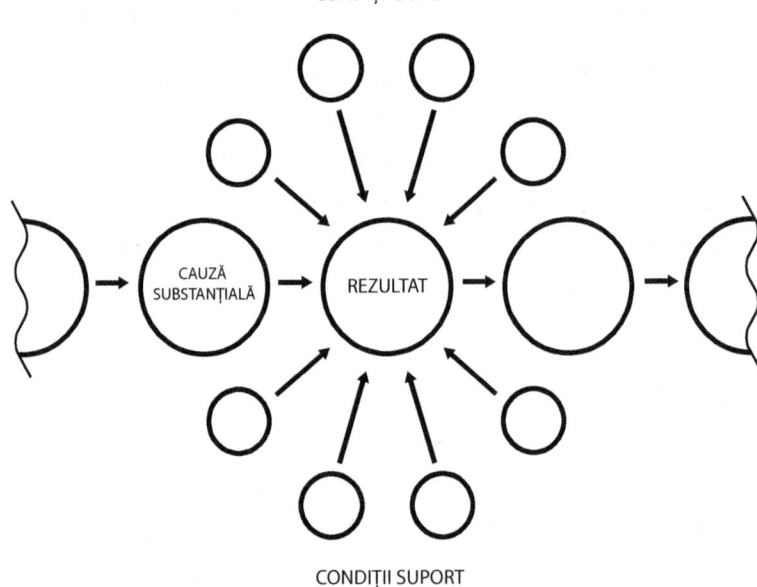

Figura 6-1: Cauza substanțială și condițiile suport.

Știința modernă ne-a adus o bună înțelegere a cauzelor și condițiilor care au condus la evoluția lumii fizice pe parcursul ultimelor milioane de ani. Dar acesta este doar un aspect al realității. După cum vă amintiți din discuțiile noastre din capitolele anterioare, din punct de vedere budist, mintea nu este un fenomen fizic și, totuși, este modelată și ea de cauze și condiții. Modelul care descrie această relație este cunoscut drept *Legea karmică a cauzei și efectului* sau, mai pe scurt, *legea karmei*.

Karma este un cuvânt sanscrit care înseamnă la propriu "acțiune". Termenul este folosit îndeosebi cu referire la efectele care sunt generate de acțiunile corpului, vorbirii și minții noastre. În acest context, o acțiune este identificată ca fiind orice comportament condus de intenție. Din moment ce intenția este un factor mental (a se vedea capitolul doi), înseamnă că toate acțiunile își au originea în minte.

Să folosim un exemplu simplu pentru a ilustra aceasta:

Începeți prin a simți că vă e sete. Încet-încet, apare dorința de a vă potoli setea. În cele din urmă această dorință devine suficient de puternică încât vă face să vă ridicați de pe scaun, să vă duceți la bucătărie, să luați un pahar și să-l umpleți cu apă. Beți apa din câteva înghițituri. Sentimentul de sete a dispărut.

Dacă analizăm cauzele și efectele karmice în această situație, putem vedea cum ne apare în minte sentimentul de sete. Sentimentul declanșează apoi aversiune față de sete și, în timp, aversiunea crește în intensitate. În cele din urmă ajungem la un prag în care aversiunea este prea mare și simțim nevoia să facem ceva. Ne vine atunci ideea să luăm un pahar cu apă. Această idee declanșează aprinderea unei secvențe de neuroni, ceea ce la rândul său declanșează o serie de acțiuni fizice, cum ar fi să mergem până la bucătărie, să luăm paharul, să îl umplem cu apă și apoi să bem apa. Apa ne hidratează corpul și îi schimbă chimia, ceea ce provoacă aprinderea mai multor neuroni, iar în mintea noastră sentimentul de sete se diminuează. Pe măsură ce sentimentul dispare, aversiunea față de acel sentiment dispare și ea.

Efectul pe care îl examinăm este mintea liberă de suferința cauzată de senzația de sete. Cauza substanțială pentru această stare mentală este continuitatea fluxului mental, deoarece numai mintea poate da naștere minții. Toate componentele fizice din acest scenariu acționează drept condiții suport, capabile să influențeze ceea ce percepe mintea. În același fel, efectul de hidratare a organismului este rezultatul introducerii H_2O în sistem. În timp ce mintea acționează ca o condiție suport pentru a declanșa o reacție chimică, moleculele fizice ale apei reprezintă cauza substanțială. Este foarte important să vă amintiți să priviți fenomenele fizice separat de cele non-fizice. Chiar dacă ele se pot influența reciproc, în nicio situație acestea nu se pot transforma unul în celălalt.

Înțelegerea pe deplin a tuturor influențele karmice ce se produc în orice moment de experiență este un exemplu de fenomen foarte ascuns. Este pur și simplu prea complex pentru a fi înțeles de mintea unei ființe simțitoare. Din fericire, prin puterea concentrării sale meditative, Buddha a putut observa o largă varietate de secvențe cauzale și a putut să identifice o serie de tipare de bază care descriu modul în care acționează karma. În acest capitol vom explora aceste tipare cu scopul de a înțelege dinamica modului în care karma influențează calitatea experiențelor pe care le trăim.

SEMINȚELE KARMICE ȘI FLUXUL MENTAL

În timp ce exemplul de mai sus ne poate arăta modul în care intenția determină transformări în minte, nu ne spune prea multe nici despre motivele pentru care am simțit setea, nici despre motivul pentru care am experimentat aversiunea față de sete. Pentru a ne înțelege reacțiile în legătură cu diverse fenomene trebuie să analizăm felul în care s-au creat obișnuințele în fluxul mental.

De fiecare dată când ne angajăm într-o acțiune a corpului, vorbirii sau minții ne consolidăm un anumit obicei. În exemplul nostru, obiceiul grosier este de a ne potoli setea cu apă. La un nivel mai subtil putem spune însă că obiceiul este de a răspunde cu aversiune la sentimentul de sete. De fiecare dată când reacționăm în acest fel creștem probabilitatea de a răspunde în același mod și în viitor. Numim această tendință recurentă *sămânța karmică*.

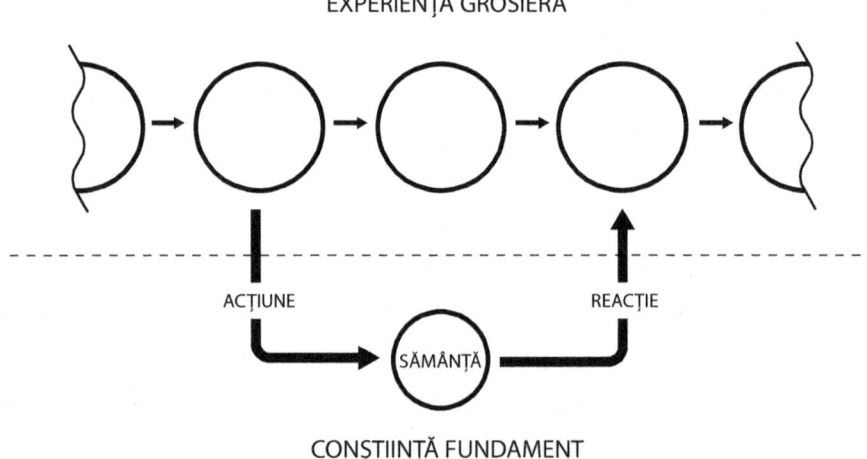

Figura 6-2: Modul în care acțiunile formează în minte tipare recurente.

De-a lungul unei singure zile suntem implicați într-un proces constant de acțiune și reacțiune. Apar în minte fenomene, reacționăm la ele și noi semințe sunt semănate. Este similar cu modul prin care se consolidează căile neuronale pe măsură ce sunt folosite în mod repetat. Singura diferență este că, întrucât mintea este non fizică, nu există nici un proces natural de atrofiere. Odată ce o sămânță a fost semănată, ea va rămâne în minte până în momentul în care "se coace" sub forma unei experiențe sau este slăbită prin aplicarea unei forțe opuse. Vom analiza mai târziu ambele tipuri de transformări.

Deocamdată, lucrul cel mai important este să înțelegem că mintea noastră stochează un număr mare de obișnuințe, care se perpetuează în fiecare moment. Aceste obișnuințe sunt stocate în conștiința fundament (vezi capitolul unu) și condiționează felul în care vor apărea experiențele noastre.

Să luăm următorul exemplu:

Mulți oameni acceptă provocarea de a începe o nouă afacere cu aspirația de a obține succes și profit. În același timp, cu toții speră să nu-și piardă nici banii investiți, nici credibilitatea. Și totuși, în pofida planificării foarte atente a afacerii, a cercetărilor de piață și a orelor lungi de muncă, cumva afacerea eșuează. Au făcut totul corect și, totuși, efectul nu a fost pe măsura așteptărilor. În același timp, alte persoane intră în afaceri cu exact aceleași aspirații, dar nu dedică decât o mică parte pentru pregătirea acestora și muncesc mult mai puțin. În ciuda acestui fapt, dintr-un motiv oarecare, ei au succes și obțin recompense foarte mari. Două scenarii similare, cu două efecte total diferite.

Dacă ne întrebăm de ce unul a reușit și altul a eșuat, putem identifica o gamă largă de condiții suport diferite care ar fi putut afecta rezultatul. Putem da vina pe economie, pe produs sau pe tot felul de alte lucruri exterioare. În budism, am sugera că acești factori externi reprezintă condiții secundare. Da, cu siguranță, aceștia au efecte, dar cauza principală este coacerea semințelor karmice.

Pentru a înțelege acest lucru, gândiți-vă cum sunt implicate ființele umane în ambele situații. Dintr-o perspectivă karmică, o persoană experimentează bucuria succesului, în timp ce cealaltă experimentează suferința eșecului. Acestea sunt efectele karmice ale celor două situații. Acele experiențe au apărut dintr-o întreagă serie de alegeri făcute de fiecare individ, alegeri care s-au bazat pe fluxul constant de karma care s-a copt în fluxul lor mental. Felul în care au reacționat a determinat succesiunea de evenimente ce i-a condus la momentul prezent. Deci, chiar dacă produsul și calitatea lui e posibil să fi fost unele dintre motivele pentru care afacerea a eșuat, legea karmei ne învață să recunoaștem cauzele pentru care un anumit produs a fost creat într-un mod specific. Când facem acest tip de analiză, suntem în mod inevitabil conduși înapoi spre minte.

Din moment ce mintea este un continuum, se poate spune că nu toate obiceiurile noastre sunt legate de experiențele pe care le-am avut în această viață. Acest lucru poate fi foarte dificil de acceptat pentru unii oameni, deoarece ar însemna că experiența noastră este modelată de lucruri pe care nici măcar nu ni le putem aminti. Chiar dacă nu ne putem aminti trecutul, aceasta nu înseamnă că nu putem fi influențați de el.

Putem vedea influența karmei din viețile trecute în calitățile înnăscute pe care le au diferiți copii. Coacerea karmei lor anterioare este cea care modelează felul în care ei experimentează lumea și diferitele decizii pe care le iau. Este același principiu ca atunci când un adult încearcă să meargă cu bicicleta. Chiar dacă nu a mai mers cu bicicleta de mai mulți ani, el este capabil să declanșeze semințele plantate în prealabil și să reînvețe rapid această abilitate. Acest fenomen este în mod obișnuit cunoscut sub numele de "intuiție" sau "instinct".

Similar, în cazul în care avem talente native, aptitudini speciale sau abilități, s-ar putea ca semințele karmice pentru acestea să fi fost plantate acum multe vieți. Aceste abilități vor fi pentru noi ca o a doua noastră natură comparativ cu o altă persoană care poate nu a dezvoltat astfel de competențe în viețile anterioare. Aceasta este o explicație simplă a copiilor minune care manifestă un talent excepțional într-un anumit domeniu la o vârstă foarte fragedă. Dintr-o perspectivă karmică ei pur și simplu își amintesc ceea ce au făcut deja, fără să aibă nevoie să fie învățați acel lucru. Așa se explică de ce diverși oameni au capacități foarte diferite în timpul unei vieți.

Renașterea continuă

Din punct de vedere istoric, în multe tradiții spirituale cum ar fi hinduismul, islamul, jainismul și chiar unele forme ale creștinismului, a existat credința în ciclul continuu al renașterilor. De peste 2500 de ani, mulți practicanți budiști extraordinari au examinat extensiv acest concept, ajutându-se de practici meditative puternice. Ei au descoperit prin experiență directă că mintea este într-adevăr o continuitate condiționată permanent de înclinațiile sale karmice. Pe baza acestor experiențe directe, sute de texte budiste au fost scrise, oferind acces la mii de referințe din scripturi și sisteme de logică.

În poveștile Jataka sunt relatate multe povești despre viețile anterioare ale lui Buddha. El vorbea în mod deschis despre acestea, mai ales atunci când erau prezenți copii, cu scopul ca cei care îi ascultau învățăturile să beneficieze de aceste istorioare. Iată un exemplu:

Buddha a povestit odată că, înainte de actuala lui renaștere ca prinț indian, s-a născut într-o familie de Brahmani cunoscuți pentru comportamentul lor pur și că a devenit un mare erudit și învățător. Apoi s-a retras în pădure și a început să trăiască o viață ascetică, renunțând la orice dorință de bogăție și de câștig. Aici a întâlnit o tigroaică înfometată, secătuită după ce născuse, care era pe cale să-și mănânce proprii pui nou născuți pentru a supraviețui. Neavând hrana la îndemână, el a fost mișcat de nemăsurată compasiune și și-a oferit trupul tigroaicei pentru a fi mâncat.

În tradiția budistă tibetană găsim dovezi ale vieților anterioare prin recunoașterea unor *tulku* (reîncarnări recunoscute sau emanații ale unui guru sau ale unei ființe iluminate) cum ar fi Sanctitatea Sa, al XIV-lea Dalai Lama. Ei sunt recunoscuți prin teste specifice, cum ar fi recunoașterea obiectelor care au aparținut predecesorilor lor și prin capacitatea lor înnăscută și adesea extraordinară de a înțelege anumite învățături budiste. Mulți dintre ei au, de asemenea, capacitatea de a-și reaminti evenimente cheie din viețile lor trecute, așa cum noi ne amintim lucruri care ni s-au întâmplat în timpul copilăriei. Unii dintre ei, cum ar fi cei din linia reîncarnărilor Dalai Lama și Karmapa, au și abilitatea de a da indicii asupra circumstanțelor nașterii lor viitoare.

Fenomenul de reamintire a vieților anterioare nu este prezent numai în izvoarele istorice, dar a fost observat și astăzi în societatea modernă. Sunt mii de oameni care pretind că își amintesc viețile anterioare, recunoscându-și obiectele pe care le-au deținut sau membrii familiilor lor anterioare, în ciuda faptului că nu s-au întâlnit niciodată cu aceștia în viața actuală. Sunt povestiri ale unor astfel de oameni care descoperă comori ascunse, obiecte de valoare aparținând identităților lor anterioare sau care îți amintesc anumite incidente. În unele cazuri, a fost posibil să li se confirme amintirile cu ajutorul altor persoane ce erau încă în viață.

Deși poate nu este un domeniu principal de cercetare, au fost scrise mai multe cărți cu privire la acest subiect, iar dovezile adunate sunt convingătoare. Doctorul Ian Stevenson, de exemplu, a descris și a fundamentat dovezi despre peste două mii de cazuri de copii care și-au reamintit viețile anterioare, multe dintre acestea fiind prezentate în detaliu în cartea sa *(Parapsychology Research on Exceptional Experiences)*.

Celebrul maestru budist indian Bhavaviveka a fost întrebat la un moment dat: "Cum știm că cineva a experimentat moartea înainte de nașterea sa actuală?" Răspunsul lui a fost simplu:

Pentru că este posibil ca unii oameni să-și amintească viețile anterioare.

Pe măsură ce avansăm, este important să încercați să aprofundați implicațiile renașterilor continue, deoarece acestea vor juca un rol important în capacitatea voastră de a dezvolta o înțelegere mai cuprinzătoare și mai extinsă a realității. Pentru unii ideea pare logică și ușor de digerat. Pentru alții, obișnuința de a gândi în termenii unei singure vieți poate fi adânc înrădăcinată și pentru ei această idee poate fi o provocare.

Amintiți-vă că este posibil ca oricine să își dezvolte abilitățile necesare pentru a experimenta direct amintirile din viețile anterioare. Este doar o chestiune de disponibilitate pentru a face efortul necesar. Aceasta nu înseamnă că trebuie să acceptați lucrurile cu o credință oarbă. Pur și simplu păstrați mintea deschisă și folosiți-vă raționamentul pentru a explora toate posibilitățile. Dacă sunteți în stare să faceți acest lucru, s-ar putea să vedeți că sunt multe beneficii ce decurg din acest punct de vedere.

CELE PATRU LEGI NATURALE ALE KARMEI

Dacă ar fi să rezumăm observațiile făcute de Buddha, am putea identifica patru tipare distincte ce ne ajută să înțelegem cum se manifestă karma de-a lungul timpului. Deși există și alte tipare, mai subtile, de care trebuie să fim conștienți, aceste patru teme ne oferă un cadru de bază pe care îl putem folosi pentru a integra o înțelegere a karmei în activitățile noastre cotidiene.

1. Rezultatele sunt categorice.

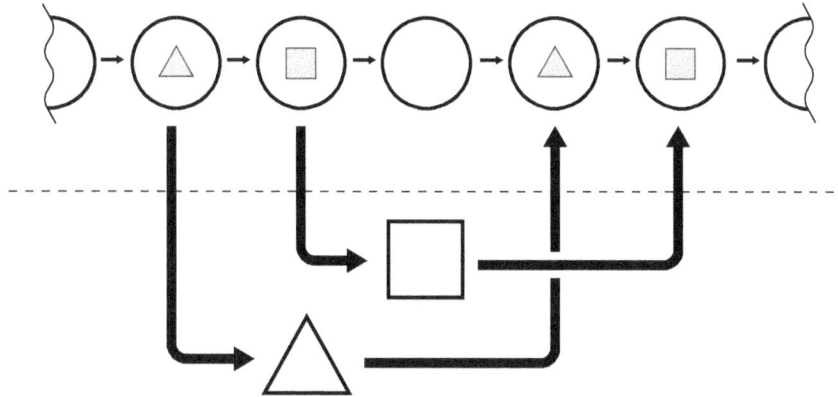

Figura 6-3: Orice cauză are un rezultat cu natură similară.

Atunci când plantăm o sămânță de măr vom obține un măr, nu un portocal. La fel, anumite semințe karmice vor da naștere doar la anumite efecte karmice. Acest lucru înseamnă că dacă vă angajați în acțiuni dominate de stări mentale perturbate, semințele karmice create de aceste acțiuni vor genera cu siguranță experiența suferinței. Pe de altă parte, semințele karmice create de minți virtuoase cu siguranță vor genera fericire.

2. Dacă există un rezultat, trebuie să existe o cauză.

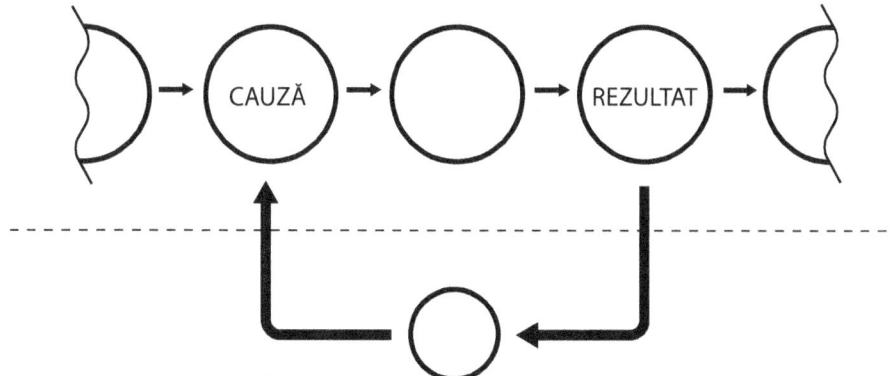

Figura 6-4: Oricărui rezultat îi corespunde o cauză.

Ceva nu poate veni din nimic, prin urmare este imposibil să experimentați un efect dacă nu ați creat mai întâi cauza pentru această experiență. Trebuie să fim atenți să nu ne gândim la karma ca la un sistem de recompensă și pedeapsă. În budism nu există nici o ființă mai înaltă care să vă țină evidența faptelor și care să judece dacă să vă ofere fericire sau suferință. În schimb, responsabilitatea vă revine vouă, căci acțiunile voastre creează cauzele pentru efectele pe care le obțineți. Indiferent ce se întâmplă, dacă experimentați ceva, atunci voi trebuie să fi fost cei ce ați creat cauza pentru acea experiență.

Într-un exemplu extrem, referitor la acest aspect, în ziua din 11 septembrie un om a sărit de la etajul optzeci și unu din World Trade Centre din orașul New York. El a supraviețuit căderii doar cu un picior rupt. Dintr-o perspectivă budistă, acest lucru aparent imposibil a avut loc deoarece persoana respectivă nu a creat cauzele pentru a muri în acest fel.

3. Dacă există o cauză, trebuie să existe și un rezultat.

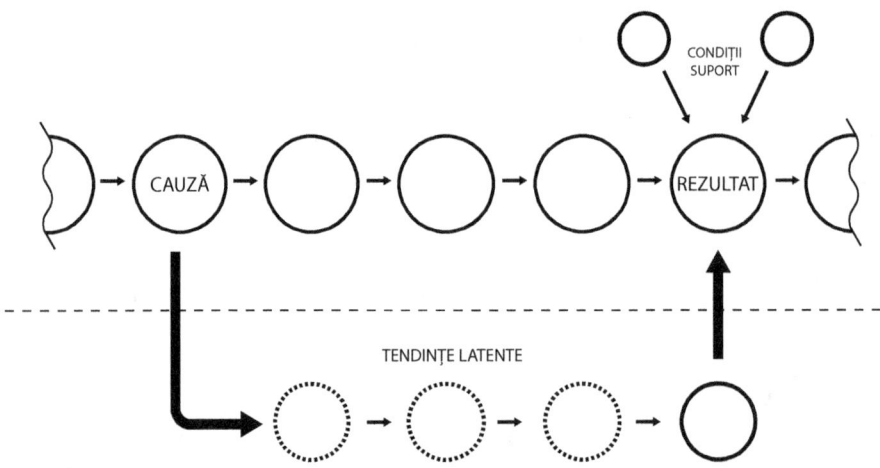

Figura 6-5: Orice cauza va conduce în cele din urmă la un rezultat.

La fel cum un efect nu poate apărea din nimic, o cauză nu va dispărea pur și simplu în timp. Ca fenomene non-fizice, predispozițiile karmice nu se disipează în mod natural. Acest lucru înseamnă că, indiferent de cât timp este necesar, atunci când condițiile sunt reunite, acea sămânță se va coace într-un rezultat. Până în acel moment, predispoziția rămâne latentă în fluxul mental, ca un potențial.

Singura modalitate de a evita experimentarea unui anumit efect este de a ne angaja în acțiuni care să aplice acestui obicei nedorit o forță opusă. Procesul de slăbire a anumitor înclinații este cunoscut sub numele de "purificare". Vom discuta acest lucru mai târziu, în *Volumul al II-lea* al acestei serii.

4. Karma se amplifică.

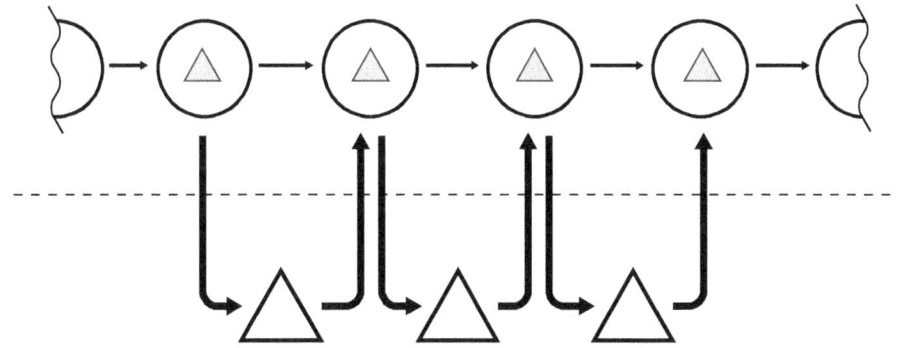

Figura 6-6: Tendințele recurente se perpetuează de la sine.

De fiecare dată când ne angajăm în acțiuni ale corpului, vorbirii sau minții, adăugăm energie unor tendințe recurente existente. Cu cât le vom da mai multă energie, cu atât aceste obiceiuri vor deveni mai puternice și cu atât mai mult vor avea capacitatea să ne influențeze experiența. Aceasta creează un tip de buclă în care tot mai multe dintre acțiunile noastre sunt influențate de aceste obiceiuri dominante.

A considera că nici o acțiune nu este pierdută până când nu se coace înseamnă că este posibil ca acțiuni foarte mici să se dezvolte în timp. Acest lucru duce la concluzia că fiecare acțiune contează. Oricât de nesemnificativă poate părea o acțiune, este posibil ca aceasta să dea naștere unui număr imens de efecte, asemenea unei mici semințe care crește devenind un copac maiestuos.

Exercițiul 6.1—Dinamica karmei

- *Într-o poziție relaxată, stabilizați-vă o minte neutră prin practica atenției conștiente pe respirație.*

- *Examinați evenimentele petrecute în timpul zilei, trecând încet prin fiecare acțiune de care vă amintiți. Încercați să includeți tot ce ați făcut, tot ce ați spus și tot ce ați gândit. Analizați-vă starea minții din spatele fiecăreia dintre aceste acțiuni. V-ați caracteriza mintea ca fiind perturbată, virtuoasă sau neutră în aceste momente? Acceptând că legea karmei este clară, analizați efectele generale ce vor fi generate prin acțiunile voastre. Ați creat cauzele pentru fericire sau ați creat cauzele pentru suferință?*

- *Acum amintiți-vă un moment în care ați experimentat un anumit grad de fericire. Aduceți în minte detaliile experienței încercând să o faceți să fie cât mai vie cu putință. De unde a venit această experiență? Care sunt unele dintre condițiile care au contribuit la apariția acestei experiențe? Luați în considerare starea minții din acel moment și modul în care aceasta a contribuit la acea experiență.*

- *De asemenea, amintiți-vă un moment dificil din viața voastră, poate un moment de frustrare sau conflict. Fără a da vina pe ceva sau altceva, analizați diferitele cauze și condiții care au fost reunite pentru ca această experiență să apară. În timp ce alți oameni și alte lucruri poate că au declanșat experiența, de unde s-a ivit suferința? Cum influențează evenimentul faptul că sunteți conștienți de influența karmică? Se schimbă modul în care priviți această experiență?*

- *Când priviți retroactiv la viața voastră, cât de frecvent v-a fost purtată mintea de perturbări cum ar fi atașamentul sau aversiunea? Cât de multe suișuri și coborâșuri ați avut? Dacă fiecare dintre acele momente au generat înclinații karmice în mintea voastră, iar acele înclinații nu se dizolvă în mod natural, care sunt implicațiile lor?*

- *Acum analizați modul în care acțiunile voastre îi influențează pe ceilalți. Alegeți câteva exemple de acțiuni în care v-ați angajat în timpul vieții și urmăriți lanțul evenimentelor declanșate de acele acțiuni. Luați în considerare modul în care acțiunile mici se acumulează în timp. Puteți să identificați exemple din viața voastră când o decizie aparent nesemnificativă v-a condus la o experiență foarte importantă?*

- *Odihniți-vă în orice stare de înțelegere care apare.*

CĂI DE ÎNȚELEGERE A KARMEI

Datorită rolului central jucat de karma în condiționarea fiecărui moment al experienței noastre de zi cu zi, este foarte greu să înțelegem gama vastă de efecte pe care karma o are asupra vieții noastre. Din acest motiv, poate fi util să ne restrângem într-o oarecare măsură obiectivul și să lucrăm cu aspecte particulare ale legii karmei, pe care să le analizăm separat. Pentru aceasta, budismul oferă o varietate de metode de clasificare a karmei. Prin studierea diferitelor clasificări putem să dezvoltăm o înțelegere mai detaliată a diferitelor influențe, evitând în același timp să ne lăsăm copleșiți de complexitatea subiectului.

Karma experimentată de noi înșine și de alții

Când luăm în considerare tipurile de acțiuni în care se angajează oamenii, putem vedea că unele sunt interioare, aflându-se în mintea unui individ (cum ar fi gândurile și emoțiile), în timp ce altele sunt exterioare, în lumea fizică (cum ar fi acțiunile sau vorbirea). În timp ce acțiunile minții sunt personale, acțiunile corpului și ale vorbirii sunt împărtășite cu alții și, prin urmare, au capacitatea de a influența mai mult de o singură persoană.

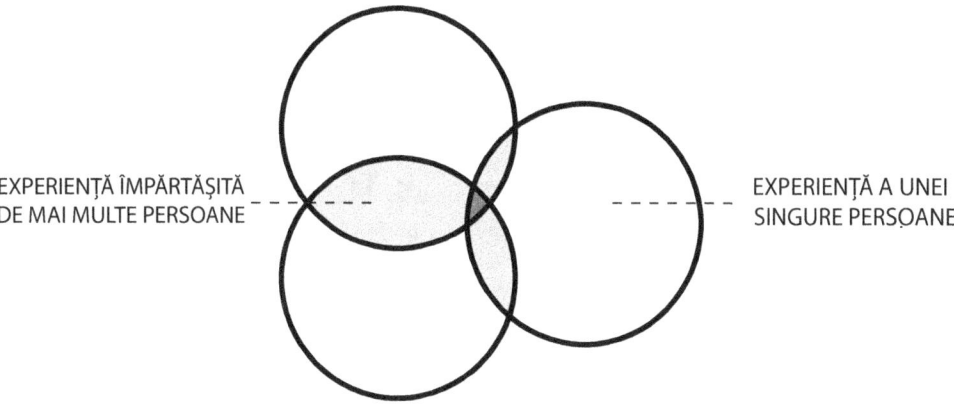

Figura 6-7: Suprapunerea experiențelor mai multor persoane.

Luând în considerare aria influenței acțiunilor noastre, putem identifica două tipuri de karma:

1. *Karma colectivă*

Karma care este împărtășită de mai multe persoane este considerată a fi karma colectivă. În esență, aceasta formează o legătură sau o conexiune între oameni, generând un anumit grad de similitudine a experiențelor lor. De exemplu, împărtășim cu toții karma colectivă de a ne fi născut ca ființe umane pe planeta Pământ. Acest lucru înseamnă că toți avem corpuri similare, cu organe senzoriale similare, care dau naștere unor tipuri de conștiință similare. Această similitudine ne permite să ne comunicăm experiențele celorlalți și să fim capabili să înțelegem despre ce este vorba. Comparați acest lucru cu delfinii. Deși împărtășesc cu noi karma colectivă de a se fi născut pe Pământ, ei nu împărtășesc karma de a se fi născut oameni. De aceea experiența lor este semnificativ diferită de experiența noastră, ceea ce face dificil (dar nu imposibil) să comunicăm clar cu ei.

Karma colectivă poate lucra la niveluri diferite. Ea poate fi universală, globală sau mai localizată. De exemplu, dacă luăm în considerare formarea diferitelor triburi și țări din întreaga lume, putem spune că acei oameni împărtășesc o karma colectivă. Deci, chiar dacă toți suntem oameni, suntem conectați mai mult cu cei dintr-o anumită țară sau regiune. Chiar și într-o singură țară împărtășim o karma colectivă mai mare cu acei oameni care locuiesc în același oraș sau cartier ca noi.

Relațiile ce ne leagă nu sunt doar geografice. Putem fi, de asemenea, conectați prin credințele și preocupările noastre. Luați în considerare pe toți cei care practică un anumit tip de tradiție spirituală. Este o similitudine în modul în care ei văd și înțeleg lumea. Aceasta explică felul în care este posibil ca atât de mulți occidentali să fie interesați de budism, chiar dacă au crescut în țări în care budismul a fost, în general, necunoscut.

Karma colectivă se produce de fiecare dată când interacționăm cu o altă persoană. Prin experiența noastră comună plantăm împreună semințe similare în fluxurile noastre mentale. Cu cât împărtășim mai mult experiența, cu atât mai mult se dezvoltă similitudinea dintre înclinațiile karmice stocate în fluxurile noastre mentale. Acest lucru face ca apoi să reacționăm similar în diferite situații, ceea ce conduce la luarea unor decizii similare și, prin aceasta, la implicarea în acțiuni similare.

2. Karma individuală

Deși karma personală poate fi în mare măsură similară cu karma altora, ea nu este niciodată identică. Aceasta se datorează în principal faptului că acțiunile noastre fizice și verbale reprezintă doar o parte a activităților noastre. Cea mai mare parte din karma noastră este creată prin diferite modele conceptuale ale gândurilor și experiențelor noastre subiective. Din moment ce aceste reacții sunt personale, proprii unui singur individ, ele produc un model unic de înclinații karmice.

Din acest motiv, gemenii identici care cresc în același mediu pot prezenta trăsături distincte ale personalităților sau abilităților lor. Se explică astfel și de ce unii oameni pot avea o viață incredibil de lungă și prosperă, în timp ce alții pot experimenta adversități și viața li se încheie prematur. Doar luați în considerare marea diversitate a caracteristicilor fizice ce rezultă din expresia specifică a genelor noastre. Toate acestea sunt considerate exemple de karma personală.

Exercițiul 6.2—Experiența împărtășită cu alții

- *Într-o poziție relaxată, stabilizați-vă o minte neutră prin practica atenției conștiente pe respirație.*

- *Selectați un anumit eveniment din viața voastră pe care vi-l puteți aminti foarte clar. Acest eveniment ar trebui să implice mai multe persoane. Acordați-vă timp pentru a vă aminti detaliile situației, astfel încât tot ceea ce vă apare în minte să fie viu.*

- *Acum analizați care aspecte ale experienței voastre credeți că sunt similare cu experiența celor din jurul vostru. Gândiți-vă la diferitele tipuri de conștiință ca la o modalitate de a identifica diferite aspecte ale experienței. Luați în considerare cât de puternice sunt similitudinile*

DEZVĂLUIREA ADEVĂRULUI VOSTRU SACRU

între persoane diferite participând la acel eveniment. Gândiți-vă nu numai la asemănările generale, dar și la unele specifice. Încercați să identificați diferitele conexiuni care există între oamenii din grup.

- Acum analizați ce aspecte ale acestei experiențe sunt unice pentru voi. Gândiți-vă la diferențele care apar datorită credințelor, istoriei personale sau răspunsurilor emoționale. Încercați să faceți distincția clară între aspectele colective și cele individuale.

- Odihniți-vă în orice stare de înțelegere care apare.

Karma bazată pe intensitatea intenției

În conformitate cu discuția despre karma din textul *"Fundamentul primar"* al marelui erudit indian Asanga, intenția joacă un rol cheie în modul în care se formează o sămânță karmică. În funcție de intenția implicată, unele acțiuni creează o impresie mai puternică asupra minții, în timp ce altele sunt mai slabe. Putem numi o impresie puternică "grea" și o impresie slabă "ușoară". Din cauza intensității relative a unei karme grele, efectele vor fi în mod proporțional mai puternice. De asemenea, cu cât este mai ușoară karma, cu atât efectul său va avea un impact mai mic.

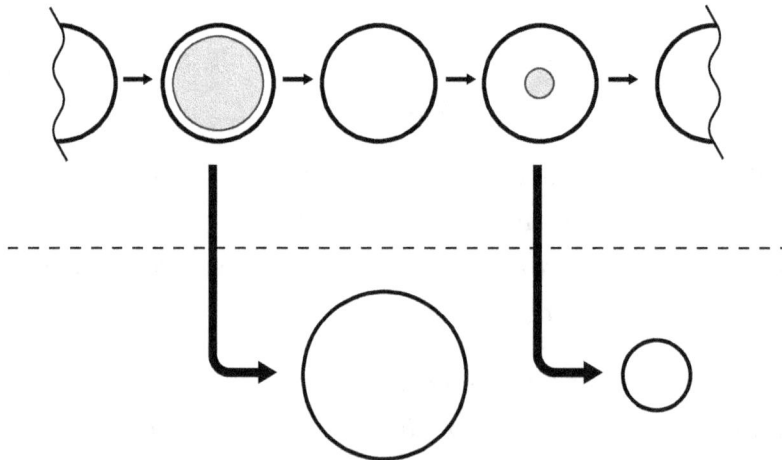

Figura 6-8: Forța intenției determină forța amprentei karmice.

Intenția este un factor mental și, de aceea, este posibil să avem o intenție fără a îndeplini o acțiune fizică sau verbală. Când se întâmplă acest lucru putem spune că acțiunea este incompletă. Pe de altă parte, o acțiune completă reprezintă orice acțiune pe care o facem cu corpul sau vorbirea. Atunci când combinăm aceste două caracteristici, apar patru feluri în care putem crea karma:

1. Karma cu intenție slabă și incompletă.

O intenție slabă este ceva ca un capriciu sau ca o reacție impulsivă la ceva. În general, nu implică multă gândire care să conducă la acțiune. O intenție poate fi slabă și atunci când avem o mulțime de îndoieli în ceea ce privește dacă să facem sau să nu facem ceva. Îndoiala împiedică intenția să aibă o putere reală. Chiar dacă o astfel de intenție va lăsa urme în minte, este pur și simplu prea slabă pentru a produce efecte semnificative de una singură. Prin forța regretului, efectele unei astfel de karme slabe pot fi relativ ușor îndepărtate.

2. Karma cu intenție slabă și completă.

Atunci când suntem imprudenți și ne angajăm în acțiuni nechibzuite vom crea, în general, un efect karmic mai ușor. Acest lucru se datorează faptului că acțiunile nu poartă cu ele puterea unei intenții clar definite. Cu toate acestea, din cauza iminenței acțiunii fizice sau verbale, vor crea o impresie mai puternică decât prin simpla apariție neașteptată a unui gând în minte.

Exemple de acest tip de karma includ acțiuni efectuate în timpul unor vise non lucide, acțiunile făcute în mod accidental sau acțiunile desfășurate împotriva voinței voastre. Deoarece mintea nu este pe deplin angajată în acțiune, efectul karmic poate fi, în general, remediat prin aplicarea unui grad de regret adecvat.

3. Karma cu intenție puternică, dar incompletă.

Dacă intenția de a acționa este foarte puternică, acest lucru va genera în minte o tendință karmică mai puternică. Un exemplu al acestui tip de intenție este o persoană care se gândește să omoare pe cineva. Cu cât consumă mai mult timp gândindu-se la uciderea acelei persoane, cu atât mai puternică va fi intenția și aceasta va lăsa o amprentă mai puternică în mintea sa. Dar oricât de mult timp petrece o persoană premeditând actul, s-ar putea ca ea să nu aibă niciodată șansa de a acționa în conformitate cu această intenție. Din moment ce actul nu a fost niciodată înfăptuit, intensitatea karmică nu va fi la fel de mare pe cât ar fi putut deveni prin finalizarea sa.

4. Karma cu intenție puternică și completă.

Cea mai grea formă de karma este creată prin combinarea unei intenții puternice cu punerea ei în practică. Dacă petrecem timpul formându-ne o intenție foarte clară și puternică, atunci orice acțiuni în care ne implicăm bazate pe această intenție vor fi extrem de puternice. Acest lucru este valabil pentru toate tipurile de acțiuni, indiferent dacă acestea generează suferință sau fericire.

Exercițiul 6.3—Tipuri de intenție

- *Într-o poziție relaxată, stabilizați-vă o minte neutră prin practica atenției conștiente pe respirație.*

- *Gândiți-vă un moment la toate gândurile aleatorii care s-au ivit în mintea voastră în timpul unei anumite zile. Gândiți-vă la tot felul de scenarii ce v-au trecut prin minte. Puteți identifica vreo atitudine nesănătoasă legată de aceste gânduri? Găsiți tiparul general al acestor gânduri. Acceptând că până și aceste gânduri lasă urme în mintea voastră, dezvoltați regretul că generați acest tip de stări mentale perturbatoare și decideți să fiți mai conștienți de ceea ce se întâmplă în mintea voastră.*

- *Acum analizați unele evenimente din trecut, când ați acționat pripit, fără să vă gândiți. Poate v-ați pierdut cumpătul și ați spus ceva ce a rănit sentimentele altcuiva. Poate că din întâmplare ați făcut ceva care a rănit pe altcineva. Orice ar fi fost, aduceți experiența clar în minte. Recunoașteți că s-a întâmplat, regretați că s-a întâmplat și decideți să fiți mai conștienți de acțiunile voastre viitoare.*

- *Identificați o ocazie când ați petrecut mult timp gândindu-vă să faceți ceva, dar de fapt n-ați făcut acel lucru. Poate că ați vrut să vorbiți cu o persoană de care vă place, dar ați fost prea timizi. Poate că v-ați gândit să dojeniți pe cineva, dar niciodată nu ați făcut-o. În cazul în* care acțiunea a fost constructivă, dezvoltați aspirația de a vă angaja în viitor în această acțiune. Dacă era distructivă, acceptați că este dăunătoare, regretând că v-ați gândit să faceți un astfel de lucru și luați hotărârea puternică de a nu mai face niciodată o astfel de faptă.

- În cele din urmă, gândiți-vă la un moment în care ați dezvoltat cu adevărat o intenție puternică și ați și înfăptuit-o. Poate ați acceptat o provocare și prin muncă grea și determinare ați reușit să vă atingeți obiectivul. Poate ați complotat să vă răzbunați pe cineva care v-a rănit și apoi chiar v-ați realizat planurile. Din nou, bucurați-vă de orice intenții constructive ați avut și regretați orice fel de acțiuni negative în care v-ați angajat. Dezvoltați o puternică hotărâre să nu mai repetați în viitor aceste comportamente dăunătoare.

- Odihniți-vă în orice stare de înțelegere care apare.

Karma bazată pe amploarea rezultatului

Amploarea efectului va corespunde întotdeauna intensității cauzei. Deci, cu cât este mai puternică o cauză, cu atât mai puternic se va experimenta și efectul.

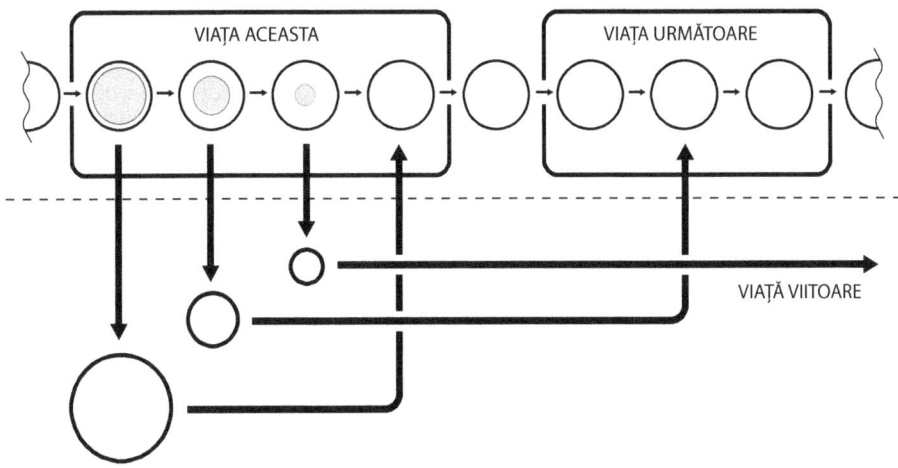

Figura 6-9: Karma cea mai grea se coace în general mai repede.

Dacă ne uităm la tipurile de efecte ce pot apărea din karma de diferite intensități, vom identifica trei tipuri:

1. *Rezultat experimentat în aceeași viață.*

Când o intenție foarte puternică se combină cu o acțiune îndreptată spre un obiect puternic, este posibil să experimentăm efectul acestei karme în timpul aceleiași vieți. Un obiect puternic este considerat a fi orice persoană care ți-a adus foarte multe beneficii în această viață, cum ar fi un învățător spiritual sau cei care te-au iubit necondiționat, cum ar fi părinții tăi. Dintre toți oamenii pe care i-ați întâlnit, aceste persoane v-au influențat cel mai mult. Prin urmare, orice acțiuni pe care le faceți în legătură cu aceste persoane vă vor influența în mod deosebit de puternic mintea. Oamenii care se confruntă cu o mare suferință pot fi, de asemenea, considerați obiecte puternice, deoarece ei pot acționa ca bază pentru generarea de intenții extrem de puternice de compasiune și de altruism.

2. *Rezultat karmic ce va fi experimentat în viața următoare.*

Anumite acțiuni sunt suficient de puternice pentru a lăsa amprente foarte adânci asupra minții. Atât de adânci, de fapt, încât atunci când o persoană este în perioada de tranziție dintre această viață și următoarea, aceste amprente îi vor domina într-un asemenea grad experiența, încât în mod garantat îi vor determina forma vieții viitoare. Puterea acestor acțiuni este dată de o combinație de intenții extrem de puternice și distructive, îndreptate spre obiecte foarte puternice. În budism, numim aceste acțiuni drept *cele cinci crime odioase*:

1. Uciderea tatălui
2. Uciderea mamei
3. Uciderea unei ființe extrem de realizate
4. Vărsarea sângelui unei ființe iluminate
5. Crearea unei schisme în cadrul unei comunități spirituale

Angajarea în oricare dintre aceste acțiuni are repercusiuni karmice grave, deoarece toate acestea se bazează pe vătămare sau pe separarea voastră de acele influențe care vă pot ghida spre fericirea autentică. În loc să genereze fericirea pe care o căutați, ele generează chiar opusul acesteia: o formă extremă de suferință.

3. Rezultat karmic ce va fi experimentat în viețile viitoare.

În cea mai mare parte, efectele acțiunilor pe care le realizăm în această viață vor fi experimentate în viețile viitoare. Din moment ce karma nu se disipează, indiferent cât timp ar trece, în cele din urmă condițiile se vor întruni și această karma se va coace. De aceea, nu trebuie să presupunem că toate experiențele noastre din viața actuală sunt rezultatul acțiunilor desfășurate în această viață. Chiar dacă acțiunile acestei vieți pot să contribuie la crearea condițiilor necesare coacerii karmei noastre, karma care se coace efectiv provine de obicei din viețile trecute.

De aceea unii, oameni care sunt buni și au o inimă foarte bună pot experimenta totuși o viață dificilă. Ei pot avea eșecuri în carieră sau pot fi bolnavi, dar asta nu înseamnă că bunătatea și meritul lor nu sunt puternice. Se poate întâmpla ca ei să se confrunte cu semințe karmice negative rămase nematurate din vieți anterioare. Adesea, puterea meritelor unei persoane îi permite să experimenteze și să își diminueze mai întâi această karma negativă, după care va începe să experimenteze efectele oceanelor karmice pozitive pe care le-a acumulat.

Pe de altă parte, există oameni care au foarte puțină compasiune și îi rănesc frecvent pe alții, dar încă au o viață plină de succes și de fericire temporară. În acest caz, există doar câteva karme meritorii rămase din viețile lor anterioare, iar după terminarea acestora, datorită semințelor karmice negative acumulate, vor experimenta cu siguranță suferința.

Exercițiul 6.4—Intensitatea acțiunilor

- *Într-o poziție relaxată, stabilizați-vă o minte neutră prin practica atenției conștiente pe respirație.*

- *Aduceți-i în minte pe acei oameni cu care vă simțiți cel mai puternic conectați. Acum analizați efectul acestor persoane asupra voastră. Dacă o astfel de persoană vă spune ceva, are mai multă greutate decât dacă ați auzi același lucru de la altcineva? Sau, când faceți ceva legat de această persoană, v-ați aminti mai mult despre aceasta decât dacă faceți aceeași*

- *acțiune în legătură cu altcineva? Încercați să vă dați seama care este importanța acestei persoane în viața voastră.*

- *Acum, imaginați-vă ce ar însemna pentru voi dacă ați face ceva benefic pentru această persoană. Cum v-ați simți să știți că i-ați adus fericire sau satisfacție acestei persoane?*

- *Luați în considerare contrariul. Cum v-ați simți dacă ați răni această persoană? Ce s-ar întâmpla dacă ați face ceva astfel încât să devină imposibil ca ea să rămână în viața voastră? Imaginați-vă trauma pe care ați resimți-o dacă ați provoca în mod intenționat încheierea vieții acestei persoane.*

- *Acum uitați-vă înapoi la viața voastră și comparați felurile de acțiuni în care v-ați angajat și diferitele experiențe pe care le-ați avut. Puteți identifica toate situațiile în care, indiferent de cât de bune v-au fost intențiile, singurul efect a fost propria voastră suferință sau suferința altora? Gândiți-vă și la momentele în care mintea vă era ocupată cu intenții distructive și, totuși, totul părea să lucreze pentru voi. Chiar dacă poate v-ați simțit bine la momentul respectiv, ce fel de efect credeți că vor produce aceste acțiuni?*

- *Odihniți-vă în orice stare de înțelegere care apare.*

Karma în momentul morții

Pe parcursul unei vieți vom experimenta un flux continuu de înclinații karmice care se maturează conform condițiilor ce apar. În același timp, ne vom crea noi înclinații pe baza modului în care reacționăm la acest flux de experiențe. Din fericire pentru noi, ființele umane, avem un anumit grad de inteligență care ne permite să ne modelăm intențiile prin alegerile pe care le facem.

Când apar condițiile pentru ca această viață să se sfârșească, vom experimenta o dizolvare a tuturor stărilor grosiere ale minții noastre, deoarece corpul nu va mai putea să ne susțină conștiința. Aceasta include capacitatea noastră de a influența modul în care reacționăm la stimuli. În acel moment ne vom dizolva în fluxul natural al experienței noastre și vom fi purtați de nenumăratele tipare pe care ni le-am format în această viață și în viețile anterioare. Întrebarea care se pune este: "unde mă vor duce aceste înclinații?" Ce fel de viață se va produce după aceasta? Răspunsul depinde de tiparele care ne sunt activate în momentul morții.

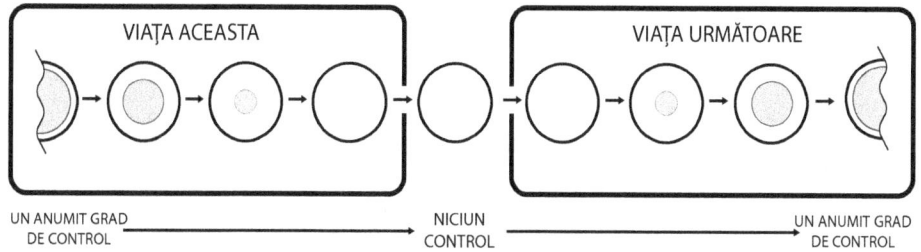

Figura 6-10: În apropierea momentului morții, conștiința ni se dizolvă și tiparele preiau controlul.

Ordinea în care karma se coace

Până în momentul în care mintea noastră conceptuală, grosieră, se dizolvă, suntem capabili să ne direcționăm conștiința spre anumite tipuri de obiecte. Cu cât ne concentrăm mai mult asupra unui anumit obiect, cu atât mai mult îi vom întări capacitatea de a coace karma aferentă. Când această karma se coace, ea va determina momentele ulterioare de conștiință care, la rândul lor, vor determina forma următoarei noastre renașteri. Dacă nu suntem conștienți în timpul acestui proces important, atunci mintea noastră va fi în mod natural atrasă spre diferite tipuri de karma în următoarea ordine:

1. Indiferent de stare minții pe care o avem, fie virtuoasă, fie non virtuoasă, dacă mintea este alimentată de o intenție puternică, atunci karma care corespunde în mod direct acestei intenții va fi karma care se va coace prima.

2. În caz contrar, dacă există mai multe predispoziții karmice legate de starea minții noastre, atunci se va coace înclinația karmică a cărei producere a luat cel mai mult timp sau cu care suntem cel mai mult familiarizați.

3. În caz contrar, va fi mai întâi experimentată cea mai grea karma (cea care poartă cel mai puternic efect).

4. În caz contrar, karma creată cel mai recent se va coace prima.

5. În caz contrar, karma cu cea mai puternică motivație și completă se va coace mai întâi.

6. În caz contrar, karma îndreptată spre cel mai puternic obiect (așa cum s-a explicat anterior) va fi cea care este experimentată mai întâi.

7. În caz contrar, karma căreia i-a fost dedicată cea mai puternică intenție virtuoasă se va coace prima.

8. În cazul în care toți factorii de mai sus sunt egali și dacă starea minții noastre în momentul morții nu este foarte puternică, karma ce se va coace prima va depinde de formele anterioare de karma care sunt cel mai strâns legate de starea minții din momentul morții.

După cum se poate observa, acest proces evidențiază natura complexă a karmei, dovedind în același timp aspectul său fluid și dinamic. De notat aici importanța pe care o au intenția și faptul de a fi conștienți, aspecte care ne permit să influențăm karma care se coace prima.

Karma proiectoare și karma de completare

În general, când ne gândim la modul în care karma ne modelează viitoarea renaștere, putem vorbi de două categorii principale:

1. **Karma proiectoare:** aceasta reprezintă orice karma întărită suficient pentru a se coace în momentul morții, având puterea de a propulsa mintea într-o anumită formă sau într-un anumit tip de experiență. De exemplu, în cazul în care mintea noastră este dominată de ură, furie sau paranoia în momentul morții, această stare a minții va determina coacerea anumitor tipuri de karma care vor propulsa mintea spre a-și asuma experiența suferinței și a chinurilor extreme. Pe de altă parte, o minte liniștită și plină de motivații altruiste pentru beneficiul altor persoane va provoca coacerea unei karme foarte diferite care, la rândul său, va produce o experiență complet diferită.

2. **Karma de completare:** În timp ce karma proiectoare determină forma generală pe care o vom experimenta, karma de completare adaugă particularitățile acestei experiențe. Luați exemplul corpului vostru uman din această viață. Faptul că sunteți om este considerat a fi efectul karmei voastre proiectoare. Forma, dimensiunea, culoarea și caracteristicile corpului sunt însă exemple de efecte ale karmei de completare.

E important de știut că viețile noastre trecute, prezente și viitoare sunt rezultatul *mai multor* tipuri de karma care se maturează. Chiar dacă o karma poate să fi avut influența primară asupra formei pe care o luați, nenumărate alte tipuri de karma contribuie și ele la experiența voastră aparte. Acesta este motivul pentru care vedem o atât de mare diversitate de oameni în lumea noastră.

Exercițiul 6.5 — Când viața vi se derulează rapid prin fața ochilor

- *Într-o poziție relaxată, stabilizați-vă o minte neutră prin practica atenției conștiente pe respirație.*

- *Imaginați-vă că sunteți pe un pat de spital. Vă simțiți corpul cum slăbește și știți că nu mai aveți mult timp de trăit.*

- *Dacă ați avea șansa de a alege, cum ați vrea să petreceți ultimele clipe? Ce atitudine ați dori să cultivați în acel moment? Ce gânduri v-ar aduce cea mai mare pace în minte?*

- *Acum, uitați-vă la viața voastră și analizați stările minții cu care vă simțiți cel mai familiarizați. Gândiți-vă cum acționați când nu faceți niciun efort special pentru a vă controla comportamentul. Sunteți de obicei anxios sau irascibil? Sunteți adeseori vulcanic sau morocănos? Care sunt trăsăturile cu care vă identificați?*

- *Apoi, analizați câteva dintre cele mai importante puncte de cotitură din viața voastră. Evenimentele care au avut un impact foarte mare asupra a ceea ce sunteți ca persoană. Gândiți-vă la influența pe care au avut-o aceste evenimente asupra voastră și a felului cum a evoluat viața voastră.*

- *Amintiți-vă obiectivele pe care le-ați avut în această viață. Gândiți-vă la toată energia pe care ați investit-o în ele. Gândiți-vă la modul în care aceste obiective v-au modelat deciziile.*

- *Gândiți-vă la acei oameni care au fost deosebit de influenți în viața voastră (de exemplu, părinți sau profesori). Luați în considerare acțiunile voastre în relație cu aceste persoane. Cum ați caracteriza relațiile cu acești oameni?*

- *Identificați acțiunile virtuoase cele mai semnificative în care v-ați angajat până acum în timpul vieții voastre. Cum au beneficiat cei din jurul vostru de aceste acțiuni?*

- *Odihniți-vă în orice stare de înțelegere care apare.*

Karma bazată pe tipul rezultatului

Prin puterea karmei proiectoare și de completare fiecare dintre noi ia o anumită formă de existență. Baza pe care o ființă simțitoare este capabilă să experimenteze o gama de fenomene este formată de ansamblul corp-minte. Când ne uităm la diferitele tipuri de experiențe pe care karma le generează, putem identifica următoarele tipare:

1. Rezultatul karmic similar cu cauza

Când ne angajăm într-o acțiune, putem fi siguri că rezultatul va avea o natură similară cauzei care l-a creat. De exemplu, înșelătoria reprezintă natura acțiunii de a minți. Prin urmare, rezultatul karmic al minciunii este de a experimenta cum alții încearcă să vă înșele. De asemenea, natura furtului este de a priva pe cineva de ceva. Acest lucru conduce la rezultatul karmic de a-ți lipsi ceea ce îți este necesar.

Pe lângă experimentarea unui lucru similar cu cauza, mai apare și obișnuirea cu acțiunea respectivă. Cu alte cuvinte, orice predispoziție karmică este cauza pentru a crea o altă predispoziție karmică de natură similară. Așa că, dacă ar fi să furați, nu numai că veți fi privați de lucruri, dar veți avea și obiceiul de a fura din ce în ce mai mult. În acest fel, karma noastră nu numai că ne modelează experiența, dar și perpetuează modul în care mintea ne este condiționată.

2. Efectele karmice asupra mediului

Din punct de vedere budist, lumea fizică și lumea non-fizică se influențează reciproc în mod constant. În timp ce suntem obișnuiți să considerăm lumea fizică ca fiind separată de noi, budismul ne provoacă să recunoaștem modurile în care mintea ne modelează chiar și mediul în care trăim. Din perspectiva noastră, coacerea karmei schimbă modul în care percepem ceea ce ne înconjoară.

De exemplu, cineva care a ucis de mai multe ori în trecut va avea tendința de a experimenta mediul ca fiind fără bucurie, periculos și amenințător. Cei care au furat de multe ori vor tinde să perceapă mediul ca fiind sterp și lipsit de resursele pe care și le doresc. Dacă mințiți și înșelați în mod constant, veți experimenta un mediu ostil și amăgitor, plin de oameni în care nu puteți avea încredere.

3. Numărul incert de rezultate karmice

Adeseori oamenii au o viziune destul de simplistă asupra cauzei și efectului crezând că o cauză conduce la un anumit efect. Dar nu este neapărat așa. Pentru a folosi o analogie, un copac poate avea multe fructe ce au potențial de coacere. Tot așa, unele tipuri de karma sunt atât de puternice încât au capacitatea de a produce mai multe efecte de-a lungul timpului. În cele din urmă, energia acelei înclinații se va risipi, dar până atunci ea va influența modul în care apar experiențele.

Acest principiu este valabil și pentru multe tipuri de karma slabe. Uneori, o singură karma nu are suficientă putere pentru a se coace într-un mod semnificativ. Cu toate acestea, dacă se combină cu alte tipuri de karma de natură similară, ea poate genera un efect. De aceea este atât de important să fim atenți la toate acțiunile, indiferent dacă sunt mari sau mici. Fiecare lucru, oricât de mic, se adaugă și, în cele din urmă, poate face o mare diferență în viață.

Exercițiul 6.6—Experimentarea karmei

- *Într-o poziție relaxată, stabilizați-vă o minte neutră prin practica atenției conștiente pe respirație.*

- *Amintiți-vă câteva evenimente majore din viața voastră. Gândiți-vă la urcușurile și coborâșurile care simțiți că v-au marcat cursul vieții. Pentru fiecare eveniment, analizați ce karma a ajuns la maturare în acel moment.*

- *În primul rând începeți prin a vă examina experiența subiectivă. Cum v-ați simțit? Care a fost natura acelui sentiment? De exemplu, natura sa a fost de pierdere, conflict sau armonie? Încercați să găsiți câteva cuvinte care descriu tiparul acelei experiențe.*

- *Acum găsiți tipul de acțiuni care au în comun acest tipar. De exemplu, dacă ați experimentat o mare pierdere, atunci aceasta e corelată cu cauzarea unei mari pierderi. Ce fel de acțiuni pot crea aceste cauze?*

- *Când ați identificat unele cauze originare, analizați dacă încă vă mai angajați în această viață în acest tip de activități. Identificați puterea obiceiurilor pe care le aveți în legătură cu acest tip de acțiuni.*

- *Acum analizați cum vă raportați la mediul vostru prin această acțiune. Să presupunem că ați identificat o înclinație de a-i răni pe ceilalți. Ce fel de stare a minții generează această înclinație? Veți putea să rămâneți calmi cu ușurință sau veți fi mereu neliniștiți și defensivi? Cum schimbă starea minții voastre experiențele pe care le trăiți?*

- *Odihniți-vă în orice stare de înțelegere care apare.*

DEZVOLTAREA UNUI FUNDAMENT MORAL PENTRU VIAȚĂ

Studiind legea karmei câștigăm o abilitate mai mare de a fi conștienți de interdependența dintre acțiunile și experiențele noastre. Prin înțelegerea influenței diferitelor tipuri de acțiuni putem să identificăm care tipuri de comportament sunt favorabile sau nu pentru a ne atinge obiectivele. Aceasta este baza conduitei etice din perspectiva budistă.

Dacă luăm în considerare toate tipurile de acțiuni pe care le facem, putem vorbi de *trei porți*:

1. **Corpul:** acestea sunt toate acțiunile fizice pe care le facem cu corpul în interacțiune cu lumea exterioară și se referă la interacțiunea cu oameni sau cu obiecte neînsuflețite.

2. **Vorbirea:** toate acțiunile verbale făcute sub forma comunicării dintre două persoane. Pentru ca o acțiune să poată fi considerată vorbire trebuie să existe un anumit grad de înțelegere a semnificației sunetelor care sunt generate.

3. **Mintea:** Acestea sunt toate gândurile care apar în minte pe baza intenției. Altfel spus, o persoană trebuie să genereze în mod voit gânduri pentru ca acestea să fie considerate o acțiune.

Dintre cele trei, mintea este considerată cea mai importantă, deoarece mintea este locul unde se formează intenția pentru a acționa. Dacă o acțiune este realizată cu o intenție care este condiționată de o stare perturbată a minții, numim această acțiune *non-virtuoasă*. Dacă acțiunea este realizată cu o intenție condiționată de o stare virtuoasă a minții, atunci acesta va fi o acțiune *virtuoasă*. În acest context, virtutea nu este o descriere moralistă a ceva universal corect sau greșit, ci este mai degrabă pur și simplu un indicator al gradului de distorsiune prezent într-o stare a minții. Dacă mintea este, cel puțin parțial, în concordanță cu realitatea, atunci o numim virtute, iar dacă nu este o numim non-virtute. Totul este întotdeauna în relație cu cât de strâns experimentăm realitatea *așa cum este ea*. Pentru mai multe detalii cu privire la acest subiect, consultați secțiunea despre factorii mentali din al doilea capitol.

Când identificăm ce acțiuni ale corpului, vorbirii și minții corespund anumitor consecințe karmice, creăm șansa de a trăi conștienți că doar noi suntem responsabili pentru ceea ce experimentăm: fericire sau suferință. În plus, înțelegând că circumstanțele nefericite care apar în viața noastră sunt efectul acțiunilor noastre din trecut, putem să le acceptăm mai ușor, știind că felul în care răspundem la coacerea unei astfel de karme negative va determina ce tendințe recurente ne vom crea. Prin urmare, ne putem schimba tiparele trecutului pentru a crea un viitor mai bun. Modul în care facem aceasta este prin acumularea de merit.

Dintr-o perspectivă budistă, meritul nu reprezintă realizarea de fapte bune. Mai degrabă realizarea faptelor bune produce meritul. Toate acțiunile virtuoase creează predispoziții karmice pozitive care au capacitatea de a produce experiența fericirii. La familiarizarea noastră cu aceste înclinații ne referim când vorbim de "merit". Este nevoie să depunem mult efort pentru a construi obiceiuri pozitive. Suntem atât de obișnuiți să creăm karma negativă, încât aceasta se adună ca praful pe un raft de cărți.

Atunci când ne îmblânzim mintea prin practicarea Dharmei, mărim atenția conștientă asupra felul în care acționăm și în care răspundem circumstanțelor foarte variate din viața noastră. Dacă alegem să acționăm într-un mod sănătos și virtuos, vom planta semințe pozitive și vom genera o mare cantitate de merit în fluxul nostru mental. Pe măsură ce ne cresc meritele ne angajăm în acte mai virtuoase care, la rândul lor, plantează mai multe semințe și generează forța pozitivă necesară pentru a întări obișnuința practicării virtuților. Cu cât devenim mai familiarizați cu acestea, cu atât mai multe calități vor apărea natural și spontan în mintea noastră.

Strădania de a practica acțiuni virtuoase nu are nimic de-a face cu sentimentul de vinovăție sau cu a ne comporta rigid. Accentul este pus mai mult pe câștigarea încrederii în ce acțiuni sunt benefice și ce acțiuni nu sunt benefice. Înțelegerea legii karmice a cauzei și efectului poate constitui baza pentru a duce o viață etică și mai împlinită și ne ajută să înțelegem că acțiunile negative, atât pe termen lung, cât și pe termen scurt, ne conduc doar spre propria suferință. În timp și pe măsură ce acumulăm experiență, ne va crește încrederea în legea naturală a karmei.

Pentru a ne ajuta în acest proces, Buddha a identificat un cadru foarte simplu pentru dezvoltarea atenției conștiente asupra acțiunilor noastre. În esență, sunt zece acțiuni ale corpului, vorbirii și minții ce ar trebui să fie abandonate și zece care ar trebui să fie cultivate.

Abandonarea celor zece acțiuni lipsite de virtute

Acest prim set reprezintă acele acțiuni care ar trebui să fie abandonate. Chiar dacă există nenumărate tipuri de acțiuni, cele mai multe sunt derivate din următoarele zece acțiuni:

1. **Uciderea:** acest lucru înseamnă să iei viața altei ființe simțitoare. Esența acestui act este suprimarea condițiilor care susțin viața. Este separarea forțată a unei minți de corpul de care este atașată. Prin crimă, creați cauzele pentru a nu avea condițiile care susțin viața, ceea ce înseamnă că veți experimenta boala grea și suferința.

2. **Furtul:** aceasta înseamnă a lua ceva ce nu îți aparține. Esența acestui act este să privezi pe cineva de resurse. Efectul este că prin furt creați cauzele pentru a nu avea acces la resurse cum ar fi hrană, îmbrăcăminte, adăpost sau bogăție. Creați condițiile pentru a nu avea niciodată suficiente resurse și de a fi mereu în căutarea lor.

3. **Comportamentul sexual inadecvat:** comportamentul sexual inadecvat apare atunci când vă folosiți sexualitatea ca metodă de a face rău altora. Este o încălcare a unui act foarte intim, care are o semnificație deosebită între două persoane. Esența acestui act reprezintă un oarecare grad de trădare, având ca efect distrugerea unei

relații. Efectele vor fi că relațiile voastre cu alții vor fi foarte dificile și partenerii vă vor fi necredincioși.

4. **Minciuna:** Aceasta înseamnă a spune în mod intenționat neadevăruri cu intenția de a induce în eroare o altă persoană. Esența acestei acțiuni este înșelătoria și creează cauzele pentru ca voi să nu aveți încredere în nimeni. Informațiile pe care le veți primi vor fi adesea distorsionate și confuze.

5. **Cuvintele care dezbină:** această acțiune are loc atunci când spui în mod intenționat ceva care îi dezbină pe oamenii. Esența acestui act este crearea lipsei de armonie. Efectul de a încerca mereu să învrăjbiți oamenii este că vă va fi foarte dificil să relaționați cu ceilalți și veți fi înconjurați de oameni care vă vorbesc de rău.

6. **Cuvintele aspre:** acest lucru înseamnă să folosești abuzul verbal ca metodă pentru a răni alte persoane, referindu-se atât la limbajul evident abuziv, cât și la forme mai subtile, cum ar fi sarcasmul și comentarii pasiv agresive. Esența este de a declanșa suferințe psihice prin comunicare. Efectul este că veți auzi multe cuvinte neplăcute, care vă vor provoca suferință.

7. **Pălăvrăgeala:** aceasta înseamnă să te angajezi în discuții fără niciun scop, în baza unor stări perturbatoare ale minții, cum ar fi atașamentul sau aversiunea. Aceasta include toate formele de bârfă și persiflarea fără sens. Esența acestui act este nonsensul și, ca efect, veți auzi multe cuvinte fără sens care nu vă aduc niciun beneficiu real în viață.

8. **Lăcomia:** acesta este actul de a te gândi să dobândești un obiect influențat de stări perturbatoare ale minții. Este un act de dorință continuă, alimentat, în general, de atașament. Esența este lipsa satisfacției și are ca efect o minte permanent nemulțumită și invidioasă pe lucrurile pe care le au alții.

9. **Rea voința:** acesta este actul de a te gândi la a face rău cuiva. Este dorința ca o persoană să aibă parte de cauzele suferinței. Esența ei este ura și are ca efect o minte care e mereu paranoică și suspicioasă în ce îi privește pe alții, cu teama de a nu fi lezată.

10. **Vederile greșite:** acestea reprezintă actul de a dezvolta certitudini într-un gând care nu este conform cu realitatea. Esența sa este confuzia și are ca efect o minte ignorantă cu privire la adevăr și, prin urmare, este confuză în legătură cu orice.

Când facem legătura între aceste acțiuni și cele trei porți, putem vedea că primele trei sunt realizate prin corp, următoarele patru sunt prin vorbire, iar ultimele trei sunt legate de acțiunile minții. Acțiunile corpului și vorbirii sunt enumerate în ordinea descrescătoarea a intensității lor relative, în timp ce acțiunile minții sunt enumerate în ordinea crescătoare a influenței lor. Prin evitarea conștientă a fiecăreia dintre aceste acțiuni sau a tuturor, veți preveni crearea unui număr semnificativ de tipuri de karma negativă și veți genera o forță opusă pozitivă tiparelor voastre karmice actuale.

Cultivarea celor zece acțiuni virtuoase

Abandonarea non virtuților reprezintă un fundament excelent pentru a ne slăbi obiceiurile negative, dar aceasta reprezintă doar o jumătate a drumului. Pentru a cultiva merite trebuie să începem să ne stabilizăm cu adevărat înclinațiile karmice pozitive prin cultivarea virtuților. Următoarele zece acțiuni sunt cele care vă pot ajuta să faceți aceasta:

1. **Salvarea de vieți:** acest lucru înseamnă să salvezi în mod activ viața altora. Este o minte care apreciază valoarea vieții și creează condițiile pentru a prelungi viața altora cât mai mult posibil. Aceasta include să ajuți ființele simțitoare ferindu-le de vătămări, cum ar fi să ajuți o insectă, care se izbește de geam în încercarea de a ieși afară. Efectul este experimentarea unei vieți lungi și sănătoase.

2. **Generozitatea:** prin punerea la dispoziția altora a resurselor pe care le aveți creați condițiile pentru a le îndeplini nevoile. Acest lucru creează cauzele pentru ca și voi să primiți toate resursele de care aveți nevoie.

3. **Disciplina etică:** acesta este actul de a face eforturi să evitați lipsa de virtute și de a cultiva virtutea. Rezultatul este că veți dezvolta o înfățișare plăcută altora și relațiile voastre vor fi pașnice.

4. **A spune adevărul:** spunând întotdeauna adevărul creați cauzele pentru ca oamenii să aibă încredere în voi. Discursul vostru va fi puternic și foarte convingător și, prin urmare, oamenii vor asculta ceea ce aveți de spus și vă vor aprecia opiniile.

5. **Reconcilierea disputelor:** când faceți efortul de a reconcilia oamenii pentru a depăși conflictele, creați cauzele pentru a experimenta armonia în propriile relații.

6. **Vorbirea plăcută:** dacă sunteți politicos cu alții și le vorbiți în mod plăcut veți vedea că ceilalți vor adopta același tip de comportament. Oamenii vă vor vorbi firesc, cu amabilitate și respect.

7. **Vorbirea cu sens:** prin efortul de a vorbi cu intenție și cu scop creați cauzele pentru a experimenta vorbirea extrem de semnificativă și benefică pentru viața voastră. Aceasta poate veni sub forma învățăturilor spirituale sau a informațiilor valoroase, care au o influență pozitivă asupra minții voastre.

8. **Împăcarea:** învățând să fiți mulțumiți în orice condiții, creați cauzele pentru a vă descoperi propria bogăție de resurse interioare. Când veți face acest lucru, veți vedea că nu aveți nevoie de nimic mai mult și veți experimenta pacea incredibilă a minții.

9. **Cultivarea bunăvoinței:** acest lucru înseamnă să cultivați dorința ca ceilalți să experimenteze fericirea și să fie eliberați de suferință. Această atitudine vă conduce să lucrați în folosul altora și, ca efect, veți primi bunătate din partea celorlalți și veți fi foarte respectați.

10. **Menținerea vederilor corecte:** prin efortul de a dezvolta o mai mare inteligență și înțelepciune, veți crea cauzele pentru o minte limpede și puternică. Această minte vă va permite să depășiți toate formele de ignoranță și, în cele din urmă, veți experimenta fericirea autentică de durată.

Practica fundamentală a disciplinei etice este de a menține atenția conștientă asupra acestor douăzeci de acțiuni în orice moment al zilei. În general, cel mai ușor este să începeți cu acțiunile corpului, deoarece ele sunt cele mai evidente și mai ușor de controlat. Puteți alege o acțiune asupra căreia să vă concentrați în mod special sau să lucrați cu toate. Dimineața, amintiți-vă acțiunile pe care doriți să le evitați și pe cele pe care doriți să le cultivați. Apoi, pe parcursul zilei, încercați să mențineți un anumit grad de conștientizare a tot ceea ce faceți. Dacă observați că sunteți pe cale să comiteți una dintre acțiunile non virtuoase, încercați să o evitați dacă este posibil. De asemenea, dacă vi se prezintă oportunitate de a face o acțiune virtuoasă, faceți efortul de a realiza acel lucru pe cât posibil. Pe măsură ce dezvoltați o mai mare familiarizare cu aceste acțiuni, încercați, încetul cu încetul, să fiți conștienți și de altele, până când ajungeți să le integrați în comportament pe toate cele douăzeci.

Poartă	Non virtute	Virtute
Corp	Uciderea	Salvarea vieții
	Furtul	Generozitatea
	Comportamentul sexual inadecvat	Disciplina etică
Vorbire	Minciuna	A spune adevărul
	Cuvintele care dezbină	Reconcilierea disputelor
	Cuvintele aspre	Vorbirea plăcută
	Pălăvrăgeala	Vorbirea cu sens
Minte	Lăcomia	Împăcarea
	Rea voința	Cultivarea bunăvoinței
	Vederile greșite	Menținerea vederilor corecte

Tabelul 6-1: Acțiunile virtuoase și non virtuoase ale corpului, vorbirii și minții.

Amintiți-vă că scopul disciplinei etice este de a dezvolta obiceiuri constructive. Nu vă învinovățiți dacă descoperiți că obiceiuri negative vă copleșesc uneori. A fi conștienți de acțiunile voastre este de fapt un prim pas foarte important și pozitiv. Dacă recunoașteți că un comportament nu este constructiv, pur și simplu încercați să dezvoltați dorința de a avea capacitatea de a-l evita în viitor. În acest fel veți slăbi obiceiul existent și vă veți oferi o șansă mai bună de a avea succes în dezvoltarea voastră.

RECAPITULAREA PUNCTELOR CHEIE

- Există două tipuri de cauze: cauza substanțială și condițiile suport. Cauza substanțială este cea care se transformă în efect, în timp ce condițiile suport ajută la a face posibilă această transformare.

- Legea karmei este axată îndeosebi pe descrierea relațiilor cauzale dintre acțiunile și experiențele noastre. Cu toate că acțiunile pot genera schimbări în lumea fizică, suntem preocupați în principal de schimbările din minte.

LEGEA KARMICĂ A CAUZEI ȘI EFECTULUI

- Acțiunile sunt făcute pe baza intențiilor mentale și aceste intenții lasă tendințe recurente în conștiința fundament, cunoscute sub numele de semințe karmice.

- Semințele karmice se maturează în fluxul mental ca experiență a suferinței sau fericirii.

- Cele patru legi naturale ale karmei sunt: 1) karma este categorică, 2) dacă există un rezultat, trebuie să existe o cauză, 3) dacă există o cauză, trebuie să existe un rezultat și 4) karma se amplifică.

- Karma se bazează pe interacțiunea dintre persoanele implicate în acțiune. Acest lucru conduce la o combinație a karmei colective și a karmei personale.

- Intensitatea karmei este guvernată de puterea intenției, combinată cu completarea unei acțiuni.

- Amploarea efectului va fi funcție de natura obiectului unei acțiuni și de tipul de acțiune. O karma foarte puternică se poate coace în aceeași viață, în timp ce altele se vor coace cu siguranță în viața următoare sau chiar în cele ulterioare.

- Când murim, karma care se coace în acel moment va determina forma generală a experienței ulterioare. Acest lucru este cunoscut sub numele de *karma proiectoare*. Acele karme care modelează detaliile specifice ale experienței voastre ulterioare sunt cunoscute sub numele *karma de completare*.

- Fiecare karma produce diferite tipuri de efecte care pot fi: experiența care este similară cu cauza, tendința recurentă care este similară cu cauza și experimentarea condițiilor de mediu.

- În budism, cadrul de bază pentru etică constă în a acorda mai mare atenție celor trei porți ale corpului, vorbirii și minții.

- Virtutea este orice acțiune motivată de o minte fără perturbări, în timp ce non virtutea este o acțiune cauzată de o minte perturbată. Obiectivul practicii este abandonarea celor zece acțiuni lipsite de virtute și cultivarea celor zece acțiuni virtuoase.

Roata vieții.

CAPITOLUL ȘAPTE

Suferința existenței ciclice

Legea karmei ne oferă un model detaliat pentru felul în care mințile ne sunt condiționate de acțiunile pe care le facem, oferindu-ne mecanismele de bază pentru a explica de ce experimentăm ceea ce experimentăm. În multe feluri, karma se aseamănă combustibilului care menține fluxul de apariții care ni se ivesc în minte, fiind în același timp și motorul care perpetuează un anumit tip de relație cu aceste apariții.

Analizând felul în care mintea noastră se poate raporta la fenomene, putem identifica două tipuri de relații de bază:

1. **Ignoranța:** când aparențele sunt interpretate pe baza concepțiilor greșite ale unei conștiințe amăgite, se consideră că sunt denaturate de ignoranță.

2. **Înțelepciunea:** atunci când aparențele sunt interpretate pe baza conștientizării clare a realității *așa cum este ea*, putem spune că ele sunt rezultate din înțelepciune.

După cum am văzut, ceva care apare dintr-o minte perturbată, cum ar fi ignoranța, va genera cauzele suferinței fie în mod direct, fie în mod indirect. Prin urmare, pentru a elimina toată experiența suferinței, trebuie să încetăm relaționarea cu lumea pe baza conștiinței amăgite.

În acest capitol vom explora în detaliu diversitatea rezultatelor care sunt produse de ignoranță. În special, vom studia natura a ceea ce este cunoscut sub numele de *existența ciclică* (Samsara). Existența ciclică nu este un loc pe care îl vizitați, ci un model pentru modul în care ne raportăm la lume. Acest model specific își are originea în ignoranță, deci, prin însăși natura sa, este responsabil pentru generarea unei largi diversități de experiențe nesatisfăcătoare. Prin înțelegerea componentelor dinamice ale acestui sistem, putem dezvolta strategii pentru eliberarea din acest ciclu fără de sfârșit și putem deschide astfel poarta pentru experimentarea vieții bazându-ne pe înțelepciune.

Prin recunoașterea și contemplarea suferinței înnăscute a existenței ciclice, împreună cu înțelegerea fermă a legii karmice a cauzei și a efectului, începem să vedem că e posibil să schimbăm situația actuală și nu trebuie să suferim așa cum o facem acum. Pe această bază, vom dezvolta aspirația de a căuta o cale care ne poate scoate dintr-o astfel de suferință. Această aspirație este cea care ne oferă o motivație puternică pentru dezvoltarea minții renunțării și ne dă încredere în capacitatea noastră de a ne elibera.

CUM DĂ KARMA NAȘTERE EXISTENȚEI CICLICE

Primul pas este să identificăm relațiile cauzale care dau naștere existenței ciclice. Această înțelegere mai largă ne permite să identificăm potențialul creativ pe care îl are acest sistem de a produce diverse tipuri de experiențe. De asemenea, ne oferă contextul de a explora apoi diferitele manifestări din cadrul acestui sistem.

Metoda pentru a face acest lucru este studierea *celor douăsprezece legături ale originii dependente*. Această învățătură a fost prezentată inițial de Buddha în *Sutra răsadului de orez*:

Deoarece există acest lucru, un altul va apărea. Din cauza apariției lui, altul apare. Prin urmare, din cauza ignoranței apar formațiunile karmice, pentru că formațiunile karmice apar, conștiința apare și așa mai departe. Același lucru este valabil pentru nume-și-formă, pentru cele șase baze ale simțurilor, pentru contact, senzație, poftă, agățare, devenire și naștere, până la bătrânețe, boală și moarte. Întristarea, lamentarea, suferința, nefericirea și necazul apar. Astfel apare această masă uriașă de suferință generalizată... În același fel, formațiunile vor înceta, deoarece ignoranța va fi încetat și așa mai departe, până la punctul în care, din cauza încetării nașterii, bătrâneții și a morții, a durerii și așa mai departe, această masă uriașă de suferință generalizată va înceta și ea. Astfel a fost expus.

Mai simplu spus, corpul și mintea pe care le moștenim în această viață și în viețile viitoare depind de karma pe care continuăm să o creăm cu corpul, vorbirea și mintea noastră sub influența ignoranței. Prin urmare, forța karmei ne propulsează să renaștem din nou și din nou în existența ciclică și, din acest motiv, suntem complet dominați de condiționarea noastră.

Cele douăsprezece legături ale originii dependente

Cele douăsprezece legături sunt reprezentate în mod tradițional printr-o imagine cunoscută sub numele de *roata vieții*, care prezintă grafic modul în care se desfășoară existența ciclică. Cercul exterior reprezintă cele douăsprezece legături ale originii dependente, în timp ce cercurile interioare simbolizează diferitele tărâmuri în care se nasc ființele simțitoare. Centrul descrie cele trei otrăvuri (atașament, aversiune și ignoranță) reprezentate de un cocoș, un șarpe și un porc, din cauza cărora o ființă renaște în existența ciclică, din nou și din nou.

Primele șapte dintre cele douăsprezece legături descriu procesul prin care karma proiectoare conduce la rezultate specifice, în timp ce ultimele cinci legături arată modul în care aceste înclinații se manifestă. Fiecare dintre aceste două grupuri poate fi defalcat în continuare în legături care sunt cauze și legături care sunt rezultate.

Tip	Relație	Legătură
Proiectoare	Cauze	1. Ignoranța
		2. Formațiunea karmică
		3. Conștiința
	Rezultate	4. Numele și forma
		5. Cele șase porți senzoriale
		6. Contactul
		7. Senzația
Maturare	Cauze	8. Dorința
		9. Agățarea
		10. Existența
	Rezultate	11. Nașterea
		12. Îmbătrânirea și moartea

Tabelul 7-1: Diviziunile celor douăsprezece legături ale originii dependente.

Cauzele proiectoare

1. **Ignoranța de bază:** prima legătură a ignoranței este rădăcina tuturor celorlalte legături și este simbolizată în roata vieții printr-un *un orb care ține un băț*. Pentru că nu vedem natura adevărată a lucrurilor așa cum sunt, proiectăm un caracter permanent asupra tuturor fenomenelor. Ne

iluzionăm că există un sine adevărat și independent și credem în opiniile greșite, cum ar fi ideea că bunurile materiale ne pot aduce fericirea adevărată. Prin această confuzie s-a generat lumea noastră samsarică. Această conștiință amăgită este baza pentru toate gândurile și emoțiile noastre. Întrucât ignoranța este considerată rădăcina, această legătură exprimă, de asemenea, toți ceilalți factori mentali perturbatori care derivă din această ignoranță.

2. **Formațiunea karmică:** a doua verigă a originii dependente este reprezentată printr-un *olar ce făurește oale*. Din cauza ignoranței noastre, ne angajăm în tot felul de acțiuni bazate pe convingerea că lumea există în modul în care ne apare. De exemplu, atunci când mintea ne este copleșită de ură, vedem doar aspectele negative ale unei persoane sau ale unui lucru. Această percepție distorsionată ne împinge să ne dezlănțuim împotriva acelui obiect într-un mod dăunător. Cu fiecare acțiune în care ne angajăm, așternem înclinații karmice în conștiința depozit. Rezultatul acestor înclinațiile produce experiențele viitoare și reacțiile recurente. Acest act de a crea predispoziții karmice este ceea numit în tabel *formațiunea karmică*.

3. **Conștiința:** din cauza ignoranței noastre (prima legătură), efectuăm acțiuni ce plantează semințe karmice în continuumul nostru mental, creând potențialul pentru experiențe viitoare și pentru a acționa într-un mod specific (a doua legătură). Această conștiință condiționată poartă în ea potențialul de a proiecta următoarea naștere și, prin urmare, este cunoscută drept *conștiința ce impulsionează*. Odată ce s-au reunit condițiile renașterii, efectul este numit *conștiința efectului impulsionat*. Ambii termeni se referă la aceeași conștiință fundamentală, în diferite stadii de manifestare. Întrucât conștiința este cea care asigură continuitatea de la o viață la alta, ea este descrisă ca o *maimuță într-un copac cu fructe*, sărind din ramură în ramură.

Exercițiul 7.1—Influența întunecărilor

- *Într-o poziție relaxată, stabilizați-vă o minte neutră prin practica atenției conștiente pe respirație.*

- *Amintiți-vă un moment în care mintea v-a fost dominată de aversiune. Acordați-vă ceva timp, pentru a stabili cât mai bine detaliile evenimentului. Observați cum aversiunea v-a influențat comportamentul. Ce fel de gânduri s-au generat? Ce fel de cuvinte ați folosit? Ce comportamente fizice ați avut? Bazându-vă pe înțelegerea voastră asupra karmei, analizați tipurile de predispoziții karmice pe care le-ați generat în timpul acestui eveniment. Gândiți-vă la natura esențială a acestor acțiuni și la felul în care acestea s-ar putea manifesta în viitor.*

- *Acum, faceți același exercițiu, dar de data aceasta identificați o situație în care atașamentul a reprezentat perturbarea principală. Din nou, observați ce se întâmplă prin cele trei porți ale voastre (corp, vorbire și minte) și identificați tipurile de înclinații care s-au generat în fluxul vostru mental. Recunoașteți suferința potențială pe care aceste înclinații ar crea-o în viitor.*

- *Pentru a treia oară, repetați exercițiul folosind o situație în care ignoranța era factorul perturbator dominant. De exemplu, ați spus ceva jignitor pentru că nu ați înțeles pe deplin ce se întâmplă. Luați în considerare, în special, modul în care ipotezele bazate pe opinii greșite vă pot conduce spre angajarea în mai multe tipuri de activități greșite. Analizați potențialele efecte pe care le pot produce aceste activități.*

- *Relaxați-vă odată cu înțelegerea care apare.*

Rezultatele proiectării

4. **Numele și forma:** semințele karmice purtate de continuumul nostru mental proiectează conștiința într-o nouă renaștere. Pentru o renaștere umană, trebuie să se unească trei componente: un flux de conștiință, ovulului mamei și lichidul seminal al tatălui. Dintr-o perspectivă budistă, acesta este momentul în care are loc concepția. Este momentul în care o minte (nume) se atașează de un corp (formă). Aceste două sunt adesea denumite *agregatele psiho-fizice*. După cum vom vedea mai departe,

uniunea unui anumit set de agregate este dependentă de tipul de karma ce le-a proiectat. Din această cauză, forma și subtilitatea corpului care se dezvoltă vor varia semnificativ. În cazul oamenilor și a animalelor, corpul are o natură solidă și se manifestă în plan fizic, în timp ce în cazul altor entități non-umane corpurile le sunt mai eterice sau au natură fantomatică. Există chiar și entități care se manifestă fără nicio formă agregată, existențe de natură pur mentală. Această legătură este simbolizată de *doi bărbați aflați într-o barcă care traversează râul* existenței.

5. **Cele șase porți ale simțurilor (cunoscute și ca baze):** după momentul concepției, în funcție de tipul ființei, agregatele psiho-fizice vor fi supuse unui proces de evoluție. În cazul unei ființe umane, aceasta va implica în mod normal formarea celor șase facultăți senzoriale: ochi, urechi, nas, limbă, sistemul nervos central și creier. Aceste facultăți oferă baza pe care pot apare formele grosiere ale conștiinței. Nu toate ființele vor dezvolta toate cele șase facultăți senzoriale. De exemplu, unii oameni se nasc fără facultatea vederii sau fără cea a auzului. Aceasta va depinde de karma de completare specifică ființei în mod individual. Această legătură este reprezentată printr-o *casă cu șase deschideri* (cinci ferestre cu obloane și o ușă închisă), care reprezintă cele cinci simțuri fizice plus simțul mental.

6. **Contactul:** după ce fiecare facultate s-a dezvoltat pe deplin, ființa are capacitatea de a percepe diferite tipuri de obiecte. De exemplu, după ce și-a dezvoltat un sistem nervos de bază, un fetus uman poate percepe senzații tactile. De asemenea, după ce facultatea lui vizuală este completă, el poate simți întunericul din pântecul mamei. Contactul reprezintă reunirea simultană a trei aspecte: obiectul, facultatea senzorială și conștiința. Această unire furnizează mecanismul de bază al percepției, care este, la rândul său, baza pentru toate experiențele noastre. Acesta este simbolizat în roata vieții de *doi îndrăgostiți într-o îmbrățișare sexuală*.

7. **Senzația:** din această percepție, mintea stabilește aparențele subiectului și obiectului și atunci când se întâmplă acest lucru, ea creează o relație între cele două. La nivelul cel mai de bază, această relație se manifestă printr-un sentiment care este plăcut, neplăcut sau neutru. Aceasta este maturarea efectivă a unei predispoziții karmice într-o experiență. Este simbolizată printr-*un om cu o săgeată înfiptă în ochi*.

Exercițiul 7.2—Corpuri diferite, experiențe diferite

- *Într-o poziție relaxată, stabilizați-vă o minte neutră prin practica atenției conștiente pe respirație.*

- *Amintiți-vă toate tipurile de oameni și animale pe care le cunoașteți pe această planetă. Potrivit budiștilor, toate aceste ființe posedă o minte. În cazul în care acest lucru este adevărat, în ce fel sunt ele diferite?*

- *Gândiți-vă la numeroasele moduri în care sunt concepute aceste ființe. Apoi analizați modul în care aceste ființe diferite se dezvoltă înainte de naștere. Aduceți în mintea voastră exemple de diferite tipuri de ființe, pentru a ilustra fiecare caz în parte.*

- *Acum, gândiți-vă la diferitele facultăți senzoriale pe care le dezvoltăm cu toții. De exemplu, analizați diferențele între facultatea mirosului la un câine sau facultatea auzului unui liliac. Analizând doar oamenii, considerați modul în care facultățile unor oameni se dezvoltă diferit față de facultățile altor oameni.*

- *Ce efecte au aceste facultăți diferite în modul în care noi experimentăm lumea? Cum ar fi să vă lipsească complet unul dintre simțuri? Cum ar fi să aveți simțurile unui animal, precum un delfin sau un vultur? Ce diferență ar fi dacă am avea creierul unei furnici, față de creierul unui om?*

- *Acum gândiți-vă la capacitatea noastră de a experimenta diferite sentimente. Identificați exemple de obiecte care declanșează în mintea voastră sentimente plăcute. De asemenea, gândiți-vă la cele care declanșează sentimente neplăcute sau neutre. Investigați dacă animalele au, de asemenea, această capacitate de a simți. De exemplu, există lucruri pe care un câine le găsește plăcute sau neplăcute?*

- *Relaxați-vă odată cu înțelegerea care apare.*

Cauzele maturării

8. **Dorința (Implicarea):** Atunci când un obiect intră în contact cu o facultate senzorială, apare o conștiință. Această experiență obiectivă aduce cu sine experiența subiectivă a unui sentiment. Pe baza acestui sentiment, mintea dorește să fie separată de o senzație neplăcută sau să nu fie separată de o senzație plăcută, fie dezvoltă indiferență în relație cu un sentiment neutru. Această relație de bază conduce intenția noastră fie de a ne apropia, fie de a ne îndepărta de un obiect. Această legătură este reprezentată de *un om ce bea vin*.

9. **Agățarea (Însușirea):** pe baza poftei, mintea noastră dezvoltă o relație precisă cu obiectul, prin consolidarea reacției inițiale cu suprapuneri conceptuale. Mintea noastră folosește concepte pentru a da formă intenției noastre de bază, de exemplu spune o poveste pentru raționalizarea achiziționării unui obiect dorit sau a respingerii unui obiect nedorit. În momentul în care mintea face acest lucru, stabilește noi predispoziții karmice care întăresc obiceiul existent, creându-se astfel cauzele pentru apariția unei experiențe similare în viitor. General vorbind, există patru tipuri de atașamente: agățarea de plăceri senzoriale, agățarea de opinii greșite, agățarea de rituri și ritualuri și agățarea de simțul de sine. Această legătură este simbolizată printr-*un om ce culege un fruct*.

10. **Existența (Devenirea):** cu cât ne agățăm mai mult de ceea ce apare, cu atât mai mult este întărit un anumit șablon karmic. În timpul procesului morții, în timp ce conștiința noastră grosieră începe să se dizolve, mintea se blochează într-un șir specific de gânduri. Prin agățarea obsesivă de aceste idei, se consolidează o înclinație karmică specifică până la un punct în care ne domină complet mintea. În acest fel, sămânța dezvoltă puterea și capacitatea de a propulsa conștiința în viața viitoare. Pentru că această maturare specială a karmei este cauza pentru viața viitoare, ea este simbolizată printr-o *femeie însărcinată*.

Exercițiul 7.3—Mintea agățării

- *Într-o poziție relaxată, stabilizați-vă o minte neutră prin practica atenției conștiente pe respirație.*

- *Amintiți-vă o experiență pe care o puteți identifica ca fiind fie plăcută, fie neplăcută. Stabiliți cât mai bine detaliile evenimentului în minte.*

- *Observați-vă mental reacția inițială. În cazul în care a apărut senzația, ce-ați făcut? V-ați îndepărtat de obiect sau ați devenit mai interesat de el?*

- *Acum gândiți-vă la povestea care v-a apărut imediat în minte după senzația inițială. Asupra căror caracteristici ați început să vă concentrați? Ce formă a luat intenția voastră? Ce plan vi s-a format în minte?*

- *Ce fel de acțiune a rezultat din acest proces? A rămas la nivel mental sau reacția a devenit atât de puternică, încât v-a motivat să spuneți sau să faceți ceva? Poate că a fost ceva subtil, ca o expresie facială sau un sunet. Poate că a fost ceva mai complex, precum înșirarea unor cuvinte pentru a comunica o idee sau ceva care să vă angajeze fizic într-un anumit fel cu obiectul.*

- *Folosiți exemple diferite pentru a înțelege felul în care atașamentul întărește dorința și generează acțiuni.*

- *Relaxați-vă odată cu înțelegerea care apare.*

Rezultatele maturării

11. **Nașterea:** prin coacerea karmei în momentul morții noi suntem propulsați în următoarea formă de existență, ca un cascador aruncat din tun. Fără a avea niciun control și nici puterea de a alege, vom experimenta renașterea într-un nou set de agregate psiho-fizice, condiționați din nou de semințele karmice din conștiința noastră depozit. Pe baza acestor agregate, vom experimenta din nou maturarea karmei noastre, care ne propulsează din nou într-o altă viață. Și astfel, roata se învârte într-un

proces nesfârșit de condiționare necontrolată, perpetuându-se în fiecare moment al experienței. Din acest motiv, simbolizăm această legătură cu *o femeie care naște*.

12. **Îmbătrânirea și moartea:** dacă ne uităm cu atenție la diversele noastre experiențe din existența ciclică, observăm că o viață condiționată de karma este nesatisfăcătoare prin însăși natura sa. Chiar dacă apar din când în când scurte momente de plăcere, ele nu durează. Viața se schimbă mereu în funcție de o evoluție constantă a cauzelor și condițiilor. Din momentul în care ne-am născut, am început să îmbătrânim. Pe măsură ce îmbătrânim, vom experimenta tot felul de boli. Datorită îmbolnăvirilor, în cele din urmă corpurile noastre își pierd capacitatea de a susține viața, ducând la moarte. Prin moarte experimentăm încă o dată cauzele propulsării spre o nouă naștere. Și astfel ciclul continuă. Această legătură finală este simbolizată printr-*un bătrân îndreptându-se spre moarte, cu o legătură de lemne în spate*, pentru că indiferent de cât de scurtă sau de lungă ne-ar fi viața, vom continua să cărăm cu noi greutatea semințelor karmice.

Exercițiul 7.4—Natura existenței

- *Într-o poziție relaxată, stabilizați-vă o minte neutră prin practica atenției conștiente pe respirație.*

- *Gândiți-vă la propria naștere. Ați ales să vă nașteți? V-ați ales mama și tatăl? V-ați ales momentul când v-ați născut sau locul nașterii? Ați ales să aveți corpul pe care aveți? Ce fel de control ați avut în acest proces? Când ați început să faceți alegeri referitor la propria voastră viață?*

- *Ce tipuri de experiențe aveți datorită corpului vostru? Ce diferențe sunt între a avea un corp de sex masculin sau a avea un corp feminin? Gândiți-vă la întreaga gamă de experiențe care au loc în viață, care gravitează în jurul formei și culorii corpurilor noastre.*

- *Acum analizați cum s-a schimbat acest corp de-a lungul timpului. Comparați corpul vostru din fragedă copilărie cu corpul vostru când erați adolescenți, apoi cu corpul vostru ca tânăr adult și așa mai departe, până la vârsta actuală. Ce tipuri de experiențe au apărut în mod special în aceste faze specifice ale vieții voastre?*

- *Gândiți-vă la diferența dintre creștere și decădere, dintre sănătate și boală. În general, este corpul într-un proces de creștere sau este într-un proces de degradare? În cazul în care se degradează, care sunt consecințele acestui proces? Cum se va termina? În ce moment v-a decăzut corpul atât de mult încât nu vă mai poate susține viața?*

- *Acum imaginați-vă repetarea acestui ciclu din nou și din nou. Imaginați-vă că trebuie să experimentați toate aceste lucruri, indiferent că vreți sau nu. Dezvoltați un sentiment de oboseală datorată acestui proces, un fel de plictiseală la ideea de a face acest lucru din nou și din nou.*

- *Relaxați-vă odată cu înțelegerea care apare.*

Atunci când am mers înapoi prin această secvență, am putut vedea că fiecare legătură depinde de legătura ce o precedă. Fără una, nu poți avea pe cealaltă. Acest lucru înseamnă că dacă nu dorim să experimentăm suferința îmbătrânirii și a morții, trebuie să ne oprim renașterea incontrolabilă. Pentru a face acest lucru, trebuie să eliminăm maturarea karmei în momentul morții, ceea ce înseamnă că trebuie să oprim agățarea care îi dă putere. Pentru a întrerupe agățarea, trebuie să întrerupem pofta de acceptare sau de respingere. Pofta nu va apărea fără sentimente, iar acestea nu pot apărea dacă nu există contact între subiect și obiect. Acest contact nu va apărea dacă nu există facultăți senzoriale pentru a sesiza obiectele. Iar facultățile senzoriale nu vor apărea dacă mintea și corpul nu se întâlnesc. Agregatele nu se vor forma fără o conștiință condiționată, care se bazează pe prezența înclinațiilor karmice lăsate în minte prin acțiunile noastre motivate de factorii mentali perturbatori. Rădăcina tuturor suferințelor este ignoranța și, prin urmare, prin eliminarea ignoranței, nici una dintre legăturile rămase nu s-ar mai putea dezvolta și toată suferința ar înceta.

În timp ce cele douăsprezece legături descriu cum suferința și fenomenele interioare apar pe baza factorilor mentali perturbatori și ai karmei, putem, de asemenea, înțelege cauzele și condițiile care dau naștere fenomenelor exterioare prin aplicarea principiului interdependenței. Putem observa tendința lucrurilor fizice de a crește și a se schimba în timp, la fel cum sămânța dă naștere unui lăstar, apoi unor frunzulițe, tulpinii plantei, mugurilor, florilor și fructelor. Fiecare dintre acestea este considerată ca fiind o cauză substanțială pentru următoarea entitate, la fel cum lemnul este cauza substanțială pentru o masă. Șase condiții contribuie la această dezvoltare - pământul, apa, focul, vântul, spațiul și timpul. Pământul stabilizează, apa determină coeziunea, focul produce maturarea și coacerea, vântul extinde, spațiul găzduiește și timpul transformă treptat. Acțiunile ființelor vii sunt, de asemenea, condiții-suport, ca un tâmplar care intenționează să construiască o masă sau o albină care polenizează o floare.

Prin urmare, apariția tuturor fenomenelor interioare și exterioare depinde de cauzele respective și de condițiile care vin împreună într-un mod adecvat. Atunci când acești factori sunt compleți vor apărea fenomene, iar atunci când aceste cauze și condițiile respective nu mai sunt prezente, fenomenele vor înceta. Aceasta este natura originii dependente. Din timpuri fără început nu a existat niciun creator al acestui ciclu continuu, cum ar fi un Sine, Dumnezeu sau alții. Cu alte cuvinte, cauzele nu gândesc: "Voi produce acest efect", iar efectele, la rândul lor, nu gândesc: "Am fost produs din această cauză" și, totuși, ele apar toate, având cauze și efecte interdependente. Realizând acest lucru, putem înțelege că toate lucrurile sunt pur și simplu o manifestare a interdependenței.

Procesul celor douăsprezece legături este, de obicei, descris ca având loc și fiind finalizat de-a lungul a trei vieți, deși putem vedea cum procesul funcționează și de-a lungul a două vieți, iar, în situații excepționale, pe parcursul unei singure vieți. Cauzele dintr-o viață trecută, ignoranța și formațiunile karmice, dau naștere conștiinței actuale. În prezent, următoarele opt legături acumulează karma care va produce renașterea, iar noi numim aceasta a doua viață. Acum apare nașterea și prin acest suport individul va îndura suferința samsarică a îmbătrânirii și morții, ceea ce numim a treia viață.

Ne implicăm în mod constant în nenumărate cicluri ale celor douăsprezece legături și, de fapt, în cadrul fiecărei acțiuni singulare sunt prezente toate cele douăsprezece legături. De fiecare dată când murim completăm un ciclu de legături și totuși, în fiecare moment, creăm semințe karmice noi astfel încât legăturile vor apărea din nou și din nou. În acest fel, existența ciclică nu se va termina niciodată dacă nu facem ceva în legătură cu asta.

ÎNȚELEGEREA NATURII SUFERINȚEI

Ce ne-ar motiva să ne eliberăm din existența ciclică? Prin înțelegerea celor douăsprezece legături, putem vedea că totul depinde de ignoranță, dar de ce ne-am dori să o eliminăm? S-ar putea să vă placă viața voastră, așa cum este ea. În plus, dezvoltarea înțelepciunii care poate elimina ignoranța cere un mare efort și determinare, așa că de ce ne-am deranja pentru asta?

Acestea sunt întrebări importante pe care ar trebui să ni le punem în acest punct critic al călătoriei noastre. Dacă nu vom stabili motivația pe baze raționale, va fi foarte dificil să ne dezvoltăm convingerea necesară pentru a progresa mai departe în acest proces. Deci, cum putem aborda aceste întrebări?

Aici punctul central constă în necesitatea de a dezvolta o perspectivă mai largă asupra situației. Imaginați-vă că sunteți în vacanță, vă relaxați la plajă și sorbiți dintr-o nucă de cocos, fără nicio grijă. Acum, imaginați-vă că aceasta este prima dată când ați avut șansa de a lua o vacanță după mai mult de cincisprezece ani. Ați fost atât de ocupați cu munca, încât pur și simplu nu ați putut pleca. În cele din urmă, aveți un weekend liber și trei zile în care să vă bucurați. Din păcate, această vacanță nu va dura mult și, în curând, vă veți întoarce la locul de muncă, muncind din greu pentru nu se știe cât de mult timp de acum încolo, până când veți avea din nou această șansă. Cincisprezece ani de sânge, lacrimi și sudoare, față de trei zile de odihnă și relaxare.

Acum, imaginați-vă că în timp ce erați în această pauză, ați uitat cu totul de muncă. Absorbiți în vacanță, începeți să întrețineți fantezia că așa va fi viața de acum înainte. Dar nu contează cât de mult credeți în fantezia voastră, în cele din urmă realitatea vă va ajunge din urmă. Nu există nicio scăpare.

Chiar acum suntem în vacanță. Este cu totul adevărat că există multe lucruri minunate în această viață. Suntem într-adevăr foarte norocoși să putem să ne petrecem timpul cu prietenii și familia și să experimentăm o serie incredibilă de plăceri senzoriale. Dar toate acestea sunt experiențe temporare și, mai devreme sau mai târziu, ele vor trece. Iar atunci când se vor duce, trebuie să ne întrebăm - suntem pregătiți pentru ceea ce urmează?

În efortul de a privi dincolo de situația noastră actuală, budismul ne învață că este foarte important să înțelegem numeroasele forme pe care le poate lua suferința în ciclul de existență. Aceasta nu înseamnă negarea existenței fericirii lumești, ci pur și simplu subliniază multitudinea problemelor cu care ne confruntăm din cauza modului în care ne raportăm la realitate.

Acceptarea că există suferință în viața noastră ne oferă șansa de a lua primele măsuri pentru diminuarea ei, mai degrabă decât să ne lăsăm purtați de ea prostește. Putem vedea dincolo de nivelurile grosiere ale suferinței până la aspectele sale mai subtile, mărind gradul de conștientizare a realității samsarice. Cultivarea înțelegerii faptului că suferința vine de la cauzele și condițiile pe care le creăm, că ea se bazează pe atitudinile, gândurile și ideile noastre, ne încurajează dezvoltarea atenției conștiente asupra corpului, vorbirii și minții. Putem avea apoi puterea să modificăm modul de gândire și de acțiune și să ne îngrijim de emoțiile perturbatoare ce ne creează predispozițiile și, prin urmare, karma negativă. Acesta este un tip de contemplare și acțiune care caracterizează practica Dharmei și ne permite să ne îndreptăm treptat spre eliminarea completă a suferinței.

Pe lângă o atitudine mai proactivă în viața noastră, înțelegerea suferinței ne poate ajuta, de asemenea, să dezvoltăm calități și emoții pozitive. Vedem că, fără înțelegere asupra cauzelor primare ale suferinței, cei mai mulți dintre noi continuă să-și agraveze ciclul samsaric în mod inconștient, prin crearea unei suferințe inutile. Acest lucru poate duce la apariția sentimentelor de empatie și compasiune, atât față de sine, cât și față de ceilalți și poate că nu vom mai judeca sau condamna atât de repede pe cei ce se comportă greșit. Acționând complet sub controlul karmei lor, ei nu înțeleg cauza și efectul și deci nu conștientizează consecințele acțiunilor lor. În plus, atunci când ne dăm seama că nu suntem decât o ființă printre nenumărate alte ființe care, de asemenea, experimentează suferința (poate mai mult decât noi), ne crește modestia și ne scade prețuirea de sine. În mod ironic, prin concentrarea asupra altora, ne ajutăm pe noi și, nu numai că suntem mai puțin distrași de propria suferință, dar creăm și posibilitatea de a colecta merite și de a crea karma pozitivă.

Cele trei niveluri de suferință

Când se referea la suferință, Buddha folosea adeseori termenul "dukkha". *Dukkha* are multe traduceri, printre care: "nemulțumire", "stres" și "incapabil de a satisface". Conotația este că unele fenomene sunt pur și simplu incapabile să ne ofere ceea ce ne dorim. În context budist, ceea ce ne dorim este fericirea autentică, de lungă durată, iar ceea ce primim este un șir nesfârșit de experiențe trecătoare, nesatisfăcătoare. Pe baza acestei înțelegeri mai largi, putem începe să identificăm *trei niveluri de suferință*:

1. Suferința durerii

Dintre aceste trei niveluri, suferința durerii se referă la experiența efectivă a suferinței și anume toată durerea fizică, mentală și emoțională. Aceasta include durerea fizică cauzată de leziuni, boli, căldură, frig, foame și de sete. De asemenea, cuprinde și suferința durerii psihice cauzate de tristețe, nemulțumire, confuzie, anxietate, singurătate, depresie sau disperare.

Acesta este nivelul de suferință cel mai grosier, pe care oricine îl poate identifica cu ușurință. De multe ori credem că există o modalitate simplă prin care putem atenua acest nivel grosier de suferință. "Dacă aș putea găsi un loc de muncă unde aș fi apreciat, n-aș mai fi așa deprimat" sau "dacă aș putea întâlni pe cineva special, n-aș mai fi atât de singur". Din punct de vedere budist, toate acestea sunt doar remedii pe termen scurt, care se concentrează asupra condițiilor-suport în timp ce ignoră cauzele substanțiale. Din moment ce acestea nu se referă la cauza reală a suferinței noastre (predispozițiile karmice din mintea noastră), efectele pot fi doar de natură temporară.

2. Suferința schimbării

Următoarea formă de suferință se referă la natura nesatisfăcătoare a ceea ce în mod normal numim "plăcere" sau "fericire lumească". Un fenomen compus este ceva care se naște din întrunirea cauzelor și condițiilor. Toate fenomenele compuse au natura temporară, deoarece sunt dependente de condiții, iar condițiile se pot modifica. Prin urmare nici o experiență care depinde de fenomene compuse nu va dura. Chiar atunci când ne gândim că lucrurile sunt perfecte, ele se vor schimba în mod inevitabil și nu ne putem baza pe ele pentru fericirea de durată.

Avem, de obicei, percepția că orice fel de fericire vom obține, ea va continua, fără să știm că suferința schimbării se află în stare latentă în interiorul acestei fericiri. Dacă stăm în aceeași poziție pentru o lungă perioadă de timp, picioarele sau spatele nostru vor deveni dureroase, așa că ne mutăm într-o altă poziție. Mai devreme sau mai târziu, aceasta va deveni dureroasă, așa că continuăm să ne deplasăm înainte și înapoi, în scopul de a evita suferința și de a găsi un anumit grad de confort. Această abordare reactivă pentru a găsi fericirea funcționează în cel mai bun caz doar pentru o perioadă scurtă de timp. De exemplu, să ne gândim la ciocolată. Este de la sine înțeles că, dacă ciocolata ar fi o sursă adevărată de fericire, cu cât mâncăm mai multă ciocolată, cu atât suntem mai fericiți. Dar ce se întâmplă atunci când mâncați prea multă? În cele din urmă vă îmbolnăviți și ciocolata, care odată v-a făcut fericiți, se transformă într-o cauză a suferinței.

Această categorie de suferință provine din credința noastră eronată că totul este de durată, când, de fapt, opusul este adevărat și nimic nu este permanent. Am putea simți fericire pentru un moment, o zi sau un an și apoi, în conformitate cu natura tranzitorie a tuturor lucrurilor, va apare o modificare care va aduce tristețe și disperare și astfel ciclul continuă. Mai degrabă, decât să se agațe de experiența plăcerii, o persoană înțeleaptă va cultiva un sentiment de resemnare și acceptare, știind că până și circumstanțele plăcute conțin nesiguranță și suferință. Cu atașamente reduse și cu conștientizarea faptului că toate experiențele se schimbă, atunci când în mod inevitabil apar situații nefericite noi, vor fi mai puțin perturbați, știind că aceasta este pur și simplu natura lucrurilor.

3. Suferința atotpătrunzătoare

Nivelul fundamental al suferinței este cunoscut sub numele de suferința atotpătrunzătoare. Vom experimenta mereu suferința atât timp cât vom rămâne sub controlul karmei și vom continua să renaștem în ciclul existenței. În această situație, nu putem scăpa de durerea nașterii, bolii, bătrâneții și a morții. Din timpuri imemoriale am îndurat acest proces, experimentând toate suferințele imaginabile. Fiecare dintre viețile noastre anterioare a inclus greutăți nesfârșite și necazuri, fiindcă aceasta este adevărata natură a existenței condiționate. Atâta vreme cât agregatele noastre rămân afectate de tulburări și percepția noastră asupra sinelui se bazează pe ego și pe prețuirea de sine, vom fi cufundați într-o existență care are suferința în centru.

De obicei, credem că obiecte precum bogăția, poziția socială, reputația și relațiile reprezintă cauzele și condițiile pentru confortul și fericirea noastră, dar aceste obiecte ne aduc doar o fericire temporară. Atunci când nici cauzele care dau naștere acestor obiecte, nici condițiile care le susțin nu mai sunt prezente, se va produce schimbarea și suferința va urma în mod inevitabil. Toată suferința atotpătrunzătoare este încorporată în funcționarea existenței ciclice și în prezența agregatelor noastre fizice și mentale perturbate.

SUFERINȚA EXISTENȚEI CICLICE

Dacă vom analiza suficient de profund, vom vedea că suferința și nemulțumirea sunt prezente în orice formă de existență condiționată, fie că se manifestă, fie că sunt într-o stare potențială. Chiar dacă ne simțim fericiți și mulțumiți de toate aspectele din viața noastră (o familie și un partener iubitor, un loc de muncă bun și o situație financiară confortabilă), am putea constata că suntem de fapt legați de mai multe procese interdependente, care toate implică suferința. Carnea pe care o mâncăm, de exemplu, s-ar putea să provină de la animale ucise prin mijloace violente și inumane. Hainele pe care le purtăm pot fi fabricate prin procese care folosesc multe substanțe chimice nocive. Aceste exemple ilustrează modul în care cu toții suntem conectați într-un lanț de suferință ce afectează nenumărate ființe.

La acest nivel, suferința nu poate fi evitată până nu-i înțelegem cu adevărat natura și originea. Atunci când descoperim adevărata noastră natură, eradicând cele cinci agregate perturbate și impure, nu mai suntem sub controlul karmei și nici al cauzelor și condițiilor care dau naștere existenței ciclice.

Aceste trei niveluri de suferință operează într-o formă sau alta în fiecare viață care apare în tiparul existenței ciclice. În funcție de karma indivizilor, amestecul de suferință manifestată și suferință a schimbării poate varia. Viețile unora pot fi pline de durere și mizerie, în timp ce pentru alții, plăcerile lumești pot să fie dominante. Pentru aceștia din urmă, suferința pe care o experimentează este mai interiorizată, deoarece se luptă cu atașamentele lor.

Tipul suferinței	Exemple	Cauză principală
Suferința durerii	Toate formele de durere fizică sau mentală și fricile emoționale.	Aversiunea
Suferința schimbării	Toate formele de plăceri lumești, ce sunt dependente de cauze externe și de condiții.	Atașamentul
Suferința atotpătrunzătoare	Condiționarea sistemică a existenței ciclice.	Ignoranța

Tabelul 7-2: Cele trei suferințe ale Samsarei.

Marele maestru indian Chandrakirti a asemănat existența ciclică cu o găleată ce se deplasează în sus și în jos într-o fântână. La fel cum găleata este legată printr-o frânghie, așa sunt și ființele constrânse de emoții negative și de karma. Întocmai precum mișcarea găleții în sus și în jos în fântână este condusă de cineva, tot astfel procesul de existență ciclică este condus de o minte neîmblânzită, alimentată de ignoranță. La fel cum găleata se deplasează în susul și în josul fântânii mereu și mereu, tot așa și ființele simțitoare rătăcesc neîncetat în marea fântână a existenței ciclice, cerând un mare efort pentru a se ridica spre situațiile fericite, dar coborând cu ușurință spre durere și suferință. Găleata nu-și determină propria mișcare, întocmai cum factorii ce modelează viața unei persoane sunt rezultatul karmei. În cele din urmă, la fel cum găleata se lovește de pereții puțului atunci când urcă și coboară, tot astfel ființele simțitoare sunt lovite încontinuu de suferința durerii, a schimbării și de starea de a fi prinse într-un proces pe care nu îl pot controla.

Suferințele individuale din cele șase tărâmuri

Dacă luăm în considerare întregul spectru al experiențelor potențial posibile în contextul existenței ciclice, putem identifica o serie de modele generalizate pentru modul în care se manifestă o viață individuală. Aceste modele sunt numite *tărâmuri ale experienței*. Fiecare tărâm poate fi caracterizat printr-o suferință mentală dominantă ce modelează o formă particulară de existență, precum și de tipurile de experiențe pe care o asemenea ființă le-ar întâlni odată renăscută în acea formă. În total putem vorbi despre *șase tărâmuri ale experienței*:

Categorie	Tărâm	Cauze	Experiență dominantă
Tărâmurile inferioare	1. Tărâmurile infernurilor	Ura și resentimentul	Durerea și chinurile
	2. Tărâmurile fantomelor flămânde	Atașamentul, lăcomia și zgârcenia	Foamea și setea
	3. Tărâmurile animalelor	Ignoranța și stupiditatea	Frica și lipsa controlului
Tărâmurile superioare	4. Tărâmurile umane	Dorința	Variabile
	5. Tărâmurile semizeilor	Gelozia și competitivatea	Frământarea continuă
	6. Tărâmurile zeilor	Mândria și vanitatea	Toate plăcerile lumești

Tabelul 7-3: Cele șase tărâmuri ale experienței.

Dintre acestea șase, primele trei sunt dominate de forme diferite de manifestări ale suferinței și, prin urmare, sunt considerate *cele trei tărâmuri inferioare*. Prin contrast, ultimele trei sunt dominate de grade diferite de plăceri lumești și ne vom referi în continuare la ele drept *cele trei tărâmuri superioare*.

Fiecare tărâm există la un nivel diferit de subtilitate față de alte tărâmuri. Formele de existență cele mai grosiere sunt cele din tărâmurile umane și din cel al animalelor. Ele împărtășesc un nivel similar de materialitate, ceea ce face posibil ca noi să experimentăm direct ființele din aceste niveluri. Pe măsură ce înaintăm spre extreme, ființele devin din ce în ce mai subtile, ceea ce le face din ce în ce mai greu de perceput. Pentru majoritatea oamenilor, tărâmurile infernurilor, ale fantomelor flămânde și toate tărâmurile semizeilor și ale zeilor sunt dincolo de capacitatea lor de experimentare. Aceste tărâmuri pot fi experimentate doar dacă ne naștem în ele sau printr-o minte mai subtilă, prin meditație.

Vom explora acum fiecare tărâm mai în detaliu, inclusiv tipurile de ființe ce se află în fiecare tărâm, suferințele particulare îndurate de acestea și calea de urmat pentru a evita sau de a depăși aceste tipuri de suferințe. În timp ce unele dintre descrierile lor pot fi greu de acceptat, trebuie să ne amintim constant de creativitatea nelimitată pe care mintea o posedă.

O modalitate de a ne gândi la acest lucru este să vă întrebați: ce limitări au visele voastre? Gândiți-vă cum în lumea viselor puteți experimenta orice vă imaginați. Un vis poate fi minunat, plin cu plăceri de tot felul sau poate fi oribil și plin de chinuri de nedescris. Doar imaginați-vă cum ar fi dacă nu v-ați mai putea trezi. Ce s-ar întâmpla dacă lumea de vis pe care mintea voastră a creat-o a devenit realitatea voastră?

Uneori ajungem să fim atât de captivați de realitatea noastră actuală încât credem că aceasta este tot ceea ce există. Ne închidem mintea spre alte posibilități și ne limităm punctul de vedere doar la o mică parte a realității. Învățând despre aceste lumi diferite ne putem extinde exponențial realitatea, pentru a include o arie de experiență mult mai largă. Acest punct de vedere extins ne oferă o perspectivă asupra vieții actuale și ne ajută să dezvoltăm o relație mai realistă cu viața noastră.

Tărâmurile infernurilor

Ființele din infernuri sunt cele care au acumulat depozite aparent nelimitate de karma negativă. Mintea lor este dominată atât de intens de factori mentali perturbatori ca ura, răutatea și paranoia, încât lumile pe care le creează sunt la fel de distorsionate și de pline de chinuri. Totul în aceste medii de coșmar este proiectat să declanșeze o durere atât de copleșitoare, încât singurul lucru pe care îl poate face o ființă născută pe aceste tărâmuri este să sufere și să agonizeze, până când toată karma negativă este epuizată. Deși suferința pare a fi eternă, în cele din urmă ea se va sfârși, iar ființa va renaște într-un tărâm mai înalt al existenței. Deși există modalități infinite prin care o ființă se poate auto-tortura, scripturile vorbesc de regulă de optsprezece niveluri diferite, reprezentative pentru diversele tipuri de suferință experimentate în aceste tărâmuri.

Cele opt infernuri fierbinți

Aceste opt infernuri sunt așezate unul peste altul, precum etajele unei clădiri înalte, cu forma cea mai "ușoară" a infernului în vârf și forma cea mai "grea" la bază. Aceste tărâmuri sunt descrise ca fiind copleșite de canicula, în care în fiecare moment te simți ca și cum ai păși pe suprafața soarelui. Cu fiecare nivel al infernului crește atât intensitatea căldurii cât și durata suferinței. În infernurile inferioare, ființele trebuie să îndure eoni după eoni durere constantă și suferință. Infernurile fierbinți pot fi descrise astfel:

1. **Infernul reînvierii:** aici există nenumărate ființe care sunt forțate de acțiunile lor negative anterioare să se lupte, lovindu-se permanent și ciopârțindu-se reciproc până când toți suferă o moarte oribilă. Odată ce au murit cu toții, se aude cuvântul "Reînviați!" și imediat revin la viață, luptând din nou până la moarte. Spre deosebire de alte tărâmuri de infern, unde durerea și suferința este continuă, acest tărâm oferă, pentru un scurt moment, clemența morții.

2. **Infernul liniei negre:** locuitorii acestui infern sunt întinși pe lespezi de metal și tăiați în bucăți cu bare de fier incandescent. Odată ce au fost disecați, redevin instantaneu întregi, doar pentru a fi din nou feliați pentru ceea ce pare a fi o eternitate.

3. **Infernul îngrămădirii și zdrobirii:** în acest infern, ființele sunt aruncate cu milioanele în mojare uriașe de fier, de mărimea unor văi întregi. Gardieni monstruoși ai infernului mânuiesc ciocane uriașe pentru a zdrobi necontenit victimele, timp de eoni.

4. **Infernul urletului:** aici ființele suferă prin faptul că sunt prăjite în clădiri din metal roșu incandescent, fără nici o cale de ieșire. Ele urlă și plâng, simțind că nu au nici o scăpare, în timp ce carnea le cade de pe oase și ei izbucnesc în flăcări.

5. **Infernul marelui urlet:** în acest infern, un număr mare de gardieni ai infernului împing victimele în hale metalice cu pereții exteriori și

interiori arzând în flăcări, unde ființele sunt bătute cu ciocane și alte arme.

6. **Infernul arzător:** nenumărate ființe suferă în acest infern, fiind fierte în inimaginabile căldări uriașe de fier, unde ard metale topite. Ori de câte ori ies la suprafață, ele sunt prinse de gardienii infernului cu cârlige de metal și bătute în cap cu ciocane, pierzându-și uneori cunoștința. Acest rar moment este ideea lor de fericire, deoarece în acel moment nu simt nici o durere; altfel ele continuă să experimenteze această imensă suferință timp de eoni.

7. **Infernul arderii extreme:** ființele din acest infern sunt închise în case metalice incandescente, unde sunt înțepate prin călcâi și anus cu tridente de oțel înroșit incandescent, până ce vârfurile furcilor le ies prin umeri și prin creștetul capului. Acest lucru continuă pentru o perioadă de timp nemăsurată.

8. **Infernul suferinței supreme:** aceasta se numește infernul suferinței supreme, deoarece nicăieri nu se poate găsi un chin mai puternic. Este infernul unde renasc cei care au comis cele cinci crime odioase cu pedeapsă imediată sau cei care și-au încălcat angajamentele sacre luate față de învățătorul lor spiritual. Nu există alte acțiuni care să provoace o nouă naștere aici. În acest infern, ființele sunt aruncate într-un edificiu roșu incandescent și suferă o agonie de nedescris. Singurul sunet de viață este strigătul ocazional al celor prinși acolo pentru o aparentă eternitate.

Infernurile învecinate

Pentru cei care și-au epuizat karma de a se naște în căldura intensă a infernurilor fierbinți, există diverse infernuri învecinate. Fiecare dintre aceste infernuri reprezintă diferite încercări prin care trebuie să treacă o ființă din infernuri pentru a-și purifica restul karmei negative care o ține legată de tărâmurile de infern. Ele includ:

1. **Groapa cu tăciuni aprinși:** Când ființele și-au purificat cele mai multe dintre efectele acțiunilor ce le-au aruncat în Infernul suferinței supreme, ele ies din acesta pentru a vedea în depărtare ceea ce arată ca un șanț

umbros. Ele sar în el cu încântare, doar pentru a se trezi că se cufundă într-o groapă uriașă cu tăciuni aprinși, care le ard carnea și oasele.

2. **Mlaștina cadavrelor în putrefacție:** eliberate din șanț, ele văd apoi un râu. După ce au fost prăjite în jăratic timp de eoni, vederea apei le umple de bucurie și se grăbesc spre ea. Totuși, nu există apă; nu este nimic altceva decât cadavre în putrefacție, care emană un miros greu. Atunci evadații se scufundă în această mlaștină și sunt devorați de viermi carnivori.

3. **Câmpia de lame tăioase:** ieșind din mlaștina cu cadavre, ființele infernului devin extatice când văd o minunată câmpie verde. Pe măsură ce pășesc pe pajiște, firele de iarbă le taie picioarele, ca și cum ar fi pumnale ascuțite.

4. **Pădurea de săbii:** pe măsură ce traversează câmpia, ele aud răgete de fiare sălbatice care le vânează. În depărtare văd o pădure și aleargă spre ea pentru a se adăposti. Cu toate acestea, când ajung acolo, ele văd că ramurile și copacii sunt ca niște arme, care le taie corpurile din nou și din nou.

5. **Colina arborilor sălmali din fier:** Ființele care și-au rupt jurămintele de castitate sau care au avut un comportament sexual nepotrivit își văd toți foștii lor amanți în vârful colinei, chemându-le. Ele urcă peste copaci și munți pentru a ajunge la ei, doar pentru ca trupurile să le fie tăiate în bucățele. Atunci când, în cele din urmă, ajung la destinație, cei dragi dispar, iar ochii acestor ființe sunt smulși din orbite de corbi.

6. **Râul care fierbe:** În cele din urmă ajung la un râu mare. De frică să nu se mai întoarcă în infernurile fierbinți, aceste ființe sar și încearcă să înoate spre celălalt mal. În momentul în care ating apa, ele descoperă că aceasta fierbe și le arde pielea de pe oase. Pe măsură ce se apropie de mal, gardienii infernului apar și le blochează calea, aruncându-le înapoi în râu.

Cele opt infernuri reci

Infernurile reci sunt tărâmuri înghețate și întunecate, devastate de vânturi înghețate și de gheață. Ființele născute în aceste medii se nasc goale și singure și, prin urmare, suferă neînchipuit. Aceste infernuri includ:

1. Infernul bășicilor
2. Infernul bășicilor sparte
3. Infernul dinților încleștați
4. Infernul plângerilor
5. Infernul gemetelor
6. Infernul crăpăturilor
7. Infernul pocnetelor
8. Infernul sfărâmării

Aceste nume provin din diferitele agonii îndurate în cadrul lor. Aceste suferințe devin tot mai intense până la infernul zdrobiriii, unde este cea mai mare suferință. În acest infern, carnea locuitorilor este complet întoarsă pe dos, expunând chiar și oasele. Nu contează cât de frig este, suferința nu se termină până când karma negativă nu a fost epuizată.

Infernurile efemere

Infernurile efemere se află în tot felul de locuri și suferința experimentată poate fi aproape orice poate crea imaginația. De exemplu, ființele pot fi strivite între stânci, prinse în gheață sau captive în interiorul unor obiecte folosite constant, cum ar fi mături, uși și frânghii. Orice tip imaginabil de tortură poate avea loc în aceste locuri.

Exercițiul 7.5—Suferința unei ființe din infern

- *Într-o poziție relaxată, stabilizați-vă o minte neutră prin practica atenției conștiente pe respirație.*

- *Imaginați-vă că deschideți ochii și vă găsiți în mijlocul unei lumi oribile, de coșmar. Alegeți una dintre descrierile unui tărâm al infernului și imaginați-vă că îndurați chinul extrem al acestei situații.*

- *Petreceți cât mai mult timp posibil pentru a construi detaliile acestei experiențe. Începeți cu mediul, făcându-vă o imagine asupra mediului înconjurător. Imaginați-vă mistuiți de căldură intensă sau de mușcătura unui vânt rece ca de gheață. Imaginați-vă peisajul obscur și formele* înfricoșătoare de metal contorsionat și siluete drăcești. Antrenați toate simțurile, pentru a face experiența cât mai reală.

- Invocați apoi diferitele ființe care sunt principalii actori ai acestei scene. Din nou, faceți-le cât mai înfricoșătoare, cu tot ce v-ar putea teroriza mintea.

- Apoi imaginați-vă aceste ființe aplicând acte de tortură de nedescris asupra voastră. Gândiți-vă nu numai la durerea atroce, dar și la chinul mental al fricii și paranoia care vă însoțește în fiecare moment.

- Imaginați-vă că această tortură se întâmplă mereu și mereu, pentru nenumărați eoni. Faceți-vă o idee despre fluxul de durere și suferință care nu se termină aparent niciodată. Duceți-l la extrem, până când sentimentul de aversiune ajunge pur și simplu insuportabil.

- Lăsați imaginile de groază să se estompeze în minte și odihniți-vă conștiința în dorința intensă de a nu vă confrunta niciodată cu o astfel de existență. Dezvoltați o hotărâre puternică de a face tot ce este în puterea voastră pentru a evita cauzele unei astfel de experiențe și anume actele de ură și de mânie.

Tărâmurile fantomelor flămânde

Renașterea într-un tărâm al fantomelor flămânde este rezultatul unor comportamente extreme de prețuire de sine, lăcomie, poftă, zgârcenie și lipsă de generozitate. În general, există două categorii de fantome flămânde:

Fantome flămânde care trăiesc colectiv

Aceste fantome împart suficientă karma colectivă pentru a experimenta un tărâm similar de existență. Ele pot fi împărțite în trei categorii:

1. **Cele care suferă de întunecări exterioare:** aceste fantome sunt obsedate să-și potolească foamea și setea fără de sfârșit. Mediul lor extern este de așa natură încât aceste pofte nu pot fi îndeplinite. Își petrec întreaga existență urmărind miraje ce promit mâncare și băutură, numai pentru a vedea că sunt iluzorii. În consecință, își petrec întreaga viață într-o stare de perpetuă nemulțumire.

2. **Cele care suferă de întunecări interioare:** aceste fantome au gura nu mai mare decât ochiul unui ac de cusut. Chiar dacă se întâmplă să găsească o mică bucată de pâine suficient de mică ca să se potrivească gurii lor, aceasta trebuie să treacă de gâtlejurile lor, care nu sunt mai late decât un fir de păr. Chiar dacă ele ar putea să mănânce și să bea suficient pentru a-și satisface foamea nesfârșită, stomacul lor arde rapid orice aliment, înainte de a avea timp să se hrănească. În acest fel, însăși forma trupurilor lor le împiedică să obțină ceea ce își doresc.

3. **Cele care suferă de întunecări specifice:** aceste fantome au parte de tot soiul de experiențe ce dau naștere unor suferințe cu grade diferite de intensitate. De exemplu, unele au multe creaturi care trăiesc în corpurile lor și le devorează. Tema comună a suferințelor lor este că sunt împiedicate să-și îndeplinească dorințele și totul este un obstacol.

Fantome flămânde ce se deplasează prin spațiu

Acestea includ diferitele fantome, spirite și zeități lumești care își petrec existența în iluzie și teroare. Ele sunt supuse unor torturi constante și sunt afectate, ca toate fantomele, de percepții distorsionate. Ce e cald li se pare rece, iar plăcerea o percep ca pe o durere.

Exercițiul 7.6—Suferința unei fantome flămânde

- *Într-o poziție relaxată, stabilizați-vă o minte neutră prin practica atenției conștiente pe respirație.*

- *Începeți imaginându-vă mediile cele mai sterpe. Faceți fiecare aspect din acest peisaj cât mai inospitalier posibil. Nu este nimic aici care să ofere vreun fel de confort. Totul este aspru și uscat.*

- *Acum, imaginați-vă că nu vă puteți aminti ultima dată când ați mâncat sau ați băut. Corpul vă este complet subnutrit și slab. Pielea vă atârnă peste oase și fiecare centimetru al ființei voastre vă doare.*

- *Cum ar fi să trebuiască întotdeauna să căutați mâncare și băutură? Să doriți mereu, dar niciodată să nu primiți nimic? Imaginați-vă agonia* situației. Imaginați-vă că toată lumea din jurul vostru se confruntă cu același lucru. Chiar dacă ați găsi ceva de mâncare, ar trebui să luptați cu nenumărate alte persoane ca să o păstrați.

- Acum, imaginați-vă corpul vostru ca pe un obstacol. Așa că este nevoie de mult efort doar pentru a mânca ceva. Și chiar și atunci când reușiți, sunteți plini de durere și mâncarea nu vă satisface. Imaginați-vă că încercați să mâncați ceva și nu reușiți și eșuați din nou și din nou. Cât de frustrant și sfâșietor ar fi aceasta?

- Permiteți să se dezvolte frustrarea, disperarea și tristețea în mintea voastră. Păstrați aceste sentimente și apoi dezvoltați dorința puternică de vă elibera de ele. Acceptați că această existență este rezultatul atașamentelor intense și ale zgârceniei și luați hotărârea de a face tot posibilul pentru a evita aceste stări nocive ale minții.

Tărâmurile animalelor

Cauzele primare ale renașterii în tărâmul animalelor sunt ignoranța și o intensă preocupare în legătură cu urmărirea dorințelor instinctuale, cum ar fi mâncarea, somnul și satisfacția sexuală. Această idee fixă cauzează disprețul față de dezvoltarea minții cuiva, ceea ce duce la "opacitate". Există două categorii de animale: cele care trăiesc în adâncurile oceanelor și cele care trăiesc răspândite pe pământ.

1. **Animalele care trăiesc în adâncuri:** Marile oceanele sunt pline de creaturi atât de numeroase, încât nu putem concepe varietatea lor. Toate aceste creaturi sunt supuse suferinței intense de a fi vânate, mâncate, chinuite și de a li se folosi corpul ca locuință de către alte ființe. Ele nu-și cunosc situația și, prin urmare, continuă să-și trăiască zilele în adâncurile întunecate, uitând suferința pe care o îndură.

2. **Animalele care trăiesc răspândite pe pământ:** Animalele sunt, în general, atât de exploatate de către oameni, încât sunt destinate să sufere. Ele sunt văzute adesea ca obiecte, mai degrabă decât ființe cu sentiment. Există animale care sunt vânate, sacrificate, înrobite, utilizate pentru cercetare și ținute în captivitate. Animalele sălbatice cad victime unele altora în lupta pentru supraviețuire și sunt rareori relaxate, se tem continuu pentru

propria lor siguranță și pentru siguranța urmașilor lor. De asemenea, ele îndură suferința foamei și a setei. Chiar și animalele care par să trăiască bine, cu un proprietar blând, tot sunt supuse capriciilor acelui proprietar.

Ar trebui să reflectăm cu atenție asupra suferințelor animalelor și să facem eforturi pentru a ne dezvolta mintea, mai degrabă decât să urmărim orbește dorințele animalice. De asemenea, este important să încercăm mereu să evităm a provoca suferințe animalelor (inclusiv insectelor), meditând profund asupra primejdiilor pe care ele le îndură și să ne rugăm pentru eliberarea lor. Putem dedica meritul meditației noastre pentru a le elibera de suferință.

Exercițiul 7.7—Suferințele unui animal

- *Într-o poziție relaxată, stabilizați-vă o minte neutră prin practica atenției conștiente pe respirație.*

- *Gândiți-vă la o gamă largă de animale de pe această planetă și începeți prin luarea în considerare a acelor animale care trăiesc în ocean. Identificați câteva dintre ele și analizați cum arată experiența lor de zi cu zi. Cu ce provocări se confruntă? Cum răspund acestor provocări? Există vreun moment în care aceste animale se pot odihni pur și simplu? Sau sunt în mod constant în pericol iminent, trebuind să-și salveze viața de diverse animale de pradă care doresc să le mănânce?*

- *Acum luați în considerare acele animale care trăiesc pe uscat. Începeți cu animalele care trăiesc în sălbăticie. Din nou, analizați-le viața pe care o duc. Imaginați-vă trăind o astfel de viață. Imaginați-vă frica și anxietatea copleșitoare care vine odată cu ea.*

- *În cele din urmă, gândiți-vă la viața acelor animale care sunt controlate de către oameni. Luați în considerare viețile a milioane de găini, porci și vaci pe care le creștem pentru hrana noastră și lucrurile oribile pe care trebuie să le trăiască. Imaginați-vă fiind chiar în acele situații și încercați să experimentați cum ar fi viața voastră.*

- *Permiteți să se dezvolte sentimentul lipsei oricărui control, fiind supuși nu numai capriciilor altora, ci și propriilor reacții instinctuale, fără nici o șansă de a alege. Recunoașteți cauzele acestor experiențe, precum ignoranța uzuală care nu gândește, ci pur și simplu urmează orice impuls apare. Dezvoltați dorința puternică de a nu cădea în această stare stupefiantă și cultivați în loc o mai mare inteligență și înțelepciune.*

Tărâmurile oamenilor

Deoarece renașterea în cele trei tărâmuri inferioare se caracterizează prin suferință intensă, v-ați putea aștepta ca cele trei tărâmuri mai înalte să fie fericite și plăcute, însă nu este cazul, deoarece chiar și în aceste tărâmuri superioare nu poate fi găsită o fericire reală de durată.

Dat fiind că doar virtuțile ne pot proiecta renașterea în tărâmul uman, cel mai favorizat dintre toate tărâmurile, aceasta reprezintă un eveniment prețios și rar (așa cum vom afla mai multe detalii în capitolul următor). În ciuda acestui fapt, oamenii suferă de o varietate largă de suferințe, care include durerea fizică și chinul mental. Spre deosebire de tărâmurile inferioare, această suferință nu se manifestă întotdeauna și există scurte momente de respiro, care dau posibilitatea de a obține o perspectivă asupra situației noastre. Tipurile de suferință resimțite de un om pot fi înțelese atât în mod general, cât și specific prin următoarele categorii:

Cele patru mari șuvoaie ale suferinței omenești

Acest prim set de suferințe este strâns legat de ciclul de viață și reprezintă natura experienței noastre trăite ca oameni. Aceste suferințe sunt mereu cu noi, din momentul în care ne-am născut, până în momentul în care murim. Cele patru mari șuvoaie ale suferinței umane sunt:

1. **Suferința nașterii:** stând în pântecele mamei noastre, simțim multă suferință. Când mama se mișcă suntem aruncați încolo și încoace. Atunci când stă jos, simțim presiunea corpului ei. Când stomacul îi este plin, suntem striviți. Când consumă alimente calde și reci sau bea ceva, simțim durerea ca și cum am fi arși de foc sau aruncați în apă înghețată. De fapt, dacă ne-am putea aminti toată această suferință, cu siguranță nu

ne-am mai dori niciodată să ne naștem din nou, dar nu ne putem aminti aceste lucruri din cauza ignoranței și a traumei nașterii. Este durerea de a fi smuls din pântecul mamei noastre și suferința întâlnirii cu mediul mai aspru al lumii exterioare. Din acest moment ne vom confrunta cu suferințele unei lumi dominate de simțurile noastre. Datorită nașterii, suntem supuși acestor suferințe, fie că ne place sau nu.

2. **Suferința îmbătrânirii:** după naștere, avem sentimentul greșit că am crește și astfel ne-am spori capacitățile, menținându-ne iluzia că putem să ne lungim viața. Realitatea este însă că viața noastră se scurtează cu fiecare moment ce trece. Atunci când ne trăim viața, uităm că îmbătrânim. Din cauza lipsei de atenție conștientă și înțelepciune, nu ne dăm seama că alergăm spre moarte cu fiecare clipă care trece. Nici măcar cel mai priceput chirurg nu ne poate întineri, chiar dacă acesta poate să ne îmbunătățească temporar aspectul. În cele din urmă, realitatea bătrâneții se ivește deasupra noastră, împreună cu un organism bolnav, niveluri reduse de energie și lipsa facultăților senzoriale. Îmbătrânirea este inevitabilă și nu putem să o evităm, indiferent cât de mult am încerca. Pe măsură ce corpul ni se deteriorează, suferința poate deveni considerabilă, uneori nu foarte deosebită de unele suferințe din existențele din tărâmurile inferioare.

3. **Suferința bolii:** Pe măsură ce organismul îmbătrânește, el devine susceptibil la dezechilibrele care apar. Numim aceste dezechilibre "boală", iar ele ne pot lovi în orice moment. De cele mai multe ori nu acordăm prea multă atenție sănătății noastre. Numai când suntem afectați de o boală gravă, atunci suntem șocați să recunoaștem natura fragilă a vieții. Chiar dacă am putea să evităm pentru un timp unele simptome, în cele din urmă boala tot ne ajunge din urmă. Cu cât suntem mai în vârstă, cu atât mai puțin ne este corpul apt să susțină viața și cu atât mai puternic apare boala.

4. **Suferința morții:** În cele din urmă, corpul ni se descompune și boala ne copleșește, provocând separarea minții de corpurile noastre. Numim acest proces "moarte". Poate fi extrem de dureros să asistați neputincioși cum corpul vi se „stinge" și sunteți purtați incontrolabil spre necunoscut. Teama care apare în acest moment poate fi cu adevărat terifiantă. Pentru unii, acest proces va avea loc într-o perioadă scurtă de timp (de exemplu

în cazul morții accidentale). Pentru cei mai mulți, însă, acesta va fi un proces îndelungat, plin cu multe forme de suferințe fizice și mentale. Pe măsură ce momentul morții se apropie, o persoană va reflecta mai des asupra vieții sale. Ea poate simți un regret intens și o tristețe adâncă în ceea ce privește acțiunile sale. Ea poate chiar să se sperie când se gândește la consecințele pe care le vor aduce în viitor aceste acțiuni. Cei ce nu cred într-o viață de apoi vor experimenta adesea o teamă copleșitoare de anihilare care va servi doar pentru a le coace înclinațiile karmice negative.

Exercițiul 7.8—Suferințele umane comune

- *Într-o poziție relaxată, stabilizați-vă o minte neutră prin practica atenției conștiente pe respirație.*

- *Imaginați-vă că acum sunteți în uter. Gândiți-vă ceva timp la acest mediu. Cum ar fi? Acum imaginați-vă sentimentul de a vă fi născut. Cum ar fi să aveți corpul expulzat printr-o mică deschizătură? Cât de dezorientați ați fi? Imaginați-vă cum ar fi să fiți aruncați într-o lume cu tot felul de sunete, imagini și sentimente necunoscute. Gândiți-vă cât de confuz ați fi din cauza tuturor acestor experiențe ciudate.*

- *Acum, treceți prin fazele vieții, de la naștere până la moartea naturală. Luați în considerare experiența de a fi un copil mic, cu toate provocările cu care se confruntă un copil. Apoi, luați în considerare experiența unui adolescent, a unui adult tânăr, a unui adult și a unei persoane în vârstă. Amintiți-vă toate diferitele probleme cu care ne confruntăm în fiecare etapă a vieții noastre. Analizați în mod deosebit relația pe care o aveți cu corpul vostru în timpul fiecărei etape.*

- *Imaginați-vă că sunteți bolnav. Cum vă simțiți când corpul nu vă funcționează corect? Luați în considerare diferitele tipuri de boli cu care v-ați confruntat până acum, de la o lipsă relativ minoră de energie până la o boală foarte gravă sau care vă pune viața în pericol. Gândiți-vă apoi la toate bolile cu care v-ați putea întâlni.*

- *Imaginați-vă că sunteți pe patul de moarte, cu familia și prietenii adunați în jurul vostru. Știți că veți muri și nu puteți face nimic în privința asta. Ce stare de spirit ați avea? Ce fel de lucruri v-ar speria? Ce v-ar oferi alinare și confort?*

- *Permiteți să apară un sentiment generalizat de nemulțumirea de a fi supuși acestor tipuri de suferințe. Odihniți-vă conștientizarea în acest sentiment.*

Alte patru suferințe umane naturale

Următorul set de suferințe este legat de natura turbulentă a vieții noastre și de multele situații problematice în care ne aflăm. Aceste tipuri de suferințe ne generează în mod constant dificultăți în viață și creează condiții pentru ca insatisfacția să apară.

1. **Suferința de a ne întâlni cu inamicii:** Nimeni nu dorește să se întâlnească cu dușmani malefici sau cu oameni care sunt împotriva sa. Dacă totuși nu vom reuși să ne menținem o bună conduită morală și în loc de aceasta ne vom dedica atenția noastră pentru a dobândi avere, faimă sau poziție socială, conduși de motivația lăcomiei, atunci în mod natural ne vom crea adversari. Este apoi mult mai greu să avem o minte cu adevărat pașnică. Suferința noastră este adesea direct proporțională cu bogăția acumulată și cu statutul nostru social, deoarece simțim că trebuie să le păzim de oamenii care ne sunt împotrivă. Prin urmare, ar trebui să reflectăm și să medităm asupra importanței de a trăi în pace și să depunem eforturi pentru a reduce atașamentul, mai ales față de bogăție și de faimă.

2. **Suferința pierderii celor dragi:** Trăind în lume așa cum o facem, dezvoltăm un mare atașament față de diferiți oameni și de multe ori și față de animale, de asemenea. Deoarece nici o ființă nu poate trăi pentru totdeauna, la un moment dat în viața noastră vom experimenta pierderea celor dragi într-o anumită formă, fie prin separare, fie prin deces. Mai mult decât atât, nu există nici o garanție că vom fi mereu aproape de

cei dragi. Prietenii și familia care pretind că ne iubesc ne pot deveni nefavorabili sau chiar antagonici în anumite situații. Gândiți-vă la un soț și o soție care s-au separat cu sentimente ostile. Odată aceștia doi au fost profund îndrăgostiți, dar acum se comportă precum dușmanii de moarte. Chiar și relațiile armonioase se vor sfârși, întrucât moartea este punctul final de separare și va avea loc cu siguranță pentru fiecare persoană.

3. **Suferința de a nu obține ceea ce dorești:** Este în natura umană ca toată lumea să vrea să fie fericită și să aibă tot ceea ce își dorește. Aceasta înseamnă că oricând ne confruntăm cu obstacole pentru a ne îndeplini complet dorințele, există în mod cert o formă de suferință. Chiar dacă ne sunt îndeplinite dorințele, de multe ori ne dorim încă mai mult și, în consecință, nu suntem niciodată cu adevărat mulțumiți. Prin urmare, ar trebui să meditați asupra beneficiilor practicării Dharmei și să încercați să vă diminuați dependența de afaceri samsarice, cum ar fi cele reprezentate de către cele opt dharme lumești. În cele din urmă, vom ajunge să înțelegem că acestea nu reprezintă o sursă sigură de fericire adevărată și durabilă.

4. **Suferința de a primi ceva ce nu dorești:** Deși noi toți dorim să evităm anumite lucruri neplăcute sau nedorite, pe tot parcursul vieții vom întâlni cu siguranță situații pentru care am face aproape orice ca să le evităm. Aceasta este una dintre cele mai frecvente suferințe cu care ne confruntăm în viață. Eșuând să înțelegem că tot ce experimentăm este rezultatul acțiunilor noastre din trecut, chiar dacă noi nu vrem să suferim, ne vom crea în mod constant cauzele suferinței. În mod similar, cu toate că tânjim după fericire și prosperitate, de multe ori nu reușim să cultivăm cauzele necesare pentru fericire.

Nu ar trebui să luăm norocul de bun. Ar trebui să apreciem în schimb numeroasele aspecte pozitive din viața noastră, mai ales dacă ne-am născut într-o țară bogată, cu un corp sănătos și cu toate facultățile senzoriale intacte. Aceste condiții norocoase ne permit să trăim o viață prosperă și ne oferă o incredibilă oportunitate de a studia Dharma. În același timp, totuși, ar trebui să înțelegem că acest lucru este tot rezultatul unor cauze specifice, cum ar fi generozitatea și conduita morală virtuoasă. Acest tip de înțelegere ne ajută la construirea unui viitor fericit pentru noi înșine și la recunoașterea cauzelor pentru care ne apar circumstanțe mai puțin norocoase și, în consecință, putem începe să reducem nivelul de suferință pe care o experimentăm.

Gradul în care suferim este determinat, de asemenea, de atitudinea noastră mentală. Dacă ne putem dezvolta metode sănătoase de gândire, cum ar fi răbdarea și flexibilitatea, suntem mai predispuși să avem așteptări realiste și să acceptăm mai ușor situațiile dificile care apar. Astfel, vom dezvolta înțelepciunea care ne poate ajuta la reducerea acestui tip de suferință.

Pe scurt, nu putem obține întotdeauna ceea ce dorim și nici evita ceea ce nu dorim, întrucât aceasta este natura Samsarei. Prin urmare, este mai bine să ne schimbăm atitudinea și să cultivăm cât mai multe merite și cât mai multă karma pozitivă putem, mai degrabă decât să ducem o viață controlată de pofte și dorințe.

Exercițiul 7.9—Suferințele specifice oamenilor

- *Într-o poziție relaxată, stabilizați-vă o minte neutră prin practica atenției conștiente pe respirație.*

- *Amintiți-vă diferite evenimente în care v-ați confruntat cu cineva care v-a împiedicat să faceți ceva. Poate v-a creat din greșeală obstacole sau poate a încercat în mod intenționat să vă facă într-un fel rău. Gândiți-vă la modul în care aceste persoane apar în viața voastră mereu și mereu. Gândiți-vă la frustrarea care apare în legătură cu aceste persoane.*

- *Acum, analizați durerea de a fi separați de o persoană iubită. Gândiți-vă retrospectiv la relațiile voastre din trecut și identificați pe toți acei oameni cu care v-ați simțit foarte apropiați și care, totuși, nu mai fac parte din viața voastră. Luați în considerare toate circumstanțele diferite care au contribuit ca aceste relații să se destrame. Notați-vă toate persoanele cu care ați venit în contact și durata acestor relații. Găsiți rolul pe care îl joacă atașamentul în suferința experimentată în timpul separării.*

- *Luați în considerare toate lucrurile pe care le-ați dorit în această viață. Identificați oamenii, locurile și situațiile după care ați suspinat, dar ați fost în imposibilitatea de a le experimenta. Cum vă simțiți să vreți atât de mult ceva și, totuși, să nu fiți în stare să vă îndepliniți dorința?*

- *Acum, analizați toate lucrurile pe care nu le-ați dorit, dar cu toate acestea a trebuit să le experimentați. Gândiți-vă la diferite momente, atunci când v-ați îmbolnăvit sau ați experimentat vreun fel de necazuri în viața voastră. Gândiți-vă la problemele pe care le întâlniți în fiecare zi, micile lucruri care vă fac viața dificilă. Gândiți-vă la momentele de criză prin care ați trecut și la suferința de a nu ști ce se va întâmpla.*

- *Lăsați să apară un sentiment general de nemulțumire. Odihniți-vă în dorința de a fi liberi de aceste forme de suferință. Luați hotărârea de a abandona stările mentale de lăcomie și dorință, care sunt cauzele pentru aceste tipuri de experiențe.*

Tărâmul semizeilor

Un semizeu este o ființă foarte puternică, dominată complet de sentimente de gelozie, insuficiență și competitivitate. Chiar dacă mediul lor este plin cu numeroase plăceri și bogății, acestea pălesc în comparație cu tărâmurile zeilor și acest lucru nu le aduce semizeilor nici un sfârșit al suferinței. Dorința lor geloasă de a avea tot ceea ce posedă zeii, îi conduce la războaie interminabile duse împotriva zeilor din dorința de a obține tot ceea ce-și doresc. Dar, întrucât zeii sunt mai puternici, semizeii sunt întotdeauna învinși și ambițiile lor nu sunt niciodată îndeplinite.

Într-un astfel de tărâm de luptă constantă, nu există nici o posibilitate de odihnă. Pentru a evita să ne naștem aici trebuie să evităm mereu gelozia și invidia. Încercați în schimb să dezvoltați compasiunea pentru alții, reflectând din adâncul inimii voastre la situația lor.

Exercițiul 7.10—Suferințele semizeilor

- *Într-o poziție relaxată, stabilizați-vă o minte neutră prin practica atenției conștiente pe respirație.*

- *Imaginați-vă că v-ați născut într-un oraș de pe malul unui râu. Aveți tot ce vă trebuie: hrană, îmbrăcăminte și însoțitori.*

- *Dar imaginați-vă că peste râu, există un alt oraș, mai minunat. Totul în acest loc este mai mare și mai bun decât unde trăiți. În fiecare zi stați pe malul râului și priviți dincolo, la oamenii care se distrează. În fiecare zi vă crește dorința de a avea ceea ce au ei. Imaginați-vă invidia și dorința care vă apar în minte.*

- *Acum, luați în considerare ce ați face dacă invidia ar fi atât de puternică încât nu ați mai putea suporta. Și nu doar voi, dar toată lumea din orașul vostru e plină de dorința intensă de a avea ceea ce are orașul vecin.*

- *Imaginați-vă că mergeți la război, convinși că este singura modalitate de a obține ceea ce doriți. Încercați să experimentați sălbăticia și brutalitatea luptei împotriva unui dușman, care este mai mare și mai puternic decât voi. De fiecare dată când îi loviți, ei vă lovesc înapoi, batjocorindu-vă și negându-vă tot ceea ce vă doriți. Imaginați-vă mânia și frustrarea care ar putea apărea.*

- *Recunoașteți că această formă de existență este rezultatul cultivării în minte a geloziei și dorinței. Dezvoltați o puternică hotărâre de a abandona aceste stări distructive ale minții și de a cultiva în loc un sentiment de mulțumire interioară cu ceea ce aveți.*

Tărâmurile zeilor

În contextul viziunii budiste, termenul "zeu" este folosit pentru a descrie o formă mult mai subtilă a existenței, care se caracterizează prin plăcere imensă și absența manifestării suferinței. Acești zei nu sunt iluminați și încă sunt prinși în ciclul existențelor. Deși pot trăi acolo perioade inimaginabil de lungi, ei sunt încă supuși unor cauze și condiții și, prin urmare, natura existenței lor este temporară. În cele din urmă, existența li se va sfârși și vor trebui să renască într-unul din celelalte tărâmuri, unde vor experimenta din nou diferite grade de suferință și vor crea cauzele pentru a perpetua aceste suferințe.

Atunci când vorbim despre tărâmurile zeilor, putem stabili trei tipuri de tărâmuri, cărora le corespund trei niveluri de subtilitate:

1. **Tărâmul dorinței:** Acești zei există în dimensiunea fizică, împărtășită și de celelalte cinci tărâmuri ale existenței. Deși corpurile lor sunt mai subtile decât trupurile unui om sau ale unui animal, ele pot interacționa în continuare cu alte tipuri de ființe. Viețile lor sunt caracterizate de plăcere intensă și o completă absență a suferinței manifestate.

2. **Tărâmul formei:** Aceasta este o sferă predominant mentală a experienței, cu un corp foarte subtil produs prin puterea meditației. Din moment ce acest domeniu poate fi experimentat doar de cei aflați în absorbție meditativă, nu este accesibil direct din tărâmul dorinței. El este caracterizat de forme din ce în ce mai subtile de beatitudine, de non conceptualitate și de claritate a minții.

3. **Tărâmul fără formă:** Prin puterea de concentrare a minții lor, aceste ființe sunt capabile de a transcende orice aparență de formă subtilă și de a rămâne într-o sferă pur mentală. Ele rămân într-o stare beatifică de viață, suspendată timp de nenumărați eoni, uitând de toate celelalte ființe simțitoare.

Deși zeii nu experimentează suferința durerii, în cele din urmă ei experimentează suferința schimbării și suferința atotpătrunzătoare. În mod specific, putem vorbi despre următoarele suferințe pentru fiecare dintre cele trei tipuri de zei:

Cele șase niveluri ale zeilor din tărâmul dorinței

Există în total șase niveluri distincte ale zeilor din tărâmul dorinței. Fiecare nivel este mai subtil și mai puternic decât cel de sub el, ceea ce creează un fel de ierarhie în cadrul diferitelor comunități de zei. Pentru a proiecta o renaștere într-unul dintre aceste regate, trebuie să fi efectuat o cantitate mare de fapte meritorii. Acești zei au o viață incredibil de lungă, timp în care se bucură în mod constant de sănătate perfectă, confort, bunăstare și fericire. Până în momentul morții, nu au experimentat niciodată suferința grosieră, în timp ce suferința schimbării și suferința atotpătrunzătoare nu sunt deloc evidente pentru ei și, astfel, au puține motive pentru a practica Dharma. Fiecare moment este plăcut, dar fiind preocupați de acest flux continuu de plăcere, nu realizează apropierea morții și, în consecință, nu se pregătesc pentru ea. Ca atare, un zeu poate muri într-o mare tristețe și suferă într-un mod asemănător unor ființe din infernuri, deoarece moartea lui este incredibil de lungă și de dureroasă. La momentul morții ei văd prin clarviziune locul nașterii următoare și deseori sunt consumați de remușcări când își dau seama cum și-au epuizat în mod nechibzuit toate depozitele de karma pozitivă în timpul vieții actuale, doar pentru a renaște în tărâmurile inferioare.

Cele șaptesprezece niveluri ale tărâmului formei

Tărâmul formei reprezintă o stare mai subtilă de existență decât cea a zeilor din tărâmul dorinței, dar, spre deosebire de tărâmul fără formă, ele conțin încă unele elemente cum ar fi culoare, formă, sunet, miros, gust sau senzații tactile. Pentru ca cineva să se nască în aceste șaptesprezece niveluri ale tărâmului formei, el are nevoie de mai mult decât o simplă acumulare de virtuți. Cerința minimă este să fi realizat shamatha, stabilizarea completă a minții. Aceasta determină ceea ce este cunoscută sub numele de karma fixă sau neschimbătoare, deoarece nu poate fi schimbată până când rezultatul nu este epuizat. Există șaptesprezece niveluri ale tărâmului formei, cu un nivel de vârf și alte șaisprezece niveluri de subtilitate crescătoare. Aceste șaisprezece niveluri sunt grupate în patru categorii distincte, care reprezintă patru stări mentale diferite sau cele patru tipuri de absorbții meditative de concentrare într-un singur punct, cunoscute sub numele de *jhana*. Ființele din aceste șaisprezece niveluri ale tărâmului formei pot rămâne timp de eoni în forme specifice de *jhana* sau de absorbție meditativă, care reprezintă starea lor mentală.

Asemenea ființe nu au scăpat de suferința atotpătrunzătoare, astfel că atunci când karma neschimbătoare care le păstrează mintea în stare de shamatha este epuizată, încep să li se trezească emoții și, în cele din urmă, vor renaște într-unul din celelalte șase tărâmuri, în funcție de care dintre amprentele lor karmice sosește prima.

Există unele excepții de la acest scenariu, deoarece unele ființe se nasc în tărâmul formei în scopul realizării unor anumite practici pe calea spre iluminare. Calitatea stării mentale a ființelor din tărâmul formei este foarte propice pentru o meditație eficientă și există posibilitatea realizării iluminării, dar, cu toate acestea, mintea shamatha poate fi realizată în formă umană și, dacă e îndreptată direct spre iluminare, aceasta este o metodă mult mai eficientă decât aceea de a fi proiectat karmic spre renaștere în tărâmul formei sau a celui fără formă.

Cele patru niveluri ale tărâmului fără formă

La fel ca în tărâmul formei, renașterea în tărâmul fără formă impune cel puțin atingerea shamatha. De asemenea, similar cu tărâmul formei, acest tărâm este alcătuit din patru niveluri ce reprezintă stări mentale diferite sau absorbții meditative, doar că în acest caz, acestea sunt cunoscute sub numele de *jhana fără formă*. Ființele din acest tărâm nu percep niciun fel de subiect fizic sau obiect și nici nu posedă vreuna dintre cele cinci facultăți senzoriale. Acesta este motivul pentru care acest tărâm este numit fără formă. Cu toate că nu au sentimente, ființele din tărâmul fără formă au percepția unora dintre aspectele mai subtile ale minții.

1. La primul nivel, ființele sunt capabile să perceapă spațiul.

2. La al doilea nivel, ființele au o percepție mai subtilă, cu capacitatea de a percepe mintea, dar nu percep spațiul.

3. La al treilea nivel, ființele au doar percepția neantului și nici o percepție a minții.

4. La al patrulea nivel, ființele stau într-o stare extrem de subtilă a minții, chiar și fără o percepție a neantului.

Aceasta înseamnă că mintea ființelor din tărâmul fără formă este extrem de imaterială și prea slabă pentru a servi drept o bază adecvată pentru eliminarea semințelor factorilor mentali perturbatori. Toate cele patru tipuri de ființe din tărâmul fără formă au atins shamatha, dar nu au atins nici un grad de înțelegere. De aceea, bodhisattva evită să se nască în tărâmul fără formă, deoarece acolo le este imposibil să realizeze stările mentale necesare pentru a atinge iluminarea.

Exercițiul 7.11—Suferințele unui zeu

- *Într-o poziție relaxată, stabilizați-vă o minte neutră prin practica atenției conștiente pe respirație.*

SUFERINȚA EXISTENȚEI CICLICE

- *Imaginați-vă că trăiți într-un palat cu plăceri opulente. Aveți posibilitatea de a experimenta tot ce vreți, fără plictiseală sau nemulțumire. De-a lungul întregii voastre vieți, e suficient să aveți o dorință și este satisfăcută. Petreceți ceva timp, imaginându-vă luxul și fericirea unei astfel de situații.*

- *Acum imaginați-vă că după mii și mii de ani, toate bogățiile, toată opulența, toate plăcerile senzuale vă sunt luate. În timp ce înainte erau arome plăcute, acum corpul începe să duhnească. Pe când odinioară pielea voastră radia o strălucire aurie, acum lumina începe să se estompeze. Odinioară erați înconjurați de minunați companioni, acum sunteți izolați și singuri. Încercați să obțineți senzația că totul e pierdut. Aceasta este suferința zeilor din tărâmul dorinței.*

- *Imaginați-vă că ați luat un medicament puternic, care v-a pus într-o transă beatifică. Imaginați-vă că rămâneți așa timp de miliarde de ani. Și apoi efectul medicamentului dispare și vă prăbușiți înapoi în praful și murdăria existenței ciclice. Aceasta este suferința zeilor din tărâmul formei.*

- *Acum, imaginați-vă că sunteți în afara spațiului. Mintea voastră a înghețat într-un flux aparent fără sfârșit de extaz. Absolut nici un fel de mișcare. Și apoi, chiar fără să observați, fluxul se descompune și încă o dată trebuie să faceți față rigorilor realității, acum că toată karma voastră virtuoasă s-a epuizat și voi trebuie să experimentați suferința intensă a tărâmurilor inferioare. Aceasta este suferința zeilor din tărâmul fără formă.*

- *Recunoscând că nici una dintre aceste forme de existență nu reprezintă soluția permanentă pentru suferința voastră, dezvoltați dorința puternică de a evita să vă lăsați prinși în pânza lor ispititoare. Dezvoltați hotărârea puternică de a abandona atitudinea de mândrie și mulțumire de sine și, în loc, concentrați-vă pe cultivarea virtuții, care este condusă de compasiune și înțelepciune.*

După cum putem vedea, indiferent unde ne-am naște în aceste șase tărâmuri, întotdeauna va fi o anumită formă de suferință. Dacă vă veți naște în tărâmurile inferioare, suferința este atât de intensă, încât nu veți avea nici o șansă să cultivați virtutea, ci veți experimenta numai durere și greutăți.

În schimb, dacă v-ați naște în tărâmurile superioare, nu ați fi încă liberi de cauzele și condițiile karmice și, prin urmare, ați experimenta în mod inevitabil situații nesatisfăcătoare.

Trei tărâmuri	Șase tărâmuri	Tip de existență
Tărâmul dorinței	1. Tărâmurile infernurilor	Ființele din infernuri: 1. Infernuri fierbinți 2. Infernuri reci 3. Infernuri învecinate 4. Infernuri efemere
	2. Tărâmurile fantomelor flămânde	Fantomele flămânde: 1. Cele care trăiesc colectiv 2. Cele care trăiesc în spațiu
	3. Tărâmurile animalelor	Animalele: 1. Cele care trăiesc în adâncuri 2. Cele care sunt răspândite pe pământ
	4. Tărâmurile oamenilor	Ființele umane
	5. Tărâmurile semizeilor	Semizeii
	6. Tărâmurile zeilor	Zeii din tărâmul dorinței: 1. Cei patru regi măreți 2. Paradisul celor treizeci și trei 3. Fără luptă 4. Paradisul Tushita 5. Cei care se bucură de emanații 6. Cei ce controlează emanațiile altora
Tărâmul formei		Zeii din tărâmul formei: 1. Prima stabilizare 2. A doua stabilizare 3. A treia stabilizare 4. A patra stabilizare 5. Tărâmuri pure
Tărâmul fără formă		Zeii din tărâmul fără formă: 1. Sfera dincolo de percepție 2. Sfera neantului 3. Sfera conștiinței infinite 4. Sfera spațiului infinit

Tabelul 7-4: Gama completă de experiență în existența ciclică.

RECAPITULAREA PUNCTELOR CHEIE

- Existența ciclică apare din cauza relației interdependente dintre cele douăsprezece legături cauzale: ignoranța, formațiunea karmică, conștiința, numele și forma, cele șase porți senzoriale, contactul, senzația, dorința, agățarea, existența, nașterea, îmbătrânirea și moartea.

- Există trei niveluri de suferință: suferința durerii, suferința schimbării și suferința atotpătrunzătoare.

- Există șase tărâmuri ale existenței: infernurile (aversiune), tărâmurile fantomelor flămânde (atașament), tărâmurile animalelor (ignoranță), tărâmurile umane (dorință), tărâmurile semizeilor (gelozie) și tărâmurile zeilor (mândrie).

- Există optsprezece tărâmuri ale infernurilor descrise în mod tradițional: opt infernuri fierbinți, infernuri învecinate, opt infernuri reci și infernurile efemere.

- Tărâmurile fantomelor flămânde sunt împărțite pe baza tipurilor de întunecări cu care se confruntă aceste ființe: cele care se confruntă cu întunecări exterioare, cele care se confruntă cu întunecări interioare și cele care suferă de întunecări karmice specifice.

- Tărâmul animalelor este împărțit după locul unde trăiesc ființele: sunt cele din ocean și cele de pe pământ. Dintre animalele de pe pământ, sunt cele sălbatice și cele controlate de către oameni.

- Tărâmul uman este împărțit în funcție de tipurile de suferințe pe care le simțim: există patru mari șuvoaie de suferință (nașterea, îmbătrânirea, boala și moartea), precum și alte suferințe naturale ale oamenilor.

- Tărâmul semizeilor este caracterizat de suferința de a nu fi mulțumit cu ceea ce ai și de dorința permanentă de a lupta cu alții pentru a le lua lucrurile.

- Tărâmurile zeilor sunt împărțite pe trei niveluri: zeii din tărâmul dorinței, zeii din tărâmul formei și zeii din tărâmul fără formă.

Khentrul Rinpoché meditând în împrejurimile zonei sale natale din Tibet.

CAPITOLUL OPT

Prețioasa oportunitate a nașterii umane

Când studiem ciclul existenței obținem o înțelegere mult mai vastă a unui univers care funcționează pe mai multe dimensiuni. Este un univers plin cu forme de viață de toate formele și mărimile, iar ființele umane reprezintă doar o posibilitate printre multe altele. După ce am trasat gama completă a acestui spectru de potențialitate, ne putem concentra asupra situației specifice în care ne aflăm chiar acum.

Dintre toate cele șase tărâmuri ale existenței, locuim în prezent în cel mai temperat dintre ele, tărâmul uman. Acest tărâm este unic prin faptul că nu este dominat nici de suferință extremă, nici de plăcere extremă. De regulă, el este o zonă de mijloc, în care putem să experimentăm o gamă largă de sentimente plăcute, neplăcute și neutre, fără a fi complet copleșiți și saturați de aceste experiențe. Aceste sentimente vin și pleacă într-un mod vizibil efemer, care permite celor ce le acordă atenție să reflecteze asupra naturii lor. Într-un astfel de mediu, este posibil să obținem o mai bună înțelegere asupra fenomenelor și, prin aceasta, să ne dezvoltăm inteligența și înțelepciunea. Acest lucru, după cum vom vedea mai jos, este extrem de puțin probabil în oricare dintre celelalte tărâmuri.

Tocmai această capacitate de a ne dezvolta în mod activ mintea este ceea ce face ca lumea umană să fie o formă atât de importantă de existență în contextul practicii Dharma. Când începem să ne uităm în mod sincer la caracteristicile acestei existențe, vedem că avem tot ce este necesar ca să putem realiza orice ne-am dorit vreodată. Acest lucru este posibil deoarece chiar acum, în acest moment, avem capacitatea de a alege. Putem alege să creăm fie cauzele suferinței, fie cauzele fericirii. Modul în care ne petrecem timpul depinde în întregime de fiecare dintre noi.

Următoarele învățături sunt gândite în întregime pentru a ne ajuta să dobândim înțelegerea a două aspecte majore în viața umană:

1. Incredibila *prețioasă oportunitate* pe care ne-o oferă această viață.
2. *Raritatea* de necrezut de a ne fi întâlnit cu o astfel de oportunitate.

Când combinați aceste două calități, ele vă ajută să dezvoltați un sentiment apreciativ asupra situației actuale și aceasta acționează ca un puternic factor motivațional pentru practicarea Dharmei. În loc să ratați această oportunitate, puteți alege în schimb să profitați la maximum de fiecare secundă și, prin urmare, să transformați o existență umană obișnuită în ceea ce este cunoscut drept *"prețioasa viață umană"*. Această viață umană prețioasă este platforma perfectă pentru atingerea realizărilor spirituale.

CARACTERISTICILE UNEI PREȚIOASE VIEȚI UMANE

Vom începe mai întâi prin a discerne foarte clar ceea ce distinge o prețioasă viață umană de toate celelalte forme de existență. În mod tradițional putem face acest lucru prin studierea a celor opt caracteristici de care suntem liberi și a celor zece caracteristici cu care suntem înzestrați. Aceste optsprezece puncte evidențiază condițiile de sprijin care, atunci când sunt folosite cu pricepere, pot conduce spre fericirea autentică și de durată.

Simpla naștere ca ființă umană nu garantează în mod automat că avem o viață umană prețioasă. Dacă vom face această viață prețioasă sau nu, va depinde de alegerile pe care le vom face. Din păcate, multe ființe umane trăiesc lipsite de înțelepciune, creând karma negativă și provocând suferință atât lor, cât și altora, ceea ce în mod inevitabil duce la și mai multă suferință în viitor. Pe măsură ce vom citi caracteristicile de mai jos, este important să contemplăm și să analizăm dacă le avem sau nu, iar dacă nu le avem, trebuie să ne gândim cum am putea să întrunim condițiile care ne lipsesc.

Cele opt libertăți

Putem începe prin a analiza în primul rând lipsa a opt condiții care dacă ar fi prezente ar face imposibilă practicarea Dharmei. Aceste condiții sunt cunoscute sub numele de "libertăți", pentru că atât timp cât acestea sunt absente, avem libertatea de a ne angaja în practica spirituală. Primele patru condiții sunt legate de stările non-umane, care nu oferă nicio oportunitate de practică:

1. **Născut într-un infern:** Așa cum am văzut, ființele din infern sunt chinuite fără încetare de căldură intensă sau de frig extrem și de diferite metode de tortură insuportabilă. Din cauza acestui flux neîncetat de durere și suferință, o ființă din infern nu are absolut nicio ocazie de a practica Dharma. Îndurând rezultatele karmei lor negative, sunt pur și simplu prea copleșite de agonie pentru a avea șansa de a dezvolta chiar și o intenție pozitivă.

2. **Născut ca fantomă flămândă:** La fel ca ființele din infern, fantomele flămânde nu au nicio ocazie de a practica Dharma din cauza chinului neîncetat datorat foamei și setei pe care trebuie să le îndure. Ele sunt atât de mistuite de pofta de hrană, încât mintea nu poate aprofunda practica nici chiar pentru o secundă.

3. **Născut ca animal:** Mintea unui animal reacționează în permanență la caracteristicile tendințelor sale recurente. O astfel de minte nu face alegeri, ea reacționează la un nivel instinctual. Acesta este semnul unei adânci ignoranțe, care ascunde animalului înțelesul învățăturii, iar această incapacitate de înțelegere se traduce prin imposibilitatea de a practica Dharma.

4. **Născut ca zeu longeviv:** Zeii trăiesc o viață extrem de luxoasă și plină de plăceri și, prin urmare, au foarte puține stimulente pentru a se îndoi de natura realității lor. Acest lucru îi orbește față de dezavantajele existenței ciclice și îi împiedică să caute Dharma. Cei pierduți în stările superioare de absorbție au minți atât de subtile, încât nu pot să reflecteze la propriile condiții și, prin urmare, pierd aproape o veșnicie epuizându-și toate înclinațiile pozitive, până când, la un moment dat, cad în tărâmurile inferioare.

Exercițiul 8.1 — Liberi de a nu avea nicio șansă pentru a practica

- *Într-o poziție relaxată, stabilizați-vă o minte neutră prin practica atenției conștiente pe respirație.*

- *Amintiți-vă un eveniment în care ați simțit o durere foarte intensă sau când ați experimentat orice fel de dificultăți. Acum, amplificați acest*

- *sentiment de o mie de ori pentru a realiza intensitatea experiențelor unei ființe din infern. Ce fel de gânduri ați mai avea într-o astfel de situație? Cât de tulburată v-ar fi mintea? Într-o astfel de situație, vă puteți imagina stând jos și meditând?*

- *Acum amintiți-vă un moment în care nu ați mâncat de ceva vreme. Cum v-a afectat foamea dispoziția și starea de spirit? Imaginați-vă că au trecut două sau trei zile fără hrană. Cum v-ar afecta mintea o astfel de situație? Gândiți-vă că fantomele înfometate pot trăi sute de ani fără a găsi o singură bucată de pâine sau o picătură de apă. Cum ar mai putea practica Dharma?*

- *Încercați să vă amintiți un moment în care ați fost îngroziți sau plini de anxietate. Ați fost atât de îngrijorați că se va întâmpla ceva, încât ați făcut tot ce ați putut pentru a evita asta. Acum imaginați-vă că trăiți toată viața în această stare. Să ne imaginăm că pericolul era foarte real și că dacă ați lăsa garda jos chiar și doar pentru un moment, ați putea fi uciși. Gândiți-vă la starea de spirit a unei astfel de ființe. Are spațiul necesar pentru a practica?*

- *Acum, gândiți-vă la acele momente din viața voastră când totul mergea bine. Erați într-o relație deosebită, aveați toți banii de care aveați nevoie și erați înconjurați de oameni minunați. Totul era perfect. Voiați să vă schimbați viața? Imaginați-vă această stare de perfecțiune înmulțită cu o mie, un flux constant de plăcere și de satisfacție. Ce v-ar putea motiva să faceți efortul de a practica?*

- *Pe măsură ce contemplați fiecare dintre aceste puncte, recunoașteți că nu experimentați nici unul dintre aceste tipuri de existențe. Bineînțeles că vă confruntați cu suișuri și coborâșuri, dar există și multe zone de echilibru. Permiteți minții să se relaxeze. Rămâneți în această senzație.*

Următoarele patru condiții se referă la diferite forme de ființe umane care nu au sprijinul necesar pentru a practica Dharma:

5. **Născut într-un timp în care nu există învățături:** Conform budismului, universul oscilează între perioade în care predomină întunericul și perioade în care predomină lumina. În acest context, „lumină" înseamnă prezența învățăturilor, care se bazează pe apariția unui învățător (de exemplu, o ființă iluminată). În timpul perioadelor în care nu apare nici un învățător, nu există învățături pentru a fi practicate, iar aceste perioade sunt considerate eoni întunecați.

6. **Născut în ținuturi izolate:** Chiar dacă în lumea noastră există învățăturile, ne putem naște în regiuni izolate, unde acestea nu sunt prezente și nu există comunitate Dharma care să ne încurajeze ori să ne inspire. Într-un astfel de loc există foarte puține șanse de a practica Dharma. Adesea, valorile și obiceiurile locale pot avea o natură excesiv de lumească, făcând foarte dificil pentru o persoană să aibă măcar șansa de a auzi despre ideea de căutare a fericirii adevărate.

7. **Născut fără capacitatea mentală de a înțelege învățăturile:** Chiar dacă suntem născuți într-o regiune în care Dharma există, putem să nu avem capacitatea mentală care ne-ar permite să înțelegem semnificația din spatele învățăturilor. Intelectul nostru ar putea fi sever limitat sau am putea avea deficiente senzoriale care ne-ar împiedica să avem acces deplin la învățături. Deși această condiție nu este în mod normal de netrecut, ea ar adăuga obstacole suplimentare care trebuie depășite.

8. **A avea vederi greșite:** Chiar dacă suntem capabili să înțelegem învățăturile, e posibil să fi dezvoltat convingeri greșite care ne împiedică în practicarea Dharmei. Aceste credințe ne pot fi transmise prin intermediul părinților sau al societății în care trăim. Oricum le-am fi obținut, ele limitează receptivitatea unei persoane, blocând accesul la gama completă a potențialului nostru.

Exercițiul 8.2—Liberi de a nu avea capacitatea de a practica

- *Într-o poziție relaxată, stabilizați-vă o minte neutră prin practica atenției conștiente pe respirație.*

- *Gândiți-vă la toți marii înțelepți din trecut. Imaginați-vă cum ar fi lumea aceasta dacă nici unul nu ar fi existat vreodată. Gândiți-vă la toate învățăturile care nu ne-ar fi fost date, la toată înțelepciunea care n-ar fi fost împărtășită. Imaginați-vă o lume lipsită de Dharma. Cum ați putea practica ceva ce nici măcar nu există?*

- *Acum imaginați-vă că trăiți pe o insulă, complet izolați de restul lumii. Chiar dacă învățăturile ar exista, nu ați ști. Cum ați practica ceva cu care nu v-ați întâlnit? Cum putem afla mai multe despre ceva, dacă nu există nimeni care să ne învețe?*

- *Acum gândiți-vă cum ar fi dacă n-ați putea vedea cuvântul scris al învățăturilor sau dacă n-ați putea auzi sunetele cuvintelor rostite. Ce s-ar întâmpla dacă nu ați putea înțelege semnificația acestor cuvinte? Dacă sensul le-ar fi atât de ascuns pentru voi, cum ați putea beneficia de ele? Imaginați-vă că trăiți într-o cultură care nu v-ar sprijini să depășiți aceste obstacole.*

- *Ce s-ar întâmpla dacă ați trăi într-o cultură unde dezvoltarea spirituală nu înseamnă nimic? Ce tipuri de credințe acționează ca bariere în practicarea Dharmei? Gândiți-vă la diferite feluri în care convingerile noastre ne pot împiedica să ne implicăm în comportamente constructive.*

- *Verificați dacă oricare dintre aceste situații sunt prezente în viața voastră. Dacă nici una dintre ele nu există, relaxați-vă iarăși, bucurându-vă de sentimentul libertății și al posibilităților.*

Cele zece avantaje

După ce am stabilit care condiții nu sunt prezente în viața voastră, putem acum să le identificăm pe cele care sunt prezente. Cu cele zece avantaje prezente în viața noastră, avem tot ce ne trebuie pentru a ne angaja în practicarea Dharmei. Prin practicarea Dharmei putem genera în viața noastră cauzele fericirii adevărate și, în cele din urmă, să fim eliberați de orice formă de suferință. Prin urmare, putem fi foarte bucuroși dacă vom descoperi că avem toate cele zece avantaje. Dacă, totuși, ne lipsesc unul sau mai multe avantaje, este important să facem tot ce putem pentru a schimba situația. Aceste zece avantaje sunt grupate în două categorii:

Cele cinci avantaje individuale

Acest prim set se concentrează pe condițiile karmice personale care vă oferă baza pentru a vă angaja în practica Dharma. Cele cinci avantaje individuale sunt:

1. **Născut ca ființă umană:** După cum am văzut, dintre toate formele de existență, să te naști ca ființă umană este singura formă care furnizează echilibrul potrivit pentru moderație, propice contemplării spirituale.

2. **Născut într-un loc spiritual central:** În mod tradițional, un loc "central" este descris ca fiind orice loc în care au fost recunoscute învățăturile complete ale lui Buddha (în special codul monahal). Dacă extindem acest lucru la alte tradiții de înțelepciune, am putea spune că un loc central este acela unde se pot accesa învățături spirituale autentice (indiferent dacă sunt budiste sau nu). Mult timp, Tibetul a fost considerat o țară de frontieră, lipsită de învățături spirituale. Aceasta a fost situația până când, în timpul domniei câtorva regi influenți, budismul a prins rădăcini în Tibet și țara s-a transformat într-o regiune centrală.

3. **Cu facultăți depline:** Deficiențele cognitive și senzoriale îngreunează practicarea Dharmei. Aici includem pe cei care nu dispun de norocul de a putea vedea reprezentări ale lui Buddha pentru a le inspira devotamentul sau pentru a citi sau asculta învățături prețioase. Deoarece în acest caz ar fi mai dificil să se angajeze în studiu și reflecție, se consideră că este avantajat cel care posedă toate facultățile intacte.

4. **Fără un stil de viață conflictual:** Implicarea în activități non virtuoase, care sunt în contradicție cu Dharma, poate fi considerat un mod de viață conflictual. Aceasta include comiterea de acțiuni karmice grele, cum ar fi ruperea jurămintelor principale, abandonarea Dharmei, comiterea celor cinci crime atroce sau implicarea într-un mijloc de trai în care nu pot fi evitate acțiunile negative. Chiar dacă nu ne naștem cu un astfel de stil de viață, ulterior îl putem adopta destul de ușor.

5. **Cu încredere în Dharma:** În sfârșit, este esențial să avem încredere într-o sursă autentică de Dharma (cum ar fi învățăturile lui Buddha). Fără credință, nu avem nici o înclinație spre practică. Dacă, prin contemplare, analiză și meditație, dezvoltăm o credință bazată pe logică față de învățături, atunci devenim, fără îndoială, un recipient potrivit pentru adevărata Dharma. Acesta este cel mai mare dintre cele cinci avantaje individuale.

Exercițiul 8.3—Capacitatea personală

- *Într-o poziție relaxată, stabilizați-vă o minte neutră prin practica atenției conștiente pe respirație.*

- *În primul rând, recunoașteți că v-ați născut într-adevăr ca ființă umană. Aveți un corp uman și o minte umană. Luați în considerare caracteristicile ființei umane și cum sunt acestea deosebit de utile. În special, concentrați-vă pe avantajul de a avea capacitatea de a distinge între acțiunile constructive și cele distructive.*

- *Acum analizați locul în care vă aflați. Care sunt caracteristicile lui? Aveți acces la învățăturile spirituale mai degrabă prin cărți sau printr-o comunitate locală pe care o puteți vizita? Există informații disponibile pentru voi? Dacă este așa, trăiți într-un loc central spiritual. Luați în considerare beneficiile traiului într-un asemenea loc.*

- *În continuare, gândiți-vă la calitatea facultăților voastre mentale și senzoriale. Sunteți capabili să experimentați pe deplin toate aspectele legate de învățături? Cum puteți interacționa cu ele?*

- *Analizați mijloacele de trai personale. Sunt propice pentru practica spirituală? Puteți să vă implicați în activitățile de zi cu zi, fără a fi nevoie să comiteți acțiuni negative? Ce fel de minte vă promovează rutina personală? Gândiți-vă la tipurile de obiceiuri pe care stilul vostru de viață le întărește. Dacă există influențe negative, puteți schimba ceva?*

- *Vedeți valoarea practicii spirituale? Puteți vedea beneficiile ce apar din stăpânirea minții voastre? Sunteți interesați în dezvoltarea capacității voastre personale de iubire, compasiune și înțelepciune? Cât de importantă este spiritualitatea în viața voastră?*

- *După ce ați analizat cu atenție dacă în viața voastră există aceste condiții, recunoașteți că aveți tot ce este necesar pentru a vă angaja în practica spirituală. Lăsați mintea să se umple cu bucurie. Odihniți-vă atenția în acest sentiment.*

Cele cinci avantaje circumstanțiale

A doua categorie se referă la karma colectivă aferentă în mod particular momentului și locului în care v-ați născut, evidențiind ce face ca acest mediu să fie potrivit pentru practică. Cele cinci avantaje circumstanțiale sunt:

6. **O ființă iluminată a apărut în lume:** Dacă ne uităm în trecutul recent, putem observa că trăim într-o perioadă în care mai multe ființe iluminate au apărut în lumea noastră. Aceste ființe au fost înzestrate cu înțelepciune extraordinară și au avut capacitatea de a ne învăța.

7. **Această ființă a acordat învățături:** Chiar dacă o ființă iluminată ar fi apărut în lumea noastră, nu există nicio garanție că avem karma de a primi învățături de la ea. Totuși, din fericire, în timpul marilor înțelepți, cum ar fi Buddha sau Iisus, au fost oameni care le-au cerut să acorde învățături. Datorită acestor învățături, avem incredibila oportunitate de a le putea pune în practică.

8. **Învățăturile au fost păstrate:** Trăim în timpuri în care cresc cele cinci degenerări: lungimea vieții noastre se scurtează (din punct de vedere al cosmologiei budiste), credințele și emoțiile noastre se deteriorează, condițiile vieții sunt din ce în ce mai dificile și ființele pot fi ajutate mai greu. În ciuda tuturor acestora, învățăturile continuă să persiste în forma în care scripturile au fost transmise și în forma realizărilor din mințile practicanților. Acest lucru înseamnă că, deși nu trăim în vremea lui Buddha, suntem încă în măsură să îi accesăm înțelepciunea.

9. **Învățăturile sunt recunoscute și acceptate cultural:** Acest lucru nu înseamnă doar că învățăturile sunt încă disponibile, ci și că ele sunt acceptate ca fiind autentice și valoroase în multe părți ale lumii. În majoritatea locurilor, există suficiente libertăți religioase și sociale care să permită oamenilor să practice învățăturile și să se sprijine reciproc, sub formă de comunități spirituale.

10. **Ați întâlnit un învățător spiritual:** Chiar dacă am putea avea norocul de a trăi într-un loc în care învățăturile sunt accesibile, trebuie să recunoaștem și norocul extraordinar de a fi întâlnit aceste învățături sub forma unui învățător spiritual în viață. Printr-un astfel de învățător primim îndrumarea necesară pentru a înțelege pe deplin învățăturile și pentru a le integra în fluxul nostru mental.

Exercițiul 8.4—Oportunitatea actuală

- *Într-o poziție relaxată, stabilizați-vă o minte neutră prin practica atenției conștiente pe respirație.*

- *Gândiți-vă la numeroasele tradiții spirituale existente acum în lume. Luați în considerare beneficiile incredibile primite de miliarde de oameni prin practicarea acestor tradiții. Recunoașteți că nici unul dintre aceste beneficii nu ar fi fost posibil dacă nu s-ar fi născut în lume fondatorii acestor tradiții. Lăsați să apară bucuria că aceste ființe au apărut într-adevăr pe acest pământ.*

- *Acum, gândiți-vă ce s-ar fi întâmplat dacă acei mari înțelepți nu ar fi împărtășit înțelepciunea lor cu alții. Dacă nu ne-ar fi acordat învățăturile, nu am fi putut primi beneficiile acestora. Dezvoltați un sentiment de profundă recunoștință față de acele ființe pline de compasiune care ne-au împărtășit din înțelepciunea lor.*

- *Analizați cum au ajuns acum la noi aceste învățături. Gândiți-vă la toți marii adepți și sfinți care au apreciat aceste învățături și și-au dedicat viețile pentru a le realiza. Dezvoltați o mare apreciere pentru eforturile lor incredibile de a păstra această înțelepciune.*

- *Gândiți-vă la atitudinea din societatea voastră față de spiritualitate. Luați în considerare libertățile de care vă bucurați în practicarea Dharmei. Imaginați-vă cum ar fi să trăiți într-un loc în care nu ați avea această libertate. Dezvoltați o adâncă recunoștință pentru toleranța și sprijinul pe care le primiți de la comunitatea sau societatea voastră.*

- *Amintiți-vă diverșii învățători pe care i-ați întâlnit de-a lungul vieții. Luați în considerare impactul pe care aceste persoane l-au avut asupra voastră. Recunoașteți modul în care v-au ajutat să lucrați cu mintea voastră și să creșteți personal. Dezvoltați o adâncă recunoștință pentru că i-ați avut pe acești oameni în viața voastră.*

- *Reflectați asupra oportunității incredibile pe care aceste condiții v-o aduc. După ce ați recunoscut această oportunitate prețioasă, generați o bucurie intensă în mintea voastră. Rămâneți în această senzație.*

Grupă	Categorie	Caracteristică
Cele opt libertăți	Liber de stări non umane	1. Liber de a te naște într-un infern.
		2. Liber de a te naște ca fantomă înfometată.
		3. Liber de a te naște animal.
		4. Liber de a te naște ca zeu longeviv.
	Liber ca ființă umană	5. Liber de a te naște în timpuri fără învățături.
		6. Liber de a te naște în ținuturi izolate.
		7. Liber de a te naște fără capacitățile mentale de a înțelege învățăturile.
		8. Liber de a avea vederi greșite.
Cele zece avantaje	Avantaje individuale	1. Născut ca ființă umană.
		2. Născut într-o zonă spirituală centrală.
		3. Născut cu toate facultățile intacte.
		4. Având un stil de viață neconflictual.
		5. Având încredere în Dharma.
	Avantaje circumstanțiale	6. O ființă iluminată a apărut în lume.
		7. Această ființă a acordat învățături.
		8. Învățăturile sunt păstrate în această lume.
		9. Învățăturile sunt recunoscute și acceptate cultural.
		10. Ați întâlnit un învățător spiritual.

Tabelul 8-1: Caracteristicile unei prețioase vieți umane.

RARITATEA OBȚINERII ACESTEI PREȚIOASE VIEȚI UMANE

După ce am identificat condițiile specifice din viața noastră, trebuie să recunoaștem cât de incredibil de rară este prezența lor. Numai atunci putem înțelege cât de prețios este potențialul acestora. Putem realiza aceasta prin intermediul următoarelor contemplații:

Cauzele obținerii prețioasei vieți umane

Pentru a înțelege cât de dificil este să obții o prețioasă renaștere umană, trebuie să luăm în considerare mai întâi cauzele și condițiile specifice necesare pentru a o produce:

1. **Conduita etică:** Principala cauză pentru a te naște ca ființă umană este să fi avut anterior o bună conduită etică. Acest lucru înseamnă că ați păstrat fără a rupe cel puțin o formă de legământ sau un precept pentru o anumită perioadă de timp. În budism putem vorbi despre respectarea celor opt precepte prin abținerea de la: rănirea ființelor vii, furt, comportament sexual inadecvat, minciună, consumul de intoxicanți care întunecă mintea, mâncatul nepotrivit, dansul și cântatul, împodobirea proprie sau folosirea scaunelor înalte. Forma cea mai elementară de conduită etică este aceea de a menține *cele zece acțiuni virtuoase* (așa cum au fost prezentate în capitolul șase).

2. **Multe merite:** Trebuie să fi efectuat oceane de acțiuni meritorii în trecut. Acestea pot include acte de generozitate, disciplină sau răbdare.

3. **O aspirație puternică:** Meritele nu sunt suficiente pentru a obține o viață umană prețioasă. Trebuie să fie create, de asemenea, și cauze secundare, cum ar fi aspirația permanentă pentru obținerea unei astfel de vieți și dedicarea oricărei acțiuni meritorii spre a renaște ca om.

Fără acești trei factori este imposibil să se obțină o viață umană prețioasă.

Exercițiul 8.5—Dificultatea creării cauzelor

- *Într-o poziție relaxată, stabilizați-vă o minte neutră prin practica atenției conștiente pe respirație.*

- *Care este diferența dintre a acționa pur și simplu într-un mod etic și de a face un jurământ pentru a acționa într-un mod etic? Ce efort este necesar pentru a menține un astfel de legământ? Ce legăminte v-ați luat? Cât de uzual este ca oamenii să păstreze astfel de jurăminte?*

- *Cu ce tipuri de acțiuni sunteți mai familiarizați? Este mai ușor să te angajezi într-o acțiune non virtuoasă sau într-o acțiune virtuoasă? De ce credeți că este nevoie de un astfel de efort de a face ceva virtuos? Societatea noastră încurajează virtutea sau non virtutea? Cum ne influențează această prejudecată capacitatea noastră de a practica?*

- *Cât de puternică este convingerea voastră în existența vieților viitoare? Puteți recunoaște cât de valoroasă este obținerea unei nașteri umane prețioase? Recunoscându-i importanța, cât timp petreceți zilnic pentru a crea cauzele obținerii unei astfel de nașteri? Cât efort e necesar pentru a consolida în mod constant această aspirație și pentru a direcționa viața spre această realizare?*

- *Gândiți-vă că ați obținut o renaștere umană prețioasă chiar acum. Aceasta înseamnă că într-o viață anterioară ați depus un efort incredibil pentru a genera cauzele pentru această situație actuală. "Eu-l" vostru anterior și-a trăit viața în conformitate cu un cod de conduită etică. Și-a petrecut tot timpul ca să acumuleze merite prin angajarea în acțiuni virtuoase. El a creat, de asemenea, o aspirație puternică și și-a dedicat toată energia acestui obiectiv. Cum s-ar simți el dacă ați arunca toate aceste eforturi pe fereastră și v-ați irosi această viață?*

- *Dezvoltați o hotărâre puternică de a nu lăsa să vă alunece printre degete această viață. Odihniți-vă atenția în acest sentiment.*

Exemple ce ilustrează raritatea obținerii unei prețioase vieți umane

În discursurile lui Buddha găsim câteva exemple utilizate în mod tradițional pentru a ilustra dificultatea incredibilă a obținerii unei nașteri umane prețioase:

1. **Exemplul broaștei țestoase oarbe:** Imaginați-vă că există o bucată găurită de lemn ce plutește pe suprafața unui ocean mare. Această bucată de lemn este la cheremul valurilor, fiind purtată la întâmplare și nu rămâne niciun moment în același loc. În același timp, în adâncurile acestui vast ocean, trăiește o broască țestoasă oarbă. Din cauză că are puține merite, broasca țestoasă se poate ridica la suprafața oceanului numai o dată la fiecare o sută de ani.

    Șansa acestei țestoase oarbe să se ridice la suprafață exact în locul unde este aruncată bucata de lemn, astfel încât să-și strecoare capul prin gaură, este practic nulă. Dacă broasca țestoasă nu ar fi oarbă și ar căuta de fapt bucata de lemn, situația ar fi cumva diferită. Dar în situația dată, este necesară „coacerea" unei karme incredibil de norocoase pentru ca acest lucru să se întâmple în mod natural.

    Vastul ocean reprezintă formele aparent infinite ale existenței, care apar datorită ignoranței. Broasca țestoasă reprezintă orice ființă prinsă în acest ciclu al existenței. Adâncurile oceanului reprezintă timpul pe care această ființă îl petrece în tărâmurile inferioare, în timp ce posibilitatea de a călători la suprafață reprezintă timpul relativ petrecut în tărâmurile superioare. Bucata de lemn reprezintă posibilitatea de a găsi o viață umană prețioasă.

2. **Exemplul boabelor de muștar:** Gândiți-vă, de asemenea, la următoarea imagine: închipuiți-vă un bol capabil să conțină un număr infinit de semințe de muștar, cu sute de soiuri diferite. În acest vas este o singură sămânță care reprezintă raritatea unei nașteri umane prețioase. Gândiți-vă la șansa de a selecta în mod aleatoriu din vas această unică sămânță, în timp ce priviți în direcția opusă.

Ceea ce indică ambele exemple este punctul culminant în care o incredibil de mare acumulare de karma pozitivă trebuie să se coacă exact la timpul și la modul corect pentru a genera o renaștere umană prețioasă. Recunoscând acest fapt, nu ar fi o nebunie să nu profitați de ea?

Comparația numărului de ființe din cele șase tărâmuri

O altă modalitate de a realiza raritatea extremă a acestei vieți umane este să privim la numărul de oameni în comparație cu ființele din toate celelalte tărâmuri. Dacă ne oprim să reflectăm asupra volumului mare de ființe din cele șase tărâmuri, ne vom da seama că numărul acestora este imens. După cum am văzut, fiecare dintre aceste tărâmuri este generat de stări specifice ale minții. Prin urmare, numărul de ființe născute în aceste tărâmuri va fi direct proporțional cu caracterul comun al acestor stări mentale.

În general, virtutea duce la nașterea în cele trei tărâmuri înalte ale oamenilor, semizeilor și zeilor, în timp ce non virtutea conduce la nașterea în cele trei tărâmuri inferioare ale animalelor, fantomelor flămânde și al ființelor din iaduri. Dacă luăm în considerare care dintre acestea este mai frecventă, virtutea sau non virtutea, vom vedea că marea majoritate a ființelor sunt foarte puternic familiarizate cu non virtutea. Aceasta înseamnă că majoritatea ființelor creează cauzele pentru a se naște în tărâmurile inferioare. Exemplul clasic utilizat este că numărul de ființe din tărâmurile inferioare poate fi cât toate firicelele de nisip de pe fundul oceanului, în timp ce numărul de ființe din tărâmurile superioare este precum praful care se așează pe vârful unei unghii de la un deget.

Pentru a înțelege, să comparăm numărul de oameni față de numărul animalelor. Ce ființe sunt mai numeroase? Pe această planetă sunt aproximativ opt miliarde de ființe umane. Câte furnici sunt? Câte păsări? Dar pești? Câte micro-organisme plutesc în mare? Putem vedea foarte ușor că mult mai multe ființe au avut karma ca să se nască animale față de cele ce au avut karma ca să se nască oameni. Și asta doar dacă luăm în considerare o singură planetă dintr-un sistem solar, dintr-o galaxie. Este dificil doar să ne imaginăm numărul mare de ființe vii de pe alte planete, precum și din alte galaxii.

Putem lua în considerare apoi toate acele ființe pe care nici măcar nu le putem vedea. Se spune că fiecare zonă din spațiu este locuită de un fel de ființe. În conformitate cu învățăturile budiste, fantomele înfometate sunt mult mai numeroase decât animalele, în timp ce ființele iadurilor sunt cu mult mai numeroase decât fantomele înfometate. Deci, pe măsură ce extindem perspectiva, se diminuează procentul ființelor născute într-un tărâm uman.

Pentru a ne naște ca locuitor al unui tărâm mai înalt este deja destul de dificil, dar și mai rară este o viață umană prețioasă care să abunde cu toate condițiile necesare pentru eliberarea din Samsara. Aceasta înseamnă să ne naștem într-un loc și într-un timp în care Dharma este înțeleasă și să avem posibilitatea de a practica învățăturile într-un mod autentic. Dacă oricare dintre aceste condiții este incompletă, atunci nu este posibil să considerăm viața noastră umană ca fiind una prețioasă, indiferent cât de vaste pot părea deprinderile, abilitățile și cunoștințele noastre.

Deja am analizat câți oameni sunt pe aceasta planetă în comparație cu alte forme de viață, de la cele mai simple la formele cele mai avansate. Acum încercați să contemplați numărul mic de oameni suficient de norocoși ca să se nască în locuri în care Dharma este înțeleasă și practicată. Vă veți da seama că există foarte puțini oameni care chiar pot fi considerați a avea o viață umană prețioasă.

MARELE BENEFICIU AL OBȚINERII ACESTEI PREȚIOASE VIEȚI UMANE

Cele opt libertăți și cele zece avantaje ne ajută să identificăm unicitatea situației noastre actuale, în timp ce, prin studierea rarității situației, recunoaștem că aceste condiții nu apar tot timpul. Se pune întrebarea: "Ce ar trebui să facem cu această prețioasă ocazie?" Conform budismului, există trei moduri semnificative în care poate fi folosită această viață pentru voi și pentru cei din jurul vostru și pentru a realiza o mai mare pace și fericire:

1. **Valoarea clară a unei renașteri înalte:** Primul lucru pe care îl puteți face este să folosiți această viață pentru a crea cauzele necesare unei renașteri mai înalte, evitând suferința intensă a tărâmurilor inferioare. Deși v-ați putea stabili ca țel o nouă naștere într-un tărâm al zeilor, din perspectiva budistă, este mai util să creați condițiile pentru o altă naștere umană prețioasă, în care să vă puteți continua practica spirituală. În acest fel, puteți trece de la o viață la alta, dezvoltându-vă gradual capacitățile și, în cele din urmă, dezvoltându-vă toate calitățile bune.

2. **Eliberarea de suferință:** Cei care manifestă o puternică dezamăgire față de vraja ciclului existenței pot folosi această viață pentru a dezvolta înțelepciunea realității, care acționează ca un antidot împotriva ignoranței. Prin eliminarea ignoranței puteți rupe lanțul celor douăsprezece legături și puteți opri procesul de renaștere condiționată necontrolată. Procedând astfel, veți realiza o stare de autentică fericire ultimă, care este lipsită de suferință. Această stare este denumită în mod uzual nirvana.

3. **Iluminarea completă:** În sfârșit, cei care nu sunt mulțumiți numai cu realizarea propriei lor bunăstări, fiind în schimb deciși să aducă beneficii tuturor ființelor simțitoare, pot folosi această viață pentru a realiza cea mai mare dintre toate realizările: iluminarea deplină și completă. Procedând astfel, nu numai că eliminați factorii mentali perturbatori grosieri care vă provoacă propria suferință, dar eliminați și întunecările subtile, ceea ce vă permite să vă manifestați sub forme infinite, astfel încât să aduceți beneficii celorlalți.

Motivația pe care o aveți depinde de nivelul actual de dezvoltare spirituală personală. Este util să constatăm că, în timp ce lucrați pentru atingerea unui obiectiv mai înalt, puteți automat câștiga beneficiile aferente obiectivelor mai mici. În acest fel, dacă alegeți să vă dedicați viața pentru realizarea iluminării, veți atinge, de asemenea, eliberarea personală și binecuvântarea tărâmurilor mai înalte. Principalul lucru pe care nu trebuie să-l uitați este să încercați să priviți dincolo de viața actuală și să luați în considerare o perspectivă mai largă a situației. Dacă lucrați numai pentru beneficiul acestei vieți, nu veți reuși să creați cauze pentru fericirea autentică, ceea ce înseamnă că, atunci când veți muri, veți pierde toate rezultatele pentru care ați muncit atât de greu.

Exercițiul 8.6—O chestiune de priorități

- *Într-o poziție relaxată, stabilizați-vă o minte neutră prin practica atenției conștiente pe respirație.*

- *Amintiți-vă diversele activități în care vă angajați în tot parcursul zilei. Identificați obiceiurile dominante. Câtă energie consumați în aceste acțiuni?*

- *Acum gândiți-vă la tipurile de rezultate ale acestor activități. Sunt aceste rezultate concentrate asupra acestei vieți sau sunt concentrate asupra vieții viitoare? Cât de mult timp vă petreceți în căutări spirituale, față de preocupările lumești? Faceți-vă o idee asupra felului în care vă petreceți timpul.*

- *Acum, gândiți-vă cum ați putea să vă folosiți timpul. Există în viața voastră obiceiuri care nu aduc beneficii de lungă durată? Există obiceiuri care contribuie în mod activ la suferința voastră (acum sau în viitor)? Ce puteți face pentru a reduce cantitatea de energie consumată cu aceste activități?*

- *Gândiți-vă la beneficiile pe care le-ați putea realiza dacă v-ați schimba chiar și numai un pic prioritățile. Ce efect ar avea asupra vieții voastre și asupra celor din jurul vostru? Ce efect ar avea asupra vieții voastre viitoare?*

- *Identificați câteva modificări simple pe care le-ați putea face în viața voastră în scopul de a acorda o mai mare prioritate dezvoltării personale spirituale.*

OBSTACOLE ÎN CALEA PRACTICĂRII DHARMEI

Apreciind circumstanțele prezente și având dorința de a profita la maximum de această oportunitate, aveți acum tot ce e necesar pentru a practica Dharma. Acestea fiind spuse, trebuie să fiți atenți la faptul că aceste condiții se pot deteriora în orice moment. Următoarele două grupe de condiții pot acționa ca obstacole în calea practicii voastre. Ele trebuie evitate cât mai mult posibil, deoarece au capacitatea de a vă distruge hotărârea și de a consolida obiceiurile proaste ce alimentează existența ciclică.

Cele opt circumstanțe temporare

Cunoscute și sub numele de cele opt circumstanțe nedorite, acest subiect a fost predat pentru prima dată de marele maestru tibetan Rigdzin Jigme Lingpa. Învățăturile sale originale au fost extinse ulterior și în zilele noastre și sunt prezentate după cum urmează:

1. Oamenii în care sunt prea puternice cele cinci otrăvuri (ignoranță, atașament, aversiune, mândrie și gelozie) nu pot practica Dharma pură. Chiar dacă au dorința sau interesul de a face acest lucru, acești factori mentali perturbatori sunt prea dominanți în mintea lor. Prin urmare, trebuie să facem ceea ce putem pentru a elimina aceste stări mentale perturbatoare.

2. Persoanele cu intelect limitat, chiar dacă au posibilitatea de a practica Dharma, nu pot face acest lucru în mod corespunzător, deoarece nu sunt în măsură să înțeleagă semnificația mai profundă a învățăturilor. Prin urmare, trebuie să depunem un mare efort pentru a ne ascuți mintea prin studiu, reflecție și meditație.

3. Persoanele care sunt discipoli ai unor învățători numiți "falși prieteni spirituali". Ei sunt ghidați spre puncte de vedere distorsionate și acțiuni care îi conduc pe căi greșite. Întrucât nu învață Dharma pură, ei nu pot progresa în practica lor. Prin urmare, trebuie să cercetăm cu atenție învățătorii spirituali pentru a ne asigura că Dharma pe care o predau este autentică.

4. Oamenii mulțumiți de sine sau leneși nu pot învăța și nu pot practica Dharma autentică, deoarece le lipsește perseverența pentru a realiza studiile necesare. Acești oameni vor amâna mereu, gândindu-se că "o voi face mai târziu." Cu toate acestea, mai târziu nu mai vine niciodată. Prin urmare, faceți mari eforturi pentru a aplica antidotul împotriva lenei.

5. Datorită amplorii obstacolelor acumulate de-a lungul multor vieți, unii oameni vor găsi că este foarte dificil să-și dezvolte calitățile necesare pentru practica Dharmei. Ei sunt copleșiți de întârzierea datorată karmei negative și sunt dezamăgiți de lipsa progreselor. Ei nu reușesc să înțeleagă că aceasta este tot un rezultat al propriilor lor acțiuni. Prin urmare, faceți un efort pentru a vă purifica cat mai mult posibil karma negativă.

6. Cei înrobiți de preocupări lumești sau aflați în servitudinea altcuiva pot avea obstacole pe calea budistă, deoarece chiar dacă doresc să facă acest lucru, ei și-au pierdut libertatea de a practica Dharma. Prin urmare, meditați asupra greșelilor existenței ciclice și dezvoltați o minte puternică a renunțării.

7. Unii oameni adoptă Dharma de frică sau pentru că încearcă să scape de situația lor actuală. Ei pot să trăiască ca un călugăr într-o mănăstire și pot părea un bun practicant, dar în realitate, deoarece intențiile lor nu sunt autentice, ei nu sunt în măsură să progreseze. Prin urmare, dezvoltați atenția conștientă asupra adevăratei voastre intenții și munciți din greu pentru a alege o motivație plină de însemnătate pentru această viață.

8. Unii oameni au aspectul exterior al unui bun practicant al Dharmei, dar mințile lor sunt mai interesate de preocupările lumești, cum ar fi prestigiu și putere. Ei sunt foarte departe de a se angaja într-adevăr pe calea Dharmei. Prin urmare, meditați pe larg asupra *celor opt dharme lumești* și asupra *celor patru convingeri pentru renunțare*.

Cele opt atitudini nepotrivite

Ele sunt cunoscute și sub numele de cele opt înclinații incompatibile care nu permit libertatea de a practica Dharma și includ:

1. Unii oameni sunt atât de legați și de preocupați de bogăția lor, de familia, de averea și de viața lor profesională, încât nu au timp să practice Dharma. Acești oameni ar putea dori să practice, dar sunt captivii angajamentelor lor lumești. Prin urmare, stabiliți-vă priorități corespunzătoare în viața voastră.

2. Unii oameni au personalități atât de arogante și egoiste încât nu au modestia de a se gândi la a se îndrepta. Chiar dacă ar avea șansa să întâlnească cel mai minunat învățător și o comunitate spirituală excelentă, ei nu se vor schimba în bine. Prin urmare, dezvoltați o minte deschisă și receptivă la a învăța de la alții.

3. Indiferent cât de des și cât de bine i-ar fi explicate unei persoane defectele Samsarei și incredibila suferință a tărâmurilor inferioare, aceasta s-ar putea totuși să nu le înțeleagă cu adevărat. Ei îi lipsește determinarea de a se elibera prin practicarea Dharmei. Prin urmare, studiați continuu și contemplați asupra *celor patru convingeri pentru renunțare*.

4. Persoanelor care nu au credință în învățător și în învățături le lipsește cheia pentru a deschide ușa Dharmei. Prin urmare, folosiți timpul contemplându-vă potențialul și dezvoltați credința în capacitatea Dharmei de a vă ajuta să vă atingeți acest potențial.

5. Unii oameni găsesc plăcere în acțiuni non virtuoase prin corpul, vorbirea și mintea lor. Eșuând să-și controleze gândurile, cuvintele și acțiunile, ei nu pot practica Dharma, întrucât s-au abătut de la ea. Prin urmare, fiți întotdeauna conștienți de acțiunile voastre, conștientizând ce efecte vor avea ele asupra voastră și asupra altora.

6. Alți oameni sunt atât de indiferenți la valoarea cultivării virtuții sau la importanța învățăturilor, încât nu pot fi conduși spre practica Dharmei.

Ei sunt precum un câine căruia i se dă să mănânce iarbă, iar el pur și simplu nu e interesat. Prin urmare, concentrați-vă studiile pe înțelegerea *legii karmice a cauzei și efectului*.

7. Odată intrat pe calea practicii budiste, dacă cineva își rupe legămintele de conduită morală fără nicio intenție reală de a le repara, atunci va renaște în tărâmurile inferioare. Atunci nu va mai avea nicio șansă să practice Dharma. Prin urmare, indiferent ce orientări etice v-ați decis să integrați în viața voastră, asigurați-vă că le puteți respecta în orice moment.

8. Orice practicant spiritual avansat care își încalcă angajamentele sale sacre față de învățătorul sau față de frații și surorile sale spirituale și care nu manifestă nici o remușcare reală într-o anumită perioadă determinată de timp, va prilejui nu numai propria sa ruină, dar și ruinarea altora din comunitatea spirituală. Prin urmare, luați-vă angajamentele spirituale în serios și depuneți eforturi să le mențineți pure.

Folosiți cât mai bine această oportunitate

Chiar acum, în acest moment, ați fost binecuvântați să întâlniți învățăturile autentice ale Dharmei. Ceea ce faceți în continuare este numai alegerea voastră. Dacă veți subestima această oportunitate, vă veți irosi această viață umană și veți crea dezavantaje dacă nu cultivați virtuțile și nu veți urma o cale spirituală. Prin urmare, decideți cu înțelepciune, pentru că a întoarce spatele acestei treziri la conștientizarea prețioasei vieți umane aduce cu sine o mare adversitate.

Precum spunea marele sfânt Milarepa::

Bine folosit, acest corp este pluta noastră spre libertate,
Rău folosit, acest corp este ancora noastră în Samsara,
Acest corp răspunde deopotrivă poruncilor binelui și răului.

Acum este momentul să facem un efort sincer pentru a trăi o viață plină de sens urmând o cale spirituală și să dedicăm meritul nostru pentru a atinge renașteri viitoare prin care să putem beneficia, atât noi cât și alții, prin practicarea Dharmei autentice.

După cum se zice în *Calea unui Bodhisattva*:

Găsind astfel libertatea unei vieți umane,
Dacă acum aș da greș în instruirea mea în virtute,

Ce ar putea fi mai prostește?
Cum m-aș putea înșela mai mult?

RECAPITULAREA PUNCTELOR CHEIE

- Există două calități pe care trebuie să le recunoaștem despre situația noastră actuală: că ne prezintă o oportunitate prețioasă și că această oportunitate este extrem de rară.

- Sunt optsprezece condiții care definesc o renaștere umană prețioasă: opt libertăți și zece avantaje. Libertățile descriu absența unor obstacole care împiedică practica, în timp ce avantajele descriu condițiile care susțin practica noastră.

- Cele opt libertăți sunt împărțite în două seturi de câte patru: cele patru stări non-umane care nu au tihnă din cauza experiențelor extreme, fie de plăcere sau de durere și cele patru condiții umane care împiedică în mod direct angajarea pe deplin în practica Dharmei.

- Cele zece avantaje sunt, de asemenea, împărțite în două seturi de câte cinci: cinci avantaje individuale ce descriu caracteristici specifice pe care o persoană le poate avea pentru a fi foarte potrivită pentru practicarea Dharmei și cinci avantaje circumstanțiale, care se referă la caracteristicile de a ne fi născut într-un anumit timp și loc.

- Aprecierea rarității unei vieți prețioase este dezvoltată prin: contemplarea cauzelor necesare pentru a genera o astfel de viață, folosind diferite exemple care ilustrează raritatea de a atinge o astfel de viață și prin analiza numărului relativ de ființe pentru a stabili improbabilitatea de a atinge acest tip de viață umană.

- Pentru a recunoaște potențialul pe care îl avem, contemplăm beneficiile care pot fi obținute datorită acestei vieți și anume: o renaștere într-un tărâm mai înalt, eliberarea din existența ciclică și iluminarea completă.

- Există diverse obstacole care pot apărea pentru a slăbi capacitatea cuiva de a practica. Există opt circumstanțe temporare care ar trebui evitate și opt atitudini nepotrivite care ar trebui abandonate.

CAPITOLUL NOUĂ

Reflecția asupra morții și nepermanenței

Practicarea Dharmei ne cere de multe ori să mergem împotriva curentului tendințelor noastre uzuale și a priorităților general acceptate de societatea în care trăim. Recunoscând potențialul prețios pe care această viață îl are de oferit, obținem o nouă perspectivă asupra a ceea ce este important, dar acest lucru nu este întotdeauna în concordanță cu punctul de vedere general acceptat.

În multe țări te duci la școală, primești un loc de muncă, te îndrăgostești, îți întemeiezi o familie, muncești, te pensionezi și mori. Acesta este șablonul repetat mereu și mereu, peste tot în lume. Deși în mod inerent nu este nimic în neregulă cu un astfel de model, după cum am văzut mai înainte, el oferă o perspectivă limitată și care ia în considerare doar viața prezentă.

Astfel, pe măsură ce începem să ne întoarcem mintea spre Dharma, intrăm într-un proces de reconciliere între punctul de vedere lumesc, care ne este familiar de când eram mici și viziunea spirituală pe care o dezvoltăm în prezent. La început, putem simți doar disputa dintre cele două viziuni, cu obiceiurile noastre ieșind continuu la suprafață. Cel mai adesea obiceiurile câștigă disputa. Începem să ne găsim scuze, cum ar fi că nu avem destul timp sau că suntem înconjurați de prea multe distrageri. Ne spunem că momentul prezent este pur și simplu prea dificil și de îndată ce un lucru sau altul vor fi rezolvate, vom practica. Începem să creăm tot felul de condiții și cerințe pe care le considerăm necesare pentru a putea practica. De fiecare dată când facem acest lucru, amânăm practica pentru viitor.

Dharma poate să aducă transformări incredibile în viața voastră, dar nu vă va aduce nimic bun dacă o blocăm într-o fantasmă care se poate realiza sau nu. Pentru a putea beneficia cu adevărat de ea trebuie să o aducem în prezent. Pentru aceasta, trebuie să avem sentimentul urgenței, care să contracareze tendința de amânare, puterea mentală care să ne permită înotul împotriva curentului. Această putere vine prin meditația pe tema morții și a efemerității.

Fie că suntem sau nu conștienți, cei mai mulți dintre noi ne ducem viața presupunând că avem timp să facem lucrurile pe care ni le dorim. Cultura noastră a evoluat îndeajuns de mult încât să ne ajute să ne planificăm viața din multe puncte de vedere. Toate aceste planuri presupun că noi vom fi acolo ca să le experimentăm. Să analizăm această ipoteză, deoarece pe baza ei amânăm de multe ori ceea ce este cel mai important pentru noi și ne angajăm în acțiuni temporare, care pot duce sau nu la rezultatele dorite. Facem aceasta într-o atât de mare măsură, încât ne-am putea petrece toată viața într-un tipar de așteptare, urmărind mereu un rezultat pe care niciodată nu îl experimentăm. Astfel, viața poate să treacă literalmente prin fața ochilor noștri și, fără să ne dăm seama, am irosit această prețioasă renaștere umană.

Pentru unii oameni, să te gândești la moarte e un lucru înfricoșător și inutil. Cultura occidentală pare să abordeze acest subiect cu destul de multă frică. Aceasta este, probabil, cel mai strâns legată de dominația unui punct de vedere mai degrabă nihilist, care vede moartea ca pe o anihilare. Pentru acești oameni moartea este sfârșitul a orice și, prin urmare, trebuie evitată cu orice preț. Cultura noastră consolidează aceste idei prin promovarea valorii de a rămâne tânăr și frumos. Ea încearcă să ascundă moartea în spatele unui zid de cărămidă în speranța că va dispărea pur și simplu.

Din punct de vedere budist, această abordare nu aduce niciun beneficiu. Înțelegând karma și existența ciclică, ajungem să înțelegem că moartea nu e sfârșitul, ci doar o tranziție. Mai degrabă decât a fi ceva de temut, moartea reprezintă de fapt o mare șansă și poate fi folosită într-un mod extraordinar pentru a ne dezvolta spiritual. Reflectând asupra naturii morții și a efemerității putem diminua atașamentul față de lucrurile acestei vieți și, prin urmare, putem cultiva o abordare mai realistă și mai pragmatică a felului în care ne trăim viața. Însă, cel mai important, moartea ne amintește că viața este scurtă și că nu ne putem permite să pierdem nici măcar o secundă în activități banale. Din acest motiv, aceasta ne alimentează focul hotărârii noastre și ne duce mai departe, oferindu-ne puterea de care avem nevoie pentru a depăși orice obstacol cu care ne confruntăm.

NEPERMANENȚA GROSIERĂ ȘI SUBTILĂ

Natura realității noastre externe este că ea nu e permanentă, se schimbă constant de la o clipă la alta. Nu există nimic în această realitate care să nu se schimbe. Acest lucru se datorează faptului că tot ceea ce experimentăm la acest nivel reprezintă un *fenomen condiționat*. Aceasta înseamnă că apariția lui depinde de întâlnirea cauzelor și condițiilor.

1. **Nepermanența grosieră:** La un nivel foarte evident, putem vedea cum apar fenomenele, cum se desfășoară un timp și apoi încetează. De exemplu, ne naștem, îmbătrânim și murim. De asemenea, o sămânță se transformă în vlăstar, din care crește un copac care produce fructe și care, în cele din urmă, se dezintegrează și se dizolvă din nou în pământ. Adesea, acest proces se petrece pe perioade lungi de timp și îl observăm numai când comparăm starea actuală a unui fenomen cu o stare precedentă. Gândiți-vă la comparația între cum arătați acum față de felul în care arătați în copilărie. Acest proces evident de schimbare este cunoscut sub numele de *nepermanență grosieră*.

2. **Nepermanența subtilă:** La un nivel mai profund, însă, putem vorbi de *nepermanență subtilă*, care se referă la mecanismul de bază care generează cele mai evidente forme de schimbare. Schimbarea nu se produce brusc. Nu trecem de la tinerețe la bătrânețe într-o clipă. Lucrurile nu funcționează așa. Evoluăm, de fapt, într-un flux constant de creșteri foarte mici, la nivel de microsecundă. Fiecare moment ce apare poartă cu el cauzele propriei dispariții. Pentru că totul există doar pentru un singur moment, aceasta creează oportunitatea ca un alt moment să îi ia locul. Acest nou moment, totuși, este stabilit printr-un set de condiții ușor diferit, ceea ce duce la variații extrem de subtile ale fenomenelor rezultate.

La o primă vedere, totul arată ca și cum ar fi la fel, în timp ce la un nivel foarte subtil, totul s-a schimbat. De-a lungul timpului, aceste mici modificări se acumulează până când se observă o schimbare la nivel evident. Deoarece noi percepem în mod normal doar schimbările evidente, vom dezvolta convingerea că fenomenele persistă în timp. Le atribuim un sens al permanenței în care putem identifica în mod clar un obiect ca fiind "același" obiect ca și cel întâlnit anterior. Aceasta este o iluzie. Deși le putem eticheta conceptual ca parte a aceluiași flux continuu de schimbări, în momentul prezent nu persistă nimic din cel anterior. Cele două momente pot fi asemănătoare, dar nu sunt la fel.

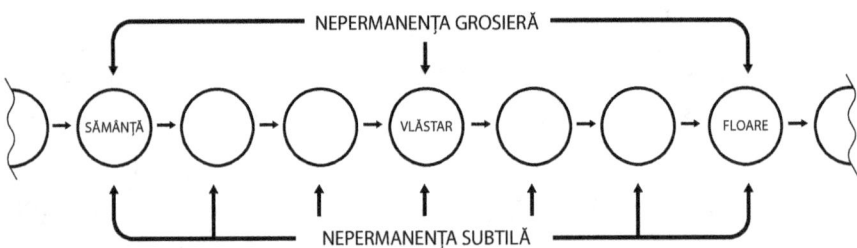

Figura 9-1: Nepermanența grosieră și subtilă de-a lungul timpului.

Un bun exemplu pentru felul în care funcționează aceasta este să ne gândim la un râu. Ajungem la râu și vedem cum curge apa. Dacă fixăm privirea pe o anumită porțiune a râului, putem vedea că apa ce trece prin această zonă se schimbă mereu. Nu există niciun moment în care râul "se oprește". Dacă revenim a doua zi, putem fi siguri că apa din aceeași zonă a râului va fi complet diferită de apa zilei precedente. Râul continuă să curgă într-un flux continuu schimbător. Deși putem eticheta această colecție de schimbări drept "râu", nu există nimic fix sau stabil la care să se refere această etichetă.

Nepermanența subtilă este perceptibilă în mod direct doar de către cei care au atins un grad înalt de realizare contemplativă. Prin practica meditației de fixare, este posibil să concentrezi mintea atât de mult, încât să fie capabilă să perceapă fluxul subtil al schimbărilor de moment. O astfel de realizare oferă practicantului o înțelegere directă a naturii realității sale și poate duce la o schimbare semnificativă a modului în care persoana respectivă relaționează cu lumea exterioară. Aceia dintre noi care nu au atins asemenea niveluri de realizare trebuie să se bazeze pe cunoașterea conceptuală, indirectă, a acestui fenomen.

ȘAPTE CONTEMPLĂRI ASUPRA NEPERMANENȚEI GROSIERE

Chiar dacă ne e greu să percepem direct nepermanența subtilă, înțelegerea nepermanenței grosiere este extrem de utilă pentru a reduce atașamentul față de fenomenele lumești, cum ar fi bunurile materiale, relațiile și statutul social. Cramponarea față de aceste aspecte ca fiind surse ale fericirii ultime va aduce doar suferință și nemulțumire. Prin urmare, e important să investigăm cu atenție și să analizăm nivelul grosier al nepermanenței și să reflectăm asupra impactului pe care ea îl are asupra propriei noastre vieți, precum și asupra lumii în care trăim. În conformitate cu glorioasa linie *Nyingthig* a budismului tibetan, există șapte contemplații asupra nepermanenței grosiere. Le vom explora pe fiecare în detaliu.

1. Evoluția lumii exterioare

Cel mai simplu mod de a observa fluxul constant al nepermanenței este să ne uităm la evoluția lumii naturale. Putem vedea cum se petrec ciclurile temporale în natură prin tot felul de fenomene, cum ar fi cele patru anotimpuri, fluxul și refluxul oceanelor și tiparele meteorologice care influențează experiența cotidiană. Toate acestea se întâmplă din cauza mișcării Pământului în raport cu celelalte planete ale sistemului solar care, la rândul său, se mișcă în raport cu planetele altor sisteme solare care se deplasează în raport cu planetele din alte galaxii. Totul se mișcă și se schimbă într-un dans cosmic fără sfârșit.

Deci, cum capătă formă acest univers vast? Depinde pe cine întrebi. Pentru unii oameni, acest univers a fost creat de o ființă omnipotentă. Alții cred că a apărut din neant. Dacă întrebăm oamenii de știință obținem opinii diferite, dar cei mai mulți cred în teoria care spune că universul a luat ființă dintr-o materie super-densă care a explodat, explozie urmată de o expansiune rapidă, teorie cunoscută sub numele de "big bang". Din perspectiva budistă, această teorie nu este incorectă, ci doar incompletă. Ceea ce scapă identificării este apariția acestei materii singulare.

Bazându-se pe înțelegerea influenței reciproce între realitatea fizică și cea mentală, budismul postulează faptul că universul a luat ființă din tendințele karmice colective ale ființelor simțitoare care locuiau în acel spațiu. Deși nu exista nici o bază fizică pentru ființele „grosiere", cum ar fi oamenii sau animalele, existau ființele pur mentale, cum ar fi zeii din tărâmurile cu și fără formă. Karma lor a fost cea care a catalizat condensarea energiei care a condus, în cele din urmă, la big bang.

În fazele timpurii ale cosmosului, au început să se manifeste diverse elemente. Acest lucru a creat condițiile pentru nașterea ființelor sub forme din ce în ce mai grosiere. Primii oameni au fost, prin urmare, rezultatul spontan al maturării karmei ființelor din tărâmurile zeilor. Desigur, acești oameni aveau puține asemănări cu noi. Erau mult mai puri, cu corpuri subtile de energie.

Odată ce au avut corpuri, au început să reacționeze la senzațiile apărute în minte. Inițial, acești oameni nu erau posesivi, împărțind unii cu alții tot ce aveau. Pentru satisfacția sexuală completă era de ajuns să se privească unul pe altul. Dar în timp le-au crescut lăcomia și dorința, ceea ce a făcut ca punctele de vedere asupra realității să devină din ce în ce mai solidificate și mai grosiere. Prin urmare, a fost nevoie de mai mult efort pentru a obține satisfacția. Dacă la început era suficientă o privire, acum era nevoie să vadă un zâmbet și, în cele din urmă, de experiența contactului fizic.

Cu cât le creștea dorința mai mult, cu atât lumea lor căpăta mai multă substanță. Stelele au început să se formeze și au apărut planete ce orbitau în jurul lor. Cu cât le erau mai solide corpurile, cu atât simțeau mai mult individualitatea. Oamenii au început să devină posesivi față de tot felul de obiecte. Au început să comită acțiuni negative pentru a dobândi aceste obiecte. Și așa a apărut lipsa de armonie în comunitățile lor. Pentru a evita conflictele, au stabilit norme sociale și au ales lideri care să le aplice. Cei care nu respectau regulile erau pedepsiți.

Pe măsură ce diversele întunecări deveneau mai puternice, ființele simțitoare au început să capete forme noi. La început erau doar câteva animale, apoi numărul a crescut. Fiecare era condus de ignoranță, atașament și aversiune. Aceste stări mentale au făcut ca unele ființe să se nască în tărâmurile fantomelor flămânde sau ale iadurilor. Așa au apărut cele șase tărâmuri.

La un moment dat mințile ființelor umane degeneraseră într-o asemenea măsură, încât luaseră o formă foarte asemănătoare cu cea a animalelor din jurul lor. Ceea ce numim evoluția omului este, de fapt, maturarea progresivă a karmei umane pe parcursul a mii de ani. În timp ce la exterior poate părea că am progresat semnificativ față de strămoșii noștri neanderthalieni, în comparație cu puritatea formei noastre anterioare de existență, am degenerat considerabil.

Acest proces de evoluție reprezintă o perioadă de degenerare. Din perspectiva ciclurilor cosmice, el este doar o parte dintr-un proces continuu de creație și distrugere. Deoarece universul actual degenerează în continuare, în cele din urmă va începe să se dezintegreze. Acest proces va începe atunci când multe ființe vor atinge stadii avansate de absorbție meditativă. Acest lucru îi va face să renască în tărâmurile cu și fără formă. Cei a căror karma negativă va fi prea puternică vor începe să renască în alte sisteme solare, golind efectiv acest tărâm fizic. Fără karma colectivă care să o perpetueze, atmosfera acestei lumi se va evapora, iar soarele se va dilata, consumând efectiv lumea într-o supernovă.

Primul val de expansiune a soarelui va arde toți pomii fructiferi și pădurile. Al doilea val va evapora toate râurile și iazurile, în timp ce al treilea și al patrulea val vor usca toate fluviile și lacurile mari. Pe parcursul celei de a cincea etape se vor evapora progresiv toate oceanele, dar în grade diferite. Apa de mare rămasă va fi atât de puțină încât nu vei putea umple cu ea nici măcar urma unei tălpi. Când se va produce și al șaselea val de expansiune al soarelui, întregul pământ și munții acoperiți de zăpadă vor izbucni în flăcări. Odată cu a șaptea expansiune chiar și esența cea mai subtilă a pământului va fi cuprinsă de flăcări, împreună cu orice urmă rămasă din lumea fizică.

Odată cu distrugerea tărâmului fizic grosier, energia focului va continua să se extindă și să consume chiar și tărâmurile mai subtile: mai întâi fantomele înfometate, apoi ființele din iaduri și, în cele din urmă, diferitele niveluri ale zeilor. În acest stadiu, tot ce va rămâne vor fi cei ce au traversat tărâmul dorinței și s-au refugiat în tărâmurile cu și fără formă.

Cauza distrugerii tărâmului formelor este incapacitatea ființelor [de aici] de a menține o stare mentală subtilă, precum și abandonarea investigării și analizei de către ființele de mai jos de primul tărâm al formelor. Deoarece această stare se caracterizează printr-o energie similară focului, ele sunt susceptibile la distrugerea prin foc, în șapte valuri de distrugere. Nori de furtună se vor forma apoi în tărâmul zeilor din al doilea tărâm al formelor și va cădea o ploaie torențială imensă. Așa cum sarea se dizolvă în apă, totul, inclusiv al doilea tărâm al zeilor formelor, se va dezintegra. Acest lucru este, de asemenea, urmare a incapacității ființelor din al doilea tărâm al formelor de a menține o stare mentală subtilă și eșecul de a abandona bucuriile lumești și fericirea. Deoarece această stare mentală are o energie asemănătoare apei, ele nu sunt ferite de distrugerea prin apă.

După șapte distrugeri prin apă, un vânt atotpătrunzător se va ridica de la baza universului. La fel ca praful împrăștiat de vânt, totul până la inclusiv al treilea nivel al zeilor din tărâmul formei va fi complet spulberat. Aceasta se întâmplă din cauza lipsei de subtilitate a stabilizării meditative și lipsei echilibrului imparțial al ființelor din al treilea nivel al tărâmului formei. Această stare meditativă este caracterizată printr-o energie asemenea vântului, iar ființele de aici sunt susceptibile la distrugerea prin vânt.

La sfârșitul acestui proces nu rămân decât spațiul și ființele tărâmului fără formă. Aceste ființe persistă în stabilizarea lor mentală extrem de subtilă până în punctul în care li se termină karma ce le menține acolo, iar apoi se declanșează din nou întregul proces al reapariției. În acest fel, ființele simțitoare sunt cele care produc o continuă schimbare, atât la nivel individual cât și colectiv.

Exercițiul 9.1—Nepermanența mediului înconjurător

- *Într-o poziție relaxată, stabilizați-vă o minte neutră prin practica atenției conștiente pe respirație.*

- *Concentrându-vă asupra naturii din jurul vostru, identificați diferitele modele ale schimbărilor care au loc pe parcursul unui an. De exemplu, luați în considerare semnele care vă indică apariția fiecărui anotimp. Sunt acestea la fel în întreaga lume sau sunt experimentate în moduri diferite? Ce stă la baza schimbărilor de sezon? Luați în considerare atât cauzele fizice, cât și cele karmice pentru diversitatea experiențelor.*

- *Acum, gândiți-vă la varietatea peisajelor de pe această planetă. Gândiți-vă la diferitele zone și la modul în care acestea sunt capabile să susțină forme diferite de viață. Gândiți-vă la relația dintre o ființă și mediul* în care trăiește. Cum se influențează reciproc? Care este rezultatul armoniei unei ființe cu mediul său înconjurător? De asemenea, ce se întâmplă atunci când o ființă nu trăiește în armonie cu mediul?

- Lărgiți sfera de analiză luând în considerare felul în care ne este influențat mediul de către corpurile planetare din jurul său. De exemplu, ce efect are Luna asupra Pământului? Care sunt semnele ce indică acest efect? Gândiți-vă cum s-a schimbat Soarele de-a lungul timpului. Gândiți-vă la evoluția unei stele și la însemnătatea ei pentru viața de pe această planetă.

- Încercați să înțelegeți interconectarea incredibilă a cauzelor și condițiilor care duc la evoluția constantă a acestei lumi. Recunoașteți natura ei nepermanentă și lăsați mintea să se relaxeze în această certitudine.

2. Nepermanența ființelor lumești

Din Akanistha, cel mai înalt cer, până în cele mai adânc infern, nicio ființă nu poate scăpa de moarte. După cum spune *Scrisoarea de consolare*:

"Văzut-ați vreodată, pe pământ sau în ceruri,
O ființă care nu va pieri?
Ori auzit-ați o astfel de întâmplare?
Ori v-ați imaginat c-ar fi posibil?"

Indiferent de tărâm, nimeni nu a întâlnit vreodată o ființă care s-a născut și nu a murit. Moartea este o certitudine, iar noi trăim într-o perioadă în care durata de viață este destul de imprevizibilă. Nu știm cum vom muri, în ce zi sau la ce oră și nici unde ajungem după ce am murit. Moartea survine între inspiratul și expiratul respirației noastre și se poate întâmpla în orice moment. Așa cum se spune în *Culegerea enunțurilor chibzuite*:

"Cine este sigur că va trăi până mâine?
Momentul să fiți pregătiți este acum,
Fiindcă mesagerii Domnului morții
Sunt ei prietenii voștri?"

Nagarjuna spunea, de asemenea:

*"Viața pâlpâie în vârtejul a mii de maladii,
Mai fragilă ca un bob de spumă într-un pârâu.
În somn, fiecare respirație vine și pleacă.
Ce uimitor e că ne trezim vii!"*

Deși știm că vom muri într-o zi, în general nu vorbim despre moarte și rareori reflectăm asupra ei. Planificăm continuu viitorul, ne facem griji cu privire la el și acționăm ca și când vom trăi veșnic. Muncim din greu pentru o viață mai fericită și deodată ne confruntăm brusc cu realitatea morții. În acel moment nimic nu ne mai poate ajuta. Puterea, bogăția, inteligența, frumusețea sau sănătatea, toate vor fi inutile. Când forța vieții karmice a expirat, nici armata cea mai puternică din lume nu ne poate proteja și nici măcar Buddha al Medicinei sau orice alt zeu nu ne vor putea amâna moartea, chiar dacă ar fi să apară în persoană. Odată ce se produce moartea, pielea începe să se ofilească, ochii se dau peste cap, capul și membrele noastre devin moi și, sub controlul karmei noastre, suntem măturați rapid spre următoarea noastră renaștere.

3. Nepermanența marilor conducători

Există zei și înțelepți care pot trăi chiar un eon, dar în cele din urmă și ei trebuie să experimenteze moartea. Nici aceia care domnesc peste ființe, precum Brahma, Indra, Vishnu, Ishvara și alți zei măreți, nu sunt dincolo de karma și de atingerea morții. De-a lungul istoriei au existat mulți împărați puternici și conducători influenți, cum au fost Iulius Cezar, Alexandru cel Mare, Genghis Han și Napoleon. Ei au realizat lucruri mari, au obținut o faimă imensă, o avuție materială incredibilă, dar, în cele din urmă, au cedat morții la fel ca toate celelalte ființe și nici unul a putut să ia realizările sale lumești sau puterea cu el mai departe.

Istoria Tibetului este un exemplu perfect de nepermanență. Tibetul are un trecut de mii de ani, plin de culoare, îndeosebi în vremea regelui Nyatri Tsenpo, considerat o emanație a unui măreț Bodhisattva. Patruzeci și patru de regi au domnit, reprezentând diverse dinastii, toate cu politici diferite. Au fost timpuri când Tibetul domnea peste mai multe țări vecine, cum ar fi China, Mongolia sau unele părți din India și Burma dar, conform naturii lor inevitabil schimbătoare și a nepermanenței, aceste vremuri glorioase sunt doar o amintire și, în prezent, poporul tibetan se luptă cu pierderea libertății politice și chiar a propriei sale identități culturale. Fosta glorie a Tibetului pare un vis pentru cei mai mulți tibetani, acum că situația este complet inversată. Acest șablon s-a repetat de nenumărate ori în istoria lumii.

Contemplarea asupra unor asemenea chestiuni ne ajută să înțelegem inutilitatea de a ne agăța de ceva, crezându-l permanent sau neschimbător. Cu cât ne atașăm mai mult de aspectele lumești precum bunurile materiale, relațiile și statutul social, cu atât mai mult vom cunoaște mâhnirea și pierderea dureroasă.

4. Nepermanența ființelor iluminate

Tot ceea ce rămâne din ființele sfinte ale marilor tradiții spirituale ale lumii, cum ar fi Iisus Hristos, Avraam, Mahomed și Krishna sunt poveștile lor. În actualul eon au apărut deja patru Buddha, fiecare dintre ei având un mare număr de discipoli shravaka și arhați, ființe care au realizat eliberarea din existența ciclică. În zilele noastre mai avem doar ceea ce a rămas din învățăturile lui Buddha Shakyamuni, cel mai recent Buddha.

În India, aceste cuvinte ale lui Buddha Shakyamuni au fost compilate de cinci sute de arhați. De atunci au fost mulți practicanți de seamă, precum *Cei doi supremi* (Nagarjuna și Asanga), *Cele șase ornamente, cei optzeci de Mahasiddha* și mulți alții. Ei stăpâneau toate elementele căii și toate nivelurile posibile de realizare, atingând clarviziune nelimitată și puteri miraculoase. Cu toate acestea, tot ce rămâne acum din ei sunt legendele despre felul în care au trăit. În Tibet au existat, de asemenea, mulți practicanți excepționali, precum marele Padmasambhava și Panchen Mahasiddha Dawa Gonpo, care au obținut toate calitățile iluminate extraordinare și toate puterile miraculoase. Toate liniile de descendență budiste tibetane au înflorit și roata Dharmei Kalachakra a fost întoarsă pentru a matura și a elibera toate ființele.

Peste tot în lume au existat ființe care au obținut puteri miraculoase, dar în cele din urmă toate au ales să demonstreze că nimic nu este permanent și astăzi mai avem doar poveștile care amintesc de realizările lor. Dacă tot ceea ce rămâne din marile ființe sunt legendele despre felul în care au trăit, cum putem noi, purtați de vântul acțiunilor noastre negative, spera să realizăm libertatea de durată? Ținând minte asta, ar trebui să contemplăm natura noastră nepermanentă.

Exercițiul 9.2—Nepermanența ființelor simțitoare

- Într-o poziție relaxată, stabilizați-vă o minte neutră prin practica atenției conștiente pe respirație.

- Amintiți-vă de cineva cunoscut care a murit în timpul vieții voastre. Acum gândiți-vă la toți cei care au murit și pe care nu i-ați cunoscut. Reflectați asupra numărului mare de oameni care mor în fiecare zi.

- Extindeți apoi analiza pentru a include toate animalele. Luați în considerare pe cele care mor din cauze naturale, cele ucise de alții și pe cele care își pierd viața accidental.

- Gândiți-vă apoi la istorie și alegeți cele mai faimoase persoane la care vă puteți gândi. Unde sunt acum? Cunoașteți pe cineva care a scăpat de moarte? Luați în considerare și pe cele care aveau o mare putere politică sau pe cele care erau bogate. A fost în stare vreuna dintre ele să evite moartea?

- Gândiți-vă la toți marii înțelepți ai lumii. Ce a rămas astăzi din ei? Luați în considerare toți sfinții ce au venit după ei. A supraviețuit vreunul?

- Recunoscând faptul că toate ființele simțitoare vor muri la un moment dat, lăsați conștiința să se odihnească în această certitudine.

5. Alte exemple de nepermanență

Cele patru anotimpuri sunt o lecție continuă de nepermanență, la fel și apariția și declinul guvernelor și liderilor. Procesul de îmbătrânire ne oferă și el dovezi ale trecerii constante a timpului. Dintre toți membrii familiei noastre care trăiau în urmă cu o sută de ani, îndeplinindu-și toate angajamentele profesionale sau familiale, cine mai este acum în viață? Toate relațiile noastre umane sunt subiect al schimbării. Iubiții vin și pleacă, prietenii vechi se îndepărtează de-a lungul anilor, se leagă noi prietenii. Chiar dacă avem o căsnicie fericită și se pare că vom fi împreună pentru totdeauna, în cele din urmă unul din parteneri va muri și, prin urmare, suntem tot la mila efemerității. Prin urmare, nimic nu e garantat.

Într-o sută de ani, ce va rămâne din așa numiții oameni celebri din timpul nostru? Acești oameni par a avea tot ceea ce este râvnit de către mase. Oamenii doresc să fie ca ei și să posede ceea ce au ei, dar într-o sută de ani toți vor fi murit cu siguranță și unde vor fi atunci? Poate că, dacă au comis mai multe acțiuni negative, ar putea rătăci în tărâmurile infernurilor sau dacă au avut un mare atașament față de bunurile materiale pot renaște ca pasări care își fac cuibul sub streașina casei unui om bogat.

Pentru a înțelege mai profund vastul tablou al nepermanenței, e suficient să contemplăm ciclurile creșterii și decăderii sau fluxul și refluxul vieții peste milenii. Conform perspectivei budiste, în trecutul îndepărtat, la începutul acestui eon, oamenii se bazau complet pe lumina propriei lor naturi intrinseci. Nu erau necesare corpuri cerești externe, cum ar fi soarele sau luna, pentru a conferi lumină și căldură acestor ființe. Se puteau deplasa în voie prin timp și spațiu și erau de șase ori mai înalți decât media oamenilor din ziua de azi.

Aceste ființe prosperau într-o ambianță de pace, compasiune și mulțumire și trăiau precum însăși zeii, hrănindu-se cu ambrozie cerească. Din cauza naturii nepermanenței, lipsa de armonie a apărut printre ei și au căzut victimă erorilor de gândire și a altor emoții negative. Treptat, au decăzut în ființele umane imperfecte de azi.

În scripturile budiste se spune că acest ciclu de degenerare va continua, iar după câteva mii de ani, Dharma va înceta să existe și mulți oameni vor muri datorită războaielor sau epidemiilor. În acel moment, oamenii rămași vor fi înalți cam de un metru și vor avea o durată de viață de numai zece ani. O emanație a lui Buddha Maitreya va apărea și va ghida supraviețuitorii pentru a-i îndepărta de comportamentele nefavorabile iluminării. Datorită binecuvântărilor și îndrumării lui Buddha Maitreya, ființele umane vor începe să se îndrepte. Treptat le va crește durata de viață de la zece ani de la douăzeci de ani și așa mai departe, până când vor ajunge la optzeci de mii de ani. Stăpânul Maitreya va apărea apoi în carne și oase, manifestându-se ca un Buddha și va învârti roata Dharmei.

După optsprezece astfel de cicluri de creștere și declin, Buddha al Infinitei Aspirații va apărea și va trăi atât timp cât toți ceilalți mii de Buddha ai acestui eon la un loc. În cele din urmă, chiar și acest eon va sfârși prin distrugere. Nimic, prin urmare, nu este dincolo de nepermanență.

6. Moartea

Contemplarea asupra temelor anterioare ne ajută să dezvoltăm o înțelegere generală asupra nepermanenței inerente a tuturor aspectelor vieții noastre. Cu toate acestea, cei mai mulți oameni se cramponează de ideea că, într-un fel, ei vor fi excepția de la regulă. Ne trezim dimineața așteptându-ne să supraviețuim zilei. Ne facem planuri complexe pentru viitor sperând să ne bucurăm de ele. Pentru a depăși această agățare adânc înrădăcinată în ideea propriei noastre permanențe, trebuie să medităm în mod special asupra realității propriei morți.

Certitudinea morții

Există foarte puține lucruri care sunt sigure în viață, cu excepția morții. Nimic, nici ființe vii sau lucrurile neînsuflețite, nu poate scăpa de faptul că tot ceea ce ia naștere în cele din urmă va înceta. Nu există nimic în întregul univers care poate fi numit entitate cu adevărat permanentă. Totul se schimbă.

Acest corp prețios pe care îl hrănim, îl îmbrăcăm și îl îngrijim se va degrada și va fi lăsat în urmă în momentul morții. Doar mintea va trece prin etapele intermediare de după moarte. Nu va avea nici un însoțitorilor atunci, întrucât toate relațiile noastre vor fi fost lăsate deoparte. Singurul nostru refugiu vor fi tendințele acumulate, pe care le-am colectat prin intermediul intențiilor altruiste sau a celor centrate pe sine. Doar ele călătoresc cu noi oriunde mergem.

Viețile noastre sunt pline de un flux nesfârșit de suișuri și de coborâșuri și nici o situație nu este imună la ravagiile timpului. Sunt atât de multe lucruri pe care nu le putem controla. Prin urmare, încurajați-vă dorința de a slăbi atașamentul și cultivați în schimb bunătatea iubitoare și alte calități bune. Acestea vă vor atrage în mod natural atenția spre Dharma. Dacă aspirați cu sinceritate spre iluminare, va trebui să meditați la adevărata natură a nepermanenței, astfel încât devotamentul vostru de a avea realizări lumești să se poată transforma în devotamentul față de profesorii voștri și față de învățăturile care vă vor elibera.

Cu certitudinea morții privind peste umărul vostru, vom profita de orice ocazie pentru a ne îndeplini obiectivul cel mai înalt atâta timp cât mai avem această viață umană rară și prețioasă. E foarte posibil ca la bătrânețe să nu mai avem facultățile care ne dau puterea și dorința de eliberare. Prin urmare, nu amânați! Totul se poate schimba, deci trebuie să luăm în considerare consecințele întârzierii angajamentului pe o cale care duce la beneficiul final atât pentru noi cât și pentru alții. Acum e șansa voastră de a practica Dharma și de a vă descoperi adevărul sacru!

Exercițiul 9.3—Nimic nu durează o veșnicie

- *Într-o poziție relaxată, stabilizați-vă o minte neutră prin practica atenției conștiente pe respirație.*

- *Privind înapoi în timp, identificați persoanele ce v-au fost apropiate în diferite etape ale vieții. Câte dintre ele mai sunt prezente? Gândiți-vă la prietenii din copilărie, la colegii și la relațiile voastre romantice. Examinați modul în care fiecare dintre aceste relații s-a schimbat în timp.*

- *Acum luați în considerare ce fel de persoană ați fost în diverse etape ale vieții. Gândiți-vă la lucrurile care vă interesau atunci. Cum au evoluat în timp preferințele voastre? Ce activități vă plăceau mai demult, iar acum nu vă mai interesează? Dacă ați compara persoana care erați atunci cu cea care sunteți acum, cât de asemănătoare ar fi ele?*

- *Gândiți-vă la schimbările din corpul vostru. Amintiți-vă cum arătați și ce ați simțit în diferite etape. Cum simțiți diferențele la nivel fizic? Ce parte din corpul vostru anterior mai este încă prezentă în cel de acum?*

- *Ce vă face diferiți de alții? Vă puteți gândi la vreun motiv bun ca să nu muriți? Recunoscând faptul că sunteți la fel de efemer ca oricine altcineva, relaxați-vă în certitudinea că mai devreme sau mai târziu viața vi se va sfârși.*

Incertitudinea momentului morții

Fiind născuți, e sigur că vom muri și, cu fiecare moment de după naștere, ne apropiem de moarte. Nu suntem siguri niciodată de timpul sau de locul în care va sosi moartea și nici nu știm cauza. Există puține lucruri în această lume care favorizează viața și multe care o amenință. După cum subliniază maestrul Aryadeva:

> *"Cauzele morții sunt numeroase,*
> *Cauzele vieții sunt doar câteva*
> *Și chiar și ele pot deveni cauze ale morții."*

Există nenumărate circumstanțe care pot duce la moartea noastră, cum ar fi accidente rutiere, atacuri de cord, incendii sau inundații. Chiar și lucrurile care în mod normal sunt benefice, cum ar fi alimentele sau medicamentele, ne pot ucide. Ne putem îneca cu mâncare sau putem avea o reacție alergică la un anumit medicament, care să ne oprească respirația. În mod similar, dorința de faimă, bogăție și onoare pot conduce la dispute sau chiar războaie, ceea ce ar provoca moartea multor oameni.

Nu suntem siguri niciodată când vreuna dintre aceste cauze ne va omorî. Unii mor în pântecele mamei lor sau la naștere, în timp ce alții se nasc în sărăcie și mor tineri, fără să poată obține asistența medicală de care au nevoie. Mulți oameni mor dintr-o dată în timp ce mănâncă, vorbesc, muncesc sau călătoresc, în timp ce alții îndură un proces lung și dureros, murind bătrâni și decrepiți. Unii chiar se sinucid, aduși în pragul disperării de circumstanțele vieții lor. Având în vedere această mare incertitudine, nu există absolut nicio garanție că moartea nu ne va lovi dintr-o dată. Este foarte posibil că mâine să ne trezim în corpul unei fantome înfometate sau al unui animal. Moartea e imprevizibilă și poate lovi oricând.

Exercițiul 9.4—Să trăim fiecare zi ca și cum ar fi ultima

- *Într-o poziție relaxată, stabilizați-vă o minte neutră prin practica atenției conștiente pe respirație.*

- *Din moment ce fiecare viață este proiectată printr-o singură karma, toți avem o durată de viață maximală. Mai devreme sau mai târziu, energia care susține această viață va fi consumată. Asta înseamnă că ne apropiem de moarte cu fiecare secundă. Gândiți-vă la timpul necesar pentru diversele activități din rutina zilnică. Pe măsură ce efectuați aceste acțiuni vă apropiați de moarte. Precum o săgeată ce zboară din arc, sfârșitul se apropie cu repeziciune. Realizați scurgerea incontrolabilă a timpului.*

- *Acum luați în considerare multiplele feluri în care mor oamenii. Cât de vătămat trebuie să fie corpul pentru a nu mai funcționa? Ce lucruri îi pot provoca astfel de stricăciuni? Gândiți-vă la numeroasele lucruri din jur și la felul în care toate pot deveni condiții pentru moartea voastră.*

- *Analizați lucrurile pe care ne bazăm ca să ne protejăm corpurile. Poate oricare dintre aceste lucruri să fie folosit ca să ne omoare? De exemplu, mâncarea e în mod normal necesară pentru susținerea corpului dar, în cazul în care rămâne blocată în trahee, putem muri sufocați. Identificați și alte exemple.*

- *Acum, ce garanții avem că nu vom muri în următoarele douăzeci și patru de ore? Știți ce se va întâmpla în viitor? Dacă sunteți înconjurați de lucruri care vă pot omorî, ce vă face atât de siguri că nu se va întâmpla asta? Gândiți-vă la toate persoanele care au murit în mod neașteptat din cauza unor accidente sau datorită altor evenimente neprevăzute.*

- *Recunoscând că moartea este iminentă și se poate întâmpla în orice moment, dezvoltați hotărârea de a nu pierde o singură secundă din timpul prețios care v-a rămas. Lăsați mintea să se odihnească în această concluzie.*

7. Recunoașterea constantă a nepermanenței

A șaptea și ultima contemplare asupra nepermanenței grosiere ia în considerare beneficiul meditației „într-un singur punct" asupra morții în orice moment și în orice împrejurare. Fie că suntem întinși în pat, mergem la locul de muncă sau ne bucurăm de o cafea cu prietenii noștri, nu putem fi siguri că nu vom muri în acel moment. Pentru a păstra recunoașterea permanentă a posibilității morții noastre trebuie să fim precum călugării Geshe Kadampa care erau în orice moment conștienți de moarte. Seara ei își întorceau bolurile cu gura în jos și lăsau tăciunii descoperiți știind că a doua zi poate nu va fi nevoie să aprindă un foc sau să gătească ceva.

Concentrarea asupra incertitudinii momentului morții ne poate induce necesitatea urgenței în practicarea Dharmei autentice. Acest lucru ne poate îmboldi să contemplăm efemeritatea activităților lumești și nepermanența corpului și a minții noastre, intensificând conștientizarea prețiozității fiecărui moment.

Stimulați de gândul nepermanenței, putem încerca să vedem fiecare situație întâlnită cu modestie, recunoștință și percepție pură. Acest lucru ne va ajuta să dezvoltăm concentrarea profundă și ne va hrăni stările de atenție conștientă și conștientizare care pot fi prezente chiar și în timpul somnului, ferindu-ne de coșmarurile cauzate de ignoranță.

Amintiți-vă că și cei dragi, prietenii și familia sunt efemeri și cultivați dorința de eliberare, retrăgându-vă într-un loc izolat. Numele și faima sunt trecătoare, deci cultivați mereu smerenia. Vorbirea este trecătoare, deci dezvoltați motivația de a spune rugăciuni și mantre. Ideile și gândurile sunt efemere, la fel ca și credința și dorința de eliberare, deci munciți să dezvoltați o natură bună și faceți legăminte de nestrămutat.

Uneori, oamenii se mândresc cu experiențele lor meditative, dar și acestea sunt temporare. Practicați cu stăruință până când totul se dizolvă în adevărata natură a realității. În acel moment, ciclul morții și al renașterii va înceta și vom fi complet pregătiți pentru moarte. De fapt, chiar o vom aștepta cu nerăbdare, ca pe o incredibilă oportunitate pentru eliberare. Meditați „într-un singur punct" asupra morții și nepermanenței până când veți ajunge la această etapă și toată frica de moarte va fi depășită.

După cum cânta marele sfânt tibetan Milarepa:

"Temându-mă de moarte, m-am retras în munți,
Am meditat intens asupra incertitudinii momentului morții,
Și descoperind fortăreața neschimbătoare și fără de moarte a naturii minții,
Acum am trecut dincolo de orice teamă de moarte!"

Pentru un practicant al Buddha-Dharmei, dintre toate subiectele de meditație, concentrarea pe nepermanență este cea mai importantă. Așa cum a spus stăpânul Buddha:

"Să meditați stăruitor asupra nepermanenței înseamnă să aduceți ofrande tuturor Buddha.
Să meditați stăruitor asupra nepermanenței înseamnă să fiți salvați de suferință de către toți Buddha.
Să meditați stăruitor asupra nepermanenței înseamnă să fiți călăuziți de către toți Buddha.
Să meditați stăruitor asupra nepermanenței înseamnă să fiți binecuvântați de către toți Buddha."

Padampa Sangye explică modul în care această contemplație este esențială în fiecare etapă a căii spirituale:

"La început, să fiți convinși pe deplin de nepermanență, vă face să urmați Dharma,
Pe parcurs, vă stimulează sârguința,
În final, vă duce la strălucitorul Dharmakāya."

Avem multe lucruri de câștigat în viețile noastre obișnuite din contemplarea profundă asupra nepermanenței și din păstrarea mesajului ei în inima noastră. De asemenea, e important să înțelegem că, fără o convingere sinceră în natura nepermanentă a tuturor lucrurilor, nu vom pătrunde adevăratul sens al Dharmei, iar meditația asupra nepermanenței este ușa care deschide calea spre toată practica Dharmei.

Ar trebui să fim precum Geshe Kharak Gomchung, care a mers să mediteze în munții Jomo Kharak în provincia Tsang:

În fața peșterii sale era un tufiș spinos, care i se tot agăța de veșminte. La început, Geshe Gomchung s-a întrebat dacă ar trebui să-l taie. El s-a gândit și și-a zis: "La urma urmei, aș putea muri în această peșteră. Nu pot spune cu adevărat că voi mai ieși vreodată viu. Este mai important să îmi continui practica." Când a ieșit, a avut aceeași problemă cu spinii. De data aceasta, s-a gândit "Nu sunt sigur că mă voi întoarce vreodată înăuntru". Și așa au trecut mulți ani, până când a devenit un maestru desăvârșit. Când a părăsit peștera, tufișul era încă netăiat.

Exercițiul 9.5—Pregătirea bagajelor

- Într-o poziție relaxată, stabilizați-vă o minte neutră prin practica atenției conștiente pe respirație.

- Imaginați-vă că vă aflați pe patul de moarte. Ca să vă pregătiți pentru momentul final al vieții, analizați natura acestei tranziții. Începeți întrebându-vă ce se va întâmpla cu bunurile voastre fizice? Puteți să luați oricare dintre acestea cu voi? Ce beneficii veți obține de la ele după ce ați murit? Cum ar putea atașamentul față de aceste lucruri să vă afecteze următoarea renaștere?

- Acum gândiți-vă ce se va întâmpla cu relațiile voastre. Poate cineva din familie sau prietenii să vină cu voi în această călătorie? Din nou, ce efecte poate avea pentru mintea voastră atașamentul față de aceste relații?

- Acum gândiți-vă la conștiința fundament pe care o aveți. Gândiți-vă la toate diferitele înclinațiile karmice pe care le-ați creat atât în această viață cât și în toate viețile trecute. Vor dispărea pur și simplu aceste predispoziții după moarte? Dacă vă gândiți că da, ce le-ar face să dispară? Dacă nu, atunci cum vă vor afecta ele mintea după moarte?

- Recunoașteți că singurul lucru care continuă după moarte este fluxul mental continuu și condiționarea sa karmică. Cel mai important lucru de făcut în această viață este să ne asigurăm că vom genera cât mai mult posibil înclinații pozitive. Din acest motiv, dezvoltați hotărârea de a nu ceda în fața lenei și practicați Dharma cât mai mult posibil. Lăsați mintea să se odihnească în această decizie.

RECAPITULAREA PUNCTELOR CHEIE

- Reflectarea asupra morții și nepermanenței este cel mai bun mod de a contracara lenea și de a urgenta practica.

- Există două forme de nepermanență: grosieră și subtilă. Nepermanența grosieră include modificările evidente, vizibile pentru simțurile noastre, în timp ce nepermanență subtilă se referă la fluxul continuu al schimbărilor care apar dintr-un moment în altul.

- Lumea exterioară este pătrunsă de nepermanență, alimentată de interacțiunea reciprocă dintre mințile ființelor simțitoare și mediile fizice în care trăiesc. Universul are o natură ciclică, ce evoluează într-un proces nesfârșit de creștere și decădere.

- Moartea este o parte naturală a tuturor fenomenelor condiționate. Deoarece forma unei ființe simțitoare este condiționată de karma, în cele din urmă ea va muri. Orice persoană care se naște în această lume va muri la un moment dat. Nu contează cât de puternic sau faimos ești. Chiar și ființele iluminate manifestă moartea.

- Există două realizări pe care trebuie să le dezvoltați în ceea ce privește propria efemeritate. În primul rând, în mod cert veți muri și în al doilea rând, nu aveți nici o idee când se va întâmpla asta.

- Amintindu-vă constant de moarte, puteți fi siguri că nu vă pierdeți timpul cu chestiuni triviale. Acest lucru vă ține mintea concentrată pe Dharma.

Un călugăr singuratic mergând prin pădure.

PARTEA A TREIA

Dezvoltând credința într-o cale

CAPITOLUL ZECE

Alegerea unei căi spirituale

Cele patru convingeri pentru renunțare sunt special concepute pentru a ne ajuta să ne întoarcem mintea către practica Dharmei. Ele subliniază caracteristicile situației noastre actuale și ne arată căile prin care mintea ne perpetuează propria suferință. Pe baza acestui fapt suntem capabili să vedem că avem și alte opțiuni și că nu trebuie să urmăm orbește tiparele de gândire obișnuite. Cele patru convingeri ne arată că putem alege. Putem alege să continuăm în același fel sau putem alege schimbarea. Totul depinde de noi.

Hotărârea de a porni într-o călătorie spirituală este un prim pas important. Aceasta poate funcționa ca o busolă, orientându-ne mintea și ghidându-ne spre obiectiv. Din păcate, simpla cunoaștere a direcției de urmat nu este de ajuns. În cele din urmă, trebuie sa urmăm niște pași efectivi și aici o cale spirituală este vitală.

După cum am văzut, există multe tipuri de Dharma. Unele ne pot ajuta să obținem un succes mai mare în această viață, altele pot să aducă armonie mai mare în relații. Unele pot reduce stări mentale perturbate, unele pot să străpungă ignoranța și altele pot să dezvăluie adevărata voastră natură. Deși am putea ști că vrem să practicăm Dharma, este posibil să nu fie întotdeauna clar ce Dharma să alegem pentru practică și în ce ordine.

Pentru a elimina această nesiguranța, trebuie să ne bazăm pe hărțile care ne-au fost lăsate de către marii înțelepți ai lumii noastre. Aceste hărți încorporează înțelepciunea atemporală în căi definite în mod specific, care pot fi folosite de fiecare dintre noi pentru a face tranziția de la o viață plină de nemulțumire la o viață plină de fericire autentică. Ele sunt cheile pentru a aduce o transformare semnificativă în viața noastră.

TIPURI DE CĂI

Trebuie să ne întrebăm "sunt toate căile la fel?" Răspunsul este "nu". Întrucât fiecare cale a apărut din alăturarea unor cauze și condiții specifice, atunci forma pe care au luat-o este în mod evident diferită. Următoarele sunt doar câteva modalități prin care putem face diferențierea între diversele căi.

Căi bazate pe scop

Scopul unei căi se referă la rezultatele potențiale pe care această cale este capabilă să le producă. Vă puteți gândi la el ca reprezentând capacitatea maximă a căii. Unele căi sunt, prin natura lor, mai limitate decât altele, datorită tipurilor de fenomene asupra cărora se focalizează. Atunci când analizăm scopul, putem identifica două mari categorii de căi:

1. **Căi lumești:** O cale lumească este o cale care se concentrează pe aplicarea înțelepciunii convenționale pentru a produce rezultate care să transforme nivelul grosier de experiență. Un exemplu de astfel de cale sunt studiile universitare. Când pornim pe o astfel de cale, ne lipsesc anumite cunoștințe. Până la sfârșitul ei, am dezvoltat cunoștințele și abilitățile care ne permit să funcționăm ca un profesionist, indiferent de domeniul studiat. Deși acest tip de cale nu este de natură să vă aducă fericirea autentică de durată, ea vă poate ajuta să creați condițiile pentru fericirea temporară lumească. Din păcate, întrucât această cunoaștere are o natură superficială, ea este folositoare doar în timpul acestei vieți și va fi pierdută, în mare parte, în timpul procesului de disoluție desfășurat între această viață și următoarea.

2. **Căi spirituale:** O cale spirituală este o cale axată pe dezvoltarea înțelepciunii în ceea ce privește natura realității. Prin această înțelepciune suntem capabili să ne purificăm mintea și, prin urmare, să creăm condițiile pentru apariția experimentării fericirii autentice. Gradul în care mintea este purificată va depinde de calea folosită. Deoarece aceste căi operează prin aducerea practicantului mai aproape de realitate așa cum este ea, ele sunt capabile să producă un grad de transformare mai profund decât o cale lumească. Schimbările pe care le generează sunt, de regulă, de mai lungă durată, luând în considerare continuarea experienței și după momentul morții.

Întrucât scopul nostru aici este să experimentăm fericirea autentică, de acum înainte mă voi concentra în primul rând pe căile spirituale. Acestea fiind spuse, fiți conștienți de faptul că, în același timp, căile lumești pot fi foarte utile pentru crearea condițiilor care sprijină practicarea unei căi spirituale și, prin urmare, nu trebuie ignorate complet. În schimb, trebuie doar să le recunoaștem limitările și să ne concentrăm atenția asupra acelor căi capabile să furnizeze rezultatele pe care le căutăm.

Căi bazate pe motivație

Din categoria căilor spirituale, putem distinge mai multe tipuri, bazate pe motivații diferite, urmate de practicanți diferiți. Aceste motivații acționează prin a restrânge și mai mult potențialul unei căi de a produce anumite rezultate în mintea unui individ. În general, putem identifica trei tipuri de motivații spirituale:

1. **Aspirația de îmbunătățire a condițiilor vieții următoare:** Această motivație este concentrată pe viața care urmează imediat după moarte. Căile bazate pe această motivație tind să accentueze implicarea în activități virtuoase, care vor crea cauzele pentru renașterea într-un tărâm ceresc.

2. **Aspirația de a îndepărta cauzele suferinței individuale:** Această motivație urmărește să atingă ceea ce este cunoscut sub numele de eliberarea din existența ciclică. Căile proiectate în jurul acestei motivații vor accentua, în general, cultivarea unei înțelepciuni care elimină cauzele suferinței. Căi diferite vor defini înțelesul eliberării în moduri diferite, ceea ce conduce la variații ale metodelor utilizate pentru atingerea acelei stări.

3. **Aspirația de a îndepărta atât cauzele suferinței individuale, cât și pe cele ale suferinței colective:** Această motivație finală nu numai că urmărește eliminarea suferinței proprii, dar, de asemenea, dorește să pună capăt suferinței tuturor celorlalte ființe din existența ciclică. Acest tip de aspirație altruistă este extrem de rară, iar căile care o promovează sunt, de asemenea, rare. Ele se bazează pe o înțelegere profundă a naturii interdependente a realității noastre și sunt alimentate de compasiunea față de ființele simțitoare. Aceste tipuri de căi pot fi considerate căi spre iluminare.

Dintr-o perspectivă budistă, prima motivație este cea mai limitată, iar a treia este cea mai extinsă. Din fericire, motivațiile nu sunt fixe și, prin urmare, ele se pot modifica în timp. În timp ce un practicant poate în prezent să meargă doar până la un mod anume de gândire, el poate să-și dezvolte în continuare fundația ce îi va permite să adopte ulterior o motivație mai cuprinzătoare, care, la rândul său, îi va oferi posibilitatea să realizeze și mai mult din potențialul său. În acest fel, putem constata că, pe parcursul vieții, ne putem implica în mai multe căi ce îndeplinesc nevoile noastre specifice, în conformitate cu nivelul spiritual al momentului.

Scop	Motivație	Exemple
Lumesc	Beneficii pentru această viață	• Diplome universitare • Calificare profesională
Spiritual	Beneficii pentru viața următoare	• Sisteme de credință extrinseci (precum hinduism, iudaism, creștinism, islam)
	Eliberarea individuală	• Sisteme de credință intrinseci (precum jainism, budism, taoism)
	Iluminarea	

Tabelul 10-1: Motivații pentru diferite tipuri de căi.

Căi bazate pe autenticitate

În timp ce scopul limitează potențialul maxim al unei căi și motivația limitează potențialul unui practicant, ele nu arată de fapt capacitatea căii de a realiza acest potențial. Motivul pentru care alegem o cale spirituală este ajutorul pe care ni-l aduce în obținerea cât mai eficientă a înțelepciunii. Dacă o cale nu poate face acest lucru, nu avem nici un motiv să o urmăm. Prin urmare, dacă analizăm eficacitatea unei căi, putem identifica două categorii:

1. **Căi autentice:** O cale autentică reprezintă orice colecție de cunoștințe care a apărut din înțelepciune și care se bazează pe metode ce dovedesc a fi cultivat acea înțelepciune. Ea este autentică prin faptul că are capacitatea de a produce în mod legitim rezultatele pe care pretinde că le poate produce.

2. **Căi corupte:** O cale coruptă reprezintă o colecție de cunoștințe care a apărut din ignoranță sau a fost distorsionată de ignoranță și, astfel, e capabilă să genereze doar mai multă ignoranță. Poate că la început aceste

căi au fost autentice însă de-a lungul timpului au apărut interpretări greșite, care au denaturat învățăturile și le-au limitat potențialul.

Poate fi destul de dificil să judecăm dacă o cale este autentică sau nu. Prin urmare, este important să ne folosim de înțelegerea percepției valide pentru a evalua autenticitatea unei căi. Așa cum ne amintim din al doilea capitol, există trei moduri prin care putem cunoaște ceva:

1. **Încrederea într-o autoritate:** În mod normal, ne începem călătoria spirituală bazându-ne pe autoritatea altor persoane (cum ar fi prieteni, familie sau o comunitate mai mare) care ne ajută, sugerându-ne diferite căi pe care le-am putea urma. Chiar dacă acest lucru poate fi suficient pentru a porni pe o cale, în cele din urmă trebuie să ne dezvoltăm propriile criterii pentru a-i evalua autenticitatea.

2. **Raționamentul logic:** La început putem face acest lucru prin studierea învățăturilor căii pe care ne gândim să o urmăm. Este important ca în această etapă să fim cât mai curioși posibil, în scopul de a testa calitățile căii. Chestionând în mod activ ceea ce ni se spune, putem dezvolta o mai mare claritate în legătură cu capacitatea căii de a produce rezultatele dorite. În cazul în care calea este autentică, ea rezistă la analiză, deoarece se bazează pe înțelepciunea care e în concordanță cu felul în care lucrurile există în realitate.

3. **Percepția directă:** Pe baza analizei conceptuale a căii, s-ar putea să considerați că aveți suficientă încredere în ea pentru a face măcar o încercare. S-ar putea să nu fiți convinși pe deplin, dar cel puțin îi recunoașteți potențialul de a aduce beneficii. Punând în practică metodele căii, începeți de fapt să experimentați învățăturile și, pe baza acestei experiențe, puteți stabili dacă învățăturile sunt autentice sau nu.

Exercițiul 10.1—Identificarea unei căi spirituale autentice

- *Într-o poziție relaxată, stabilizați-vă o minte neutră prin practica atenției conștiente pe respirație.*

- *Începeți mai întâi prin a face diferența între căile lumești și cele spirituale. Gândiți-vă la câteva exemple de cunoștințe sau aptitudini pe care le considerați utile în această viață. Acum luați în considerare diferitele moduri în care oamenii pot să dobândească aceste cunoștințe sau să învețe aceste abilități. Acestea sunt căi lumești.*

- *Luați în considerare, de asemenea, tipul de cunoaștere care este necesară pentru a transcende suferința. La ce căi vă puteți gândi pentru a face asta? Cum le deosebiți de căile lumești? Ce calități au ele față de o cale lumească? Acestea sunt căi spirituale.*

- *Acum analizați unele dintre căile spirituale pe care le cunoașteți. Care este motivația principală aflată în spatele acestor căi? Ce scopuri au practicanții acestor căi? Ce fel de rezultate se așteaptă ei să realizeze? Alegeți câteva exemple și vedeți dacă le puteți lega de vreunul dintre cele trei tipuri de motivație. Vă puteți gândi la diferite motivații pe care practicanții aceleiași căi le pot avea? Identificați câteva exemple.*

- *Folosind căile spirituale identificate deja, gândiți-vă la modurile în care acestea pot fi autentice sau deviate. Încercați să faceți distincția între mesajul esențial al căii și modurile distorsionate în care calea poate fi înțeleasă. Recunoașteți diferitele efecte produse de aceste deformări.*

După ce am dezvoltat capacitatea de a identifica dacă o cale este sau nu autentică, ne confruntăm acum cu o nouă provocare. Dintre toate căile spirituale autentice disponibile în această lume, care va fi cea mai potrivită pentru nevoile voastre specifice? Pentru a răspunde la această întrebare, va trebui să învățați cum să evaluați o gamă largă de credințe, în scopul de a identifica potrivirea generală a unei anume căi.

Acest proces se va baza pe capacitatea voastră de a recunoaște beneficiile pe care o diversitate de credințe vi le pot oferi. Prin prezentarea mai multor perspective, sunteți în stare să obțineți o paletă foarte largă de opțiuni disponibile. Puteți apoi compara aceste opțiuni și înțelege felul în care funcționează diferitele abordări și pe ce pun ele accentul.

Pe măsură ce faceți acest lucru, unele idei pot într-adevăr să iasă în evidență. Puteți simți că va stârnesc interesul și că vă doriți să știți mai multe.

Acesta este un semn bun, care ar putea indica faptul că aveți karma legată de o anumită cale. Bazându-vă pe puterea conexiunii intuitive, ați putea dezvolta un grad semnificativ de convingere referitor la dorința de a vă implica mai mult în această cale.

Prin angajarea într-o astfel de analiză, alegerea căii se va baza pe o combinație de intuiție și credință motivată, ceea ce va aduce o mai mare putere și hotărâre în practica voastră. Fără o asemenea încredere va fi greu să vă dedicați oricărei tradiții, fapt ce va conduce la o abordare de tip "puzzle", în care continuați sa săriți de la o cale la alta, fără a progresa niciodată prea mult în vreo direcție. Acest tip de abordare poate, de asemenea, să mărească posibilitatea ca deformările să se strecoare în practică, ceea ce poate reduce eficacitatea generală a căilor pe care le urmați.

STABILIREA UNEI FILOSOFII RIMÉ

În tibetană, folosim termenul "rimé" pentru a descrie o minte "lipsită de prejudecăți". Este o atitudine specifică, ce ajută oamenii să lucreze cu diversitatea într-un mod care le sprijină dezvoltarea personală și, în același timp, promovează o mai mare armonie cu cei care au opinii diferite. Putem numi această atitudine *filosofia Rimé*.

Atunci când începeți o călătorie spirituală, filosofia Rimé vă poate oferi o bază pentru alegerea unei căi. Apoi, pe măsură ce începeți să progresați pe această cale, ea vă poate ajuta să depășiți obstacolele, oferindu-vă modalități alternative de gândire cu privire la o anumită situație. Și, în sfârșit, atunci când atingeți stadii mai avansate, acesta vă oferă o flexibilitate mai mare a minții, care poate fi folosită pentru a va adapta la o varietate largă de situații și, prin urmare, vă ajută să aduceți beneficii mai mari celor din jurul vostru. În acest fel, filosofia Rimé este de ajutor pe tot parcursul călătoriei spirituale.

Putem împărți această atitudine în patru calități distincte, care se dezvoltă într-un proces gradual de-a lungul timpului. Pe măsură ce consolidați o calitate, creați în mod natural condițiile pentru ca următoarea calitate să apară. În acest fel, ne putem gândi la filosofia Rimé ca la o floare care începe dintr-o sămânță și, în cele din urmă, înflorește într-o minunată etalare de culoare.

Toleranța

Prima calitate pe care trebuie să o dezvoltăm este toleranța construită pe baza respectului reciproc. O minte lipsită de acest tip de toleranță este în mod deschis antagonistă față de oamenii care au opinii diferite. Este o minte care se agață foarte puternic de propriile convingeri și se simte amenințată de simpla prezență a altor puncte de vedere. Trebuie să slăbim această agățare pentru a fi în măsură să comunicăm într-un mod constructiv.

Dezvoltarea toleranței pentru un punct de vedere se bazează pe dezvoltarea respectului pentru o persoană. Respect înseamnă să fim capabili să ne conectăm în așa fel cu o persoană încât, chiar dacă nu suntem de acord cu punctul ei de vedere, îi putem aprecia dreptul de a avea acel punct de vedere. Cheia dezvoltării acestui tip de toleranță este de a separa valabilitatea unei idei de valabilitatea persoanei care susține ideea. În spatele fiecărei idei este o motivație, care este modelată de speranțe și de temeri. Dacă suntem capabili să identificăm această motivație de bază, vom vedea dorința persoanei de a fi fericită și de a evita suferința. În cele din urmă, cu toții dorim același lucru, dar avem doar diferite modalități de a-l căuta. Respectul reciproc poate crește prin înțelegerea acestei motivații comune care ne unește ca oameni. Dacă vă conectați cu această motivație principală, atunci veți stabili o bază de lucru pentru apariția dialogului.

Exercițiul 10.2—O bază pentru respect

- *Într-o poziție relaxată, stabilizați-vă o minte neutră prin practica atenției conștiente pe respirație.*

- *Gândiți-vă pentru un timp la opiniile cu care sunteți în puternic dezacord. Aduceți ideea în minte și observați orice aversiune ce apare. Dacă aversiunea este prea puternică pentru a lucra cu ea, căutați alte exemple.*

- *Când ați găsit un subiect, imaginați-vă o situație în care puteți întâlni o persoană care susține acest punct de vedere. Imaginați-vă că această persoană începe să vă vorbească despre ceea ce crede.*

- *Indiferent de reacția inițială, renunțați la ea un moment și gândiți-vă la ceea ce vă spune această persoană. Luați în considerare motivul pentru care ea ar putea avea un astfel de punct de vedere. Chiar dacă știți că e greșit, ce motive ar putea conduce pe cineva să creadă în acest fel? Continuați sa explorați motivația sa, întrebându-vă de ce, de ce, de ce? Încercați să reduceți motivația până la forma esențială.*

- *Și acum gândiți-vă, este aceasta o motivație pe care ați putea să o aveți și voi? Este ceva cu care puteți avea o legătură? Gândiți-vă la exemple din propria viață când ați acționat cu o motivație similară.*

- *După ce v-ați conectat cu această motivație mai profundă, puteți detecta o schimbare în modul în care percepeți această persoană? În cazul în care percepeți persoana într-un mod diferit, schimbă aceasta modul în care relaționați cu punctul de vedere în sine?*

- *Odihniți-vă în starea de înțelegere care apare.*

Receptivitatea

Toleranța face posibilă stabilirea unei legături fundamentale cu o altă persoană. Pe baza acestei conexiuni, puteți începe apoi să vă deschideți către posibilitatea de a comunica. Toate formele de comunicare implică transmiterea unor idei și recepționarea ideilor respective. În acest moment, obiectivul principal este să dobândim informații noi și, prin urmare, trebuie să cultivăm o receptivitate mai mare.

Ideea aflată în spatele receptivității este de a crea în minte spațiu pentru idei noi. Atâta timp cât mintea noastră este plină, ea nu va putea să primească nimic nou și nu vom putea învăța nimic. Din fericire, natura minții este infinită și, de aceea, are capacitatea de a se adapta cât de mult dorim. Noi ne limităm această capacitate doar datorită atașamentelor. Ne închidem mintea într-o cutie și o solidificăm, ceea ce ne îngreunează creșterea.

Pentru a contracara această tendință de a ne bloca, trebuie să cultivăm o minte plină de modestie și lipsită de atașamente. Modestia contracarează mândria, care ne spune că știm tot. Aceasta poate fi dezvoltată prin contemplarea unicității condițiilor care dau naștere unei situații anume. Când suntem capabili să recunoaștem potențialul de învățare oferit de o astfel de situație, devine mult mai ușor să ne deschidem spre ceea ce ne este comunicat.

Între timp, adoptarea unei minți fără atașamente reprezinta un antidot direct pentru o perspectivă îngustă și fixă. În general, această minte poate fi dezvoltată fie formal, prin meditația de conștientizare, fie informal, prin atenția conștientă asupra momentului prezent. Oricare ar fi calea aleasă, esența acestei practici este să îmbrățișăm capacitatea de a observa pur și simplu ceea ce se întâmplă, fără a ne lăsa purtați de judecăți excesive sau de alte gânduri discursive.

Exercițiul 10.3—Deschiderea către ceilalți

- *Într-o poziție relaxată, stabilizați-vă o minte neutră prin practica atenției conștiente pe respirație.*

- *Începeți prin identificarea unei persoane care are puncte de vedere diferite de ale voastre. Poate fi orice persoană față de care apare un anume nivel de aversiune doar la gândul ca vom discuta cu ea. Imaginați-vă că această persoană se apropie de voi pe stradă și începe o conversație. Observați cum v-ați simți. Detectați vreo barieră între voi? Vreo rezistență de a o asculta? Încercați să identificați această atitudine închisă.*

- *Acum aduceți conștientizarea momentului prezent în acest scenariu. Când întâlniți această persoană, concentrați-vă asupra a ceea ce se întâmplă aici și acum. Abandonați istoricul pe care îl aveți cu această persoană și pur și simplu observați ce se spune în acest moment. Similar, renunțați la orice așteptări despre ceea ce poate aduce conversația. Rămâneți în prezent, angajați și conștienți de ceea ce se întâmplă. Cum schimbă aceasta felul în care experimentați scenariul?*

- *Acum analizați ce apare în voi. Aici este o persoană. O persoană care are speranțe și vise unice. O persoană care are experiențe unice. Această persoană este unică. Nu există nimeni altcineva care să aibe aceeași perspectivă asupra vieții ca această persoană și, chiar acum, această persoană este aici, vorbind cu voi. În ce fel ați putea învăța ceva din această întâlnire? Gândiți-vă la potențial, nu numai în ceea ce privește informațiile concrete, dar, de asemenea, în termenii a cine sunteți ca persoană și a modului în care reacționați la lucruri diferite. Parcurgeți scenariul din nou și imaginați-vă diferite moduri în care ați putea scoate maximum din această situație.*

- *Odihniți-vă în starea de înțelegere care apare.*

Curiozitatea

Pe măsură ce începeți să vă deschideți din ce în ce mai mult lecțiilor pe care vi le oferă viața, veți fi influențați în mod natural de informațiile primite. Când în minte sunt introduse idei noi, ele trec printr-un proces de integrare în care mintea încearcă să reconcilieze semnificația acestor noi informații cu ideile deja existente.

În acest moment aveți de ales. Puteți alege să nu țineți seama de noile informații, caz în care nu veți progresa față de momentul de început sau puteți alege să căutați activ să înțelegeți implicațiile acestor noi informații, ceea ce vă va conduce spre o minte mai robustă și mai deschisă. Dacă alegeți varianta a doua, va trebui să vă dezvoltați calitatea numită curiozitate.

Curiozitatea înseamna o minte iscoditoare, care dorește să înțeleagă. Într-un fel, putem spune despre curiozitate că este o reacție la incertitudine. Când o astfel de minte vede două idei contradictorii, ea dorește să reconcilieze incertitudinea referitoare la care dintre cele două idei are mai mult sens. De aceea punem întrebări, iar când punem întrebări primim răspunsuri. Noile informații furnizate de aceste răspunsuri ne ajută să completăm lacunele din înțelegerea noastră, conducând la eliminarea incertitudinii.

Pentru a cultiva o astfel de minte trebuie să ne alimentăm setea de înțelegere. Trebuie să contracarăm mintea pasivă care se complace doar în a absorbi lucruri. Aceasta se poate realiza dacă ne implicăm în fiecare oportunitate ca și cum ar fi piesa lipsă dintr-un mare puzzle. Generăm bucurie chiar în procesul prin care descoperim cum funcționează lucrurile și savurăm provocările pe care ni le aduce viața. În acest fel, totul devine fascinant deoarece totul are capacitatea de a ne învăța ceva. Aceasta este mintea curiozității.

Exercițiul 10.4—Minunea vieții

- *Într-o poziție relaxată, stabilizați-vă o minte neutră prin practica atenției conștiente pe respirație.*

- *Imaginați-vă că sunteți într-o mare aventură, în căutarea unei comori incredibile. Habar nu aveți cu cine vă veți întâlni sau ce se va întâmpla de-a lungul drumului. Lăsați să apară anticiparea în mintea voastră, fiorul de a nu ști ce se va întâmpla.*

- *Acum imaginați-vă că parcurgeți diferitele activități ale zilei. Alegeți un scenariu cu care să lucrați. De exemplu, că vă jucați cu copiii sau conduceți până la serviciu. Imaginați-vă că există indicii ascunse în această experiență. Indicii care vă vor conduce la o comoară. Ca un copil plecat la vânătoare de comori, fiți foarte interesați de tot ce se întâmplă. Priviți fiecare detaliu, lăsându-vă antrenați în experiență pe cât mai multe niveluri posibile.*

- *Acum începeți să vă gândiți la diferitele tipare pe care le observați. La fel ca într-un puzzle uriaș, începeți să puneți toate piesele împreună. Priviți ce fel de imagine apare. Ce vă spune această imagine despre natura situației?*

- *Reflectați la implicațiile observațiilor voastre. Ce fel de întrebări apar? Imaginați-vă că fiecare întrebare este ca o firimitură de pâine ce vă duce din ce în ce mai aproape de comoară. Cum ați putea găsi răspunsuri la aceste întrebări?*

- *Hrăniți-vă dorința de a descoperi misterul, de a urma firimiturile de pâine pentru a descoperi comoara. Păstrați-vă conștientizarea asupra acestei dorințe.*

Flexibilitatea

Cele trei calități anterioare, respectiv toleranța, curiozitatea și receptivitatea, se combină pentru a forma un mecanism puternic pentru obținerea informațiilor. Persoana care a cultivat toate aceste calități va fi foarte asemănătoare unui burete. Va absorbi cât de mult poate, de câte ori este posibil și, pentru că se implică activ în a-și clarifica înțelegerea, calitatea opiniilor sale va fi foarte solidă și cuprinzătoare.

O astfel de perspectivă îi oferă practicantului o oportunitate unică. Cu cât învață că există mai multe abordări ale unor probleme similare, cu atât va avea o flexibilitate mai mare a minții. Puteți începe să vedeți cum idei diferite se potrivesc mai bine unor condiții diferite. Așa că, atunci când aceste condiții apar, sunteți în măsură să răspundeți într-un mod adecvat, care să optimizeze beneficiul vostru și al celorlalți.

Acest tip de flexibilitate răsare dintr-o conștientizare ce percepe clar ceea ce se întâmplă în orice moment dat. Această conștientizare care discerne poate fi cultivată prin expunerea minții la o varietate largă de circumstanțe și apoi prin abordarea acestor circumstanțe din mai multe unghiuri. Procedând astfel, se reduce agățarea de ideea că realitatea arată într-un singur fel și este dezvoltată o minte maleabilă, care se poate adapta foarte ușor.

Exercițiul 10.5—Schimbând perspectivele

- *Într-o poziție relaxată, stabilizați-vă o minte neutră prin practica atenției conștiente pe respirație.*

- *Amintiți-vă diferite evenimente recente în care ați interacționat cu o altă persoană. Selectați un eveniment și stabiliți detaliile scenariului în mintea voastră. Creați amintirea cât mai vie posibil.*

- *Treceți prin scenariu folosind diferite perspective. Mai întâi, creați din nou propria experiență a evenimentului. Încercați să aflați semnificația modului în care ați reacționat, luați în calcul atât gândurile care au luat naștere în mintea voastră, cât și sentimentele subiective.*

- *Acum ieșiți din perspectiva proprie și observați evenimentul din perspectiva unei terțe persoane (ca și cum ați fi o muscă pe perete). Urmăriți din nou secvența. Analizați cum reacționează ambele persoane. Cum acționează ele ? Care este legătura dintre diferitele acțiuni ?*

- *Acum luați în considerare perspectiva celeilalte persoane. Încercați să vă dați seama de stările de spirit care ar fi motivat diferitele sale acțiuni pe care le-ați observat anterior.*

- *Pe baza observațiilor asupra acestui eveniment, luați în considerare ce ați fi putut face pentru a îmbunătăți interacțiunea. Puteați spune altfel ceea ce ați spus? Au fost acțiuni pe care le-ați fi putut evita? Existau alte acțiuni care v-ar fi fost de folos? Folosiți-vă cunoașterea cât mai mult posibil pentru a profita din plin de oportunitățile aduse de acest eveniment.*

- *Repetați această ultimă etapă de câte ori puteți, gândindu-vă la modalități diferite în care s-ar fi putut juca acest scenariu într-un mod cât mai benefic. Există întotdeauna opțiuni. Explorați potențialul acestei situații.*

Dezvoltarea unei atitudini imparțiale nu înseamnă că trebuie să gândim că toate căile sunt la fel, deoarece acest lucru pur și simplu nu este adevărat. Fiecare are propriile puncte forte și propria savoare și, de aceea, ceea ce încercăm să facem este să dezvoltăm o mai mare conștientizare a ceea ce are de oferit această diversitate. Scopul nostru este să distingem clar diferențele dintre ele, respectând-o pe fiecare ca pe un mijloc iscusit pentru a ghida diferite ființe simțitoare spre o fericire mai mare.

Ne putem gândi că aceste căi sunt ca medicamentele. Chiar acum, suferim de mai multe boli, cum ar fi ignoranța, atașamentul și aversiunea. Avem nevoie de ajutor, așa că ne îndreptăm către marii învățători ai acestei lumi, care sunt precum medicii. Acești medici se uită la situația noastră specifică și ne prescriu un set de remedii concepute pentru a ne atenua suferința. Ei ne recunosc unicitatea ca indivizi și, prin urmare, ne învață în acord cu aceasta.

ALEGEREA UNEI CĂI SPIRITUALE

În mod similar, atunci când unui medic îi sunt prezentați doi pacienți care prezintă simptome diferite, el dă fiecăruia un medicament care este potrivit cu nevoile sale. De exemplu, el nu va da medicamente contra durerilor de cap unei persoane care are un stomac deranjat. De asemenea, el nu consideră că medicamentul contra durerilor de cap este cel mai bun și că toate celelalte medicamente sunt inutile. În schimb, el vede că fiecare medicament are beneficiile sale și, în circumstanțele potrivite, toate medicamentele pot fi utile. Aceasta este atitudinea pe care trebuie să o dezvoltăm în ceea ce privește calea noastră spirituală.

Prejudecata pe care încercăm să o evităm este aceea de a ne crampona de propriul punct de vedere, considerându-l superior celorlalte. Acest tip de atitudine nu servește decât la alimentarea mândriei și ne conduce la conflicte cu alte persoane. În loc să vedem opiniile diferite ca fiind opuse, putem să le vedem în contextul unui ecosistem dinamic de credințe, care ne ajută pe fiecare să ne adaptăm mai bine la circumstanțele noastre unice.

În acest fel, este posibil să cultivăm un respect mai mare pentru sistemele de credință ale altor persoane, în același timp dezvoltându-ne credința profundă în calea spirituală proprie. Puteți vedea că acestea nu sunt contradictorii. În timp ce folosim o anume cale drept nucleu al practicii noastre, putem integra cu iscusință idei din alte tradiții, pentru a ne ajuta să dezvoltăm o înțelegere mai deplină și mai puternică a realității. Nu numai că aceasta ne stimulează să gândim mai profund la modul nostru favorit de abordare, dar ne ajută și să ne conectăm cu alții și să înțelegem cum văd ei lumea. Întrucât nu trăim izolați, această conexiune este vitală. Mai mult sau mai puțin, cu toții împărtășim karma colectivă de a ne fi născut în aceeași lume și, de aceea, este în interesul nostru să găsim modalități semnificative și armonioase de a relaționa între noi. Dezvoltarea calităților prezentate mai sus reprezintă un mod minunat de a face acest lucru.

Exercițiul 10.6—Sistemele de credință ale lumii

- *Într-o poziție relaxată, stabilizați-vă o minte neutră prin practica atenției conștiente pe respirație.*

- *Petreceți un timp citind cu atenție despre un sistem de credință (altul decât budismul). Începeți prin a studia contextul istoric în care a evoluat acest sistem de credință. Care au fost principalele evenimente care au influențat modul în care s-a dezvoltat sistemul? Gândiți-vă la diversele influențe geografice și politice care, la rândul lor, au determinat unde s-a pus accentul în cadrul acelui sistem.*

- *Acum priviți credințele fundamentale care definesc viziunea sistemului pe care îl studiați. Cum sunt structurate aceste convingeri? Ce tipuri de subiecte explorează? De ce cunoașterea acestor fenomene specifice este importantă pentru acest sistem?*

- *Pe baza viziunii lor, cercetați diferitele metode care sunt utilizate în cadrul acestui sistem. Luați în considerare tipurile de calități pe care aceste metode le dezvoltă în practicant. Ce fel de transformare apare?*

- *În cele din urmă, analizați varietatea internă din cadrul sistemului, căutând modurile diferite în care sunt interpretate credințele fundamentale sau practicile obișnuite. În ce fel se clasifică practicanții lor? Încercați să înțelegeți motivația din spatele acestor diviziuni. Ce avantaje apar din aceste moduri alternative de implicare în sistem?*

- *Pe baza a ceea ce ați citit, analizați trăsăturile principale ce caracterizează sistemul. Cât de importante sunt acestea pentru voi? Ce fel de legătură simțiți față de ele?*

IMPORTANȚA SPRIJINULUI PE O LINIE DE DESCENDENȚĂ AUTENTICĂ

Pe măsură ce începem să ne extindem înțelegerea asupra căilor care alcătuiesc peisajul nostru spiritual, vom fi expuși unei palete largi de idei și metode. Ați putea fi tentați să începeți să "colecționați" practicile bazându-vă pe orice este mai "atractiv" pentru voi. Aceasta va conduce la un sistem de credință personalizat, care împrumută un pic de aici și un pic de dincolo. Nu v-aș recomanda această abordare din următoarele motive.

În primul rând, alegând să practicați numai ce vă place este o modalitate de a nu vă provoca niciodată să vă schimbați. Veți sfârși prin a practica doar acele lucruri care vă întăresc starea actuală a minții și, prin urmare, înțelegerea voastră va tinde să rămână la un nivel mai degrabă superficial. Amintiți-vă că practicarea Dharmei înseamnă îmblânzirea minții și asta presupune că trebuie să vă confruntați cu obiceiurile proaste și să învățați să lucrați cu ele. Da, uneori va fi incomod, dar acest disconfort este dovada că medicamentul funcționează.

În al doilea rând, în societatea occidentală se pune un puternic accent pe individualism. Suntem profund obișnuiți să credem că știm ce este cel mai bine pentru noi înșine. Acest lucru ne conduce la convingerea că judecata noastră e întotdeauna "corectă". Acum, în contextul dezvoltării spirituale, acest tip de vedere creează probleme. Ne angajăm în practica spirituală pentru a ne ajuta să trecem peste modul nostru nevrotic de a ne raporta la lume și, totuși, avem încredere în mintea noastră nevrotică mai mult decât în judecata marilor înțelepți care ne-au precedat. Acest flux neîntrerupt de înțelepciune este cunoscut sub numele de linie de descendență. Când alegem o abordare "personalizată", desconsiderăm această linie și ne bazăm pe propria stare confuză a minții. Ar fi ca și cum un pacient se decide să amestece alcoolul cu analgezicele, contrar instrucțiunilor primite de la medic. Rezultatele acestei conduite pot duce doar la suferință.

În al treilea rând, toți vrem să câștigăm și nu vrem să pierdem. Înțelepciunea care a fost încorporată în diferitele sisteme de credință ale lumii a fost dezvoltată pe parcursul a mii de ani pentru a obține cele mai eficiente metode de realizare a transformării spirituale profunde și pentru a evita numeroasele capcane. Ansamblul de cunoștințe combinate pe care ele le reprezintă este cu adevărat remarcabil. Dacă alegem să desconsiderăm această înțelepciune colectivă, atunci, în esență, încercăm să reinventăm roata. Deși nimic nu vă oprește să procedați astfel, este o enormă pierdere de timp. Iar timpul este ceva ce nimeni nu trebuie să irosească. Această viață este incredibil de prețioasă, dar este, de asemenea, incredibil de fragilă. La fel ca o străfulgerare de lumină, se va sfârși în curând. Prin urmare, trebuie să folosim fiecare instrument care ne ajută să progresăm de-a lungul căii cât mai repede posibil.

Cea mai bună metodă de a face acest lucru este să ne bazăm pe o linie autentică de maeștri. Întrucât structura căii a fost anterior stabilită, putem elimina presupunerile din ecuație. Ne putem concentra pe punerea în practică a învățăturilor și pe sarcina ce are ca scop îmblânzirea minții. Alții au mers pe această cale înaintea noastră, așadar ne putem baza pe ajutorul înțelepciunii lor ca să găsim cele mai eficiente metode de depășire a diferitelor obstacole pe care suntem siguri că le vom întâmpina. De asemenea, putem identifica mai clar zonele din mintea noastră cu care trebuie să lucrăm mai mult. În loc să ne menținem pur și simplu starea actuală, putem să ne aruncăm cu curaj în noroi și să începem, de fapt, procesul de vindecare.

STABILIREA CONTEXTULUI PENTRU CALEA KALACHAKRA

Calea pe care o vom explora în această serie de cărți este *calea Kalachakra*, în conformitate cu tradiția *Jonang-Shambhala* a *budismului tibetan*. Această linie de descendență extraordinară a oferit îndrumare practicanților spirituali timp de peste 2500 de ani și a produs un flux constant de ființe extrem de realizate.

În volumele doi și trei din această serie vom explora mult mai în detaliu această linie de descendență, analizând filozofia unică și practicile care pot conduce un practicant la starea de iluminare. Înainte de aceasta, însă, este necesar să ne facem o idee despre această cale în contextul marelui ansamblu al tradițiilor de înțelepciune ale lumii.

Din acest motiv, în capitolele următoare voi oferi o introducere generală în budism, urmată de prezentarea specifică a celor trei stiluri principale ale practicii budiste. Privind budismul din aceste perspective diferite, vom dezvolta o înțelegere mai extinsă și mai puternică despre locul pe care Kalachakra îl ocupă în cadrul acestui sistem.

RECAPITULAREA PUNCTELOR CHEIE

- O cale este o succesiune de practici care pot fi folosite pentru a dezvolta calitățile dorite.

- Există două tipuri de căi bazate pe scop: căi lumești, care se concentrează pe dobândirea de cunoștințe și abilități apte să susțină fericirea lumească și căi spirituale, care oferă cunoștințe și abilități pentru cultivarea fericirii autentice.

- Căile spirituale pot fi grupate pe baza motivației practicanților: sunt cei care aspiră spre îmbunătățirea condițiilor vieții viitoare, cei care aspiră să elimine cauzele propriei lor suferințe și cei care aspiră să elimine cauzele suferinței lor și a celorlalți.

- Căile spirituale sunt considerate autentice atunci când sunt capabile să producă în mod consistent efectele pe care susțin că sunt capabile să le producă. O cale poate deveni deformată atunci când concepțiile greșite denaturează învățăturile în așa fel încât le împiedică să producă rezultatele dorite.

- Putem judeca autenticitatea unei căi spirituale numai prin percepții valide. Mai întâi ne bazăm pe autorități de încredere pentru a ne ajuta să identificăm posibilele căi, apoi prin studiu vom dezvolta o încredere mai mare în capacitatea căii și, în final, după punerea învățăturilor în practică, suntem capabili să vedem dacă într-adevăr calea produce rezultatele pe care le căutăm.

- Alegerea unei căi spirituale înseamnă să decidem care abordare a practicii este cea mai potrivită pentru condițiile noastre. Acest lucru necesită o înțelegere amplă a opțiunilor pe care le avem și apoi găsirea criteriilor pe baza cărora să facem alegerea.

- Filosofia Rimé este o atitudine specifică pe care o putem dobândi în scopul de a ne ușura lucrul cu o diversitate de opinii. Constă în cultivarea a patru calități: toleranța, receptivitatea, curiozitatea și flexibilitatea.

- Dezvoltarea unui punct de vedere imparțial înseamnă să fim capabili să facem o distincție clară între caracteristicile diferitelor puncte de vedere și să înțelegem cum beneficiază de fiecare viziune diferite tipuri de oameni.

- Este important să dezvoltăm credința într-o linie de maeștri autentică, pentru a ne crește cât mai eficient calitățile necesare pentru îndeplinirea obiectivelor noastre temporare și finale.

Stupa Mahabodhi, construită pe locul unde Buddha a atins iluminarea. Bodhgaya, India.

CAPITOLUL UNSPREZECE

Introducere în budism

Termenul "budism" este oarecum impropriu, tinzând să poziționeze această tradiție în rândul sistemelor pur religioase. Așa cum am văzut deja, Buddha a oferit mai multe tipuri de învățături, potrivit nevoilor discipolilor săi. Este adevărat că unele dintre aceste învățături pot fi considerate de natură religioasă, întrucât se concentrează pe acte de devotament sau pe credință. Dar, așa cum am văzut în prima parte a acestei cărți, alte învățături sunt concentrate pe dezvoltarea unei solide științe a minții, asigurând o psihologie detaliată și o metodologie pentru cercetarea contemplativă. Mai mult decât atât, alte învățături au o natură mai degrabă filosofică, apelând în mod extins la logică și epistemologie. Așadar, chiar dacă budismul are unele aspecte religioase, nu putem spune că este o religie în sine, în sensul iudeo-creștin al cuvântului.

Un mod mai precis de a ne referi la învățăturile și practicile propuse de Buddha este să utilizăm termenul "Buddha-Dharma". Sensul său literal este: "învățăturile lui Buddha". În acest fel, putem vorbi despre Dharma creștină, referindu-ne la învățăturile lui Iisus, putem spune Dharma islamică, atunci când ne referim la învățăturile lui Mohammed și așa mai departe. Acestea fiind spuse, întrucât lumea occidentală este atât de obișnuită să folosească sufixul "ism" pentru a descrie tradițiile de înțelepciune, de dragul simplității vom continua să folosim termenul "budism". Amintiți-vă însă că îl folosim ca sinonim pentru termenul mai precis de Buddha-Dharma.

În tibetană, un practicant al Buddha-Dharmei este denumit "nangpa", ceea ce înseamnă "din interior". În acest context, ne referim la faptul că persoana s-a îndreptat spre interior în căutarea unei fericiri mai mari. În loc să caute fericirea în fenomenele vremelnice ale lumii exterioare, ea recunoaște că fericirea autentică apare în lumea interioară a minții. Din acest motiv, ea acordă prioritate în viața studierii și practicii Buddha-Dharmei, în scopul de a-și îmblânzi mintea.

De-a lungul acestei cărți ne-am bazat pe unele dintre aspectele universale ale învățăturilor lui Buddha, pentru a obține o înțelegere mai largă asupra modului în care funcționează mintea noastră și despre cum antrenarea ei duce la o viață cu o semnificație și un scop mai măreț. Deși am explorat deja o parte considerabilă din viziunea budistă asupra lumii, am făcut aceasta din perspectiva generală a unei persoane exterioare ei. Această abordare ne-a permis să obținem cel mai mare beneficiu din aceste tehnici, fără a ni se cere să adoptăm în mod particular un anumit sistem de credință.

Mergând mai departe, totuși, am putea constata că relația noastră cu aceste învățături începe să se schimbe. Pe măsură ce continuăm să aflăm mai multe despre felul în care Buddha a înțeles realitatea, s-ar putea să începem să ne identificăm mai puternic cu acest subiect. Mai degrabă decât să ne conectăm cu aceste idei doar la nivel pur intelectual, mintea noastră ar putea deveni atât de inspirată încât acum să căutăm activ modalități de a ne implica într-un mod mai profund în aceste învățături.

Următoarele capitole vă vor oferi o prezentare detaliată a gamei largi de învățături care pot fi considerate de origine budistă. Această informație este menită să vă ofere o înțelegere a contextului în care diferitele învățături se potrivesc și relaționează unele cu altele. După cum veți vedea, există o diversitate semnificativă în cadrul învățăturilor lui Buddha, oferind practicanților budiști multe opțiuni privind modul de a se implica efectiv în practică. Prin înțelegerea imaginii de ansamblu, veți fi mai bine pregătiți să decideți dacă doriți să faceți din budism calea voastră spirituală principală.

VIAȚA LUI BUDDHA

În forma pe care noi o cunoaștem, budismul începe cu povestea fondatorului său, Buddha istoric al acestui eon norocos, Buddha Shakyamuni. Simplul fapt de a avea învățăturile budiste în această lume, în acest moment, este posibil doar datorită apariției acestui măreț învățător. Mergând pe urmele lui, avem rara oportunitatea de a ne transforma semnificativ viețile.

Deși există unele dezbateri între istorici cu privire la datele exacte ale evenimentelor, majoritatea oamenilor acceptă că Buddha istoric s-a născut acum circa trei de mii de ani într-o grădină numită *parcul Lumbini*, din actualul

INTRODUCERE ÎN BUDISM

Figura 11-1: Evenimentele importante din viaţa lui Buddha Shakyamuni.

Nepal. Mama sa, regina Maha Maya, călătorea spre Koliya (casa ei natală), pentru a da naștere fiului ei. Ea s-a oprit pentru scurt timp să se odihnească într-un parc frumos și acolo a intrat în travaliu, sub niște copaci *sala*. Acea zi era de foarte bun augur, marcată de o lună plină.

Încântat la culme, tatăl lui Buddha, regele Shuddhodhana, a sărbătorit nașterea copilului său cu o ceremonie a numelui, așa cum era obiceiul. Diverși înțelepți care au participat la ceremonie au examinat copilul și au găsit că trupul lui era împodobit cu o serie de semne de foarte bun augur. În mod special, unul dintre ei a recunoscut că prințul era într-adevăr un copil foarte deosebit și a prezis că, dacă va deveni un conducător, va fi cel mai mare dintre regi. De asemenea, în cazul în care copilul va alege o cale religioasă, el va obține realizarea supremă și va deveni un Buddha (cel trezit). Copilul a primit numele Siddharta, care înseamnă "cel care și-a îndeplinit dorințele".

Tânărul prinț a început educația la o vârstă foarte fragedă și a demonstrat rapid o capacitate ridicată pentru fiecare subiect pe care l-a studiat, învățând mult mai repede decât oricare dintre colegii săi de școală. La orice concurs, prințul Siddhartha era întotdeauna cel mai bun, cel mai rapid, cel mai puternic și cel mai deștept. Era, de asemenea, cel mai înțelept, câștigând respectul profesorilor și avea o inimă incredibil de bună și o fire grijulie, menite a câștiga dragostea tuturor celor care îl cunoșteau.

După ce Siddhartha a început să-și arate numeroasele talente, regele a început să se teamă de profeția făcută de înțelepți. Aceștia îl avertizaseră că, dacă prințul va întâlni suferința, el va alege cu siguranță calea religioasă. Temându-se de pierderea singurului moștenitor, regele a decis să ferească tânărul prinț de toate formele de experiențe neplăcute. El a construit diverse palate, proiectate special pentru a-l împiedica pe Siddhartha să întâlnească orice formă de suferință. Dar, în ciuda stilului său de viață extravagant și luxos, prințul era în mod evident nemulțumit.

Pentru a însenina dispoziția fiului său, regele a aranjat să îl căsătorească. I-a prezentat fiului său cele mai frumoase fete, alese din toată țara. Printre ele era o tânără fată pe nume Yashodhara. Siddhartha a fost atât de mișcat de frumusețea ei, încât i-a oferit un cadou de logodnă și în curând s-au căsătorit.

Până la urmă, Siddhartha a început să se simtă ca într-o închisoare între zidurile palatului și l-a implorat pe tatăl său să îi permită să viziteze satele învecinate. Tatăl său a ezitat, dar, în cele din urmă, a fost de acord. Când prințul a părăsit palatul, a fost șocat de imaginea unui om în vârstă. El nu văzuse până atunci efectele vârstei înaintate și a fost uimit să audă că toată lumea îmbătrânește. Revenind la palat, Siddharta a devenit deprimat de inevitabilitatea îmbătrânirii.

Încă o dată prințul a cerut să părăsească palatul și tatăl său, știind că era inutil să reziste, a acceptat. De data aceasta, în timp ce Prințul Siddharta mergea prin oraș, a văzut un om devastat de boală. El nu a putut să creadă că asemenea suferințe erau posibile și că nimeni nu putea scăpa de ele. Gândindu-se la acest om, Siddhartha a revenit la palat și a devenit chiar mai deprimat.

Regele își dădea seama că fiul său se schimbă, dar nu i-a putut refuza cererea de a merge încă o dată dincolo de zidurile palatului. În timp ce prințul mergea pe străzile orașului, s-a întâlnit cu o procesiune funerară, un grup de oameni care transporta un cadavru la locul de incinerare. Cu curiozitatea stârnită, prințul a privit trupul care a ars, dar nu a putut înțelege de ce oamenii au făcut acest lucru și de ce corpul nu se mișcă. Întorcându-se spre însoțitorul său pentru o explicație, a aflat despre realitatea morții. Tulburat, prințul a revenit la palat și a început să contemple ceea ce văzuse. Ca urmare, a apărut în el o mare dorință de a găsi o cale prin care să oprească această suferință.

În a patra sa excursie din afara palatului, prințul Siddhartha a ajuns într-un parc unde a văzut un om îmbrăcat în robă, ce stătea pe marginea drumului. Acest om părea foarte fericit și atunci Siddhartha a întrebat cine este. Însoțitorul prințului i-a explicat că acesta este un om spiritual care a renunțat la experiențele lumești și și-a dedicat viața pentru a afla cum sa obțină pacea și eliberarea de suferință. Prințul a știut imediat că acest lucru era ceea ce dorea să facă cu viața sa și și-a dat seama că, atât timp cât va rămâne în palatul regal, înconjurat de tot ceea ce avea nevoie, nu va avea condițiile pentru a îndeplini acest scop spiritual. Astfel, a luat hotărârea să abandoneze tot ceea ce îi oferea viața sa protejată, cu puternica intenție de a găsi răspunsurile căutate, pe care să le împărtășească oricui va putea.

La scurt timp după aceea, a decis să părăsească viața regală, fugind din palat călare, în toiul nopții. Cu o hotărâre intensă, el și-a părăsit soția iubitoare, pe fiul său nou-născut, toți prietenii și pe ceilalți membri ai familiei. A renunțat la titlul său regal și la privilegiile ce îl însoțeau, inclusiv la toate bunurile sale de lux. A ales să-și concentreze mintea în exclusivitate pe scopul de a atinge starea de eliberare. Și-a ras capul, a îmbrăcat niște cârpe zdrențuite și a îmbrățișat viața de ascet rătăcitor. Curând a devenit cunoscut în toată țara ca Shakyamuni, ceea ce înseamnă "înțelept al clanului Shakya".

Cu mintea concentrată pe atingerea eliberării de suferință, Siddhartha i-a căutat pe cei mai apreciați maeștri de meditație din țară: Alara Kalama și Uddaka Ramaputta. Sub conducerea lor a progresat rapid pe cale, egalându-le realizările și obținând stadii avansate ale stabilizării meditative. Și totuși, oricât de absorbită îi devenise mintea, el nu era încă satisfăcut.

Siddhartha a decis atunci să se angajeze în practicarea ascezei extreme și auto-mortificării. Alături de alți cinci asceți, el a practicat intens timp de șase ani pe malul râului Nairanjana, hrănindu-se zilnic doar cu o mână de mâncare. Pe măsură ce corpul se ofilea, Siddharta a ajuns să înțeleagă că această cale pe care o alesese era greșită. Și-a dat seama că mintea și corpul formează o singură realitate ce nu poate fi divizată și că a abuza de corp nu servește decât la a vătăma mintea.

Într-un moment când el era complet epuizat, o tânără, fiica unui brahman pe nume Sujata, i-a oferit un castron cu terci dulce de orez cu lapte și miere. După ce a mâncat, corpul lui Siddharta s-a revigorat, iar fața sa a căpătat o strălucire aurie. El a observat imediat cum calitatea meditației s-a îmbunătățit, având o claritate mai bună și devenind din ce în ce mai stabilă. Crezând că Siddhartha a decăzut, cei cinci asceți l-au abandonat și s-au despărțit de el.

La vârsta de treizeci și cinci de ani, prințul Siddhartha a călătorit spre Bodhgaya, în nordul Indiei și s-a așezat sub copacul bodhi, jurând să rămână acolo până ce va atinge iluminarea deplină. Acolo s-a confruntat cu toate forțele negative din minte, rămânând nevătămat și neinfluențat de teroarea și seducția lor. El și-a învins toți demonii, având pământul drept martor.

În zorii zilei următoare, Siddharta și-a depășit cele mai subtile întunecări cognitive și a atins iluminarea completă. Depășind ignoranța asupra adevăratei naturi a realității, s-a simțit ca și cum ar fi fost eliberat dintr-o închisoare în care a fost încarcerat timp de mii de vieți. Valul nesfârșit de gânduri iluzorii care îi alimenta ignoranța, întunecându-i mintea asemenea norilor care ascund luna și stelele, a fost dizolvat și învins. El a văzut în mod direct interdependența tuturor lucrurilor din univers și modul în care ființele au suferit la nesfârșit pentru că separă în mod eronat realitatea în subiect și obiect. Acest punct de vedere eronat duce la atașament, aversiune și nenumărate acțiuni dăunătoare, care creează și mai multă suferință. El a văzut, de asemenea, potențialul de iluminare al fiecărei ființe vii. Din acest moment el a fost cunoscut sub numele de Buddha - *Cel Trezit*.

Pentru a dovedi profunzimea și prețiozitatea realizării sale, Buddha a decis inițial să nu dea învățături decât șapte săptămâni mai târziu, când marii zei Brahma și Indra i-au cerut să învârtă Roata Dharmei, punând astfel în mișcare un nou ciclu de învățături.

După ceva vreme, Buddha s-a întâlnit în *Parcul Căprioarelor* din Varanasi cu cei cinci prieteni asceți. În ciuda rezistenței lor inițiale de a-l întâmpina după ce abandonase calea ascetică, au fost uluiți de aspectul său luminos și au devenit primii săi adepți. Buddha a întors *Prima Roată a Dharmei* învățându-i cele *Patru nobile adevăruri* și fiecare dintre cei ce l-au urmat, sub îndrumarea sa, a atins în trei luni starea de *arhat*. Se spune, de asemenea, că o mulțime de ființe "nevăzute" au participat la aceste învățături și au beneficiat enorm. Astfel, pentru prima dată au fost cunoscute în această lume cele *Trei Giuvaieruri Prețioase*: Buddha (învățătorul), Dharma (învățătura) și Sangha (comunitatea).

Până la moartea lui, Buddha a ținut patruzeci și cinci de retrageri de vară și a învârtit *Roata Dharmei* de nenumărate ori, expunând învățături atât cu înțeles definitiv, cât și provizoriu, potrivit nevoilor și înclinațiilor adepților săi. A acordat învățături celor mai de seamă discipoli ai săi, Shariputra și Maudgalyayana, precum și unei largi audiențe de călugări, călugărițe, practicanți laici, *bodhisattva* și ființe non-umane. Învățăturile sale au demonstrat întotdeauna nepermanența și i-au inspirat pe discipoli spre adevărata renunțare.

Ca un călugăr onorabil, Shakyamuni a predat în locuri accesibile precum Rajagriha, muntele Piscul Vulturului și Vaishali în nordul Indiei, iar prin abilitățile sale miraculoase a predat și în alte tărâmuri unor ființe non-umane, cum ar fi zei, naga și spirite. De asemenea, a apărut în diverse forme pure în scopul de a-și maturiza discipolii mai avansați pe calea spirituală. De exemplu, el a emanat în forma zeității Kalachakra pentru a preda regelui Suchandra și unei mari audiențe la Amaravati, în sudul Indiei.

La vârsta de optzeci de ani, în orașul Kushinagar, Buddha s-a întins pe partea dreaptă, sub o pereche de copaci *sala* și a acordat ultima învățătură în forma sa fizică. Apoi a trecut în parinirvana.

Dintr-un anumit punct de vedere, putem vorbi despre Buddha ca fiind un om care, pe parcursul vieții, și-a finalizat instruirea și a atins iluminarea, dar aceasta este doar una dintre interpretările vieții lui Buddha. Dintr-o altă perspectivă, Siddhartha era deja un Buddha pe deplin iluminat care s-a manifestat ca ființă umană, coborând în tărâmul oamenilor din tărâmul pur Tushita. Ființa pe care o cunoaștem drept Buddha Shakyamuni istoric s-a manifestat pentru a ne învăța Dharma și pentru a ne arăta cum să depășim emoțiile perturbatoare și întunecările ascunse. Totuși, în realitate, Buddha nu îmbătrânește, nu se îmbolnăvește, nu moare și nici nu renaște. El a venit, pur și simplu, într-o formă *iluzorie* pentru a preda o Dharma *iluzorie* într-o lume *iluzorie*. Cu toții deținem această realitate, care este natura noastră iluminată. Până când vom descoperi acest adevăr sacru, Buddha se va manifesta spontan pentru noi, în diverse moduri, atât în forma obișnuită cat și în cea miraculoasă.

CELE TREI ÎNTOARCERI ALE ROȚII DHARMEI

Luând în considerare toate învățăturile pe care Buddha le-a oferit în timpul vieții, putem să identificăm o serie de teme recurente. Buddha a predat aceste teme pe bază capacităților specifice ale discipolilor săi, căci a recunoscut că nu toată lumea era pregătită pentru profunzimea anumitor idei. Așa că, în loc să îi deruteze inutil, a ales să le ofere învățături care să îndepărteze din mintea lor în mod optim întunecările ce îi împiedicau să experimenteze adevărul.

Când ne gândim la învățături în acest fel, putem să le organizăm în trei etape succesive, care reprezintă modul în care un practicant elimină întunecările grosiere și apoi pe cele din ce în ce mai subtile, ajungând în cele din urmă la realizarea propriei naturi pure. Aceste etape sunt cunoscute drept cele *Trei Întoarceri ale Roții Dharmei*. Rețineți că aceasta este o succesiune tematică și nu una cronologică. De exemplu, în perioada imediat următoare după iluminare, Buddha a oferit numeroase învățături discipolilor avansați, umani și non-umani, din a doua și a treia Roată a Dharmei. De asemenea, una dintre cele mai faimoase învățături ale primei Roți a Dharmei a fost dată de pe patul de moarte. Cel mai important este să știm care este obiectul pe care se concentrează fiecare Roată și felul în care învățăturile îi ajută pe practicanți să-și elimine întunecările. Cele Trei Întoarceri sunt următoarele:

1. **Prima Întoarcere a Roții Dharmei** se ocupă de subiectul cauzei și efectului, în special în ceea ce privește modul în care apare suferința și modul în care se realizează eliberarea. Învățătura fundamentală din acest ciclu este cunoscută sub numele de cele *patru adevăruri nobile*, așa cum a fost expusă în Sarnath, India. Prin dezvoltarea înțelegerii cauzei și efectului, practicantul este capabil să abandoneze cauzele suferinței și să cultive cauzele fericirii autentice. Aceasta ne orientează mintea spre Dharma și ne ajută să acumulăm merite, astfel încât să putem pătrunde mai adânc în natura experienței noastre.

2. **A doua Întoarcere a Roții Dharmei** se concentrează pe subiectul vacuității. Aceste învățături sunt cel mai strâns legate de *Sutrele perfecțiunii înțelepciunii*, care au fost predate unui grup de bodhisattva, pe vârful muntelui Piscul Vulturului în Rajagriha. În aceste învățături, Buddha discută despre modul în care fenomenele pe care le percepem sunt goale de existența inerentă pe care o proiectăm asupra lor. El arată foarte clar felul în care ignoranța față de natura adevărată a fenomenelor devine rădăcina întregii suferințe și cum, prin meditația asupra vacuității, este posibil să îndepărtăm această concepție greșită.

3. **A treia Întoarcere a Roții Dharmei** prezintă învățăturile definitive privind cel mai profund dintre subiecte și anume natura noastră înnăscută, *natura de Buddha*. Aceste învățături au fost oferite de Buddha rareori, în diverse locuri, în timpul vieții sale. Ele descriu foarte amănunțit nenumăratele calități sublime ale minții iluminate, care sunt

prezente în fiecare dintre noi. Această minte este cea care, atunci când este separată de întunecările temporare, este capabilă să se manifeste ca un Buddha pe deplin iluminat. În această etapă nu mai sunt întunecări de eliminat.

CATEGORII DE VEHICULE BUDISTE

Un vehicul este un dispozitiv care transportă o persoană dintr-un loc în altul. O bicicletă, o mașină și un avion, toate sunt exemple de vehicule. Deși funcția lor de bază este aceeași, sunt diferite prin faptul că pot obține același rezultat în moduri diferite.

Să presupunem că vreți să călătoriți într-un oraș din apropiere. Ați putea merge acolo cu bicicleta, dar v-ar lua mult timp. Ar fi mai rapid să luați o mașină. Dacă orașul unde ați vrea să mergeți ar fi în cealaltă parte a țării, v-ar lua mult timp să mergeți cu mașina. În schimb, dacă ați lua un avion ați putea ajunge acolo într-o singură zi.

Rapiditatea cu care progresăm de-a lungul călătoriei noastre spirituale și cât de departe ajungem depind de vehiculul pe care-l vom alege. Vehiculul potrivit pentru noi va depinde de motivația personală și de maturitatea spirituală. Oricine poate lua o bicicletă să se plimbe prin oraș. Pentru a conduce o mașină aveți nevoie totuși să dobândiți un anumit set de aptitudini înainte de a vă urca la volan. La fel, cu un avion puteți călători mult mai rapid, dar dacă nu sunteți pregătiți în mod corespunzător, v-ați putea prăbuși foarte ușor.

Dacă ne gândim la gama largă de învățături pe care Buddha le-a acordat, putem vedea că a prezentat diferite tipuri de vehicule pentru diferite tipuri de practicanți. El a văzut că noi toți venim în această viață cu diferite predispoziții karmice și, prin urmare, unii sunt pregătiți pentru o bicicletă, în timp ce alții sunt pregătiți pentru un avion.

Acestea fiind spuse, chiar dacă în prezent suntem într-o anumită etapă a dezvoltării noastre spirituale, nu înseamnă că vom rămâne întotdeauna așa. De-a lungul timpului, pe măsură ce ne familiarizăm cu un vehicul, putem descoperi că suntem pregătiți să trecem la un altul. În acest fel, vehiculele reprezintă o cale progresivă, care ne ajută să ne concentrăm pe o etapă particulară a călătoriei noastre spirituale.

Următoarele secțiuni descriu moduri diferite în care putem împărți învățăturile, pentru a ne ajuta să distingem pe ce pune accentul fiecare dintre ele. Nu vă gândiți la aceste categorii ca fiind o ierarhizare a vehiculelor, ci mai degrabă considerați-le ca fiind diferite părți ale aceluiași întreg. Ceea ce veți alege depinde de ceea ce vă atrage mai mult.

Vehicule bazate pe propagare

Buddha a oferit toate cele trei tipuri de învățături pe parcursul a aproximativ cincizeci de ani. Nu toate aceste învățături s-au propagat imediat în public. A luat timp ca majoritatea populației să se maturizeze suficient din punct de vedere spiritual, astfel încât sa fie capabilă să înțeleagă învățăturile mai profunde. Aceasta a condus la dezvoltarea treptată a învățăturilor în două vehicule principale:

1. **Vehiculul de bază (Hinayana):** Învățăturile Primei Întoarceri au fost ușor accesibile pentru toată lumea și, prin urmare, au fost predate în mod public încă din timpul vieții lui Buddha. Aceste învățături au format bazele întregii practici budiste și au tins să impună codul monahal de conduită (vinaya) drept metoda cea mai eficientă pentru a atinge starea de eliberare personală din existența ciclică.

2. **Marele Vehicul (Mahayana):** Învățăturile din a Doua și a Treia Întoarcere au fost în cea mai mare parte predate în privat unui număr limitat de discipoli avansați. Aceasta însemnă că nu s-au propagat pe scară largă decât la mai multe secole după moartea lui Buddha. Aceste învățături au devenit foarte populare în comunitățile laice, datorită tendinței de a sublinia idealul de implicare socială altruistă și realizarea iluminării pentru beneficiul tuturor ființelor simțitoare. În acest fel, budismul a devenit complet integrat la toate nivelele societății indiene.

Termenii *hinayana* (însemnând literal vehicul "mai mic") și *mahayana* (însemnând vehicul "mai mare") sunt utilizați pentru a indica domeniul de aplicare al vehiculului. Întrucât învățăturile Hinayana se concentrează pe eliberarea personală, iar Mahayana se concentrează pe iluminarea pentru beneficiul altora, putem spune că Mahayana are un domeniu de aplicare mai mare. Aceasta nu înseamnă că valoarea învățăturilor unuia față de ale celuilalt este superioară, ci pur și simplu că unul are un obiectiv mai restrâns.

Tradiție	Întoarcere a *Roții*	Subiectul principal
Hinayana	Prima Întoarcere	Cauză și efect
Mahayana	A doua Întoarcere	Vacuitate
	A treia Întoarcere	Natura de Buddha

Tabelul 11-1: Vehicule în funcție de propagare.

Vehicule bazate pe abordare

Pentru discipolii săi cei mai avansați, Buddha s-a manifestat într-o mare varietate de forme pure, în scopul de a le transmite învățăturile ezoterice despre modul de a folosi cu pricepere propria natură de Buddha ca bază pentru progresul rapid pe cale. Aceste metode extrem de puternice au fost transmise în mod strict secret de la profesor la discipol, timp de multe generații.

În mod obișnuit, aceste învățături au devenit cunoscute sub numele de *tantrele budiste*, în timp ce învățăturile publice exoterice sunt cunoscute sub numele de *sutrele budiste*. Ambele grupuri de învățături au aceeași capacitate de a conduce practicantul la iluminare. Ele diferă prin eficacitatea abordării pe care o folosesc pentru a produce rezultatul dorit, starea de Buddha. Dacă divizăm învățăturile în *sutra* și *tantra*, vom ajunge la următoarele vehicule:

1. **Vehicule cauzale (Sutrayana):** Aceste vehicule se bazează în primul rând pe învățăturile sutrelor. Ele pun accentul pe practici care au în vedere perspectiva unei ființe simțitoare. În această abordare, o ființă simțitoare este văzută ca având o natură impură, fiind dominată de propria minte perturbată. Pentru ca o astfel de ființă să atingă iluminarea, este necesar, în primul rând, ca ea să abandoneze toate stările negative ale minții, cultivând, în același timp, toate calitățile pozitive. Ființa simțitoare își dezvoltă încet mintea, până când atinge starea de Buddha. Acest proces durează, în general, mai mult de trei eoni pentru a fi realizat.

2. **Vehicule rezultante (Tantrayana):** Aceste vehicule se bazează în principal pe învățăturile tantrice. Ele pornesc de la premisa că natura

noastră fundamentală este natura de Buddha. Această natură este primordial pură și, de aceea, nu are nevoie de nimic. În loc să lucrăm pentru a dezvolta calități, vom pune accentul pe eliminarea întunecărilor, care împiedică natura noastră pură să se manifeste natural. În această abordare, practicantul recunoaște natura iluminată a experienței lui prezente și este capabil să folosească cu pricepere aceeași experiență drept suport pentru practica sa. Pentru că ele lucrează cu rezultatul (natura de Buddha) în momentul prezent, aceste vehicule sunt denumite *rezultante*. Prin aceste metode, este posibil ca un practicant să atingă iluminarea în decursul unei singure vieți.

În funcție de domeniul pe care este pus accentul, putem rezuma aceste vehicule și relația lor cu cele Trei Întoarceri ale Roții Dharmei, în felul următor:

Tip	Întoarcere a *Roții*	Subiectul principal
Cauzal	Prima Întoarcere	Cauză și efect
	A doua Întoarcere	Vacuitate
Rezultant	A treia Întoarcere	Natura de Buddha

Tabelul 11-2: Vehicule, în funcție de abordare.

Vehicule, în funcție de învățătura principală

Pornind de la categoriile anterioare, putem vedea că în timp ce Hinayana se bazează în întregime pe învățăturile din sutre, Mahayana include aspecte atât din sutra cât și din tantra. Acest lucru a dus la dezvoltarea a trei stiluri distincte de practică, fiecare propagându-se în perioade diferite de timp și în regiuni geografice diferite:

1. **Vehiculul fundament (Hinayana):** Învățăturile Hinayana au fost primele învățături oferite de Buddha și sunt asociate în principal cu stilul de practică budistă urmată astăzi în Thailanda, Sri Lanka, Cambodgia, Birmania și Laos. Acest stil de practică este in general cunoscut sub numele de *budism Theravada*, botezat după singura școală prezentă astăzi care menține această formă de practică. Ea urmează învățăturile înregistrate în *Canonul Pali*, cea mai veche culegere de scripturi din *Prima Întoarcere*.

2. **Marele Vehicul (Mahayana):** Învățăturile obișnuite din Mahayana au evoluat gradual și sunt, în general, asociate cu stilurile de practică budistă urmate în Tibet, China, Coreea, Japonia și Vietnam. Ele urmează *Canonul Sanscrit* și au aderat, cu precădere, la sistemul gradat de studiu și de practică stabilite în Universitatea Nalanda din centrul Indiei. Adesea menționat ca *tradiția Nalanda*, acesta este sistemul urmat îndeaproape în școlile tibetane de budism. Unele dintre celelalte tradiții, care au evoluat în țări precum China și Japonia (în special budismul Chan și budismul Zen) urmează o abordare care se concentrează mai puțin pe studiu și mai mult pe practica meditației ghidate, menită să golească mintea de toate conceptele.

3. **Vehiculul Vajra (Vajrayana):** Învățăturile Vajrayana se găsesc aproape exclusiv în Tibet și este un fapt general acceptat că ele au apărut din învățăturile neobișnuite din Mahayana. Este cunoscut sub numele de *Vehiculul Fulger*, întrucât este considerat cea mai rapidă cale de trezire. Vajrayana oferă nenumărate metode iscusite, cum ar fi vizualizări, mantre și tehnici pentru conducerea energiilor interne ale corpului, pentru a permite practicantului să se conecteze direct cu propria natură de Buddha. Pentru a înlătura obstacolele din calea iluminării, Vajrayana se concentrează pe a vedea, a recunoaște și a elimina orice probleme sau limitări ale minții, în timp ce Sutrayana se concentrează pe cultivarea calităților bune. Întrucât Vajrayana poate fi o cale dificilă, nu este recomandată tuturor practicanților budiști.

Cu toate că Mahayana și Vajrayana pun accentul pe a doua și pe a treia Întoarcere a Rotii Dharmei, ele nu sunt în contradicție cu învățăturile din budismul Theravada, care se concentrează pe Prima Întoarcere. Învățăturile Theravada sunt fundamentale pentru practica budistă și, prin urmare, pregătirea temeinică în acest sistem este esențială pentru a practica cu succes Mahayana Buddha-Dharma. Tradițiile budiste tibetane, de exemplu, studiază pe larg vinaya din Theravada, care conține codul moral necesar în comunitățile monahale. La fel, învățăturile Vajrayana depind în mare măsură de învățăturile Mahayana. Fără a stabili baza motivației și perspectivei Mahayana, rezultatul iluminării este imposibil de obținut prin practica Vajrayana.

Învățătură	Tradiție	Învățătura principală	Practicat în
Sutra	Vehiculul fundament	Prima Întoarcere	Sri Lanka, Burma, Thailanda, Cambodgia și Laos
	Marele vehicul	A doua Întoarcere	China, Coreea, Japonia și Vietnam
Tantra	Vehiculul vajra	A treia Întoarcere	Tibet, Mongolia și regiunea himalayană

Tabelul 11-3: Vehicule, în funcție de învățătura principală.

FUNDAMENT, CALE ȘI REZULTAT

Când analizăm diferite vehicule, ne poate fi utilă folosirea unui sistem simplu, pentru o concentrare a analizei și pentru a avea o bază de comparație. Toate vehiculele pot fi înțelese în corelație cu trei aspecte:

1. **Fundament:** Fundamentul oricărui vehicul este perspectiva utilizată pentru a descrie natura realității. Prin această perspectivă, practicantul este capabil să stabilească ce aspecte ale realității lui sunt nesatisfăcătoare și cum poate lucra cu această realitate pentru a produce rezultatul dorit. Acest aspect este cunoscut drept bază sau fundament, întrucât toate practicile sunt construite pe această înțelegere și aceasta este realitatea cu care lucrăm pe cale.

2. **Cale:** Odată ce ați identificat o problemă, puteți începe să aplicați strategii pentru a schimba situația. Calea reprezintă toate metodele care sunt furnizate de vehicul în scopul transformării modului în care practicantul experimentează baza. Căile sunt de obicei proiectate să aibă o natură progresivă, asemenea unei scări unde fiecare pas te aduce mai aproape de rezultatul dorit. Cele două metode principale sunt reprezentate de practici de meditație și de conduită.

3. **Rezultat:** Prin angajarea pe o cale se produce o varietate de rezultate specifice. Fiecare vehicul este proiectat pentru a vă duce până într-un anume punct. De îndată ce ați atins rezultatul maxim pe care îl poate oferi un vehicul, este nevoie să îl schimbați cu un alt vehicul, pentru a putea merge mai departe. În acest fel putem vorbi de unele vehicule ca fiind relativ "superioare" altora, în măsura în care acestea sunt capabile

să vă ghideze spre o experimentare mai profundă a realității. Rezultatul final al utilizării acestor vehicule este iluminarea deplină.

Pentru a ilustra aceste principii, vom privi acum la baza, calea și rezultatul ce sunt comune tuturor formelor de budism. Aceste subiecte alcătuiesc înțelegerea fundamentală a învățăturilor lui Buddha și le vom dezvolta în continuare în capitolele următoare.

Fundamentul—*Cele patru peceți*

Cele patru peceți reprezintă însăși esența viziunii budiste. Nicio ființă nu a atins iluminarea și nici nu o va atinge vreodată, fără a le înțelege și, astfel, dacă le pătrundem sensul cu adevărat, nu putem eșua pe calea budistă. Cele patru peceți sunt numite astfel pentru că, atâta timp cât un document este sigilat, avem încredere că este autentic. În același mod, pentru ca o concepție să fie cu adevărat budistă, trebuie să conțină aceste peceți. Dacă le înțelegem corect, înțelegem ce anume face ca Buddha-Dharma să fie unică și astfel putem recunoaște în mod clar diferența dintre punctul de vedere budist și toate celelalte filozofii, sisteme de credință sau religii.

Pe măsură ce examinați fiecare dintre aceste peceți, puteți observa că ați întâlnit deja unele dintre aceste teme în capitolele anterioare. Aceasta este o trăsătură comună în Buddha-Dharma. Adesea, o anume temă va fi analizată din mai multe unghiuri, pentru a dobândi o înțelegere mai completă a fenomenelor. Prin urmare, nu este vorba despre repetiție de dragul repetiției. Acesta este un mijloc abil care ne ajută să înaintăm pe cale. Cu cât vom reflecta mai mult asupra acestor teme, cu atât mai mult va evolua perspectiva noastră. Pe măsură ce vi se modifică punctele de vedere, obțineți o nouă perspectivă prin care înțelegeți realitatea. Aceasta încurajează o contemplare mai adâncă, ceea ce duce în final la potențialul apariției unei și mai mari înțelepciuni.

1. *Toate fenomenele compuse sunt nepermanente*

Tot ceea ce există și poate fi cunoscut de minte, poate fi perceput ca fiind compus. Ceea ce înseamnă că, chiar dacă ceva pare a fi solid și real prin el însuși, este de fapt format din mai multe părți și depinde de cauze și condiții pentru a exista. Astfel de fenomene compuse sunt subiectul schimbării și al nepermanenței.

De exemplu, o masă de lemn depinde de bucățile de lemn din care este făcută și de copacii care au furnizat lemnul. Fiecare copac depinde de o sămânță, precum și de sol, apă și soare care îl ajută să crească. Fără oricare dintre aceste condiții, el nu ar exista. Când ne gândim la felul în care sunt tăiați acei arbori și apoi transformați în cherestea, apoi transportați și asamblați de oameni într-o fabrică, putem vedea felul în care lanțul interdependenței include mulți alți factori de sprijin. Ne putem gândi la tot ceea ce este necesar pentru a construi camioanele care transportă lemnul. Sau la toate condițiile care au făcut posibilă apariția oamenilor care lucrează în fabrică. Fabricarea mesei depinde de toți acești factori, iar dacă una dintre aceste cauze ar lipsi, atunci nici masa nu ar mai putea exista.

Pentru că toate lucrurile depind de cauze și condiții pentru a ajunge să se manifeste și pentru că aceste cauze și condiții nu durează pentru totdeauna, tot ce ajunge să se manifeste trebuie să decadă și să dispară natural și, prin urmare, este nepermanent. În timp ce masa ar fi un exemplu evident al unei fenomen nepermanent, putem vedea de asemenea, exemple mai subtile de nepermanență în fenomene precum trăsăturile de personalitate, gândurile sau emoțiile noastre.

Știți unde veți fi peste zece ani? Veți locui în aceeași casă sau veți purta aceleași haine? Gândiți-vă la asta. Acum zece ani e posibil să fi avut idei sau puncte de vedere diferite în comparație cu cele actuale. Poate că erați plini de tinerețe și vigoare, dar acum poate ați îmbătrânit și v-au apărut riduri. Dacă ați avut odată douăzeci de ani, iar acum aveți treizeci sau patruzeci de ani, ce fel de diferențe puteți observa în corpul vostru? Acestea sunt exemple de efemeritate de nivel evident sau grosier pe care oricine le poate observa cu ușurință.

La nivelul subtil al nepermanenței, toate fenomenele compuse sunt într-o stare de transformare constantă, fiecare schimbare având loc într-un interval foarte mic de timp. Învățăturile lui Buddha vorbesc despre 160 de momente care trec în timpul necesar pentru a pocni din degete. Ceea ce înseamnă că tot ceea ce percepem se schimbă de mai multe ori în fiecare secundă. Dacă lucrurile nu s-ar schimba într-un interval atât scurt, cum s-ar putea ele schimba într-o secundă, într-un minut, într-o oră sau chiar într-un an întreg? Acest aspect al schimbării constante explică modul în care totul îmbătrânește, se dezintegrează și dispare.

În mod normal însă, nu putem vedea că un obiect precum palma noastră este în mare măsură diferită astăzi față de cum era ieri. Aceasta deoarece în acest moment putem percepe doar fenomene grosiere. Dacă vom merge la un râu, deși știm că se schimbă chiar în momentul în care îl vedem, avem obiceiul de a gândi că este același râu pe care l-am văzut anul trecut. Noi credem că avem aceeași mână, aceiași părinți și așa mai departe, dar, în realitate, totul este în continuă schimbare. Oamenii de știință ajung la o concluzie similară pe măsură ce progresele tehnologice au creat posibilitatea de a observa lucrurile la o scară foarte mică. Ființe extrem de realizate, care și-au dezvoltat mintea prin practica meditației, sunt capabile să perceapă în mod direct fenomenele schimbându-se continuu în fiecare moment.

Exercițiul 11.1—Instabilitatea cauzelor și condițiilor

- *Într-o poziție relaxată, stabilizați-vă o minte neutră prin practica atenției conștiente pe respirație.*

- *Alegeți un fenomen pe care doriți să îl analizați. Reflectați un moment asupra caracteristicilor acestui fenomen. Încercați să fiți cât mai minuțioși.*

- *Acum, examinați cauzele și condițiile care au trebuit să se întrunească pentru ca acest fenomen să apară în starea în care sa fiți capabili să îl observați chiar acum. Identificați mai întâi cauza substanțială a fenomenului, iar apoi analizați diferitele condiții care au influențat modul în care fenomenul a evoluat în timp.*

- *Reflectați la modul în care s-ar fi schimbat acest fenomen dacă oricare dintre condiții ar fi fost diferită. Fenomenul ar fi fost exact la fel, similar sau ar fi fost total inexistent? Alegeți un număr de condiții și imaginați-vă toate rezultatele posibile.*

- *Acum gândiți-vă la condițiile care mențin acest fenomen în starea pe care o observați chiar acum. Examinați influențele schimbătoare ce fac ca acest fenomen să se degradeze în timp. Va dura fenomenul un timp îndelungat? Sau se va dizolva într-un proces relativ rapid?*

- *Gândiți-vă la diferite moduri în care ați putea schimba condițiile, fie pentru a prelungi, fie pentru a accelera transformarea fenomenului. De exemplu, ce s-ar întâmpla dacă fenomenul ar fi expus căldurii sau frigului?*

- *Repetați acest proces de analiză cu mai multe tipuri de fenomene. În cazul în care apare o certitudine referitoare la caracterul nepermanent al fenomenelor compuse, rămâneți pur și simplu în această stare.*

2. Toate fenomenele condiționate sunt nesatisfăcătoare

Orice fenomen pe care îl experimentăm prin lentilele distorsionate ale perturbărilor noastre mentale va fi prin natura sa nesatisfăcător sau, altfel spus, natura sa este suferința. Acest adevăr rezultă îndeaproape din realitatea că tot ceea ce este efemer este prin natura sa instabil. Când ceva este instabil, creează incertitudine în mintea noastră. Aceasta duce inevitabil la anxietate, nemulțumire și suferință, în grade diferite. Deoarece toate cauzele și condițiile ce au dus la apariția unui anumit fenomen sunt dincolo de capacitatea noastră actuală de a cunoaște, fiecare fenomen prezintă un grad semnificativ de incertitudine pentru noi. Această incertitudine generalizată crează întotdeauna posibilitatea ca un fenomen să acționeze ca o condiție pentru ca suferința să apară în mintea noastră. Acest fapt mai este cunoscut sub numele de suferința atotpătrunzătoare.

De exemplu, imaginați-vă că aveți o mașină scumpă și vă așteptați ca ea să rămână mereu ca nouă. Veți ignora natura incertă (sau nesatisfăcătoare) a mașinii. Inevitabil, mașina se va zgâria, metalul va rugini sau motorul se va uza. Indiferent cât de mult vă doriți ca acesta să rămână neschimbată, realitatea este că mașina nu are această capacitate. Această experiență a nemulțumirii este cunoscută sub numele de suferința schimbării.

Similar, atunci când facem efortul de a zâmbi cuiva, de multe ori așteptăm să ni se răspundă la fel. Dar dacă nu se întâmplă așa, putem experimenta o oarecare tristețe. Intensitatea tristeții resimțite este legată de cât de mult ne așteptam să ni se înapoieze zâmbetul. Așa că, în general, putem spune că simțim mai multă sau mai puțină suferință mentală, în funcție de cât de puternic ne-am dorit un anumit rezultat. Acest lucru este cunoscut sub numele de suferința durerii.

Termenul suferință este utilizat pe scară largă pentru a descrie această idee, dar aceste exemple arată că înțelesul său complet cuprinde nu numai suferința brută, cum ar fi durerea intensă, depresia sau boala, ci mai degrabă un "grad de nemulțumire" mai general, care descrie însăși natura vieții. Este mai bine să spunem "viața este nesatisfăcătoare" decât să proclamăm "natura vieții este suferința", întrucât înțelegerea greșită a termenului de "suferință" poate conduce la ideea că budiștii sunt exagerat de pesimiști.

Oricum, această opinie este eronată, întrucât budiștii se străduiesc să nu fie nici pesimiști, nici optimiști, ci mai degrabă să vadă cât mai clar realitatea așa cum este. Învățăturile budiste pot fi considerate "realiste", deoarece ne arată natura interdependentă a experienței noastre. Prin intermediul lor, putem vedea că momentul prezent este un rezultat al trecutului și că viitorul va fi un rezultat al prezentului. Cu toate că reflectarea asupra naturii acestei realități poate da naștere unui sentiment intens de tristețe, deoarece vedem toată suferința și inutilitatea multor lucruri din această lume, ea conduce, de asemenea, spre o recunoștință și o apreciere naturală pentru lucrurile minunate pe care lumea le are de oferit, cât și pentru prețioasa oportunitate de a ne îmbunătăți situația și de a-i ajuta și pe alții să facă același lucru. În acest fel, budiștii nu gândesc că viața este întotdeauna nedreaptă, ci, mai degrabă, o văd ca fiind plină de posibilități.

S-ar putea pune la îndoială ideea că "viața este nesatisfăcătoare". Pentru persoanele care au experimentat durere și chin în viața lor, acest concept nu este greu de înțeles, dar pentru alții, care simt că au o viață excelentă, este mult mai puțin evident. Întrucât este cu siguranță adevărat că astfel de oameni experimentează unele niveluri de fericire, ei vor trebui să privească în profunzime, pentru a înțelege că lucrurile sunt imprevizibile și temporare și deci nu sunt atât de atractive precum ar putea ei crede.

Cel mai bun mod de a analiza aceasta, este să ne examinăm viața de zi cu zi, observând modul în care alergăm continuu după fericire. Priviți-vă cu atenție acțiunile, pentru a vedea ce anume vă motivează. De ce treceți mereu de la o activitate la alta? De ce nu putem pur și simplu să stăm liniștiți? Ceva în acest moment prezent este nesatisfăcător, ceva nu e chiar bine. În ciuda ajustării constante a efortului de a găsi fericirea în tot ceea ce facem, în cele din urmă vom fi nemulțumiți într-un fel sau altul. Această neliniște este însăși natura insatisfacției.

Orice acțiuni am întreprinde, indiferent de cât de realiste sau nerealiste ar fi și indiferent de cât de înțelepte sau de prostești ne sunt intențiile, scopul nostru final este mereu fericirea. Problema este că, de obicei, urmărim fericirea ca depinzând de ceva exterior - ceva din afara noastră. Nu putem fi niciodată complet satisfăcuți sau să găsim o fericire stabilă, de durată, atunci când fericirea noastră depinde de fenomene instabile.

Din fericire, Buddha nu s-a oprit doar la a identifica problema. El a continuat, indicându-ne o cale care ne oferă metode pentru a ameliora suferința și, în cele din urmă, pentru a ne elibera de ea cu desăvârșire. Deși totul este nesatisfăcător prin natura sa, această stare de lucruri, la fel ca totul pe aceasta lume, se poate schimba și, de aceea, există o posibilitate reală să putem face ceva în legătură cu acest subiect.

Exercițiul 11.2—Experiența de a nu fi niciodată satisfăcut

- *Într-o poziție relaxată, stabilizați-vă o minte neutră prin practica atenției conștiente pe respirație.*

- *Alegeți o zi din trecutul recent pentru a o analiza. Luați-o de la început și derulați încet amintirea acelei zile. Creionați o serie de activități notabile pe care le-ați făcut în timpul acelei zile.*

- *Acum treceți prin fiecare dintre aceste activități și analizați de ce le-ați făcut. Mai întâi gândiți-vă la ceea ce ați dorit să obțineți prin acea activitate. Apoi gândiți-vă de ce ați dorit să obțineți în primul rând acel rezultat. Ce vă lipsea în acel moment și v-a făcut sa doriți să schimbați ceva?*

- *De exemplu, dacă activitatea a fost să gătiți ceva, starea nesatisfăcătoare a fost suferința de a fi înfometați. Din moment ce nu v-a plăcut această senzație, ați vrut să mâncați, deoarece știați că acest lucru v-ar reduce foamea.*

- *Continuați cu fiecare moment al zilei. Întrebați-vă de ce ați ales să opriți o anumită activitate. În ce moment activitatea în sine a devenit nesatisfăcătoare? Din nou, ce v-a motivat să vă mutați atenția pe altceva?*

- *Continuați să analizați diverse experiențe din viață pe care vi le puteți aminti. Când începe să apară o certitudine în ceea ce privește natura agitată a vieții voastre, rămâneți în conștientizarea acestui sentiment.*

3. Toate fenomenele sunt lipsite de existență reală

În cele două peceți precedente am văzut cum toate fenomenele condiționate sunt trecătoare și, prin urmare, nesigure. Această incertitudine conduce la o experiență inevitabilă de nemulțumire, atâta timp cât noi căutăm fericirea de durată, autentică. Acum trebuie să privim mai profund la această situație și să ne întrebăm, mai întâi, de ce aceste fenomene sunt nepermanente și apoi, de ce experimentăm atât de multă suferință în legătură cu această realitate?

Răspunsul este că ne agățăm de această realitate nepermanentă ca și cum ar fi permanentă. Apoi vedem aceste fenomene ca surse inerente ale fericirii autentice. Ambele sunt concepții greșite, sau distorsiuni, care ne conduc spre o gamă largă de așteptări nerealiste cu privire la realitate, care nu pot fi împlinite.

Dintre toate fenomenele pe care le percepem în acest fel, cea mai puternică concepție greșită este percepția unui sine individual, substanțial și cu existență inerentă. Acest sine este cel pe care îl folosim ca punct de referință pentru a înțelege totul despre experiența noastră și, din acest motiv, dacă interpretăm greșit natura sinelui nostru, atunci această înțelegere eronată va fi proiectată asupra a orice altceva.

Primul aspect al acestei concepții greșite este credința că fenomenele au o natură singulară. Când ne uităm la o masă având diverse lucruri pe ea, putem identifica acele obiecte individuale, cum ar fi o carte, un suport cu creioane sau o vază cu flori, fiecare lucru existând separat de celelalte. La fel, când ne uităm la noi înșine, vedem o singură persoană. Este un lucru, care este diferit de alte lucruri. Sunteți aici, în timp ce alte persoane sunt acolo.

Când investigăm această noțiune, putem vedea că, de fapt, ea este falsă. Deși am putea crede că suntem un singur lucru, suntem de fapt formați din mai multe lucruri. Așa cum am văzut în capitolele anterioare, avem un corp și o minte. Corpul poate fi împărțit în cap, trunchi, brațe și picioare. Mintea poate fi împărțită în opt forme de conștiință și cincizeci și unu de factori mentali. Formele de conștiință pot fi, de asemenea, divizate în cele cinci agregate: forma, percepția, senzația, formațiunile mentale și conștiința. Totuși, indiferent cum împărțim lucrurile, ideea principală este că nu avem o natura individuală. Această multitudine de fenomene pe care o experimentăm este pur și simplu baza a ceea ce etichetăm drept "sine".

Următorul aspect al înțelegerii noastre eronate este credința că, în timp, suntem în mod substanțial aceeași persoană. Când ne trezim dimineața, avem sentimentul că suntem aceeași persoană care am fost când ne-am dus la culcare cu o noapte înainte. Există un sentiment de continuitate, un fir care leagă toate aceste experiențe împreună.

Din nou, dacă investigăm această credință, descoperim că fiecare moment apare și se dizolvă în aceeași clipă - fiecare moment dând naștere altuia asemănător și, totuși, diferit. Ceea ce am etichetat ca fenomen "statornic" reprezintă, de fapt, o serie de momente similare, pe care noi nu le putem diferenția într-un mod relevant. Din acest motiv, când privim superficial la persoana de astăzi și la persoana de ieri, majoritatea aspectelor par a fi similare. La un nivel mult mai subtil, însă, nu putem găsi nimic care să fie exact la fel.

În cele din urmă, al treilea aspect al înțelegerii noastre eronate este convingerea că acest sine pe care îl percepem există în mod inerent, de sine stătător. Această idee unește calitatea percepută a unui fenomen cu fenomenul în sine, solidificându-l astfel într-o entitate existentă în sine. Când vedem o ceașcă, credem că natura acestui obiect este de a fi o ceașcă, ce are o "natură de ceașcă" inerentă. La fel, credem că o floare este în mod inerent o floare, un elefant este în mod inerent un elefant și o persoană este în mod inerent o persoană.

Însă când căutăm această natură intrinsecă, nu o putem găsi. Să luăm de exemplu o masă. Vedem masa și ne gândim: "Aceasta este cu siguranță o masă". Dar unde este masa pe care o percepem? Masa este alcătuită din părți, astfel încât este evident că masa trebuie să fie ori același lucru cu părțile constituente, ori separată de acestea. Putem începe prin a ne uita mai întâi la fiecare parte încercând să găsim orice am putea recunoaște ca fiind o masă în interiorul acelor părți. Când ne uităm la picioare, nu găsim o masă, găsim picioare de masă. De asemenea, când ne uităm la cadrul mesei nu găsim o masă, găsim doar un cadru de masă. Când ne uităm la blatul mesei, nu găsim o masă, găsim un blat. Nu contează la care parte ne uităm, nu există nimic pe care să îl putem identifica în mod clar ca fiind o masă. Deci, dacă părțile ei nu sunt masa, atunci masa trebuie să existe separat de aceste componente.

Pentru a testa acest lucru, pur și simplu începem să scoatem părți din obiect până când încetează să mai fie identificat ca obiect. Începeți cu unul dintre picioarele mesei. Chiar dacă o masă cu trei picioare este destul de instabilă, încă putem considera ca este o masă. Dacă i-am mai lua încă un picior, o parte se va prăbuși și acum va arata ca o masă ruptă. Pentru că nu mai stă dreaptă, nu mai este capabilă să îndeplinească funcția unui mese, aceea de a ține lucrurile. Dați deoparte blatul și acum am rămas cu ceva care doar sugerează o masă. Eliminați ultimele două picioare și orice ar fi părut să fie o masă dispare complet. Acest proces ne arată că "masa", de care suntem atât de siguri că există în mod inerent, este doar o etichetă pe care o proiectăm asupra unei colecții de obiecte sau, cu alte cuvinte, asupra unui anumit tip de aparență care se naște în minte. Masa pe care am căutat-o nu există în obiect, există numai în minte, în funcție de cauze și condiții. Numim această pură absență a existenței intrinseci "vacuitatea" obiectului. Toate fenomenele au această calitate și, de aceea, se poate spune că vacuitatea este natura lor.

La suprafață, aceste idei pot părea destul de logice și, prin urmare, este posibil să nu experimentați marea profunzime pe care ele o descriu, pentru că, atunci când realizăm de fapt ce este vacuitatea, ea are un efect dramatic asupra felului în care percepem lumea experiențelor noastre. Totul va deveni iluzoriu în natura sa, iar noțiunea de realitate "adevărată" se va dizolva ulterior. Pe măsură ce concepțiile greșite sunt eliminate, adevărul nostru sacru va apărea, neafectat de fluxul nesfârșit de proiecții - asemeni adâncului oceanului care este netulburat de valurile de la suprafața sa. Când vom înțelege cu adevărat vacuitatea, nu vom mai fi sub controlul stărilor perturbate ale minții și, prin urmare, nu vom mai crea karma. Când oprim karma, oprim existența ciclică și toate experiențele nesatisfăcătoare pe care aceasta le generează.

Exercițiul 11.3—Căutând un sine

- Într-o poziție relaxată, stabilizați-vă o minte neutră prin practica atenției conștiente pe respirație.

- Începeți prin a stabili felul în care percepem realitatea. Este această persoană care stă aici și meditează una singură sau sunt mai multe? Vă simțiți ca fiind mai multe persoane? Sau vă simțiți ca o singură persoană, separată de tot ce este în jurul vostru?

- Acum gândiți-vă la această persoană de-a lungul timpului. Simțiți că sunteți aceeași persoană cu cea care s-a trezit în dimineața aceasta? Sunteți aceeași persoană cu cea de săptămâna trecută? Nu vă preocupați să analizați chiar acum, doar faceți-vă o idee despre cum vă simțiți.

- Acum analizați-vă calitățile. Ce vă face pe voi să fiți voi? Aveți sentimentul că există ceva în voi care este unic față de oricine altcineva? Ceva ce vă face diferit? Aveți trăsături specifice care considerați că vă definesc ca persoană? Gândiți-vă la aceste calități și observați cum apare sentimentul de sine.

- După ce am dezvoltat o puternică experiență a sinelui, vom începe să căutăm unde există acest sine. Când vă gândiți la un sine, la ce vă referiți? Gândiți-vă la tot ceea ce acest sine deține. De exemplu, sinele vostru are un corp și o minte. Sinele pe care îl căutăm poate exista doar în două moduri: fie este o parte a corpului sau a minții, fie este separat de acestea. Nu există alte opțiuni.

- Începeți căutarea sinelui în corpul vostru, selectând diferite părți pentru a le examina. Puneți-vă întrebarea: "Sunt eu această parte?" Dacă răspunsul este da, atunci investigați acest fenomen și analizați dacă și acesta este alcătuit, la rândul său, din alte părți. Dacă este, atunci luați fiecare parte și încercați să vă dați seama care dintre ele este "eu". Continuați să faceți acest lucru până când fenomenul nu mai poate fi *divizat sau, pur și simplu, nu găsiți nimic despre care ați putea spune că este "eu".*

- *Pe măsură ce începeți să eliminați potențialele locuri unde s-ar putea găsi sinele, ați putea începe să aveți îndoieli cu privire la faptul că acest sine chiar există. Cu cât investigați mai mult, cu atât mai puternic poate să apară acest sentiment. Când se întâmplă asta, rămâneți pur și simplu cu acest sentiment, atâta timp cât durează.*

- *Acum căutați sinele ca fiind ceva separat de toate aceste părți. Imaginați-vă că secționați corpul în părțile sale componente. Treceți prin fiecare componentă, izolând-o și apoi așezați-o deoparte. Pe măsură ce scoateți bucăți din corp, întrebați-vă: "Sunt încă eu?" Explorați cât timp vă ia până când nu mai simțiți că există ceva din corp cu care să vă identificați. De îndată ce ați demontat complet corpul, luați în considerare diferitele părți ale minții voastre, căutând ceva care este independent și separat de toate aceste lucruri.*

- *La un moment dat, în timpul acestui proces, este posibil să experimentați pur și simplu dispariția sinelui. Nu mai e nimic de care să vă agățați. Nu vă speriați de acest sentiment, este firesc. Doar rămâneți în starea de simplă absență a sinelui.*

4. Nirvana este pacea totală, dincolo de orice extreme

Când investigăm modul în care experimentăm de obicei lucrurile, putem vedea că proiectăm un nivel de existență asupra realității, fixând-o într-o formă sau alta. Acest lucru este cunoscut drept *punctul de vedere eternalist*. Pornind de aici, concepem un Dumnezeu care este creator etern sau ideea unui suflet neschimbător.

Cu toate acestea, când începem să ne analizăm atent experiența, începem să vedem că percepțiile noastre sunt eronate. Multe dintre presupunerile noastre se dovedesc a fi false și încep să se dizolve după ce le supunem analizei. Lucrurile încep să nu mai fie percepute ca atât de solide și încep să capete o natură ca de vis. Din păcate, când ni se năruie întregul univers avem tendința să oscilăm către cealaltă extremă, către credința că nimic nu există. Acesta este *punctul de vedere nihilist*. Se presupune în mod fals fie că existența are o natură inerentă, fie că este total total inexistentă.

Buddha a constatat că singura modalitate de a atinge un sentiment real de pace interioară este să găsească o viziune echilibrată, care trece dincolo de aceste două extreme. Când abandonați punctul de vedere al eternalismului, eliminați baza pentru a vă agăța de ceva și, prin urmare, vă deschideți mintea spre toate posibilitățile. Atunci când abandonați punctul de vedere al nihilismului, recunoașteți capacitatea fenomenelor de a apărea în toate tipurile de manifestare, permițând exprimarea creatoare infinită.

A rămâne în această stare, dincolo de cele două extreme, este cunoscută sub numele de *nirvana*, starea finală a păcii supreme. Nu este ceva ce creați, ci mai degrabă este starea naturală, nefabricată, pe care o găsim după ce eliminăm tot ceea ce este artificial sau obscur. Modul în care facem acest lucru este prin realizarea directă a naturii goale a sinelui nostru, în felul acesta eliminând ignoranța care alimentează alte stări perturbate ale minții.

Exercițiul 11.4—Găsirea căii de mijloc

- *Într-o poziție relaxată, stabilizați-vă o minte neutră prin practica atenției conștiente pe respirație.*

- *Începeți prin identificarea punctului de vedere eternalist în viața voastră. Identificați tipurile de fenomene cotidiene pe care le întâlniți. Vizualizați diferite scenarii ale trecutului recent, dând substanță poveștii personale. Cu cât intrați în mai multe detalii, cu atât realitatea devine mai solidă. Acesta se va manifesta printr-un sentiment de certitudine că aceste lucruri efectiv s-au întâmplat și că ele categoric exista, în și prin sine. Aceasta este agățarea de lucruri, ca fiind eterne.*

- *Acum, aplicați același procedeu pentru investigarea sinelui unui fenomen din viața voastră (ca în exercițiul 11.3). Alegeți un prieten sau un membru al familiei sau poate un obiect care vă aparține. Ceva în care aveți încredere că există în modul în care vă apare vouă.*

- *Pe măsură ce analizați, urmăriți cum încrederea se transformă. Când nu puteți găsi nicio persoană sau obiect existente în mod inerent, ce simțiți? Atunci când stabiliți cu succes că ele nu există, rămâneți în această certitudine. Aceasta este agățarea de credința că lucrurile sunt non-existente.*

- *Acum, gândiți-vă ce dispare, de fapt, atunci când analizăm? De exemplu, dacă analizăm o ceașcă, ceea ce dispare complet este aparența sau conceptul nostru că acea aparența este o ceașcă? Nu ne-a rămas nimic sau este ceva acolo?*

- *Investigați dacă este posibil să aveți o experiență fără a proiecta etichete. Sunt ele necesare? Puteți să vă confruntați cu o aparență fără a fi nevoie să o definiți? Atunci când puneți o etichetă pe ceva, este necesar să credeți că obiectul este într-adevăr ceea ce ați etichetat?*

- *Atunci când analizați, îndepărtați concepțiile greșite. Apoi observați ce experiență apare din acest nou punct de vedere. Este posibil să descoperiți că fenomenele încep să aibă o calitate ca de vis. Rămâneți în conștientizarea acestui sentiment.*

Calea—*Cele trei antrenamente înalte*

Din înțelegerea celor patru peceți decurge o anumită metodologie. Astfel, putem vedea că, atât timp cât ne raportăm la lume prin ignoranță, totul va fi nepermanent și nesigur, ducându-ne spre experimentarea a multă suferință. Cauza principală a acestei forme de existență este ignoranța, care atașează fenomenelor o identitate inerentă. De aceea, prin eradicarea acestei ignoranțe, putem rămâne într-o stare lipsită de suferință. În acest context, calea este metoda de eradicare a acestei ignoranțe de rădăcină.

Deși dezvoltarea unei înțelegeri conceptuale a naturii realității reprezintă un pas în direcția corectă, deoarece este conceptuală, aceasta încă funcționează de la un nivel grosier al conștiinței. Pentru a realiza un efect ireversibil, trebuie să transcendem acest nivel conceptual și să experimentăm realitatea vacuității prin percepție directă. Pentru aceasta, toate practicile budiste se concentrează pe *cele trei antrenamente înalte*:

1. **Disciplina etică (shila):** Așa cum am văzut, stările perturbate distorsionează și tulbură mintea. Cât timp suntem dominați de cele trei otrăvuri - aversiune, atașament și ignoranță - vom fi incapabili să ne concentrăm suficient mintea pentru a vedea nivelurile mai subtile ale existenței. Așadar, Buddha a predat o gamă largă de comportamente etice sub forma jurămintelor de diferite niveluri. Practicanții încep mai întâi să-și restrângă acțiunile corpului și vorbirii, ceea ce le dă posibilitatea să se concentreze asupra minții. Apoi, lucrând cu mintea lor, sunt capabili să reducă influența perturbărilor și astfel să creeze condițiile pentru ca practicile contemplative să fie mai eficiente.

2. **Concentrarea (samadhi):** Vacuitatea este un exemplu de fenomen ascuns. Este destul de subtil și, de aceea, pentru a-l observa direct, este nevoie să ne calmăm complet mintea grosieră și să ne concentrăm atenția într-un mod foarte precis. Acesta este motivul pentru care practica meditației este atât de importantă în budism. Doar prin dezvoltarea atenției prin meditație o persoană poate să-și stabilizeze mintea pentru a fi efectiv capabilă să observe vacuitatea fenomenelor.

3. **Înțelepciunea (prajña):** Acumulând toate condițiile necesare pentru a observa cu adevărat vacuitatea, practicanții trebuie să se familiarizeze acum cu acest fenomen. Ignoranța noastră este omniprezentă, suntem profund obișnuiți să ne atașăm de tot ceea ce apare. Chiar dacă suntem capabili să experimentăm direct un scurt moment de vacuitate, forța obișnuinței ne va trage înapoi către agățare. Din acest motiv, trebuie să rămânem în mod repetat cu mintea în starea de vacuitate. De fiecare dată când procedăm astfel, slăbim puterea Samsarei și ne întărim capacitatea de a rămâne în nirvana. În final, tiparele distructive ale atașamentelor sunt complet eradicate, iar noi nu mai experimentăm stări perturbate ale minții. Fără perturbări, suntem în sfârșit capabili să rămânem în propria noastră natură, eliberați de orice suferință.

Primele două antrenamente sunt sub numele de metodă sau mijloace abile. Ele oferă toate instrumentele care creează condițiile pentru ca un practicant să se confrunte cu natura minții sale. Ele au natură temporară, fiind doar un mijloc pentru atingerea unui scop. Scopul real al practicării lor este de a dezvolta înțelepciunea celui de-al treilea antrenament. Ne putem gândi la ele ca la cele două aripi ale unei păsări.

O pasăre nu poate zbura dacă nu are ambele aripi. La fel, un practicant nu poate progresa de-a lungul căii dacă nu deține în egală măsură metoda și înțelepciunea. Dacă practicați doar metodele, puteți obține doar rezultate temporare minunate, dar nu veți experimenta nicio transformare profundă. De asemenea, dacă practicați doar înțelepciunea, atunci ați fi capabili să pătrundeți doar până la nivelul întunecărilor uzuale ale minții. Aceasta înseamnă că tipul de înțelepciune pe care l-ați dobândi ar fi doar unul superficial. Din acest motiv, trebuie întotdeauna să le echilibrăm pe ambele, cât mai mult posibil. Când sunt practicate corect, metoda sprijină înțelepciunea și înțelepciunea sprijină metoda, permițându-ne să progresăm gradat, din ce în ce mai adânc, până când ne vom atinge obiectivul.

Rezultatul—*Cele două acumulări*

Samsara este un mod de a interpreta realitatea bazat pe ignoranță. Calea ne oferă o modalitate de a cultiva înțelepciunea și, prin urmare, îndepărtează ignoranța și toate stările perturbate ale minții care sunt derivate din ea. Pe parcursul acestui proces, practicantul efectuează o mare varietate de acțiuni care conduc la o varietate la fel de mare de rezultate. Când ne gândim la natura acestor rezultate, putem vorbi despre două tipuri principale:

1. **Meritul:** Până când veți fi capabili să realizați în mod direct vacuitatea, mintea voastră va conține atașament și ignoranță, prin urmare, orice acțiuni în care vă veți angaja vor genera karma și de aceea vă vor condiționa în continuare existența. Dar dacă aceste acțiuni sunt motivate de o intenție virtuoasă, ele vor da naștere în mod natural mai degrabă la fericire, decât la suferință. Acest lucru este crucial în crearea condițiilor celor mai favorabile pentru progresul pe cale (cum ar fi obținerea unei prețioase renașteri umane).

2. **Înțelepciunea:** Prin acumularea de merite, suntem capabili să ne stabilim o dispoziție calmă, încredere, o conștientizare mai mare și multe alte stări pozitive, care pot fi apoi utilizate pentru a genera conștientizări

din ce în ce mai profunde. Cea mai profundă dintre ele este experiența directă a adevărului nostru sacru, aceea de a realiza pentru prima oară vacuitatea. Orice acțiune care se realizează din perspectiva acestei înțelepciuni va acționa ca o cauză pentru încetarea tiparelor noastre obișnuite. Aceste schimbări vor conduce în cele din urmă la o eliberare stabilă și de durată de toate formele de condiționare karmică.

Rezultatul final care este produs de aceste două acumulări depinde de vehiculul care este practicat. Pentru practicantul vehiculului fundamental, rezultatul este eliberarea completă de suferință. Pentru practicantul marelui vehicul, aceste acumulări produc starea omniscientă de iluminare completă. Vom studia mai detaliat aceste rezultate în capitolele respective.

RECAPITULAREA PUNCTELOR CHEIE

- Buddha-Dharma este un termen mai precis pentru a face referire la ceea ce este cunoscut în mod obișnuit drept "budism". El se referă la colecția de învățături care au fost date de Buddha.

- Buddha istoric s-a născut și a crescut ca prințul Siddhartha. El a renunțat la viața regală și a devenit ascetul rătăcitor cunoscut sub numele de Shakyamuni. Prin antrenament meditativ intens, el a fost în măsură să obțină o înțelegere asupra naturii realității și, ca atare, să se elibereze pe el însuși de cauzele suferinței.

- De-a lungul vieții sale, Buddha a acordat o mare varietate de învățături, care pot fi grupate în trei teme gradate. În prima Întoarcere a Roții, el a predat mai ales despre legea karmică a cauzei și a efectului. În a doua Întoarcere, el a expus învățăturile asupra vacuității. În a treia Întoarcere el a prezentat caracteristicile profunde ale naturii de Buddha.

- Aceste învățături pot fi grupate într-o varietate de vehicule, care facilitează o formă particulară de transformare, bazată pe dezvoltarea spirituală curentă a practicantului.

- Dacă le grupăm în funcție de perioada în care învățăturile s-au propagat, putem identifica Vehiculul fundament (Hinayana) și Marele Vehicul (Mahayana).

- Dacă le grupăm în funcție de abordare, putem vorbi de două: vehiculele cauzale, care sunt fundamentate pe discursurile publice ale lui Buddha (sutra) și vehiculele rezultante, care s-au bazat pe învățăturile ezoterice acordate în privat anumitor discipoli (tantra).

- În funcție de care dintre cele trei întoarceri ale Roții Dharmei reprezintă punctul central al învățăturii, putem identifica trei: Hinayana, care se concentrează pe prima Întoarcere, Mahayana, care se concentrează în primul rând pe învățăturile sutra ale celei de-a doua Întoarceri și Vajrayana, care se concentrează în principal pe învățăturile sutra din cea de-a treia întoarcere și pe diferite învățături ezoterice tantrice.

- Când analizăm vehiculele, este util să luăm în considerare cadrul întreit al bazei, căii și rezultatului. Baza reprezintă perspectiva asupra modului în care există realitatea. Calea identifică metodele care pot fi folosite pentru a transforma acea bază. Iar rezultatul arată ce anume este de așteptat după ce se completează calea.

- Fundația tuturor practicilor budiste este cunoscută sub numele de cele patru peceți: toate fenomenele compuse sunt nepermanente, toate fenomenele condiționate sunt nesatisfăcătoare, toate fenomenele sunt lipsite de existență adevărată și nirvana este pacea totală de dincolo de extreme.

- Calea esențială utilizată de practicanții budiști se bazează pe cele trei mari antrenamente: disciplina etică, concentrarea și înțelepciunea.

- Rezultatele angajării pe această cale sunt cele două acumulări de merit și de înțelepciune. Aceste acumulări vor produce rezultate diferite, în funcție de vehiculul care este practicat.

CAPITOLUL DOISPREZECE

Vehiculul de bază

Primele învățături oferite de Buddha după iluminare au fost despre cele *patru nobile adevăruri*. În Parcul Căprioarelor, el a predat aceste învățături celor cinci practicanți asceți care i-au fost anterior tovarăși și se spune că ascultându-l fiecare dintre ei a atins starea de *arhat* (*cel care merită*), eliberându-se complet din lanțurile existenței ciclice. Tot restul vieții sale, Buddha a oferit nenumărate învățături care au extins temele prezentate în aceste învățături esențiale.

După ce Buddha a trecut în Parinirvana, înțelepții comunității monahale s-au adunat pentru a reuni învățăturile, fiecare dintre ei recitând diferitele sutre auzite personal de la Buddha. În acel timp, tradiția se transmitea pe cale orală, ceea ce înseamnă că, de regulă, se întâlneau anual ca să recite întreaga colecție de învățături pentru a se asigura că acestea și-au păstrat autenticitatea.

Pe baza acestor învățături au apărut diferite școli budiste. Diviziunile dintre ele s-au datorat, în principal, modului în care a fost interpretată disciplina monahală (*vinaya*). Buddha a interzis anumite activități, în funcție de ce era benefic pentru comunitatea monahală și pentru susținătorii laici. Înainte de a muri, el i-a spus lui Ananda, însoțitorul său, că unele dintre jurăminte sunt fundamentale, dar că altele sunt provizorii și că se va putea renunța la ele dacă se schimbă contextul social. Din nefericire, el nu a specificat care sunt jurămintele temporare și această confuzie a dus la apariția unor puncte de vedere diferite și apoi la formarea diferitelor școli budiste.

Câteva sute de ani mai târziu, sub patronajul marelui rege indian Ashoka, scripturile budiste au fost clasificate în sistemul cunoscut sub numele de cele *Trei Coșuri*:

1. **Disciplina monahală (vinaya):** Această colecție de texte stabilește codul de conduită utilizat în cadrul comunităților monastice budiste (Sangha). În timp ce discipolii originali ai lui Buddha au cutreierat pământul ca nomazi spirituali, vinaya s-a dezvoltat în cele din urmă pentru a favoriza un stil de viață mai sedentar, prin fondarea unor instituții monastice stabile. Astfel, această colecție include comentarii ample care descriu diferite aspecte ale comportamentului social special conceput pentru a promova o mai mare armonie nu numai în interiorul mănăstirii, ci și în ceea ce privește relația cu comunitatea laică.

2. **Discursurile lui Buddha (sutra):** Această colecție include peste zece mii de învățături publice predate de Buddha în timpul vieții sale și o serie de discursuri oferite de discipoli apropiați, după moartea sa. Aceste scripturi sunt grupate în funcție de lungime sau de subiect. Ele acoperă o gamă largă de subiecte despre lucrul cu mintea în scopul eliminării suferinței.

3. **Învățăturile superioare (abhidharma):** Această colecție de comentarii scrise de mai mulți discipoli apropiați ai lui Buddha formează fundamentul științei budiste a minții. Colecția conține o gamă largă de tratate ce descriu în detaliu modul de funcționare al proceselor fizice și mentale. Astfel, această colecție este baza principală prin care este prezentată doctrina filosofică a lui Buddha.

Aceste trei colecții de învățături au fost scrise inițial în limba pali pe insula Sri Lanka, la sud de India. Tradiția urmată acolo este cunoscută sub numele de Theravada și, cu timpul, s-a răspândit spre est, în Burma, Thailanda, Cambodgia și Laos.

Tradiția Theravada poate fi caracterizată prin abordarea pragmatică și axată pe practică. Ea pune un accent puternic pe disciplina etică și este cunoscută pentru comunitățile monahale extrem de austere. Tema centrală este renunțarea la viața lumească și practicanții sunt încurajați să-și dedice timpul retragerilor lungi în care pot practica meditația.

Figura 12-1: Răspândirea budismului Theravada.

VEHICULELE DE BAZĂ

În cadrul general al Hinayanei, există două vehicule: *vehiculul ascultătorului* și *vehiculul realizatului solitar*, iar tradiția Theravada este un exemplu al celui dintâi. Ambele vehicule sunt concentrate pe sprijinirea practicantului pentru a obține eliberarea personală din Samsara. Acest lucru se face în principal prin stabilizarea realizării lipsei sinelui prin uniunea meditativă dintre shamatha și vipashyana. Ceea ce urmează este prezentarea generală a acestor două vehicule:

Vehiculul ascultătorului (shravakayana)

Vehiculul *shravaka* mai este cunoscut și sub numele de *vehiculul ascultătorului*, deoarece implică ascultarea învățăturilor fundamentale ale lui Buddha privind suferința existenței samsarice și potențialul de a fi eliberat din acest ciclu. Practicând calea prin care Buddha ne-a învățat să depășim experiența suferinței, discipolii sunt motivați de renunțarea reală și de deziluzia provocată de preocupările lumești, precum cele reprezentate de *cele opt dharme lumești*. Devoțiunea pe această cale implică, de obicei, adoptarea unei vieți simple și izolate de călugăr sau de călugăriță, urmând exemplul comunității monahale budiste (sangha).

Cei aflați pe această cale adoptă preceptele vinaya și practică *nobila cale cu opt brațe*. Aderă la o viață cu disciplină strictă, concentrându-se complet pe învățături, cum ar fi *cele patru nobile adevăruri* și *cele patru aplicații ale atenției conștiente*. Aceasta creează condițiile ideale pentru dezvoltarea concentrării perfecte într-un singur punct (*shamatha*) și înțelepciunea necesară pentru a elimina perturbările care sunt sursa suferinței. După realizarea lipsei sinelui și depășirea tuturor perturbărilor emoționale, practicanții ating starea de *arhat shravaka*. Cei mai sârguincioși pot atinge starea de arhat shravaka în trei vieți, ceea ce înseamnă că ucenicii arhați ai lui Buddha au fost conectați la aceste învățături încă din viețile anterioare.

Calea Theravada este potrivită pentru practicanții care doresc cu adevărat să se elibereze de existența samsarică cât mai repede posibil. Pentru astfel de oameni, Buddha a refuzat să exploreze anumite întrebări, cum ar fi originea universului, întrucât o astfel de speculație le-ar distrage atenția de la cale și nu ar reuși să abordeze adevărul suferinței. De exemplu, dacă vă intră o săgeată în ochi, cel mai bine este să o smulgeți imediat, nu să stați să puneți prea multe întrebări despre cine a tras și cum a ajuns săgeata acolo. În loc să se piardă în elaborări conceptuale, Buddha și-a învățat discipolii să pătrundă până la natura lor esențială folosindu-și experiența personală.

Vehiculul realizatului solitar (pratyekabuddhayana)

Acest vehicul este cunoscut sub numele de *vehicul realizatului solitar* întrucât practicanții se bazează în întregime pe tendințele recurente pe care și le-au construit în viețile anterioare. Acest lucru le permite să dezvolte realizări la un nivel pur instinctual, fără să aibe nevoie să asculte învățături în viața actuală. Astfel de practicanți apar numai în perioadele în care nu există învățături ale unui Buddha.

Practicanții aflați pe această cale încep prin examinarea convențiilor vieții obișnuite, investigând profund problema suferinței și originile sale. Ei își dezvoltă înțelepciunea folosind analiza, sprijiniți de virtuțile și aspirațiile cultivate în viețile anterioare. Folosind metode cum ar fi vizitarea cimitirelor pentru a contempla natura morții și nepermanența, ei duc o viață de singurătate și renunțare. Treptat, ei descoperă *cele douăsprezece legături ale originii dependente* care guvernează funcționarea Samsarei, recunoscând legăturile de la ignoranță la moarte și, în ordine inversă, de la moarte la ignoranță. În acest fel, ei realizează secvența apariției și eliminării Samsarei, urmărind suferința până la originea ei, bazată pe ignorarea adevăratei naturi a realității și pe falsa construcție a unui sine care există cu adevărat. Ca rezultat al acestei practici excepționale, ei ating în cele din urmă starea de *arhat pratyeka*, în general într-o sută de eoni. Un eon este perioada în care există viață între formarea și distrugerea unui univers.

Atât arhații shravaka, cât și cei pratyeka au realizat Nirvana, realizarea finală conform tradiției Theravada. Rezultate lumești, cum ar fi abandonarea temporară a perturbărilor, pot fi obținute prin meditația shamatha atunci când se realizează starea mentală a absorbțiilor cu și fără formă (jhana), dar predispozițiile pentru perturbări rămân latente. Arhații shravaka și pratyeka trec dincolo de aceste realizări și experimentează lipsa sinelui, prin care toate perturbările sunt complet depășite și pacea durabilă a Nirvanei este astfel atinsă. Deoarece un arhat pratyeka acumulează atât de mult merite pe parcursul a miliarde de vieți, el este capabil să realizeze nu doar lipsa existenței sinelui, dar și de o realizare parțială a lipsei existenței fenomenelor lumești.

Vom examina acum în detaliu învățăturile fundamentale ale lui Buddha așa cum au fost prezentate în *Prima Întoarcere a Roții Dharmei* și prezente în cadrul căii Theravada.

FUNDAMENTUL—CELE PATRU NOBILE ADEVĂRURI

Învățăturile fundamentale asupra celor *patru nobile adevăruri* (*catvāryāryasatyāni* în sanscrită) mai sunt denumite și cele *patru adevăruri Arya* sau cele *patru adevăruri ale ființelor Arya*. Arya (în sanscrită) poate fi tradus ca "nobil", "pur" și "neobișnuit". Termenul "ființă Arya" este frecvent utilizat în budism pentru a desemna un erou spiritual sau un războinic, o ființă care are înțelegerea directă a celor patru nobile adevăruri.

Reprezentând fundația pentru toți practicanții, cele patru nobile adevăruri pot fi asemănate cu amprenta unui elefant, întrucât întreaga învățătură a budismului este încapsulată în interiorul lor. În conformitate cu Prima Întoarcere a Roții Dharmei, atunci când Buddha a predat cele patru nobile adevăruri, el a exclamat:

> *Acesta este Nobilul Adevăr al suferinței.*
> *Acesta este Nobilul Adevăr al cauzei suferinței.*
> *Acesta este Nobilul Adevăr al încetării suferinței.*
> *Acesta este Nobilul Adevăr al căii care duce la încetarea suferinței.*

Fiecare dintre aceste adevăruri poate fi examinat și contemplat foarte detaliat prin divizarea în patru caracteristici specifice, șaisprezece aspecte diferite în total. Un practicant Shravaka va medita asupra acestor șaisprezece subiecte în ordine, astfel încât să-și stabilească punctul de vedere prin experiență directă.

Adevărul suferinței

Primul nobil adevăr explică natura "dukkha", termen din limba pali utilizat pentru suferință și care se traduce prin "insatisfacție", "incapabil să satisfacă" și "stres". Suferința este defectul principal al Samsarei și caracterizează experiențele noastre din existența ciclică. Suferința este răspândită în întregul univers, fără excepție. Asta trebuie să recunoaștem prin înțelegerea următoarelor patru aspecte:

Nepermanența

Contrar percepției noastre lumești, toate fenomenele compuse sunt nepermanente. Acest lucru nu se referă doar la fenomenele evident efemere, cum ar fi îmbătrânirea și moartea. Orice fenomene compuse, cum sunt cele cinci agregate care alcătuiesc corpul și mintea, sunt în mod natural nepermanente. Ele nu necesită cauze secundare, ci sunt supuse în mod intrinsec unei permanente schimbări. Acest nivel subtil de nepermanență este un aspect al suferinței (suferința schimbării) pe care ființele Arya îl percep în mod direct. Noi trebuie să încercăm să dezvoltăm o înțelegere intelectuală a nepermanenței și să contemplăm mai adânc sensul ei până când reușim și noi să o percepem în mod direct.

Suferința

Nimeni nu vrea să sufere, dar, din cauza ignoranței noastre, suntem cufundați într-un ciclu de suferință și nu știm cum să scăpăm de ea. O ființă Arya este capabilă să vadă cele cinci agregate viciate ca fiind fenomene care fac obiectul suferinței atotpătrunzătoare, care este baza pentru suferința schimbării și a durerii. Întrucât orice fenomen compus este format din cauze și condiții, natura sa este nepermanentă și nestatornică. Din acest motiv, el are caracteristica suferinței, indiferent de modul în care apare.

Atâta timp cât cele cinci agregate rămân impure și viciate de întunecările negative, nu putem scăpa de suferința incertitudinii. Ființele Arya realizează în mod direct natura suferinței și a originii sale și, astfel, sunt în măsură să se elibereze de ea. Concentrându-ne pe această realitate și amintindu-ne de natura fundamentală a suferinței, putem învăța încet încet să nu ne mai atașăm de astfel de fenomene și, treptat, să atingem eliberarea din existența ciclică.

Vacuitatea

Toate ființele din Samsara percep fenomenele ca existând cu adevărat. În realitate nimic nu există cu adevărat, dar noi atribuim existență obiectelor, construind concepte și crezând că ele sunt reale. Un obiect cu existență adevărată ar trebui să fie o entitate separată, fără să fie etichetat în funcție de părțile care îl alcătuiesc. Prin urmare, toate fenomenele sunt interdependente și li se imputa, pur și simplu, o existență. Ființele samsarice percep incorect fenomenele ca fiind independente și ca existând cu adevărat, iar aceasta este cauza suferinței lor. Adevărata realitate este că totul este lipsit de existență în mod substanțial; acesta este punctul de vedere budist asupra vacuității. Acest lucru nu înseamnă că lucrurile nu există, ci mai degrabă că nu există așa cum le percepem noi existența. Acest aspect al suferinței este perceput în mod direct doar de către ființele Arya.

Lipsa sinelui

Fiecare ființă samsarică se percepe pe ea însăși ca fiind adevărata posesoare a cinci agregate. În realitate însă, așa cum fenomenele externe nu au existență intrinsecă, posesorul agregatelor sau sinele nu există cu adevărat. Pentru ca un sine să existe cu adevărat, ar trebui să fie ori conținut în cele cinci agregate (formă, senzație, percepție, formațiune mentală și conștiință) ori independent de ele. Dacă examinăm însă, constatăm că acest lucru nu se întâmplă. Nu ne putem găsi "sinele" nici separat de agregate, nici în oricare dintre ele. Mai degrabă "sinele" nostru depinde de toate acestea. Ființele Arya au eliminat obiceiul dobândit al percepției sinelui, realizând în mod direct lipsa sinelui și lipsa unei existențe independente a acestuia. Cu toate acestea, încă mai au o percepție înnăscută a sinelui, care ne însoțește din timpuri fără de început și care funcționează fără dependența de convingeri greșite sau de raționament.

Adevărul originii

Al doilea nobil adevăr se referă la karma, abordând originea dukkha și motivele pentru care suferim. Budiștii cred că o cauză principală a insatisfacției noastre provine din cele trei otrăvuri (ignoranță, atașament și aversiune), care sunt baza tuturor stărilor perturbate ale minții. Aceste stări mentale trebuie să fie abandonate. Cele patru aspecte ale acestui adevăr sunt:

Originea

Atât timp cât există perturbări, întotdeauna Samsara va apărea. Asta nu se întâmplă aleatoriu, ci este un lucru sigur. Originea tuturor cauzelor suferinței este ignoranța și considerarea conceptelor atribuite ca fiind reale. Acestea creează un puternic sentiment de sine, care formează baza pentru înclinațiile karmice. Dorința și agățarea lasă apoi o amprentă, care ne proiectează în următoarea renaștere samsarică, prin intermediul tendințelor karmice stocate în continuumul mental. Astfel, ființa renaște în mod necontrolabil într-unul din cele trei tipuri de tărâmuri: în tărâmul dorinței, tărâmul formelor sau în tărâmul fără formă. Aceasta este aspectul originii, care este realizat în mod direct doar de către ființele Arya. Concentrarea asupra originii ne permite să dezvoltăm o minte a renunțării.

Renașterea ființelor Arya nu este afectată de proiecția perturbărilor. Indiferent dacă au sau nu predispoziții karmice, din moment ce mintea nu le este condiționată de dorință și atașamente, ele nu vor proiecta o viitoare renaștere în Samsara.

Cauza

Cauzele de bază ale Samsarei sunt perturbările ignoranței, dorinței și aversiunii și nici un lucru nu apare fără ca aceste cauze să fie implicate. Existența samsarică apare ca urmare a unor acțiuni virtuoase și non virtuoase, însă chiar și acțiunile virtuoase samsarice sunt contaminate de aceste perturbări de rădăcină. Fericirea pe care o experimentăm în Samsara, prin urmare, este și ea contaminată. Totuși, acțiunile virtuoase ale ființelor Arya nu sunt contaminate, întrucât ele sunt libere de percepția unui sine care există cu adevărat. Această realizare previne apariția perturbărilor ulterioare.

Condiția

Factorii perturbatori ai dorinței și atașamentului nu sunt doar principalele cauze pentru renașterea noastră în Samsara, ei sunt condiții secundare pentru experiențele noastre. Acest lucru înseamnă că perturbările determină atât plantarea semințelor sau tendințelor karmice în fluxul nostru mental, cât și crearea condițiilor pentru ca aceste semințe să încolțească. De exemplu, dacă un om fură ceva, furtul este cauza principală pentru a merge la închisoare, dar el acționează și ca o condiție secundară pentru ca familia lui să sufere în timp ce el își ispășește pedeapsa. În mod similar, virtuțile și non-virtuțile în care ne angajăm în prezent acționează întotdeauna, devenind condiții definitorii pentru maturarea diverselor tendințe karmice, la fel cum îngrășământul și ploaia reprezintă condiții pentru ca plantele să crească. Este important să știm că avem posibilitatea ca, prin practicarea Dharmei, să alegem ce tendințe dorim să se coacă.

Ființele Arya au abandonat agățarea, deoarece au realizat că nu există un sine de care să se agațe. De aceea, această perturbare nu poate acționa ca o cauză pentru un ciclu de renașteri necontrolate sau ca o condiție secundară. Înțelegerea deplină a rolului condițiilor ne arată cum putem controla treptat toate condițiile din viața noastră, astfel încât să nu mai sprijinim coacerea înclinațiilor karmice.

Producerea

Karma contaminată virtuoasă sau non virtuoasă nu proiectează neapărat un singur rezultat. O singură acțiune karmică puternică poate avea ca rezultat mai multe experiențe și multe renașteri în cele șase tărâmuri, fără a putea alege. După cum știm, prin însăși natura sa, karma are potențialul de a crește.

O acțiune măruntă sau izolată nu conduce întotdeauna la un rezultat mărunt sau izolat, ci poate atrage consecințe karmice de amploare. De exemplu, uciderea părinților sau încălcarea angajamentelor tantrice poate proiecta o persoană în tărâmurile infernurilor pentru mulți eoni. Fiecare lucru crește datorită timpului și a altor condiții, așa cum o sămânță devine lăstar, tulpină și apoi copac. În același mod, rezultatele cauzelor samsarice continuă să crească. Concentrarea asupra producerii contracarează viziunea că lucrurile evoluează sau se transformă de la sine, deoarece totul depinde de multe cauze și condiții diferite.

Aceste patru aspecte ale cauzei suferinței arată modul în care orice acțiune sau emoție, care pornește din ego, este impură și duce întotdeauna, direct sau indirect, la suferință. Pe baza acestei recunoașteri, trebuie să înțelegem că stările mentale perturbate sunt cauzele de bază ale suferinței, că ele nu sunt permanente și că pot fi îndepărtate cu un anumit grad de efort.

Adevărul încetării

Încetarea *dukkha* este al treilea nobil adevăr și arată faptul că suferința noastră se poate sfârși prin transformarea ignoranței și a stărilor mentale perturbatoare. Trebuie să realizăm acest lucru. Pentru a înțelege natura încetării, putem reflecta asupra următoarelor patru aspecte:

Încetarea

Fără încetare nu există nicio realizare stabilă de durată. Trebuie să realizăm încetarea suferinței, aceasta atrăgând după sine eliminarea ignoranței fundamentale, care se agață de ideea falsă a unui sine care există cu adevărat. Când, în cele din urmă, eradicăm această întunecare, realizăm încetarea suferinței, iar acest lucru include eliminarea tuturor perturbărilor mentale, cum sunt atașamentul și aversiunea, iar acestea nu mai pot apărea. Aceasta este realizarea incomparabilă a Nirvanei, starea în care au intrat ființele Arya.

Încrederea în adevărul încetării reduce treptat dependența noastră de concepte și etichetări și, în cele din urmă, ne permite să eliminăm toate impuritățile minții, încrezători că libertatea deplină a încetării este posibilă.

Pacea

Încetarea este o stare de pace eternă, incomparabilă și absolută. Aceasta este adevărata libertate a Nirvanei. Ignoranta si ego-ul sunt complet absente, așa că suntem capabili să rămânem în propria și adevărata noastră natură primordială, pe care cu toții o avem, dar pe care rămâne să o descoperim. O ființă Arya urmărește nu numai să dezvăluie această stare, ci și să o realizeze și să se obișnuiască cu ea. Concentrându-ne pe abandonarea gândurilor discursive și a celor trei otrăvuri ale ignoranței, atașamentului și aversiunii, putem să ajungem la această pace finală, complet liberi de orice suferință.

Excelența

Realizarea încetării este excelentă și absolut incomparabilă pentru că acum ne-am despărțit pentru totdeauna de tulburările emoționale. Nu mai rămâne nimic superior de dorit sau de atins, în afară de această eliberare adevărată. Concentrarea pe excelență ne stimulează entuziasmul pentru a realiza încetarea prin eliminarea tuturor urmelor de stări mentale perturbatoare și a suferinței. De asemenea, contracarează viziunea prin care Nirvana poate fi atinsă exclusiv prin practicarea meditației shamatha. Chiar dacă shamatha reprezintă o realizare remarcabilă, ea nu trebuie privită ca un rezultat, ci ca un instrument pentru a obține o viziune directă a adevăratei naturi a realității: înțelegerea faptului că nu există un "sine".

Emergența

Realizarea Nirvanei înseamnă că am atins rezultatul renunțării complete, prin care am abandonat complet tot ceea ce ne leagă de ignoranță și suntem eliberați atât de suferință, cât și de cauzele ei. Atunci când am renunțat la toate preocupările lumești, la aspectele pozitive și negative ale Samsarei, vom ieși pentru totdeauna din ciclul incontrolabil al renașterii, îmbătrânirii și morții inevitabile.

Atunci când percepem că preocupările lumești, cum ar fi lauda, câștigul, statutul și plăcerea, sunt ineficiente în a ne aduce fericirea cu adevărat durabilă, renunțarea apare natural. Ajungem să înțelegem cum să practicăm calea lui

Buddha, care nu se bazează pe vreo realizare sau resursă materială lumească. Renunțarea este factorul cheie pentru "emergența" din Samsara, experimentând încetarea suferinței și intrarea în pacea naturală a nirvanei.

Adevărul căii

Al patrulea nobil adevăr ne spune că există o cale care, dacă este cultivată, duce la încetarea dukkha și aceasta este ceea ce trebuie să practicăm. Subiecte ca prețiozitatea nașterii umane, contemplarea asupra morții și nepermanenței sau valoarea eliberării reprezintă exemple de practici ale acestei căi. Orice practică din tradiția budistă poate fi conectată cu cele patru nobile adevăruri, unele învățături și practici fiind la un nivel de bază, în timp ce altele sunt mai complexe. Indiferent ce formă iau aceste practici, cum toate provin din același cadru, ele nu pot fi contradictorii. Cele patru aspecte ale căii sunt:

Calea

Dharma sacră este singura cale adevărată de a atinge Nirvana. Dharma înseamnă antrenarea minții în conformitate cu învățăturile lui Buddha și devine calea prin care ne eliberăm de existența obișnuită condiționată. Aceasta este singura modalitate prin care putem descoperi libertatea totală a iluminării.

Ființele Arya au descoperit acest adevăr și, urmând această cale autentică, prin concentrarea pe înțelegerea absenței sinelui, ele continuă să-și aprofundeze realizarea ca pe o călătorie spre Nirvana și spre eliberare. Această înțelegere se referă în mod special la eliminarea următoarelor concepții greșite:

1. Concepția potrivit căreia nu există nicio cale de urmat.
2. Concepția potrivit căreia există un sine inerent sau suflet.
3. Concepția potrivit căreia altcineva în afară de noi înșine ne poate elibera.

Raționamentul

Dezvoltarea acestei căi prin antrenarea minții și cultivarea atitudinii potrivite, cu scopul de a atinge Nirvana, reprezintă aspectul raționamentului cu mijloace adecvate. Având o conștientizare discriminatorie și analiza logică de neînvins în ceea ce privește adevărul suferinței și al originilor sale, înțelegem că nu există nici o altă cale sau alternativă care să ducă la acest obiectiv. Practicarea acestei căi necesită disciplină morală, concentrare meditativă și compasiune unificată cu înțelepciune. Prin aceasta putem realiza eliminarea temporară și definitivă a suferinței și a cauzelor sale. Concentrându-ne pe raționament ajungem la convingerea că drumul spre Nirvana este cu siguranță realizabil.

Realizarea

Cea mai valoroasă realizare este abilitatea practicării căii autentice Buddha Dharma, singura modalitate de a ne instrui mințile și, printr-un astfel de antrenament, avem garanția absolută că vom atinge obiectivul eliberării. Cel mai important element al căii este reprezentat de înțelegerea necesității de a abandona întunecările perturbatoare și opiniile greșite, cum ar fi cele reprezentate de eternalism și nihilism: credința într-un creator etern sau credința că viața nu are scop sau sens. Concentrându-ne pe realizarea eliberării de impurități și realizarea non conceptuală corectă, dincolo de aceste două puncte de vedere extreme, ajungem să realizăm că există o cale de urmat, care este corectă și precisă. Acest lucru contracarează convingerea că există o altă cale care va duce la eliberarea adevărată.

Eliberarea totală

Scopul practicii budiste este realizarea eliberării totale din existență samsarică. Pentru a atinge aceasta, trebuie să eradicăm ignoranța fundamentală și toate tendințele spre aceasta, prevenind reapariția perturbărilor și a întunecărilor. Aceasta este libertatea totală. Înțelegerea acestei idei contracarează convingerea că putem găsi libertatea în mintea dualistă (cu un subiect și un obiect). Doar ființele Arya percep în mod direct acest aspect al adevărului căii.

Succesiunea celor patru nobile adevăruri

Așa cum am văzut, vehiculul de bază are o abordare foarte pragmatică. Buddha merge direct la esența problemei, asemenea unui chirurg priceput, care se concentrează pe zona unui țesut canceros. De aceea, inclusiv ordinea în care Buddha a predat cele patru adevăruri, este semnificativă.

Când privim aceste Patru Adevăruri ca pe un întreg, putem vedea că există două perechi de relații cauzale. Pe de o parte există originea suferinței, care este cauza pentru rezultatul suferinței. Pe de altă parte există calea, care este cauza pentru rezultatul încetării suferinței. Primul set descrie Samsara, în timp ce al doilea set se concentrează asupra Nirvanei. Atunci, de ce nu le-a predat Buddha conform secvenței logice?

Răspunsul se găsește în concentrarea atenției lui Buddha asupra practicii. Dacă intenția noastră ar fi fost să dezvoltăm o înțelegere pur intelectuală a celor patru adevăruri, ar fi fost util să le abordăm în ordinea cauzei și efectului. Dar nu căutăm doar să înțelegem informația. Suntem în căutarea eliberării de suferință. Buddha a recunoscut acest lucru și și-a oferit învățăturile potrivit nevoile discipolilor.

El a început prin prezentarea adevărului suferinței, pentru că aceasta este lumea în care trăim, este experiența noastră imediată. Dacă nu recunoaștem natura nesatisfăcătoare a acestei existențe, nu vom avea nicio motivație să căutăm schimbarea. El a predat apoi adevărul originii, pentru că dacă nu înțelegem natura afecțiunii, nu vom recunoaște nici potențialul de a schimba situația. Acesta este urmat de adevărul încetării, deoarece momentan nici măcar nu ne putem imagina o lume în care suntem liberi de suferință. Prin prezentarea naturii Nirvanei, Buddha ne arată că fericirea autentică este posibilă și ne oferă un obiectiv important pe care să îl urmărim. În cele din urmă, el prezintă adevărul căii, pentru că aceasta este metoda pentru atingerea acestui obiectiv. Buddha îl ghidează astfel cu pricepere pe practicant, îndepărtându-l de Samsara și conducându-l către Nirvana.

Experiență	Adevăr nobil	Tip de relație	Aspecte
Samsara	Suferință	Rezultat	• Nepermanența • Suferința • Vacuitatea • Lipsa sinelui
	Origine	Cauză	• Originea • Cauza • Condiția • Producerea
Nirvana	Încetare	Rezultat	• Încetarea • Pacea • Excelența • Emergența
	Cale	Cauză	• Calea • Raționamentul • Realizarea • Eliberarea totală

Tabelul 12-1: Cele patru nobile adevăruri.

CALEA—NOBILA CALE CU OPT BRAȚE

După ce au dezvoltat o imagine de bază prin cele patru nobile adevăruri, practicanții Theravada folosesc *nobila cale cu opt brațe* ca metodă principală pentru instruirea minții. Această cale oferă opt aspecte unice pentru dezvoltarea fiecăruia dintre cele trei antrenamente înalte - disciplina etică, concentrarea și înțelepciunea - și duce, în final, la rezultatul eliberării personale.

Accentul este pus pe tehnici practice pentru a ajuta la cultivarea înțelepciunii și compasiunii prin dezvoltarea unei minți pe deplin conștiente de gândurile și acțiunile sale. Numai prin unificarea acțiunilor corpului, vorbirii și minții noastre putem spera să ne eliberăm de atașamente și amăgiri.

Antrenament înalt	Calea cu opt brațe
Înțelepciunea	1. Vederea corectă
	2. Intenția corectă
Disciplina etică	3. Vorbirea corectă
	4. Acțiunea corectă
	5. Modul de viață corect
Concentrarea	6. Efortul corect
	7. Atenția conștientă corectă
	8. Concentrarea corectă

Tabelul 12-2: Nobila cale cu opt brațe în raport cu cele trei antrenamente înalte.

Tradițional, calea cu opt brațe este prezentată secvențial, cu scopul de a sublinia diversele relații dintre antrenamente. Cu toate acestea, nu ar trebui să ne cramponăm prea mult de această secvență, întrucât aceste antrenamente sunt interdependente. Din acest motiv, ele trebuie practicate simultan, astfel încât să ofere un sprijin adecvat pentru realizarea stărilor din ce în ce mai adânci și mai profunde ale minții. Ne putem gândi la ele ca la opt fire răsucite împreună pentru a forma o singură frânghie suficient de puternică pe care ne putem ridica. Cele opt antrenamente sunt:

1. Vederea corectă

Vederea corectă poate fi numită și "perspectiva corectă" sau "concepția corectă". Aceasta este considerată precursoarea întregii căi, deoarece oferă ghidarea pentru toate celelalte aspecte și ne permite să înțelegem atât punctul de plecare, cât și destinația. A avea viziunea corectă înseamnă să vezi lucrurile așa cum sunt ele cu adevărat, așa cum ne sunt prezentate în cele patru nobile adevăruri. Vederea corectă poate fi împărțită în:

1. **Vederea corectă conceptuală:** Un punct de vedere care descrie înțelegerea intelectuală a aspectelor, de exemplu legea cauzei și efectului și natura nepermanentă și goală a tuturor lucrurilor. Aceasta constituie fundamentul pentru atingerea vederii experiențiale corecte.

2. **Vederea experiențială corectă:** Este o vedere care a fost stabilită prin forța percepției directe.

Punctul nostru de vedere, indiferent dacă este sau nu exprimat, ne determină atitudinile, alegerile și obiectivele și, astfel, creează cadrul în care răspundem la lumea înconjurătoare. Dacă avem o opinie greșită, ea ne conduce spre acțiuni care au ca rezultat suferința, în timp ce o opinie corectă promovează acțiuni care au ca rezultat eliberarea de suferință.

2. Intenția corectă

Intenția corectă reprezintă energia mentală care ne controlează acțiunile și mai poate fi numită "gândirea corectă " sau "aspirația corectă ". Este cel de-al doilea aspect pe drumul dintre vederea corectă și vorbirea corectă, deoarece intenția noastră reprezintă legătura crucială dintre perspectiva cognitivă și implicarea noastră activă în lume. O înțelegere corectă a intenției va contribui la distincția între intenția bună și cea rea. Cu toate acestea, "intenția corectă" poate să nu ducă întotdeauna la rezultate aparent plăcute. Din gândurile noastre dezvoltăm scopurile și idealurile care ne preced acțiunile. Acest lucru ne conduce la următorul factor, vorbirea corectă.

3. Vorbirea corectă

Cuvintele sunt foarte puternice. Ele au capacitatea de a face prieteni și dușmani, de a stârni războaie sau de a face pace. Prin urmare, vorbirea corectă este primul factor legat de conduită. Buddha a clarificat faptul că vorbirea corectă constă în:

1. Abținerea de la vorbirea falsă, cum ar fi minciuni spuse în mod deliberat.
2. Abținerea de la vorbirea calomnioasă și rău intenționată.
3. Abținerea de la cuvinte dure.
4. Abținerea de la pălăvrăgeală, cum ar fi bârfa.

Există trei aspecte pe care trebuie să le luăm considerare la fiecare acțiune:

1. **Intenția:** Aceasta se referă la a reveni la intenția corectă. Trebuie să luăm în considerare impactul cuvintelor noastre. Care ne este motivația pentru a le vorbi altora? Le va fi de ajutor sau le va dăuna?
2. **Abilitatea:** Alături de abilitatea de a vorbi, avem capacitatea de a asculta sau de a alege să tăcem. A ști ce formă trebuie să ia vorbirea noastră în funcție de fiecare situație reprezintă aplicarea înțelepciunii vederii corecte.
3. **Rezultatul / Răspunsul:** Al treilea aspect care trebuie luat în considerare este rezultatul. El poate fi clasificat în rezultat pe termen scurt și rezultat pe termen lung. Trebuie să dezvoltăm conștientizarea consecințelor acțiunilor noastre și, astfel, să alegem să ne angajăm numai în acele acțiuni care vor aduce beneficii pentru noi și pentru ceilalți.

Dacă ne putem asigura că toate cele trei aspecte sunt influențate de înțelepciune, atunci putem avea încredere că vorbirea noastră este o vorbire corectă.

4. Acțiunea corectă

Al patrulea factor pe cale este acțiunea corectă și anume preocuparea față de acțiunile corpului, care sunt în armonie cu celelalte aspecte ale căii. Acțiunea corectă include acțiuni în conformitate cu principiile morale și cu actele virtuoase. Acțiunea în sine poate fi externă, de exemplu acțiuni evidente ale corpului sau interne, cum ar fi transformarea spirituală, care este o acțiune a minții. În esență, acțiunea corectă se referă la următoarele precepte:

1. A nu ucide sau a nu răni alte ființe simțitoare
2. Abținerea de la a lua ceea ce nu îți este dat.

3. Abținerea de la comportamentul sexual inadecvat.

Aceste tipuri de acțiuni non virtuoase duc la stări mentale dăunătoare și creează suferință, îndepărtându-ne de eliberare.

5. Modul de viață corect

Prin mod de viață corect înțelegem că ar trebui să ne câștigăm existența în mod legal și pașnic. Acest antrenament este special conceput pentru a ne ajuta să dezvoltăm o mai mare armonie în contextul relațiilor noastre sociale, astfel încât să ne asigurăm condițiile necesare pentru o minte liniștită și îmblânzită. Ca o extensie a acțiunii corecte, e necesar să evităm patru moduri de viață care cauzează prejudicii altor ființe, direct sau indirect:

1. Afaceri cu arme.
2. Afaceri cu ființe vii (cum ar fi prostituția sau comerțul cu sclavi).
3. Afaceri cu animale pentru sacrificare.
4. Afaceri cu intoxicanți sau otrăvuri (cum ar fi drogurile și alcoolul).

De asemenea, existența corectă se referă la evitarea unei ocupații care încalcă acțiunea corectă și vorbirea corectă.

6. Efortul corect

Cei trei factori precedenți se referă la comportamentul nostru în exterior, în timp ce următorii trei se referă la antrenamentul minții. Acest proces începe cu efortul corect, care reprezintă o condiție prealabilă pentru toate celelalte antrenamente. Fără efort nu putem realiza nimic. Având în vedere că același tip de energie mentală alimentează atât stările negative ale minții, cât și pe cele virtuoase, trebuie să încercăm să realizăm *cele patru mari năzuințe*:

1. Prevenirea apariției gândurilor nesănătoase.
2. Abandonarea gândurilor nesănătoase odată ce au apărut.
3. Dezvoltarea gândurilor sănătoase.
4. Menținerea gândurilor sănătoase care au apărut.

Putem hrăni aceste patru tipuri de activități prin dezvoltarea convingerii în beneficiile și bucuria apărute atunci când ne angajăm cu succes în aceste activități.

7. Atenția conștientă corectă

Mai simplu spus, atenția conștientă corectă reprezintă conștientizarea, adică abilitatea mentală de a vedea clar lucrurile așa cum sunt. Este abilitatea de a ne urmări mintea și de a observa unde fuge și ce face, fără a ne lăsa perturbați de gânduri intruzive. Mintea noastră obișnuită aleargă de multe ori după obiecte ale simțurilor, în timp ce mintea atenției conștiente corecte ne oferă o ancoră pentru o percepție clară, permițându-ne să observăm și să controlăm în mod activ direcția gândurilor noastre. Putem face acest lucru prin antrenarea minții, orientând-o pe patru categorii de experiențe:

1. Atenția conștientă asupra corpului.

2. Atenția conștientă asupra sentimentelor.

3. Atenția conștientă asupra stărilor mentale.

4. Atenția conștientă asupra fenomenelor.

8. Concentrarea corectă

Aspectul final al nobilei căi cu opt brațe este concentrarea corectă și este definită ca unificarea benefică sau concentrarea minții într-un singur punct. Metoda budistă pentru cultivarea concentrării este meditația: plasarea minții pe un singur obiect, fără distragerea atenției. Această practică poate fi aplicată în mod natural situațiilor de zi cu zi. Cu timpul, mintea poate deveni un instrument puternic, liniștită și calmă, capabilă să transforme înțelegerea în înțelepciune. În combinație cu atenția conștientă corectă, concentrarea corectă ne va conduce în cele din urmă la experimentarea directă a tuturor celor șaisprezece aspecte ale celor patru nobile adevăruri.

REZULTATUL—ELIBERAREA PERSONALĂ

Un practicant Theravada care se angajează pe calea cu opt brațe va trece printr-o serie de etape majore de realizare. În total, există cinci stadii care marchează progresul unei ființe simțitoare pe drumul de la existența samsarică până la atingerea Nirvanei. Numim aceste stadii *cele cinci căi ale realizării:*

1. **Calea acumulării:** Practicanții Theravada au un stil de viață foarte retras și simplu, evitând implicarea în activitățile lumești. Ei sunt independenți și trăiesc cu puțin. Practică o autodisciplină strictă în conformitate cu învățătura celor *trei coșuri* și sunt atenți la fiecare acțiune a corpului și a minții, indiferent dacă merg, sunt așezați, stau în picioare sau dorm (cunoscute drept cele patru posturi).

   Pentru a ilustra acest lucru, atunci când merge pe jos, un călugăr Theravada va fi conștient în fiecare moment de modul în care i se mișcă corpul. El va face un pas foarte lent, urmat de un altul, conștientizând fiecare mișcare, clipă de clipă. Piciorul părăsește solul și apoi este plasat în fața celuilalt într-o conștientizare deplină. Practicanții Theravada aspiră să trăiască cu această atenție conștientă a fiecărei acțiuni de-a lungul întregii vieți. Acest antrenament este fundamental și chiar dacă cei mai mulți dintre dintre noi nu suntem capabili să menținem un grad atât de ridicat de conștientizare, sigur vom beneficia datorită creșterii atenției conștiente în viața cotidiană. Putem face acest lucru chiar în timp ce bem o ceașcă cu ceai.

   Datorită unui comportament impecabil, atenției lor dedicate și practicării sârguincioase a Dharmei, practicanții Theravada adună vaste cantități de merit, necesar pentru crearea condițiilor pentru a progresa pe cale. Din acest motiv, această etapă este cunoscută sub numele de *calea acumulării*.

2. **Calea pregătirii:** Cu un comportament etic impecabil și atenție conștientă permanentă ca fundamente, practicantul Theravada își dezvoltă concentrarea într-un singur punct prin practica meditației. Această concentrare reprezintă baza pentru realizarea diferitelor niveluri de realizare, inclusiv *mintea shamatha* și a *celor patru jhana cu formă*. La un moment dat, el începe antrenamentul înțelepciunii sau înțelegerii, concentrându-se pe *cele patru aplicații ale atenției conștiente* (corp, sentimente, stări mentale și fenomene). În acest context, atenția conștientă asupra fenomenelor include meditația asupra celor cinci agregate, asupra celor șase organe de simț, asupra

celor cinci obstacole (dorințele senzoriale, rea voința, toropeala, neliniștea și îndoiala), asupra celor douăsprezece legături ale originii dependente și, cel mai important, asupra celor patru nobile adevăruri.

Din moment ce aceste meditații pregătesc mintea practicantului pentru a realiza în mod direct natura lipsei sinelui, această etapă se numește *calea pregătirii*. Ea are ca rezultat uniunea dintre shamatha și vipashyana.

3. **Calea înțelegerii:** Pe măsură ce se dezvăluie realizarea directă a celor șaisprezece aspecte ale celor patru nobile adevăruri și este atinsă percepția directă a lipsei sinelui, practicantul devine o ființă Arya. Acest lucru marchează intrarea în etapa următoare, cunoscută sub numele de *calea înțelegerii*.

4. **Calea deprinderii:** Nobila cale cu opt brațe poate fi complet practicată acum, deoarece fără o referire la un "sine" nu mai sunt viciate acțiunile corpului, vorbirii și minții. Înțelegerea și realizările experimentate anterior pe calea pregătirii sunt acum complet purificate prin puterea realizării de către practicant a vacuității sinelui. Procesul obișnuiește pe deplin practicantul cu această realizare, de aceea, această etapă este cunoscută sub numele de *calea deprinderii*.

5. **Calea încetării învățării:** Odată ce această cale este realizată, nu mai este nimic de atins, de aceea este numită *calea încetării învățării*.

Cele patru niveluri ale ființelor Arya

Învățăturile Hinayana vorbesc de patru niveluri diferite de ființe Arya care definesc momentul când sunt abandonate anumite perturbări. Fiecare dintre aceste patru niveluri are un stadiu de acces și unul de realizare. Prin urmare, există în total opt etape. Aceste opt etape pot fi extinse în douăzeci de categorii de practicanți, care, la rândul lor, pot fi subdivizate și mai mult.

În mod tradițional sunt aproximativ optzeci de tipuri de membri Sangha (patru grupuri de câte douăzeci) care sunt studiate într-un text cunoscut sub numele de *Doctrina celor douăzeci de membri sangha*. Acesta este un text extrem de complicat, pe care călugării îl studiază o lungă perioadă de timp pentru a și-l însuși temeinic, dar pe care nu îl vom prezenta aici. Pentru simplificare, ne vom concentra pe următoarele opt etape, care ne prezintă modul în care un practicant Theravada progresează de-a lungul celor cinci căi:

1. **Cel intrat în curent:** Acesta este un practicant care a intrat pe calea acumulării realizând mai întâi o minte care înțelege calea spre eliberare și care are ca scop eliminarea întunecărilor dobândite conceptual, asociate cu tărâmurile dorinței, tărâmurile cu formă și cele fără formă. El continuă până la sfârșitul căii pregătirii.

2. **Cel care a realizat intrarea în curent:** Acest practicant a eliminat toate întunecările dobândite conceptual. El realizează în mod direct vacuitatea sinelui pentru prima dată și intră astfel pe calea înțelegerii. În conformitate cu canonul pali, el a eliminat trei dintre cele zece lanțuri. În acest context *lanțurile* se referă la o legătură mentală care înlănțuie ființele simțitoare de Samsara. Cele trei lanțuri eliminate în această etapă sunt: a) ideea unui sine care există cu adevărat, fie identic, fie în raport cu cele cinci agregate (cunoscută ca viziunea identității), b) îndoielile cu privire la Cele Trei Giuvaieruri și asupra valabilității căii budiste, c) convingerea că ceremoniile externe, cum ar fi ritualurile și practicile ascetice, pot duce la eliberare. În general, el mai are cel mult încă șapte renașteri printre oameni sau zei.

3. **Cel care se întoarce o singură dată:** Acesta este un practicant care a intrat pe calea deprinderii. El are ca scop eliminarea primelor șase din cele nouă tipuri de perturbări înnăscute asociate cu tărâmul dorinței.

4. **Cel care a realizat o singură întoarcere:** În conformitate cu textele tibetane, cel care a realizat o singură întoarcere a eliminat șase din cele nouă tipuri de stări mentale înnăscute asociate tărâmului dorinței. El va atinge starea de arhat după încă o viață și, de aceea, este numit "cel care se întoarce o singură dată". Conform Theravada, atașamentul, aversiunea și ignoranța sunt slăbite, dar nu sunt abandonate alte noi lanțuri în acest stadiu.

5. **Cel care nu se întoarce:** Acest practicant își propune să elimine ultimele trei din cele nouă tipuri de apariții de emoții perturbatoare spontane asociate cu dorința senzorială.

6. **Cel care a realizat lipsa întoarcerii:** Acest practicant a eliminat ultimele trei din cele nouă perturbări înnăscute din tărâmul dorinței. El este cunoscut drept "cel care nu se întoarce", deoarece va atinge starea de Arhat în această viață, fără să se mai întoarcă vreodată la o renaștere samsarică. În ceea ce privește lanțurile, în această etapă sunt eliminate dorința senzuală și rea voința.

7. **Starea de arhat:** Acest practicant își propune să elimine cele nouă tipuri de perturbări înnăscute asociate fiecăreia dintre cele două niveluri superioare ale existenței samsarice și anume tărâmurile cu și fără formă.

8. **Cel care a realizat starea de arhat:** Acest practicant a eliminat toate cele nouă tipuri de perturbări asociate tărâmului formei și tărâmului fără formă. După ce a eliminat toate tendințele datorate întunecărilor bazate pe mintea atașată de conceptul de sine, el atinge obiectivul de a deveni fie arhat shravaka, fie arhat pratyeka. Acest lucru este cunoscut și sub numele de calea încetării învățării. În acest stadiu, el a eliminat cele cinci lanțuri înalte: dorința de existență în tărâmurile cu formă sau fără formă, vanitatea, neliniștea și ignoranța.

Unii practicanți budiști aleg să practice o cale care utilizează shamatha și stările foarte înalte de concentrare jhāna pentru a se concentra în mod special pe supunerea anumitor întunecări, ceea ce este cunoscut sub numele de calea lumească. După ce au realizat aceasta, ei sunt netulburați și trăiesc în pace. Ulterior, pentru a atinge starea de ființă Arya, ei își direcționează mintea către cele patru nobile adevăruri, ceea ce le permite să depășească complet urmele subtile de ignoranță.

Calea lumească este urmată și de practicanți non-budiști care ating shamatha și diferite stări de absorbție meditativă cu și fără formă. În orice caz, aceasta nu duce la realizarea stării de arhat. Cei care se concentrează asupra căii lumești sunt capabili să elimine multe dintre defectele tărâmului dorinței, iar întunecările dispar, cu excepția urmelor subtile de ignoranță. Comparând stările mentale ale tărâmului dorinței cu stările mentale calme din tărâmurile superioare, practicantul începe să fie dezamăgit de existența în tărâmul dorinței și tinde să realizeze stări mentale superioare. Aceasta reduce întunecările la un nivel la care nu mai creează tulburări ale minții. Prin contrast, calea transcendentală este însoțită de realizarea celor patru nobile adevăruri.

Tabelul de mai jos ne oferă o prezentare simplificată a celor patru etape principale de pe calea Theravada, împreună cu lanțurile și perturbările eliminate în diverse stadii. Trebuie remarcat faptul că prima dintre cele patru etape de realizare reprezentată în tabel începe la nivelul căii înțelegerii. În acest punct, calea acumulării și calea pregătirii au fost traversate și a avut loc transformarea dintr-o ființă obișnuită într-o ființă Arya.

Calea	Stadiu	Lanțuri	Renașteri rămase
1. Acumulării 2. Pregătirii	Cel intrat în curent	Nici unul	Continuă să aibă renașteri necontrolate în Samsara
3. Înțelegerii	1. Cel care a realizat intrarea în curent	1. Viziunea identității 2. Îndoielile 3. Agățarea de reguli și ritualuri Toate întunecările dobândite	Cel mult încă șapte renașteri printre oameni sau zei
4. Deprinderii	2. Cel care se întoarce o singură dată	Slăbesc: dorința, ura și iluziile Primele șase din cele nouă întunecări înnăscute din tărâmul dorinței	O singură renaștere în tărâmul dorinței
	3. Cel care a realizat lipsa întoarcerii	4. Dorințe senzuale 5. Rea-voința Ultimele trei întunecări înnăscute din tărâmul dorinței	Renaștere spontană în tărâmul formei.
5. Încetării învățării	4. Arhat	6. Dorința pentru existența în tărâmul formelor 7. Dorința pentru existența în tărâmul fără formă 8. Vanitatea 9. Agitația mentală 10. Ignoranța Nouă întunecări înnăscute din tărâmul formei și din tărâmul fără formă.	Fără renaștere condiționată în Samsara.

Tabelul 12-3: Progresul prin cele patru etape ale Căii Theravada.

RECAPITULAREA PUNCTELOR CHEIE

- Vehiculul de bază s-a dezvoltat din învățăturile publice oferite de Buddha. Acestea accentuează disciplina etică și practica meditației cu scopul de a atinge eliberarea personală. Acest vehicul este cel mai des practicat în tradițiile Theravada din Asia de Sud-Est (Sri Lanka, Burma, Thailanda, Cambodgia și Laos).

- Învățăturile Theravada sunt adunate în canonul pali. Această colecție este împărțită în trei secțiuni, cunoscute sub denumirea de cele *Trei Coșuri*: codul de conduită monahală (vinaya), discursurile lui Buddha (sutra) și învățăturile superioare (abhidharma).

- Există două vehicule legate de acest tip de practică: vehiculul ascultătorului (shravakayana) și vehiculul realizatului solitar (pratyekabuddhayana)

- Fundamentul vehiculului de bază este reprezentat de cele patru nobile adevăruri: adevărul suferinței, adevărul originii suferinței, adevărul încetării suferinței și adevărul căii care duce la încetarea suferinței.

- Calea acestui vehicul este nobila cale cu opt brațe, care oferă opt forme de antrenamente ce conduc un practicant spre obținerea eliberării personale. Acestea opt sunt: vederea corectă, intenția corectă, vorbirea corectă, acțiunea corectă, modul de viață corect, efortul corect, atenția conștientă corectă și concentrarea corectă.

- Rezultatul acestui vehicul este reprezentat de cinci căi ale realizării: calea acumulării, calea pregătirii, calea înțelegerii, calea deprinderii și calea încetării învățării.

- Există patru tipuri de ființe Arya care pot fi identificate de-a lungul acestei căi: cel intrat în curent, cel care se întoarce o singură dată, cel care nu se întoarce și Arhat. Dacă fiecare dintre acestea este considerat din punctul de vedere al aspirantului spre a realiza o stare și a celui care a realizat efectiv această stare, atunci putem vorbi în total de opt etape.

Bodhisattva Maitreya, un războinic spiritual în tradiția Mahayana.

CAPITOLUL TREISPREZECE

Marele Vehicul

Predând, Buddha a transmis învățăturile în așa fel încât cei prezenți să le poată înțelege potrivit propriilor capacități. Această trăsătură unică a învățăturilor lui Buddha a făcut posibilă apariția unor versiuni multiple ale aceleiași învățături, în funcție de cel care o ascultă. Vehiculul de bază prezentat în capitolul anterior este o astfel de interpretare, reprezentând o anumită perspectivă asupra învățăturilor.

Marele Vehicul (Mahayana) este rezultatul unei alte interpretări, aparținând ființelor înalt realizate care au participat la învățăturile lui Buddha. Pe Piscul Vulturului, în apropiere de Rajagriha (în nord-estul Indiei de azi), Buddha a inițiat *a doua Întoarcere a Roții Dharmei*, expunând *Sutra perfecțiunii înțelepciunii*. În acest timp, Buddha era înconjurat de sute de mii de ființe realizate care au apărut din cele zece direcții. Diferiți discipoli au auzit aceeași învățătură în moduri diferite, ceea ce a condus la opt versiuni ale acestei sutre, având între 300 și 100.000 de versuri.

Cu alte ocazii, Buddha a predat despre natura de Buddha, în locuri ca Shravasti sau Kushinagar și, de asemenea, în multe tărâmuri non-umane ale existenței. Aceste învățături au fost predate numai ființelor înalt realizate, deoarece ele descriu un nivel al realității prea profund pentru a putea fi înțeles de către ființele obișnuite.

La mulți ani după ce Buddha a trecut în parinirvana, aceste ființe s-au adunat în sudul Indiei pentru a sistematiza învățăturile primite. Sub conducerea marilor Bodhisattva (războinici spirituali) Maitreya, Manjushri și Vajrapani, s-au pus bazele *sutrelor Mahayana*, prin care sunt detaliate învățăturile despre dezvoltarea minții iluminării (*bodhicitta*), pregătirea unui bodhisattva și învățături cuprinzătoare și profunde asupra vacuității existenței inerente.

Două consilii au avut loc ulterior și, în urma acestora, au apărut două linii de descendență. Bodhisattva Manjushri a prezidat un consiliu care s-a concentrat pe clarificarea învățăturilor și pe a face mai concisă doctrina, punând accentul îndeosebi pe tema vacuității. Linia de descendență apărută în urma acestui consiliu a fost cunoscută ca *linia de descendență a vederii profunde*. Ea a fost susținută de marele maestru indian Nagarjuna și dezvoltată ulterior de către maeștri cum ar fi Chandrakirti și Shantideva.

Între timp, bodhisattva Maitreya a ținut un alt consiliu și a ales să se concentreze pe învățăturile celei *de-a treia Întoarceri a Roții Dharmei* și anume asupra naturii de Buddha. Această linie de descendență a devenit cunoscută sub numele de *linia de descendență a activității vaste*. Ea a fost susținută inițial de către Asanga și ulterior dezvoltată de maeștri precum Vasubandhu și Chandragomin.

Tradiția Mahayana apărută pe baza acestor două linii de descendență a devenit foarte populară în nordul Indiei. Învățăturile ei au fost compilate în sanscrită și s-au răspândit în întreaga țara, apoi spre nord către Kashmir și spre est, în China, de-a lungul Drumului Mătăsii. În China au fost fondate mai multe școli, fiecare concentrându-se pe diferite părți ale sutrelor Mahayana. Multe dintre aceste școli s-au răspândit apoi în diverse zone din Coreea, Japonia și Vietnam.

Învățăturile Mahayana se caracterizează prin accentul puternic pus pe cultivarea dorinței altruiste de a atinge iluminarea pentru beneficiul tuturorființelor simțitoare. Această motivație unică, cunoscută sub numele de bodhicitta, distinge Mahayana de Vehiculul de bază, unde obiectivul practicanților este realizarea propriei lor eliberări din Samsara. Pe baza acestei viziuni mai vaste și atotcuprinzătoare, practicanții Mahayana au adoptat un stil de viață care le-a permis să aducă în mod direct beneficii altora. Această trăsătură a făcut ca Mahayana să fie mult mai atractivă pentru o comunitate tot mai numeroasă de practicanți laici, care căutau alternative la viața strictă și austeră a călugărilor budiști.

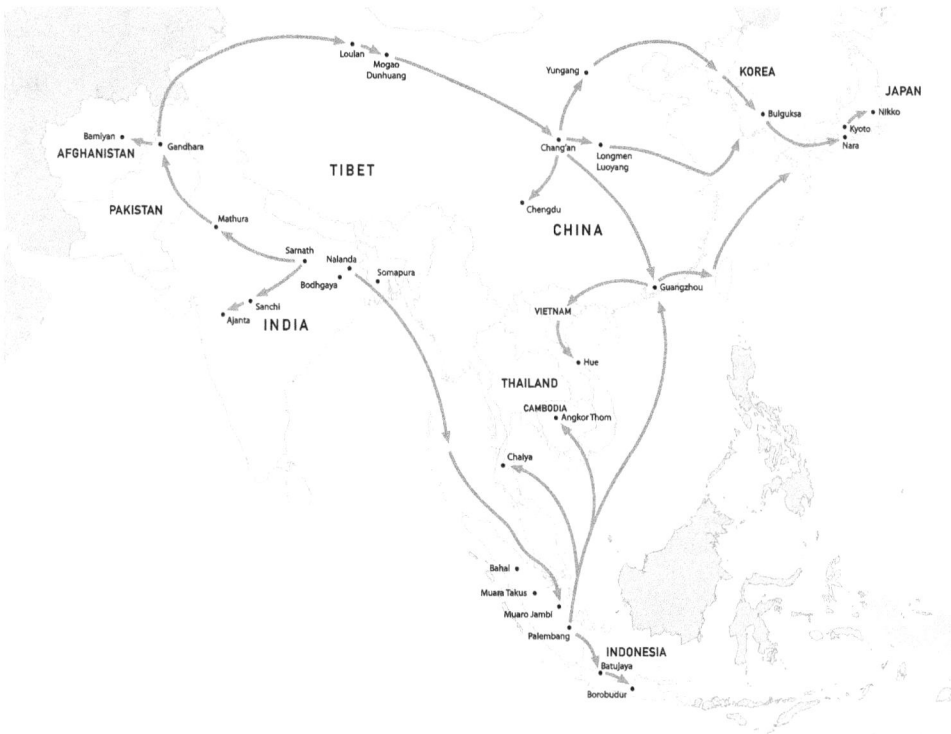

Figura 13-1: Răspândirea budismului Mahayana.

O altă diferență majoră între Vehiculul de bază și Marele Vehicul este înțelegerea diferită a ceea ce înseamnă să devii iluminat. Pentru un practicant Theravada, iluminarea înseamnă a realiza o eliberare totală din existența ciclică. Acest lucru se face prin renunțarea la orice atașament, atingând astfel starea de arhat shravaka sau pratyeka.

Pentru un practicant Mahayana, această formă de eliberare este incompletă, deoarece nu poate înlătura întunecările foarte subtile care produc aparența existenței intrinseci. Atâta timp cât aceste întunecări cognitive rămân, practicantul va fi limitat în ceea ce privește aducerea de beneficii altor ființe. Prin urmare, practicantul Mahayana folosește o gamă largă de mijloace iscusite care îi permit să acumuleze vaste cantități de merite, care sunt necesare pentru a realiza starea unui Buddha perfect iluminat. Deoarece acești practicanți sunt animați de dorința de a ajuta și de a aduce beneficii altora, acest nivel de realizare reprezintă calea definitivă pentru atingerea acestui obiectiv. Starea de Buddha perfect iluminat se caracterizează prin patru aspecte:

1. Eliberarea completă din suferința Samsarei (Nirvana).

2. Realizarea *corpului de adevăr* (Dharmakaya) și a *corpului formă* ale unui Buddha (Rupakaya).

3. Realizarea calităților nelimitate ale unui Buddha.

4. Dezvoltarea capacității de manifestare spontană în orice fel ar avea nevoie ființele simțitoare.

Din perspectiva Mahayana, după moarte, mintea unui arhat se dizolvă în vacuitate și rămâne într-o stare de non agățare completă, izolându-se complet de toate formele de suferință. Deși aceasta este o realizare extraordinară, ea nu ajută deloc ființele simțitoare care încă mai suferă. Din acest motiv, se crede că într-un viitor îndepărtat, chiar și un arhat complet eliberat va trebui să fie trezit din absorbția sa de către un Buddha pentru a putea renaște din nou. De această dată el se va reîncarna cu intenția de a intra pe calea Mahayana. Deoarece un arhat este complet eliberat de agățare, el nu va experimenta suferința în felul în care o face o ființă simțitoare obișnuită. De aceea, pentru el va fi foarte dificil să-și trezească gradul necesar de compasiune pentru a genera bodhicitta. Din acest motiv, Buddha ne-a învățat că e cel mai bine să intrăm pe calea Mahayana înainte de a atinge eliberarea.

VEHICULUL BODHISATTVA (BODHISATTVAYANA)

Un bodhisattva este orice ființă care și-a statornicit în minte hotărârea neclintită de a atinge iluminarea completă de dragul tuturor ființelor simțitoare. O astfel de ființă este considerată un *războinic spiritual,* deoarece își dedică viața acestui scop și este dispusă să înfrunte orice provocări și obstacole pentru a-l realiza. Pentru un bodhisattva nu contează de cât timp e nevoie, el nu se va opri până când toate ființele simțitoare nu vor fi eliberate de suferință.

Așa cum am menționat anterior, Mahayana poate fi înțeleasă atât din perspectiva sutrelor, cât și a tantrelor. În acest context, vehiculul Bodhisattva reprezintă punctul de vedere al sutrelor și pentru a intra pe această cale trebuie, în primul rând, să dezvoltăm intenția altruistă bodhicitta. Această minte este cea care schimbă contextul a tot ceea ce face practicantul și îi transformă fiecare acțiune într-o cauză care contribuie la starea de iluminare.

Pe baza acestei motivații, un practicant bodhisattva va dezvolta o viziune ce recunoaște nu numai lipsa existenței unui sine, ci și lipsa existenței fenomenelor. Pe baza acestui punct de vedere, el se va angaja apoi în *cele șase perfecțiuni*: generozitate, disciplină etică, răbdare, sârguință entuziastă, concentrare și înțelepciune.

Prin aceste practici, un bodhisattva cultivă vaste oceane de merit. Energia pozitivă este direcționată spre tăierea minții care se prețuiește pe sine și spre realizarea pe deplin a adevăratei naturi a realității. Un astfel de practicant învață să rămână în înțelepciunea care realizează vacuitatea, în același timp implicându-se activ în lumea iluzorie a manifestărilor dependente. Acest lucru este cunoscut ca *uniunea dintre metodă și înțelepciune*. Practicând în acest mod timp de trei eoni, un bodhisattva poate elimina complet toate formele de întunecare și astfel poate atinge starea unui Buddha deplin iluminat.

FUNDAMENTUL—CELE DOUĂ ADEVĂRURI

Buddha nu a predat filosofia în mod direct și sistematic. În schimb, el a expus diverse principii, știind că acestea vor aduce beneficii celor care îi ascultau învățătura. Mult mai târziu a fost creată o abordare sistematică, atunci când dezbaterile ample dintre practicanții budiști au dus la apariția mai multor școli filosofice de gândire.

Toate școlile au evoluat pornind de la învățătura de bază a lui Buddha asupra *celor două adevăruri*. Buddha afirmă că există două niveluri la care ființele pot experimenta realitatea: nivelul relativ și nivelul ultim. Ceea ce se consideră "adevăr" depinde de nivelul la care operezi. Prin urmare, unele fenomene sunt adevărate din perspectivă relativă, în timp ce altele sunt adevărate din perspectivă ultimă. Putem deci vorbi de două tipuri de adevăr:

1. **Adevărul relativ:** Tot ceea ce alcătuiește lumea pe care o experimentăm în mod obișnuit, fenomenele, oamenii și locurile pe care le întâlnim, corpurile și mințile noastre sunt exemple de adevăruri relative. Această lume este plină de subiecte și obiecte. Găsim aici oameni diferiți, care au

perspective diferite, fiecare dintre ei interacționând cu tot felul de lucruri. În această realitate, nu există doi oameni care să vadă exact același lucru, în schimb fiecare este centrul propriului său univers, experimentând lumea dintr-un punct de vedere unic și personal. Cu toate acestea, când ne comparăm experiențele, putem vedea că există asemănări. Putem astfel să cădem de acord asupra anumitor convenții, iar în baza acestora putem să comunicăm unii cu alții pentru a stabili ceea ce este adevărat din perspectiva noastră.

În timp ce un adevăr relativ poate fi valabil pentru o persoană sau pentru un grup, s-ar putea să nu fie neapărat adevărat și pentru altcineva. Gândiți-vă, de exemplu, la diferențele dintre gusturile culinare. Pentru cineva o mâncare poate fi delicioasă, în timp ce altcineva poate să o considere absolut dezgustătoare. Ambele interpretări sunt la fel de adevărate din perspectiva indivizilor cu aceste puncte de vedere. De asemenea, luați în considerare felurile diferite în care ființele experimentează lumea obiectivă. De exemplu, felul în care o furnică experimentează o baltă de apă aflată în calea sa este complet diferit de felul în care un om experimentează același obiect.

Din acest motiv, adevărurile relative au o natură dependentă. Ele există numai în dependență de perspectiva unui individ. În cazul în care vederea acelei persoane este distorsionată de prezența unor stări perturbate ale minții, atunci adevărurile relative percepute vor fi și ele distorsionate. Aceasta este unul din principalele motive pentru care generăm atât de multă suferință în viața noastră. Ne agățăm de realitatea noastră relativă ca și cum ar fi singura realitate, ceea ce duce la presupuneri false cu privire la ceea ce experimentăm de fapt.

2. **Adevărul absolut:** Atunci când eliminăm toate concepțiile greșite referitoare la cum există realitatea cu adevărat, rămânem doar cu experiența realității așa cum este ea. Această stare a minții este adevărul absolut. Putem utiliza acest termen pentru a ne referi la: starea atotcunoscătoare a minții eliberate de toate întunecările; natura absolută a experienței noastre, cunoscută sub numele de "vacuitate"; înțelepciunea care realizează în mod direct această natură; natura noastră de Buddha, potențialul înnăscut de a realiza iluminarea.

În comparație cu natura noastră ultimă, adevărurile relative par temporare și superficiale, asemenea unui vis. Din punctul de vedere al unei persoane care s-a trezit dintr-un vis, tot ceea ce credea că a fost adevărat în vis se dovedește a fi de fapt neadevărat. Din perspectiva unei minți care stăruie în propria natură a realității absolute, toate adevărurile relative de care ne cramponăm atât de mult sunt și ele neadevărate.

În acest fel, adevărul relativ se aseamănă cu oceanul, iar adevărul absolut cu țărmul său. Pentru a supraviețui în ocean, trebuie să învățăm să înotăm și, odată ce avem abilitățile necesare, putem folosi oceanul (adevărul relativ) pentru a ajunge la mal (natura absolută). Prin practicarea Dharmei folosim adevărul relativ cu scopul de a descoperi adevărul nostru absolut. Atunci când luăm în considerare cele două adevăruri în relație cu *cele patru peceți*, putem vedea că primele două peceți sunt caracterizate de nepermanență și de suferință și, prin urmare, acestea pot fi identificate ca fiind descrierea adevărului relativ. Ultimele două peceți se referă la adevărul absolut, vorbind în mod direct despre vacuitate și iluminare.

Atunci când avem o experiență directă a adevărului absolut, vedem că ceea ce apare în prezent ca fiind două adevăruri, reprezintă de fapt doar două aspecte ale aceleiași realități. Recunoașterea acestui adevăr profund prin experiență directă ne conduce la descoperirea uniunii ultime a celor două adevăruri.

Doctrine filosofice budiste

Deși toate vehiculele budiste sunt de acord cu premisa celor două adevăruri, ele au păreri diferite asupra apartenenței fenomenelor la categoriile adevărului relativ sau ale adevărului ultim. Atunci când grupăm diferitele puncte de vedere pe baza subtilității înțelegerii adevărului ultim pe care o au, ajungem la următoarele sisteme:

1. **Școala marii expuneri (Vaibhashika):** Practicanții care au acest punct de vedere consideră că fenomene cum sunt mintea, diferitele operațiuni ale minții, lumea materială a obiectelor alcătuite din particule, fenomenele necondiționate, cum ar fi spațiul și experiența temporală a trecutului și a viitorului, au o existență substanțială. Ei cred că obiectele grosiere care

apar din combinarea acestor elemente nu sunt reale. De exemplu, atunci când facultatea senzorială a ochiului întâlnește un obiect, ea dă naștere unei conștiințe senzoriale și toate aceste aspecte sunt considerate a fi adevăr absolut. Recunoașterea faptului că ceea ce apare în minte este un "măr" este un adevăr relativ. Este o simplă atribuire a minți.

2. **Susținătorii școlii sutra (Sautrantika):** Această școală rafinează înțelegerea punctului de vedere Vaibhashika și recunoaște că fenomenele necondiționate, cum ar fi spațiul, percepția existenței unui continuum substanțial (fie fizic, fie mental) sau percepția momentelor din trecut și viitor sunt doar atribuiri și, prin urmare, trebuie să fie considerate adevăruri relative. Susținătorii acestui punct de vedere consideră că singurele lucruri care au existență adevărată, absolută, sunt particulele minuscule și momentele instantanee ale conștiinței. Folosind exemplul anterior, "facultatea senzorială", "conștiința" și "obiectul" sunt adevăruri relative, atribuite unei configurații interdependente a particulelor fizice percepute de un moment al minții.

3. **Școala "doar minte" (Chittamatra):** Conform acestei școli, tot ceea ce apare minții, apare în ea însăși, asemenea imaginilor într-un vis. De aceea, nimic nu poate fi recunoscut în afara acestei sfere de experiență. Sau, din moment ce nu putem experimenta lumea fizică altfel decât ca manifestări în minte, nu există niciun temei pentru a afirma că existența acestei lumi este altceva decât mintea. Prin urmare, atât manifestările obiective ale facultății senzoriale a ochiului, care percepe o imagine, cât și experiența subiectivă a conștiinței vizuale, sunt simple atribuiri. Mintea obișnuită, capabilă să se odihnească în conștientizarea non duală a inseparabilității dintre subiect și obiect, este considerată a fi adevărul absolut.

4. **Școala căii de mijloc (Madhyamaka):** Se consideră că aceasta este școala care deține viziunea cea mai subtilă dintre toate școlile de gândire budiste. În cadrul acestei școli există două interpretări principale, bazate pe cele două linii de descendență Mahayana care provin de la Nagarjuna și Asanga. Ambele sunt de acord că punctul de vedere Chittamatra referitor la existența unei conștiințe obișnuite non duale este incorect și că o astfel

de conștiință încă se mai agață de o formă subtilă de subiectivitate, făcând din ea un adevăr relativ. De asemenea, ambele sunt de acord că toate fenomenele percepute de minte sunt simple atribuiri, complet golite de orice formă de existență intrinsecă. Cele două linii sunt însă în dezacord asupra naturii adevărului absolut. Pentru un grup, simpla absență a fenomenelor existente în mod intrinsec este considerată ca fiind adevărul absolut. Pentru ceilalți, această absență reprezintă doar natura adevărurilor relative și nu reprezintă natura adevărului absolut. Adevărul absolut este starea de conștientizare non duală, pură, care transcende toate convențiile și care este plină de toate calitățile iluminate. Vom discuta mai pe larg deosebirile dintre aceste două interpretări în volumul II al acestei cărți.

Pe scurt, toate sistemele budiste sunt de acord cu faptul că niciun fenomen condiționat nu are existență intrinsecă, dar acest lucru nu înseamnă că nimic nu există. Totul, inclusiv noi înșine, apare în funcție de diverse cauze și condiții, printr-un proces al cauzei și efectului la care participăm. Este esențial să avem mereu în vedere acest lucru deoarece, în caz contrar, indiferent de viziunea pe care pretindem că o urmăm, suntem în pericol de a cădea în extrema nihilismului.

Dintre aceste patru școli, primele două reprezintă puncte de vedere al Vehiculului de bază, iar ultimele două reprezintă puncte de vedere al Marelui Vehicul. După cum putem vedea, fiecare școală rafinează afirmațiile școlilor care o preced. În acest fel, un practicant poate lucra pentru a-și stabili punctul de vedere gradual, progresând de la grosier spre subtil.

Vehicul	Școală	Adevăr relativ	Adevăr absolut
Hinayana	Vaibhashika	obiectele grosiere	particule materiale, minte, spațiu și timp
	Sautrantika	obiecte grosiere, spațiu și timp	particule indivizibile și momente ale conștiinței
Mahayana	Cittamatra	manifestări obiective și subiective	conștiință non duală obișnuită
	Madhyamaka	toate manifestările duale grosiere și subtile	1. simpla absență a existenței intrinseci
			2. conștientizarea pură, goală de orice convenție

Tabelul 13-1: Deosebiri privind modul în care diferitele școli înțeleg cele două adevăruri.

CALEA—CALEA UNUI BODHISATTVA

Calea Vehiculului Bodhisattva este concepută special pentru a face posibilă concentrarea asupra îndepărtării minții care se prețuiește pe sine. Aceasta este atitudinea deformată care se agață de sine, considerând sinele ca fiind cel mai important lucru și privind orice altceva ca având o importanță secundară. Aceasta este mintea care menține concentrarea pe un flux mental individual izolat și care acționează ca o întunecare, împiedicând atingerea stării atotcunoscătoare a unui Buddha.

Bodhicitta

Intrarea pe calea Mahayana se face prin generarea spontană a extraordinarei minți bodhicitta. Animat de iubire și compasiune, viitorul bodhisattva dezvoltă o aspirație reală de a face tot ce e necesar pentru a elibera ființele simțitoare de suferință, recunoscând în același timp că singurul mod realist de a face acest lucru este prin dobândirea capacităților nelimitate ale unei ființe complet iluminate. De aceea, pentru binele ființelor simțitoare, practicantul dezvoltă hotărârea de a-și dedica această viață (și oricât de multe vieți viitoare vor fi necesare) pentru atingerea stării de Buddha.

La început, această minte trebuie să fie generată cumva forțat. Este nevoie de timp până când o aspirație atât de vastă poate să apară spontan. Există multe modalități de a dezvolta această minte, dar în Tibet cele mai frecvente metode sunt:

1. **Metoda în șapte pași a cauzei și efectului:** Prin această metodă, practicantul se concentrează asupra meditațiilor ce îl ajută să stabilească o conexiune iubitoare cu toate ființele simțitoare. Acest lucru este cultivat în primul rând prin reflecția asupra iubirii dintre o mamă și copilul ei și a faptului că toate ființele simțitoare ne-au fost la un moment dat mame. Pe baza acestei conexiuni, practicantul meditează la suferința ființelor simțitoare până când compasiunea sa devine atât de puternică, încât îl motivează să acționeze. Din această intenție altruistă el ia hotărârea fermă de a atinge iluminarea de dragul tuturor ființelor simțitoare asemănătoare mamelor sale.

2. **Cultivarea celor patru nemăsurabile:** O altă tehnică constă în cultivarea celor patru calități universale care asigură condițiile naturale pentru

apariția bodhicitta: iubire, compasiune, bucurie și echilibru imparțial. Aceste calități lucrează pentru a dizolva mintea care se prețuiește pe sine și pentru concentrarea minții asupra bunăstării altora.

3. **Metoda schimbării sinelui cu ceilalți:** Această ultimă metodă poate fi utilizată pentru a le perfecționa pe primele două și e compusă dintr-o serie de raționamente logice care demonstrează de ce este ilogic să ne prețuim pe noi înșine mai presus de ceilalți. Aceste contemplații conduc practicantul la recunoașterea faptului că mintea care se prețuiește pe sine este extrem de dăunătoare și trebuie abandonată. Această atitudine deschide poarta spre cultivarea iubirii nemăsurate și a compasiunii.

Prin aceste practici, aspiranții bodhisattva se străduiesc să-și familiarizeze mintea cu această aspirație în asemenea măsură încât, în cele din urmă, ea devine motivația implicită pentru toate acțiunile lor. Acesta este momentul în care practicantul devine un bodhisattva și intră pe calea bodhisattva.

Cele șase perfecțiuni

Antrenamentul unui bodhisattva se realizează printr-o cale cu șase subdiviziuni, cunoscută sub numele de *cele șase perfecțiuni*. Această secvență de practici oferă o cale graduală care ajută la dezvoltarea calităților necesare pentru realizarea stării de Buddha. Calitățile sunt următoarele:

Generozitatea

Prima perfecțiune reprezintă un antidot la mintea plină de atașament, care se agață de lucruri pentru sine. Prin practica generozității, un bodhisattva învață să se concentreze asupra nevoilor altora și să ofere tot ce poate pentru a aduce beneficii acestora, practicând trei tipuri de generozitate:

1. **Generozitatea materială:** Un bodhisattva recunoaște că atât timp cât ființele sensibile se luptă să-și satisfacă necesitățile lumești de bază, ele nu se pot angaja în practica spirituală. De aceea, bodhisattva practică generozitatea oferind hrană și resurse materiale celor ce au nevoie de ele.

2. **Protecția împotriva fricii:** Chiar dacă nevoile de bază ale unei persoane sunt satisfăcute, ea poate trăi în situații pline de anxietate sau frică. Acesta

este un alt obstacol pentru practicarea Dharmei și, prin urmare, un bodhisattva lucrează pentru a aduce pacea în mintea ființelor simțitoare, oferindu-le protecție.

3. **Oferirea Dharmei:** În cele din urmă, chiar dacă o persoană are capacitatea de a practica Dharma, dacă nu știe cum să practice nu va putea să depășească perturbările. De aceea, un bodhisattva lucrează cu sârguință pentru a oferi învățături ființelor simțitoare, astfel încât acestea să poată crea cauzele fericirii autentice.

Disciplina etică

Cea de-a doua perfecțiune îl ajută pe bodhisattva să dobândească o mai mare forță a minții prin practica disciplinei etice. Scopul ei este să aducă conștientizarea în fiecare acțiune, astfel încât orice situație să fie transformată într-o oportunitate de a aduce beneficii altora. Aceasta se realizează în trei feluri:

1. **Evitarea acțiunilor negative:** Prin renunțarea la acțiunile negative, un bodhisattva abandonează rănirea altora în mod direct sau indirect.

2. **Generarea acțiunilor pozitive și virtuoase:** Prin cultivarea calităților virtuoase, un bodhisattva își îmbunătățește capacitatea de a aduce beneficii ființelor simțitoare.

3. **Aducerea de beneficii pentru alții:** Concentrându-se pe nevoile altora, un bodhisattva abandonează mintea care se prețuiește pe sine și poate transforma tot ceea ce face într-o cauză pentru eliberarea de suferință a ființelor simțitoare.

Răbdarea

Deoarece calea bodhisattva este lungă și dificilă, practicantul trebuie să dezvolte o mare răbdare în fața tuturor dificultăților ce pot apărea. Din această perspectivă, răbdarea îmbracă multe forme, cum ar fi disciplina și toleranța. Indiferent ce se întâmplă, un bodhisattva nu trebuie să renunțe niciodată. Acest grad de determinare este dezvoltat prin următoarele antrenamente:

1. **Răbdarea iertării:** Mintea afectată de furie poate să distrugă cantități uriașe de merite prețioase în mintea unui bodhisattva. Prin urmare, el

trebuie să se antreneze pentru a contracara în mod direct acest factor perturbator prin practica iertării, care include răbdarea față de oamenii care îl tratează urât.

2. **Răbdarea ca putere și curaj pentru Dharma:** Calea este plină de obstacole pe care un bodhisattva va trebui să le depășească. Prin practicarea răbdării în fața greutăților cum sunt frigul și foamea, el învață să renunțe la atașamentul față de confortul lumesc.

3. **Răbdarea de a fi neînfricat în fața adevărului profund:** Pe măsură ce un bodhisattva progresează pe cale, adevărul realității începe să se manifeste mai clar. Acest adevăr poate fi greu de acceptat. Acest antrenament este special conceput pentru a depăși îndoiala perturbatoare care împiedică un bodhisattva să realizeze profunzimile propriei naturi.

Sârguința entuziastă

Calea bodhisattva reprezintă un proces lent de perfecționare prin care mintea se maturizează în trei eoni. Pentru a menține continuitatea practicii, un bodhisattva trebuie să dezvolte sârguința neclintită de a se angaja cu entuziasm în practicarea virtuții, indiferent cât de mult durează sau ce presupune aceasta. Antrenamentul în sârguința entuziastă este conceput pentru a contracara trei forme de lene:

1. **Sârguința ca o armură:** Este antidotul pentru lipsa de încredere în sine, un tip de lene prin care consideri că pur și simplu nu ești suficient de bun și, prin urmare, nici nu ar trebuie să te mai deranjezi să încerci.

2. **Sârguința acțiunii corecte:** Este antidotul împotriva amânării sau a lenei care amână practica în viitor. Prin acest antrenament, un bodhisattva învață să recunoască oportunitățile pentru practicarea virtuții și pentru angajarea în manifestarea imediată a acelei virtuți.

3. **Sârguința entuziasmului permanent:** Acest antrenament este o forță contrară pentru inactivitate și este axat pe dezvoltarea minții care face eforturi constante pentru iluminare. Acest tip de efort permite unui bodhisattva să finalizeze orice își propune să facă.

Concentrarea

Vehiculul bodhisattva este calea angajamentului. Un bodhisattva lucrează activ cu tot ce îi apare în viață, transformând evenimentele în oportunități de a acționa în beneficiul altora. De aceea, el trebuie să poată evalua corect o situație și să identifice planurile de acțiune posibile. Această capacitate depinde de puterea și calitatea minții sale, care trebuie să fie concentrată, maleabilă și lipsită de distrageri. Acest lucru se realizează prin dezvoltarea a trei forme de concentrare:

1. **Concentrarea practicată de ființele obișnuite:** Aceasta este mintea absorbită în experimentarea fericirii extatice, absenței gândurilor și a clarității strălucitoare. Se dezvoltă prin practica meditației de fixare (*shamatha*). În această stare, factorii mentali perturbatori sunt în stare latentă, creând o bază perfectă pentru investigarea naturii realității.

2. **Concentrarea cu discernământ:** Aceasta este mintea eliberată de agățare, ce permite unui bodhisattva să rămână în echilibru imparțial chiar și atunci când se angajează activ în analiza unui fenomen specific. Este dezvoltată prin practica meditației analitice (*vipashyana*).

3. **Concentrarea excelentă:** Aceasta este mintea complet liberă de orice formă de întunecare și, deci, capabilă să se mențină permanent într-o stare de angajare non duală asupra naturii realității. Este dezvoltată prin uniunea *shamatha* cu *vipashyana*.

Înțelepciunea

Toate perfecțiunile anterioare asigură unui bodhisattva condițiile pentru dezvoltarea treptată a unor forme din ce în ce mai subtile de înțelepciune. Înțelepciunea îi permite unui bodhisattva nu numai să se elibereze pe el însuși de suferință, dar și să înțeleagă gama largă de fenomene și modul în care acestea pot fi folosite pentru a ghida cu iscusință ființele simțitoare către aceeași stare de iluminare. Acest lucru se realizează prin cultivarea a trei forme de înțelepciune:

1. **Înțelepciunea din ascultare:** Este înțelepciunea generată prin ascultarea sau studierea învățăturilor. Ea aduce certitudine cu privire la ceea ce ni s-a spus și la modul în care ideile au fost comunicate.

2. **Înțelepciunea din contemplare:** este înțelepciunea care se naște atunci când ne gândim la ce am ascultat și când reflectăm la informațiile dobândite prin studiu. Ea produce o claritate a minții care înțelege pe deplin semnificația diferitelor idei și modul în care acestea pot fi aplicate în diverse situații.

3. **Înțelepciunea din meditație:** este înțelepciunea care transformă înțelegerea în experiență. Această formă de înțelepciune este cea capabilă să îndepărteze în mod direct mintea dominată de ignoranță și, astfel, să elimine întunecările perturbatoare și cognitive.

Dintre aceste șase perfecțiuni, primele cinci sunt considerate mijloace iscusite, iar ultima, înțelepciune. Dacă le comparăm cu *cele trei antrenamente înalte*, putem vedea că primele trei perfecțiuni au legătură cu disciplina etică, ultimele două cu concentrarea și înțelepciunea, iar a patra perfecțiune e în relație cu toate cele trei antrenamente.

Antrenament înalt	Perfecțiune	Practici
Disciplina etică	Generozitatea	1. Generozitate materială 2. Protecție împotriva fricii 3. Oferirea Dharmei
	Disciplina etică	1. Evitarea acțiunilor negative 2. Generarea acțiunilor pozitive și virtuoase 3. Aducerea de beneficii pentru alții
	Răbdarea	1. Răbdarea iertării 2. Răbdarea ca putere și curaj pentru Dharma 3. Răbdarea de a fi neînfricat în fața adevărului profund
Toate trei	Sârguința entuziastă	1. Sârguința ca o armură 2. Sârguința acțiunii corecte 3. Sârguința entuziasmului permanent
Concentrarea	Concentrarea	1. Concentrarea practicată de ființele obișnuite 2. Concentrarea cu discernământ 3. Concentrarea excelentă
Înțelepciunea	Înțelepciunea	1. Înțelepciunea din ascultare 2. Înțelepciunea din contemplare 3. Înțelepciunea din meditație

Tabelul 13-2: Cele șase perfecțiuni.

REZULTATUL—ILUMINAREA

Atât practicanții Mahayana, cât și cei Theravada progresează de-a lungul celor cinci căi: a acumulării, a pregătirii, a înțelegerii, a deprinderii și cea dincolo de învățare. Dar, întrucât motivația pentru angajarea în aceste practici are o natură semnificativ diferită, rezultatele acestor căi vor fi și ele semnificativ diferite. În timp ce prin calea Theravada se poate ajunge la starea de Arhat, calea Mahayana poate conduce la deplina iluminare a unui Buddha. Vom examina acum din nou cele cinci căi, din perspectiva unui practicant bodhisattva:

1. **Calea acumulării:** Intrăm pe calea acumulării atunci când dezvoltăm *bodhicitta* autentică și, din acel moment, devenim un bodhisattva. Această cale pune accentul pe acumularea de oceane de acțiuni meritorii și cuprinde trei niveluri succesive: minor, intermediar, major. Cei aflați la nivelul minor practică și ajung să stăpânească contemplările corpului, sentimentelor, minții și fenomenelor. Cei de la nivelul intermediar practică și realizează perseverența în evitarea gândurilor sau acțiunilor non virtuoase, renunțarea la gândurile sau acțiunile non virtuoase deja apărute, dezvoltarea de noi gânduri și acțiuni virtuoase și menținerea gândurilor sau acțiunilor virtuoase deja dezvoltate. Cei de la nivelul major obțin dorința și intenția neîntrerupte de a se concentra, efortul neîntrerupt în concentrare și concentrarea analitică neîntreruptă.

   Meritul creat pe calea acumulării constituie, în final, cauza pentru abilitatea unui bodhisattva de a se manifesta în nenumărate lumi pentru beneficiul nenumăratelor ființe, atunci când devine un Buddha. Acest lucru este cunoscut sub numele de *corp-formă* (Rupakaya), care include atât *corpul subtil al desfătării* (Sambhogakaya), cât și *corpul emanat grosier* (Nirmanakaya). La începutul acestei căi, un practicant Mahayana obține mai întâi bodhicitta adevărată, devenind un bodhisattva, dar el încă mai trebuie să acumuleze mari cantități de merite pentru a consolida și stabiliza mintea iluminată bodhicitta. În cele din urmă, mintea sa este complet absorbită în dorința ca toate ființele să fie pe deplin iluminate și își asumă întreaga responsabilitate pentru îndeplinirea acestei aspirații.

Odată ce un bodhisattva a realizat măreața cale a acumulării, el dezvoltă un echilibru meditativ imens, precum și capacitatea de a vizita alți Buddha și bodhisattva din alte tărâmuri și de a le asculta învățăturile.

2. **Calea pregătirii:** De-a lungul căii pregătirii, un bodhisattva se pregătește să intre pe calea înțelegerii, cel de-al treilea nivel din cele cinci căi ale realizării, prin care el percepe pentru prima oară în mod direct realitatea adevărată sau vacuitatea. Calea pregătirii este împărțită în patru niveluri: căldura, punctul culminant, răbdarea și fenomenele lumești supreme.

   La primul nivel, un bodhisattva primește numeroase semne sau prevestiri că va percepe adevărul absolut. Acesta este etapa căldurii, comparată cu căldura simțită atunci când cineva se apropie de un foc. La al doilea nivel, punctul culminant, un bodhisattva vede pentru prima dată semne ale calităților sale virtuoase. Aceste calități reprezintă culmea virtuților lumești și sunt cunoscute drept cele cinci facultăți: credința, energia, atenția conștientă, concentrarea și înțelepciunea.

   În a treia etapă, un bodhisattva dobândește inițial încredere pentru a depăși teama de a experimenta vacuitatea fenomenelor relative. Aceasta este etapa răbdării. Ultimul nivel al căii pregătirii garantează că acel bodhisattva va experimenta o percepție directă a vacuității adevărului relativ în etapa următoare. De aceea, acest nivel este denumit fenomenul lumesc suprem și reprezintă realizarea obișnuită finală, înainte de a deveni o ființă Arya. Pe parcursul acestui nivel, cele cinci facultăți sunt pe deplin dezvoltate și devin cele cinci puteri divine: puterea credinței, puterea energiei, a atenției conștiente, a concentrării și puterea înțelepciunii. Aceasta este etapa în care, în sfârșit, mintea lumească se dizolvă și începe mintea transcendentală.

3. **Calea înțelegerii:** Pe calea înțelegerii, un bodhisattva realizează în mod direct vacuitatea adevărului relativ după ce își va fi eradicat toate concepțiile greșite dobândite și vederile eronate cu privire la adevărata natură a fenomenelor care erau bazate pe gândirea sa conceptuală eronată din această viață și din viețile trecute. El dobândește cei șapte factori ai iluminării: atenția conștientă supremă, conștientizarea discriminatorie, energia, bucuria, liniștea, concentrarea și imparțialitatea. Din această

etapă și până la atingerea stării de Buddha, un bodhisattva este recunoscut ca fiind o ființă Arya. El dobândește puteri extraordinare și se poate manifesta în sute de locuri diferite, ghidând sute de adepți într-un singur moment. Văzând adevărul absolut pentru prima dată, calea înțelegerii se aseamănă cu întrezărirea oceanului. În continuare, prin calea deprinderii, este cultivată o vedere din ce în ce mai vastă, până când întregul ocean este văzut în toată splendoarea lui.

4. **Calea deprinderii:** Un Arya bodhisattva intră pe calea deprinderii după ce pe calea înțelegerii și-a îndepărtat întunecările conceptuale dobândite. Aici el se obișnuiește cu realizarea vacuității adevărului relativ, eliminând întunecările înnăscute care împiedică realizarea stării de Buddha. Acest proces de deprindere este esențial, întrucât întunecările înnăscute ne-au însoțit din timpuri fără de început, funcționând de la sine, fără să depindă de convingeri sau raționamente greșite. În acest proces, Arya bodhisattva depune un efort imens pentru a atinge stăpânirea celor zece perfecțiuni: generozitatea, disciplina, răbdarea, sârguința, concentrarea, înțelepciunea, mijloacele iscusite, aspirația, puterea și conștientizarea supremă.

5. **Calea de dincolo de învățare:** La momentul final al acestui stadiu, el intră într-o stare meditativă numită stabilizarea meditativă vajra, în care sunt depășite cele mai subtile obstacole rămase care împiedică realizarea stării de Buddha. Un Arya bodhisattva iese din această concentrare ca un Buddha și dobândește atotcunoașterea. Aceasta înseamnă că toate fenomenele din trecut, prezent și viitor sunt cunoscute în mod direct, în același timp și fără efort. Aceasta este calea de dincolo de învățare, deoarece nu este necesar să se meargă mai departe.

Cele zece bhumi ale unui bodhisattva

Un Arya bodhisattva își îndepărtează progresiv întunecările perturbatoare înnăscute și cognitive, parcurgând mai multe niveluri. Începând cu calea înțelegerii, există zece niveluri bhumi sau baze pe care un bodhisattva le atinge înainte de a ajunge la starea de Buddha. Fiecare dintre cele zece buhmi are două stadii neîntrerupte: intrarea și eliberarea. În stadiul intrării, realizarea unui bodhisattva nu poate fi întreruptă de întunecări, acestea dizolvându-se și fiind purificate în mod natural de îndată ce apar. În stadiul eliberării, ușa spre întunecări este închisă și nu mai poate fi redeschisă. Cu alte cuvinte, întunecările au fost complet eradicate, împreună cu tendințele către ele.

Mai mult decât atât, pe parcursul fiecărui bhumi este realizată câte una din cele zece perfecțiuni (sau zece *paramita*), ceea ce înseamnă că un bodhisattva dezvoltă sau perfecționează pe deplin anumite calități.

Calea deprinderii cuprinde nouă niveluri bhumi. Din acestea, primele trei sunt cunoscute sub numele de „calea minoră", următoarele trei „calea intermediară", iar ultimele trei niveluri se numesc „calea măreață". Calea deprinderii durează de regulă doi eoni, deși nu există o limită fixă pentru fiecare individ.

Timpul nu este o problemă pentru un Arya bodhisattva întrucât, indiferent de cât de mult timp i-ar lua, el experimentează în permanență o bucurie imensă în a aduce beneficii altora. Mai mult decât atât, această perioadă este considerată extrem de lungă din punctul de vedere al celorlalți, deoarece din punctul de vedere al experienței proprii a unui bodhisattva, aceste niveluri pot fi parcurse mult mai repede.

Vom descrie pe scurt cele zece niveluri bhumi ale unui bodhisattva. Începând cu al doilea bhumi, pe măsură ce sunt atinse diferitele niveluri, anumite întunecări sunt eradicate prin niveluri progresive, din ce în ce mai profunde, de absorbție meditativă. Cele mai grele întunecări sunt eradicate primele, urmate de întunecările mai subtile. Fiecare dintre cele trei căi - minoră, intermediară și măreață - este la rândul ei împărțită în câte trei niveluri de realizare: scăzut, mediu și înalt, în funcție de tipul întunecărilor eliminate. Există trei tipuri de întunecări: grosiere, intermediare și subtile, fiecare dintre acestea împărțindu-se în alte trei niveluri diferite. Existența atâtor niveluri în cadrul stadiilor poate părea exagerat de detaliată. Totuși, să nu uităm că aceasta este o cale incredibil de profundă și desăvârșită, ce identifică subtilitățile minții care sunt dificil de înțeles de către o ființă obișnuită.

Primul Bhumi—Bucuria supremă

Primul bhumi este cunoscut ca "bucuria supremă", deoarece un bodhisattva a atins pentru prima dată calea înțelegerii directe și este cuprins de bucuria supremă. Cu alte cuvinte, el a realizat în mod direct că sinele nu există în mod independent, că toți și toate sunt interdependente. Având această înțelegere, el a depășit ideea falsă că cele cinci agregate constituie un sine care există cu adevărat. Acest bodhisattva este liber de orice atașament față de fenomene, întrucât a văzut în mod direct că acestea sunt lipsite de substanță și că sunt supuse suferinței, decăderii și morții.

În primul bhumi este realizată perfecțiunea generozității, ceea ce înseamnă că bodhisattva are capacitatea de a dărui orice, fără regrete și fără să aștepte nicio laudă sau recompensă. El și-ar dărui chiar părți din propriul corp dacă acestea ar fi utile altcuiva. El face acest lucru cu mare bucurie și, cu toate că simte durerea fizică, la nivel mental nu experimentează deloc suferința. La niveluri mai înalte, chiar și durerea fizică este absentă, întrucât mintea unui Arya bodhisattva este puternic familiarizată cu vacuitatea adevărului relativ. Un bodhisattva aflat la primul nivel este motivat în primul rând de credință. El se antrenează în conduita etică pură pentru a-și purifica mintea de întunecări și se pregătește pentru absorbția meditativă a celui de al doilea bhumi. În acest stadiu, un bodhisattva și-a eliminat complet înclinațiile către un comportament etic impur, iar acestea nu vor mai apărea niciodată.

Al doilea bhumi—Nepătarea

Acest bhumi este atins atunci când cel mai scăzut nivel de realizare a căii minore a eliminat cea mai grosieră întunecare. Pe parcursul acestui nivel, *paramita* disciplinei etice este desăvârșită, iar bodhisattva obține un autocontrol complet, gândurile imorale nemaiputând să apară nici măcar în vis. Orice gest sau activitate a corpului, vorbirii și minții sunt curățate chiar și de cele mai subtile impurități. Un bodhisattva realizează acțiuni virtuoase perfecte ale corpului, vorbirii și minții, care includ renunțarea cu bucurie la orice formă de ucidere, furt, comportament sexual inadecvat, minciună, vorbire ce învrăjbește, vorbire aspră și pălăvrăgeală fără sens, lăcomie, intenții vătămătoare și punctele de vedere greșite.

În această etapă, bodhisattva dobândește puteri supranaturale care îi permit să se manifeste simultan în mii de locuri diferite, având capacitatea de a ghida într-o singură clipă mii de adepți.

Aceste abilități și puteri continuă să crească pe măsură ce bodhisattva trece prin nivelurile bhumi ulterioare. Din acest motiv, mintea unui bodhisattva se purifică și rămâne în echilibru imparțial. El atinge și cele patru absorbții meditative ale tărâmurilor formei, superioare realizării absorbțiilor lumești. Acestea sunt mai stabile, mai profunde și mai utile pentru dezvoltarea minții subtile.

Prin maturizarea acestor calități, perfecțiunea conduitei etice devine supremă. Acești bodhisattva apar ca regi universali pentru a ajuta ființele vii sau ca maeștri ai celor patru continente glorioase și ai celor șapte obiecte prețioase: prețioasa roată, prețiosul elefant, prețiosul cal, prețioasa bijuterie, prețioasa regină, prețiosul ministru și prețiosul general. Acest tip de bogăție le aparține în mod natural, permițându-le să-i ajute și pe ceilalți.

Al treilea bhumi—Strălucirea

Acest bhumi este atins atunci când a doua categorie de întunecări grosiere este depășită prin nivelul mediu de realizare a căii minore. Se numește "strălucirea" deoarece, atunci când acest nivel este atins, focul înțelepciunii arde obiectele gândirii dualiste. Această strălucire este, prin însăși natura sa, capabilă să stingă toate construcțiile dualiste în timpul meditației. În această etapă, *paramita* răbdării este pe deplin perfecționată într-un mod ce depășește cu mult percepția obișnuită asupra răbdării.

Echilibrul imparțial al unui bodhisattva devine atât de profund la acest nivel, încât, chiar dacă cineva i-ar smulge încet carnea și oasele, el nu s-ar înfuria și nici nu ar fi tulburat. Realizând că, în ignoranța sa, torționarul său nu este conștient de legea cauzei și efectului și că este motivat de gânduri perturbatoare ce plantează semințele viitoarei sale suferințe, un bodhisattva simte nețărmurită compasiune față de el. Cei ce se antrenează în cel de al treilea nivel bhumi își depășesc toate tendințele către furie și nu reacționează cu ură (sau chiar cu supărare) la cuvintele sau acțiunile care îi rănesc. Echilibrul lor imparțial rămâne constant și privesc toate ființele simțitoare cu iubire necondiționată și compasiune.

Un bodhisattva aflat la acest nivel cultivă și cele patru absorbții meditative fără formă, care sunt superioare absorbțiilor spațiului infinit, conștiinței infinite, neantului și absorbției de dincolo de percepție. În acest stadiu, sunt rafinate cele patru nemăsurabile (iubirea, compasiunea, bucuria și echilibrul imparțial) și cele cinci clarviziuni: vederea divină (abilitatea de a vedea forme subtile și la distanță), auzul divin (abilitatea de a auzi sunete subtile și de la distanță), puteri miraculoase (abilitatea de a emana forme prin puterea minții), cunoașterea minții altora și amintirea vieților anterioare.

Al patrulea bhumi—Radianța

Cel de-al patrulea bhumi, "radianța", este realizat atunci când este eradicat cel mai fin nivel de întunecări grosiere prin realizarea celui de-al treilea nivel de realizare al căii minore. În acest moment se realizează a patra *paramita*, sârguința perfectă, iar un bodhisattva intră pe calea intermediară. Acest nivel este numit radianța, deoarece un bodhisattva de nivelul al patrulea emite constant radianța înțelepciunii extatice. El arde întunecările perturbatoare și cognitive cu radianța înțelepciunii sale.

Intrând progresiv în stări de absorbție meditativă tot mai profunde și atingând o flexibilitate mentală puternică, acest bodhisattva elimină lenea și își crește capacitatea de a practica meditația pe perioade lungi de timp. El distruge perturbări adânc înrădăcinate și cultivă cele treizeci și șapte de practici ale trezirii, începând cu cele patru aplicații ale atenției conștiente. Prin antrenamentul în aceste treizeci și șapte de practici, un bodhisattva își dezvoltă o mare abilitate în concentrarea meditativă și cultivă înțelepciunea, slăbind întunecările conceptuale care conduc la înțelegerea falsă a realității.

Al cincilea bhumi—Dificil de depășit

Acest nivel este atins odată cu eradicarea celor mai grosiere niveluri de întunecări intermediare, prin realizarea meditativă a primului nivel al căii intermediare. Aici este desăvârșită *paramita* concentrării și se numește "dificil de cultivat" deoarece implică practici intense, care cer mult efort pentru a le perfecționa. Este cunoscut și sub numele de "dificil de depășit" deoarece un bodhisattva care a finalizat pregătirea la acest nivel are o profundă înțelepciune și înțelegere, dificile de depășit ori subminat. Cultivând perfecțiunea stabilizării meditative, el înfrânge tendințele de distragere a atenției și realizează stabilizarea meditativă supremă.

Al șaselea bhumi—Apropierea

Al șaselea bhumi este realizat atunci când al doilea nivel al întunecărilor intermediare este depășit prin al doilea nivel de realizare a căii intermediare. Aici este dezvoltată *paramita* înțelepciunii, a șasea perfecțiune. Al șaselea nivel este numit "apropierea" deoarece un bodhisattva se obișnuiește cu realizarea apariției dependente și cu lipsa semnelor. Lipsa semnelor se referă la faptul că fenomenele par să dețină calități aparente prin propria lor natură, dar, atunci când sunt examinate, se realizează că toate calitățile lor sunt doar atribuiri mentale și nu fac parte din natura obiectelor pe care aparent le caracterizează.

Acești bodhisattva manifestă înțelepciune meditativă și renunță atât la atașamentul față de existența ciclică, cât și la atașamentul față de Nirvana. Depășind toate atașamentele, la acest nivel un bodhisattva poate atinge Nirvana, dar, datorită puterii minții trezite, el decide să rămână în lume pentru beneficiul celorlalte ființe simțitoare. El cultivă perfecțiunea înțelepciunii prin care percepe toate fenomenele ca lipsite de existență intrinsecă, fiind asemenea viselor, iluziilor, reflecțiilor sau obiectelor create prin magie. Noțiunile de "eu" și "alții" sunt depășite, la fel și concepte cum ar fi "existența" și "non-existența". Un bodhisattva de nivel șase rămâne în contemplarea vacuității cu mintea neperturbată de idei false.

Al șaptelea bhumi—Departe ajuns

La acest nivel sunt eradicate cele mai subtile întunecări intermediare prin cel mai înalt nivel de realizare a căii intermediare, iar *paramita* mijloacelor iscusite este desăvârșită.

Cele șase bhumi anterioare sunt cunoscute ca niveluri impure, deoarece încă sunt contaminate de întunecările perturbatoare și cognitive înnăscute, care necesită efort pentru a fi eliminate. În conformitate cu majoritatea punctelor de vedere Mahayana și Vajrayana, toate aceste perturbări mentale sunt eliminate în această etapă, până la atingerea omniscienței rămânând doar cele mai subtile întunecări. Dacă păstrezi usturoi într-un recipient o perioadă de timp și apoi îl scoți și speli recipientul, mirosul de usturoi se va mai simți pentru o vreme. La fel persistă și întunecările subtile, cunoscute și sub numele de tendințe recurente.

Un bodhisattva de acest nivel dezvoltă capacitatea de contemplare neîntreruptă și de a intra în stări de absorbție meditativă avansate pentru perioade lungi de timp, trecând astfel dincolo de căile arhaților shravaka și pratyeka. Din acest motiv, al șaptea bhumi este numit "departe ajuns". La acest nivel un bodhisattva perfecționează mijloace abile atât în timpul practicii meditației, cât și în perioada de după meditație și are o capacitate excepțională de a-și adapta învățăturile pentru a satisface nevoile individuale ale celor care îl ascultă. De asemenea, el dezvoltă abilitatea de a cunoaște gândurile altora și poate, în fiecare moment, să practice toate perfecțiunile. Gândurile și acțiunile lui sunt lipsite de perturbări, iar el acționează spontan și eficient în beneficiul altora.

Al optulea bhumi—Neclintirea

Ultimele trei bhumi, de la al optulea până la al zecelea, sunt cunoscute drept cele trei bhumi pure, pentru că de la nivelul lor până la omnisciență rămân doar întunecările subtile și nu este nevoie de un efort substanțial pentru a le elimina.

Cel de-al optulea stadiu este realizat atunci când cele mai grosiere întunecări subtile pe calea iluminării sunt depășite prin intermediul primului nivel de realizare a căii mărețe. În acest moment, *paramita* aspirației este pe deplin realizată. Acest nivel se numește "neclintirea" deoarece, prin non conceptualitate, un bodhisattva a depășit toate perturbările în ceea ce privește semnele, astfel încât percepe totul limpede și direct, iar mintea îi este în permanență complet absorbită în Dharma. Nu există nicio posibilitate ca el să ezite pe cale și este imposibil să nu obțină starea deplină de Buddha, el nemaiavând nicio înclinație pentru o Nirvana personală. Un astfel de bodhisattva cultivă perfecțiunea aspirației, ceea ce înseamnă că se angajează să împlinească diverse juraminte, datorită cărora acumulează cauzele virtuților viitoare. Deși e hotărât să lucreze pentru eliberarea altora și emană compasiune pentru toate ființele simțitoare din univers, un bodhisattva de la acest nivel a depășit complet tendința de a-și imagina că există cu adevărat ființe care să fie eliberate.

Un bodhisattva de la acest nivel înțelege complet vacuitatea, încât desființează toate punctele de vedere perturbate, iar realitatea apare într-o lumină complet nouă. El este comparat cu un om care s-a trezit din vis și toate percepțiile sale sunt influențate de această nouă conștientizare. El atinge starea meditativă numită acceptarea fenomenelor nemanifestate, datorită căreia nu mai gândește în termeni cum ar fi cauzele sau lipsa cauzelor. El dezvoltă capacitatea de a se manifesta în diferite forme pentru a-i învăța pe alții. Compasiunea și mijloacele iscusite sunt spontane și complet naturale. Nu este nevoie să planifice sau să contempleze asupra celor mai bune modalități de a aduce beneficii altora, întrucât acești bodhisattva se adaptează cu pricepere la orice situație.

Al nouălea bhumi—Inteligența bună

Cel de-al nouălea bhumi este atins atunci când nivelul intermediar al întunecărilor subtile este depășit prin realizarea stării meditative a celui de-al doilea nivel al căii mărețe. Aici un bodhisattva realizează *paramita* forței sau a puterii.

De acum înainte, acest bodhisattva se îndreaptă rapid către trezire. De la al optulea până la al zecelea bhumi se realizează un progres uriaș spre atingerea stării de Buddha. La nivelul al nouălea, el înțelege pe deplin cele trei vehicule - căile shravaka, pratyeka și bodhisattva - și are capacitatea perfectă de a preda doctrina. Întrucât atinge stăpânirea perfectă și completă a Dharmei și o poate preda în toate aspectele sale, acest nivel este numit "inteligența bună".

Acest bodhisattva dobândește cele patru cunoașteri analitice ale doctrinelor, semnificațiilor, gramaticii și interpretării. Ca rezultat, el își dezvoltă elocvența și priceperea de a prezenta învățăturile doctrinare. Inteligența sa o depășește pe cea a tuturor oamenilor și zeilor. El poate să înțeleagă toate numele, cuvintele, sensurile și limbile. Poate înțelege orice întrebare și are capacitatea de a răspunde printr-un singur sunet, care este înțeles de orice ființă, în funcție de capacitatea sa. El cultivă perfecțiunea puterii și, prin forța meditație sale și prin stăpânirea celor patru cunoașteri analitice, este capabil să practice cele șase perfecțiuni cu stăruință fermă.

Al zecelea bhumi—Norul Dharmei

Etapa a zecea este atinsă prin eradicarea celor mai subtile întunecări, până la iluminare, prin intermediul celui mai înalt nivel de realizare meditativă a căii mărețe. *Paramita* supremei conștientizări este astfel atinsă.

La al zecelea nivel, un bodhisattva trebuie să elimine cel mai subtile întunecări pentru a deveni atotștiutor, moment în care atinge starea de iluminare completă a unui Buddha. În acest stadiu el intră în cele mai puternice stări de absorbție meditativă și manifestă capacități nelimitate. Cultivarea perfecțiunii înțelepciunii extatice îi permite să-și dezvolte înțelepciunea și îi întărește celelalte perfecțiuni și, ca rezultat, el rămâne permanent în bucuria supremă a Dharmei.

Un bodhisattva de la al zecelea nivel bhumi răspândește doctrina în toate direcțiile și fiecare ființă primește ceea ce îi este necesar pentru a crește spiritual. El dobândește corpul perfect, iar mintea îi este curățată de urmele celor mai subtile întunecări. El se manifestă în forme nelimitate pentru beneficiul altora și transcende legile obișnuite ale timpului și spațiului. În plus, el poate plasa lumi întregi într-un singur por, fără a le micșora și fără a crește dimensiunea porului. Un bodhisattva de acest nivel primește împuterniciri de la nenumărați Buddha. Această stare este cunoscută sub numele de „marețele raze de lumină", deoarece strălucirea acestor bodhisattva emană în toate direcțiile. Această împuternicire îl ajută să elimine și ultimele întunecări până la omniscienţă și îi oferă încredere și forță.

La sfârșitul acestei etape, acești bodhisattva intră într-o stare meditativă numită *stabilizarea meditativă vajra*, în care cele mai subtile obstacole rămase până la obținerea stării de Buddha sunt depășite. Din această concentrare el apare ca fiind un Buddha și atinge omniscienţa. Aceasta înseamnă că toate fenomenele din trecut, prezent și viitor îi sunt cunoscute în mod direct și fără efort.

Calea	Practică	Baza	Realizare - Întunecări
Acumulării	Cele șase perfecțiuni sunt inevitabil imperfecte. La acest nivel sunt numite virtuți.		
Pregătirii			
Înțelegerii	1. Generozitatea	1. Bucuria supremă	
Deprinderii	2. Disciplina etică	2. Nepătarea	Minoră - Grosiere
	3. Răbdarea	3. Strălucirea	Minoră - Intermediare
	4. Sârguinţa	4. Radianţa	Minoră - Subtile
	5. Concentrarea	5. Dificil de depășit	Intermediară - Grosiere
	6. Înţelepciunea	6. Apropierea	Intermediară - Intermediare
	7. Mijloacele iscusite	7. Departe ajuns	Intermediară - Subtile
	8. Aspiraţia	8. Neclintirea	Măreață - Grosiere
	9. Puterea	9. Inteligenţa bună	Măreață - Intermediare
	10. Conștientizarea supremă	10. Norul Dharmei	Măreață - Subtile
Dincolo de învăţare	Nicio practică	Înalt cu desăvârșire	

Tabelul 13-3: Etapele căii Bodhisattva.

Starea de Buddha

Prin aplicarea realizării vacuității asupra perfecțiunii tuturor calităților, un bodhisattva unifică cele două acumulări (metoda și înțelepciunea) și produce rezultatul final, devenind un Buddha pe deplin iluminat. Atunci când cineva atinge această stare, se va manifesta sub două aspecte iluminate:

1. **Corpul de adevăr al unui Buddha (dharmakaya):** Reprezintă experiența individuală a minții iluminate. Este rezultatul acumulării înțelepciunii care elimină complet orice formă de ignoranță, permițând propriei naturi de Buddha să se manifeste fără limite. Este o stare liberă de orice suferință și goală de toate stările mentale perturbate.

2. **Corpurile formă ale unui Buddha (rupakaya):** Reprezintă expresia infinită a unei minți iluminate din perspectiva ființelor simțitoare. Este un rezultat direct al acumulării unui vast ocean de merite. Toate calitățile sunt desăvârșite în această minte care se manifestă spontan, potrivit nevoilor ființelor simțitoare.

În timp ce corpul de adevăr îndeplinește nevoile individuale, corpurile formă satisfac nevoile altora. Această calitate unică este cea care definește iluminarea deplină și completă.

RECAPITULAREA PUNCTELOR CHEIE

- Vehiculul Mahayana se bazează pe învățăturile primite de către ființe înalt realizate. Aceste învățături s-au concentrat pe cultivarea minții iluminării (bodhicitta), o formă activă de implicare socială și o înțelegere profundă a naturii realității (vacuității).

- În cadrul tradiției sutra din Mahayana există două linii principale de descendență: *linia vederii profunde* a lui Manjushri și *linia activității vaste* a lui Maitreya.

- Calea sutra din Mahayana este cunoscută sub numele de *vehiculul bodhisattva*. Aceasta oferă metode pentru realizarea iluminării complete pe parcursul a trei eoni. Este cunoscută și sub numele de *vehiculul perfecțiunii*, deoarece se bazează pe perfecționarea treptată a diferitelor calități necesare pentru a obține ca rezultat starea de Buddha.

- Fundamentul Mahayana este reprezentat de *cele două adevăruri*: adevărul relativ și adevărul absolut. Adevărul relativ se referă la toate fenomenele dependente, în timp ce adevărul absolut reprezintă natura realității așa cum este.

- De-a lungul timpului au apărut diverse școli de gândire care au definit modul de înțelegere al acestor două adevăruri: Vaibhashika, Sautrantika, Chittamatra și Madhyamaka. Primele două sunt puncte de vedere bazate pe *prima Întoarcere a Roții Dharmei*, în timp ce ultimele două sunt considerate puncte de vedere bazate pe *a doua* și *a treia Întoarcere a Roții Dharmei*.

- Calea vehiculului bodhisattva este împărțită în două faze: generarea bodhicitta pentru intrarea pe cale și angajarea în practica celor șase perfecțiuni. Cele șase perfecțiuni sunt: generozitatea, disciplina etică, răbdarea, sârguința entuziastă, concentrarea și înțelepciunea.

- Un practicant Mahayana progresează prin cele cinci etape într-un mod similar cu practicantul Theravada, dar practicile și rezultatele specifice sunt experimentate diferit datorită motivației unice, bodhicitta.

- Progresul unui Arya bodhisattva din momentul în care realizează în mod direct natura goală a realității până la iluminarea completă este divizat în zece etape: cele zece bhumi ale unui bodhisattva sau baze. Fiecare bază reprezintă un nivel progresiv tot mai subtil de realizare, ce înlătură straturi din ce în ce mai subtile de întunecări. Primele șapte niveluri sunt impure, întrucât un bodhisattva încă își îndepărtează tendințele întunecărilor perturbatoare. Ultimele trei sunt cunoscute ca baze pure, întrucât bodhisattva este complet eliberat de întunecările perturbatoare și se concentrează numai pe îndepărtarea întunecărilor cognitive foarte subtile.

- Când un bodhisattva atinge starea de Buddha, el manifestă spontan două aspecte iluminate: corpul de adevăr Dharmakaya și corpurile formă Rupakaya.

CAPITOLUL PAISPREZECE

Vehiculul Vajra

În timpul vieții sale, Buddha a acordat cele mai înalte și profunde învățături ale sale unui grup foarte mic de adepți, capabili să le înțeleagă sensul incredibil de subtil. Prin puterea propriei sale absorbții mentale, Buddha a fost capabil să-și manifeste mintea în diferite forme pure, cunoscute sub numele de *zeități*. Aceste zeități pot fi experimentate doar de ființele înalt realizate. Discipolilor aflați la acest nivel le-a predat Buddha învățăturile ezoterice ale tantrelor. Din cauza extremei lor subtilități, aceste învățături au rămas relativ necunoscute multe secole după ce Buddha a trecut în Parinirvana. Ele au fost păstrate printr-o tradiție pur orală, fiind transmise direct de la învățător la discipol. Astfel, învățăturile tantrice au rămas rare și protejate.

Atunci când învățăturile Mahayana au fost traduse în sanscrită, ele au devenit disponibile pentru o audiență mai largă în India antică. Tot mai mulți oameni au început să studieze învățăturile, ceea ce a condus la crearea universităților monahale. Cea mai faimoasă dintre acestea a fost marea universitate monahală din Nalanda, singura instituție care a reușit să atragă toate marile minți budiste ale timpului într-un singur loc, provocând o explozie de dezbateri filosofice și rafinarea doctrinei budiste.

Pe măsură ce învățații Mahayana au explorat în profunzime înțelesul învățăturilor din sutrele budiste, ei au reușit să atingă niveluri de realizare uimitoare. Acest proces le-a maturizat într-o asemenea măsură mintea, încât ei au devenit ulterior „recipientele" potrivite pentru învățăturile tantrice. Mulți dintre cei mai buni studenți de la Nalanda au părăsit universitatea în căutarea tainicilor yoghini tantrici care să-i ghideze pe *calea Vajra*.

În timp ce unii dintre ei au devenit ei înșiși yoghini rătăcitori, alții au revenit la universitățile monahale și și-au continuat practica în secret. În acest fel, mulți învățați din tradiția Nalanda au început să adopte o abordare duală. În timpul zilei studiau și practicau în mod public învățăturile sutra, iar în timpul nopții practicau în secret, în conformitate cu învățăturile tantrice.

Din Nalanda s-au desprins alte universități. În special, colegiul tantric *Vikramashila* a contribuit la sistematizarea vastei game de metode din cadrul tantrelor. În această perioadă au apărut două tipuri de linii de transmitere a învățăturilor ezoterice:

1. **Linii de predare:** Aceste linii s-au axat în mare parte pe teorie, furnizând detalii despre ritualuri și ceremonii legate de practicile tantrice, precum și teorii care au stat la baza diferitelor sisteme. Ele au fost cel mai des folosite ca o modalitate de pregătire a potențialilor maeștri Vajra cu abilitățile și înțelegerea necesare pentru a-i ghida pe alții.

2. **Linii de practică:** Aceste linii de descendență cuprind instrucțiunile esențiale care descriu foarte precis cum se practică un anumit sistem tantric. În India antică aceste instrucțiuni au fost extrem de protejate, fiind oferite unui număr restrâns de discipoli, după ce ei făcuseră dovada angajamentului și devotamentului față de învățătorul lor.

Vajrayana a apărut din aceste linii de descendență diferite. Unificând toate învățăturile lui Buddha (atât sutra cât și tantra), Vajrayana a fost, de departe, cea mai completă și pe deplin integrată prezentare a Buddha-Dharmei. În timp ce unele dintre aceste învățături au ajuns până în China și mai departe, majoritatea au fost păstrate în țara munților înzăpeziți din nord.

BUDISMUL TIBETAN

Platoul tibetan a fost mult timp teritoriul diferitelor triburi nomade. Aceste triburi au fost, într-un final, unite sub stindardul unei familii regale, considerată a fi o descendență a zeilor. Pe măsură ce acești regi și-au întărit puterea, le-a crescut și ambiția de expansiune. Sub conducerea regelui Songtsen Gampo, imperiul tibetan a ajuns rapid să domine Asia Centrală.

În această perioadă de creștere rapidă, tibetanii au venit pentru prima dată în contact cu vechile civilizații ale vecinilor lor. Prima cultură care a avut o influență majoră asupra curții regale a fost cea din vest, din țara lui Zhang Zhung (regiunea care corespunde vestul Tibetului). Acest teren a fost anexat de Songtsen Gampo și credințele sale culturale au fost recunoscute în curând drept religie de stat. Această tradiție era cunoscută sub numele de Yungdrung Bön și era derivată din învățăturile unei alte ființe iluminate, Tonpa Shenrab.

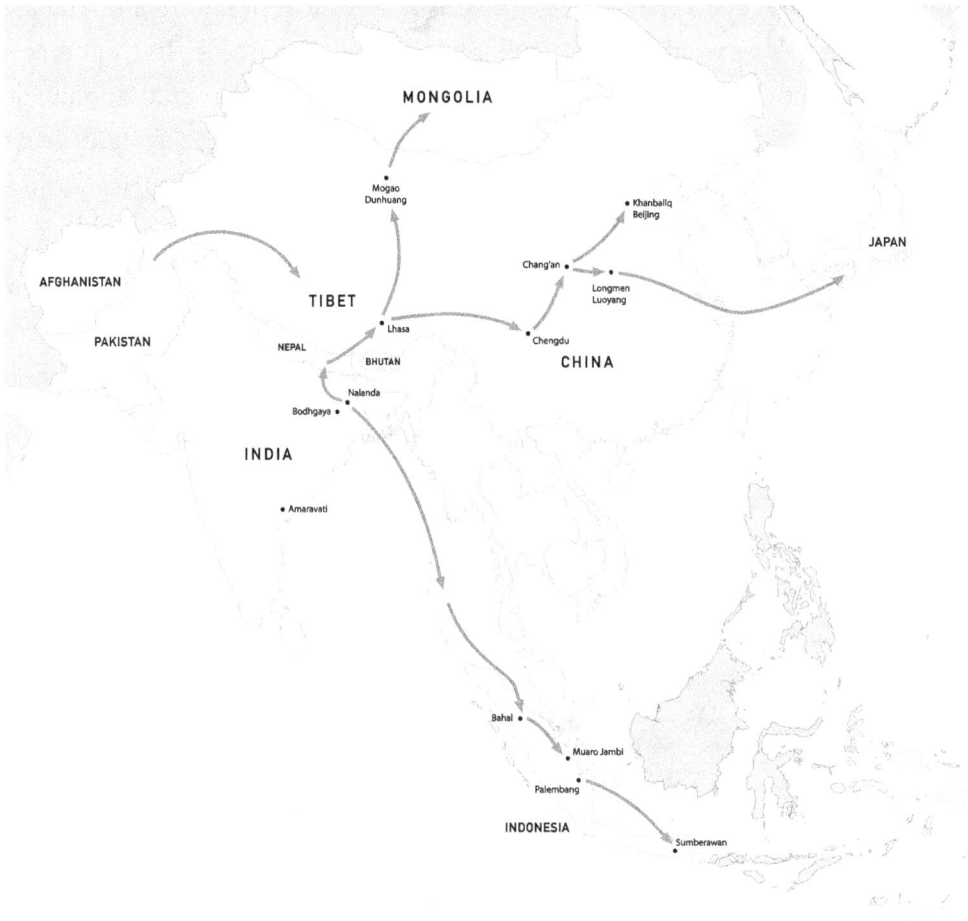

Figura 14-1: Răspândirea budismului Vajrayana.

Printr-un act de diplomație, regele a fost de acord să se căsătorească cu fiica regelui chinez din estul regatului și cu fiica regelui nepalez din sud. Prin influența acestor două prințese, Tibetul a luat pentru prima dată contact cu budismul chinez și cu cel indian. În anii următori, cele trei tradiții culturale ale Zhang Zhung, Chinei și Indiei vor avea fiecare diferite grade de influență la curtea regală, contribuind la formarea unei culturi tibetane unice.

În timpul domniei regelui Trisong Deutsen, Tibetul a trimis o armată de traducători în India cu scopul de a studia învățăturile budiste și de a le traduce.

Traducătorii au făcut o călătorie lungă și periculoasă peste munții Himalaya, până la centrele monahale, inclusiv la Nalanda, unde au lucrat alături de profesori indieni pentru a traduce întregul Canon Sanscrit în limba tibetană.

În plus, regele a invitat în Tibet mulți maeștri înalt realizați din India pentru a acorda învățături. Cu timpul, au fost pregătite bazele unei comunități monahale budiste, iar învățăturile au prins rădăcini în Tibet. În timp ce învățăturile de bază ale sutrelor au fost acordat public, învățăturile ezoterice tantrice au fost predate doar regelui și câtorva membri aleși ai curții regale.

Pe măsură ce budismul a început să se dezvolte în Tibet, au început să apară tensiuni cu adepții Bön (Bönpo). În timpul unui rege budist devotat, practicanților Bön au început să li se pună din ce în ce mai multe restricții, ceea ce a generat tulburări și a dus, în final, la asasinarea regelui. Pe măsură ce a crescut influența Bönpo, budismul nu s-a mai bucurat de sprijinul regal. Multe dintre instituțiile budiste au fost închise, iar practicanții săi s-au împrăștiat spre regiuni izolate din țară. Timp de multe decenii, budismul aproape a dispărut din regiunea Tibetului Central.

În cele din urmă, a apărut un nou val de traducători cu intenții foarte puternice de a revigora învățăturile budiste din Tibet. Asumându-și această responsabilitate, acești traducători și-au pus viața în pericol și au călătorit în India, unde au studiat cu marii cărturari de la Nalanda și Vikramashila. De asemenea, ei au practicat cu mulți yoghini înalt realizați din timpul lor, primind comoara învățăturilor tantrice. Ulterior s-au întors în Tibet și au început să răspândească învățăturile pe care le-au primit.

Putem identifica două transmisii principale ale budismului în Tibet:

1. **Transmisia timpurie (Nyingma):** Ea cuprinde învățăturile care au fost preluate din Zhang Zhung și cele aduse din India, prin eforturile comune ale regilor tibetani și ale traducătorilor lor.

2. **Transmisia ulterioară (Sarma):** Ea conține învățăturile aduse de traducătorii care au călătorit în India și care s-au răspândit ulterior în Tibet. De asemenea, multe învățături au fost introduse de maeștrii indieni invitați de diferite regate tibetane să vină și să predea în Tibet.

Pe baza acestor două transmisii, s-au dezvoltat în Tibet șase tradiții spirituale principale. Fiecare tradiție majoră se distinge prin viziunea filosofică specifică instituită de fondatorii săi și prin liniile sale unice de practică tantrică. Enumerate în ordinea în care au fost fondate, aceste tradiții sunt următoarele:

Bön

Tradiția Bön își are originea în vechiul ținut Zhang Zhung și conține învățăturile ființei iluminate cunoscute sub numele de Tonpa Shenrab. Mulți cred că Tonpa Shenrab a fost o încarnare anterioară a lui Buddha Shakyamuni, ceea ce face din Bön o formă timpurie a budismului care s-a dezvoltat mai târziu în India.

Învățăturile Bön cuprind o mare diversitate de metode pentru armonizarea temporară a experienței lumești și pentru a atinge iluminarea deplină în cele din urmă. Practicile tantrice ce se regăsesc în cadrul acestei tradiții sunt centrate pe dezvoltarea unei viziuni a *Marii Perfecțiuni* (Dzogchen) prin plasarea fără efort a minții în conștientizarea pură a propriei sale naturi. O mare parte din ritualurile practicate în budismul tibetan sunt derivate din viziunea Bön asupra practicii.

Nyingma

Tradiția Nyingma a apărut, în primul rând, din învățăturile marelui sfânt indian Padmasambhava, cunoscut în întregul Tibet sub numele de Guru Rinpoche (ceea ce înseamnă "profesor prețios"). Cu ajutorul învățatului (*pandita*) indian Shantarakshita și a principalului său discipol, regele tibetan Trisong Deutsen, Padmasambhava a întemeiat cu succes budismul Vajrayana în Tibet.

Tot el este responsabil pentru păstrarea Buddha-Dharmei, folosindu-și, împreună cu înțeleapta sa consoartă Yeshe Tsogyal, puterile miraculoase pentru a sigila și ascunde nenumărate învățături, sub forma unor texte neprețuite. Aceste capsule spirituale au rămas ascunse fizic în Tibet, dar și în forma non fizică a fluxului mental al celor cei mai apropiați discipoli ai lui Padmasambhava, până în momentul în care oamenii sunt pregătiți să le primească. În acest fel, învățăturile Nyingma au continuat să evolueze în timp.

În timp ce practicile Nyingma provin dintr-o gamă largă de sutre și tantre, punctul culminant al căii lor este *Marea Perfecțiune*. La fel ca în tradiția Bön, practicanții progresează prin diferite stadii de practică, purificându-și mintea de diferitele straturi ale întunecărilor. Atunci când sunt pregătiți, practicanții sunt introduși prin meditație în natura pură a minții lor. Ei se familiarizează apoi cu această recunoaștere, până când fiecare moment este experimentat din această perspectivă iluminată.

Sakya

Tradiția Sakya este prima tradiție majoră ce a apărut în cursul *transmisiei ulterioare*. Ea a fost fondată de marele Khön Konchok Gyalpo, după ce și-a pierdut încrederea în autenticitatea învățăturilor Nyingma ce supraviețuiseră perioadei de persecuție. El a ales să-i caute neobosit pe diferiții învățători ce difuzau noile traduceri și a devenit o forță în revitalizarea budismului în Tibetul central.

Tradiția a fost numită după mănăstirea fondată de Konchok Gyalpo. Literal înseamnă "pământ gri", după culoarea specifică a solului pe care a fost construită mănăstirea. Din acel moment, conducerea Sakya s-a menținut pe linia genealogică a familiei Khön, fiind moștenită din tată în fiu sau de la unchi la nepot.

Caracteristica unică a tradiției Sakya constă în faptul că ea este principala deținătoare a liniei de descendență pentru sistemul de practică numit *calea cu rezultat* (lamdre). Acest sistem se bazează pe *Tantra Hevajra*, întemeiată de marele maestru indian Virupa și adusă în Tibet de Drokmi Lotsawa. Linia de predare a devenit cunoscută sub numele de *Lamdre pentru adunări* și oferă învățăturile de bază pentru dezvoltarea viziunii în conformitate cu sutrele. Linia de practică a fost predată în mare secret și a devenit cunoscută sub numele de *Lamdre pentru discipoli*. Aceasta oferă practici unice pentru realizarea viziunii în conformitate cu tantra.

Kagyu

În cursul aceleiași perioade în care Sakya se dezvolta ca instituție monastică, au apărut alte tradiții bazate pe învățăturile specifice transmise de la profesor la discipol. Un grup de astfel de tradiții este cunoscut sub numele colectiv de *linii de descendență Kagyu*. Cele mai multe dintre aceste linii de descendență își au originea în Dharma transmisă de către marele traducător Marpa Chökyi Lodrö. Deși Marpa a avut mulți discipoli, cel mai faimos a fost sfântul yoghin tibetan Milarepa.

Gampopa, un discipol a lui Milarepa, este cel care a fondat cu succes o mănăstire, combinând învățăturile sutra pe care le-a primit din linia Kadampa (o linie de descendență provenind de la învățatul (*pandita*) indian Atisha Dipamkara) și învățăturile tantrice primite de la Milarepa. Noua tradiție a devenit cunoscută sub numele de Dakpo Kagyü și a dat naștere ulterior la patru școli principale, conținând opt școli secundare.

Ca fundament, practicanții Kagyu studiază învățăturile sutra așa cum sunt prezentate în sistemul numit *Calea graduală* (lam rim). După finalizarea diverselor practici preliminare, practicanții se angajau, în general, pe una din cele două căi. *Calea eliberării* este axată pe dezvoltarea viziunii Mahamudra, în conformitate cu sutrele, în timp ce *Calea mijloacelor iscusite* este axată pe dezvoltarea viziunii Mahamudra bazată pe sistemul de practică cunoscut sub numele de *Cele șase Dharme ale lui Naropa*. De multe ori aceste două căi sunt combinate, utilizând sutra Mahamudra ca preliminarii ale practicii tantrice Mahamudra.

Jonang

În perioada transmisiei ulterioare, budismul indian s-a maturizat semnificativ printr-un mare număr de maeștri înalt realizați. În această perioadă, unul dintre cele mai populare sisteme de practică s-a bazat pe *Tantra Kalachakra*. Această învățătură cu o claritate unică a fost adusă în Tibet prin nu mai puțin de șaptesprezece linii de descendență diferite, fiecare propagând foarte mult această tantra în Tibet. Marele yoghin Khunphang Thukje Tsondru a călătorit prin țară și a primit transmisia fiecăreia dintre aceste linii de descendență. După o practică îndelungată în locuri izolate, el s-a stabilit în cele din urmă la schitul pe care l-a fondat în valea Jomonang. Acest schit va fi cunoscut mai târziu sub numele de mănăstirea Jonang.

Pe baza realizărilor sale profunde pe calea Kalachakra, Thukje Tsondru a combinat toate instrucțiunile esențiale primite într-un sistem unitar de practică. Prin practicarea acestui sistem, atotcunoscătorul Dolpopa Sherab Gyaltsen a realizat o înțelegere clară îndeosebi asupra minții pure a naturii de Buddha. El a continuat să prezinte aceste puncte de vedere în ceea ce a ajuns să fie cunoscut sub numele de *filosofia căii de mijloc a vacuității goală de celelalte* (Zhentong Madhyamaka). Această învățătură s-a îndepărtat în mod semnificativ de vederile filosofice acceptate de contemporanii săi și, astfel, a fost mult mai dificil de acceptat pentru unii dintre ei. Totuși, Dolpopa a transformat modul în care mulți oameni abordau realitatea absolută, ghidându-i în mod abil spre propriul lor adevăr sacru.

Tradiția Jonang este specializată pe cele mai înalte învățături ale sistemului Kalachakra și anume stadiul de întregire, cunoscut sub numele de *Cele Șase Vajra Yoga*. Aceste metode yoga puternice oferă o modalitate foarte eficientă pentru ghidarea practicanților dedicați spre realizarea iluminării într-o singură viață.

Geluk

Tradiția Geluk a fost fondată de către enigmaticul Je Tsongkhapa Lobsang Drakpa. Tsongkhapa a studiat cu mulți învățători din diverse tradiții și s-a concentrat, în special, pe reconcilierea gândirii tibetane cu învățăturile marilor maeștri indieni. Pe baza cercetărilor sale extinse asupra lucrărilor lui Nagarjuna, Asanga și a numeroși alți maeștri, Tsongkhapa a formulat o prezentare foarte structurată și clară a ceea ce a simțit a fi cea mai exactă înțelegere a Buddha-Dharmei.

Tsongkhapa a pus un accent deosebit pe importanța comunității monahale și pe utilizarea dezbaterii filosofice ca metodă de ascuțire a minții. Pe baza acestor principii și a învățăturilor sale, au apărut trei mari universități monahale: Ganden, Drepung și Sera. Aceste instituții au adăpostit zeci de mii de călugări angajați într-un proces extraordinar de intens de studiu și practică.

Practicile Geluk se concentrează în mare măsură pe învățăturile sutra dezvoltate de *pandita* indian Atisha Dipamkara. Din multe puncte de vedere, Tsongkhapa a identificat propria sa tradiție ca pe o continuare a tradiției Kadam, ce a existat în etapele timpurii ale perioadei *transmisiei ulterioare*. Ca atare, Geluk se bazează pe liniile de descendență ale *Căii graduale* (lam rim) și ale *Antrenamentului minții* (lojong) ca fundament pentru a realiza renunțarea, bodhicitta și vacuitatea. Pe această bază, practicanții se angajează apoi în sistemul tantric cu care se simt cel mai bine conectați. Cei mai mulți dintre Gelukpa practică tantrele *Guhyasamaja*, *Yamantaka* sau *Chakrasamvara*.

Primele două tradiții din cele șase aparțin *transmisiei timpurii*, iar celelalte patru aparțin *transmisiei ulterioare*. Deși toate cele șase sunt considerate a fi budiste, Bön este unică prin aceea că învățăturile sale au un alt fondator. Cu toate ca originile lor pot fi diferite, atunci când examinăm îndeaproape rezultatul practicilor, este clar că toate aceste tradiții au capacitatea de a conduce practicanții la iluminare.

Origine	Transmisie	Tradiție	Fondator principal
Zhang Zhung	Timpurie	1. Bön	Tonpa Shenrab
India		2. Nyingma	Padmasambhava
	Ulterioară	3. Sakya	Khön Konchok Gyalpo
		4. Kagyu	Gampopa
		5. Jonang	Thukje Tsondru
		6. Geluk	Tsongkhapa

Tabelul 14-1: Cele șase tradiții spirituale tibetane.

CELE NOUĂ VEHICULE PROGRESIVE ALE TRADIȚIEI NYINGMA

Dacă ne concentrăm asupra celor cinci tradiții originare din India, putem vedea că toate folosesc o cale graduală de ghidare a practicanților către atingerea obiectivelor lor spirituale. Fiecare vehicul este considerat ca fiind doar un suport temporar, care îl ajută pe practicant să obțină realizările de care are nevoie pentru a progresa de-a lungul căii. Odată desăvârșite aceste realizări, accentul se mută pe următorul vehicul. Practicantul parcurge astfel toate învățăturile lui Buddha, de la cele de bază până la cele mai profunde învățături ezoterice.

Între *transmisia timpurie* (Nyingma) și *transmisia ulterioară* (Sarma) s-au format diverse sisteme de clasificare a acestor vehicule. Diferențele gravitează, în cea mai mare parte, în jurul diferitelor tipuri de tantre, așa cum au fost ele traduse în timpul fiecărei perioade. Întrucât tradiția Nyingma deține cea mai amplă clasificare, vom începe cu acest sistem și apoi vom explora modul în care tradițiile Sarma diferă de aceasta.

Vehiculele cauzale (Sutrayana)

În viziunea Nyingma, cele nouă vehicule sunt împărțite în trei grupe de câte trei. Prima grupă este cunoscută de regulă sub numele de *vehicule cauzale*, deoarece se concentrează pe crearea cauzelor de eliberare din Samsara sau pe iluminare. Mai poartă și numele de Sutrayana, deoarece se bazează pe învățăturile din sutre. Întrucât am analizat deja aceste vehicule în capitolele anterioare, prezentăm aici doar un rezumat:

1. **Vehiculul Shravaka:** Include învățăturile celor trei coșuri pe care Buddha le-a predat publicului larg, conducând ființele la starea de *arhat Shravaka* sau la eliberarea individuală.

2. **Vehiculul Pratyekabuddha:** Este calea "realizaților solitari", prin care ființele reușesc să atingă starea de *arhat Pratyeka* prin descoperirea pe cont propriu a viziunii și a căii. Aceste ființe trăiesc, de obicei, în timpul eonilor întunecați, în care nu apare nici un Buddha care să învârtă roata Dharmei.

3. **Vehiculul Bodhisattva:** El accentuează învățăturile profunde ale lui Buddha asupra vacuității și compasiunii și conduce treptat la realizarea completă a stării de Buddha pe parcursul a trei eoni.

Dintre acestea, se consideră că primele două vehicule aparțin *vehiculului de bază* (Hinayana), iar al treilea reprezintă intrarea în *marele vehicul* (Mahayana).

Vehiculele rezultante (Tantrayana)

Ultimele șase vehicule sunt cunoscute ca *vehicule rezultante*, întrucât se concentrează pe aducerea conștientizării stării rezultante în momentul prezent. Aceste vehicule sunt cunoscute și sub numele de *Tantrayana*, deoarece se bazează pe învățăturile din tantre.

Aceste căi au ca fundament *vehiculul Bodhisattva*. Se presupune că în aceste stadii practicantul a dezvoltat deja aspirația iluminată a bodhicitta. De aceea, următoarele căi țin de Mahayana. De fapt, principalul motiv pentru angajarea în practica tantra este realizarea rapidă a stării de Buddha. Decât să petrecem miliarde de vieți pentru a ne atinge propriul țel, diferitele clase de tantra furnizează mijloace iscusite pentru a obține mai rapid același rezultat, într-o singură viață, permițându-ne să venim cât mai repede în ajutorul tuturor ființelor simțitoare.

Acestea fiind spuse, nu toată lumea poate să folosească imediat cele mai avansate tehnici. De aceea, există mai multe clase preliminare de tantra, care permit unui practicant să progreseze treptat spre practicile înalte. Înainte de a se angaja în oricare dintre aceste practici, discipolul trebuie să primească împuternicirile necesare de la un *maestru vajra* calificat. Aceste împuterniciri funcționează mai întâi pentru a „coace" înclinațiile karmice ale practicantului. În tradiția Nyingma tantrele sunt împărțite în două grupe: tantrele externe și tantrele interne:

Tantrele externe

În aceste vehicule practicantul învață să se raporteze la propria lui natură iluminată, lucrând cu o *zeitate meditațională* (yidam). Zeitatea este o manifestare simbolică a uniunii dintre manifestări și vacuitate. Aceste tantre sunt considerate externe întrucât practicantul se raportează la zeitate ca fiind diferită de sinele său obișnuit. Pe măsură ce practicantul avansează folosindu-se de aceste vehicule, el învață treptat să se identifice cu acest aspect pur al realității.

Cele trei vehicule externe sunt:

4. **Vehiculul tantrei acțiunii (kriyatantrayana):** În *tantra acțiunii* primim inițierea apei și inițierea coroanei. În general, vizualizăm zeitatea în fața noastră și că primim împuternicirea de la aceasta. La nivelul adevărului relativ, privim zeitatea ca fiind în exterior și superioară nouă, existând o distincție clară între puritatea ei și propria noastră impuritate. Tantra acțiunii pune un mare accent pe activitățile externe, cum ar fi ritualurile de purificare, care sunt efectuate cu scopul de a primi binecuvântări de la zeitate.

5. **Vehiculul tantrei conduitei (charyatantrayana):** *Tantra conduitei*, numită și Upa-Yoga Tantra, este aproape identică cu tantra acțiunii, dar, în plus față de inițierile apei și coroanei, cuprinde încă două împuterniciri: a obiectului și a numelui. Zeitatea este încă văzută ca fiind în exterior, dar este privită ca un prieten, la fel de pură ca și noi. Această practică ne permite să ne generăm noi înșine ca zeitate, deși

tipul de binecuvântări primite este similar cu cel din tantra acțiunii. Deși practicarea tantrei acțiunii sau a tantrei conduitei ne poate prelungi viața în scopul extinderii duratei practicii, în multe alte privințe practica este similară cu vehiculul sutra.

6. **Vehiculul tantra yoga (yogatantrayana):** În *tantra yoga*, în plus față de cele patru inițieri anterioare, primim inițierile vajra și a clopotului, a numelui și a angajamentului, urmate de împuternicirea de maestru vajra și inițieri de susținere. Practica implică generarea noastră ca zeitate iluminată prin construirea unei legături cu zeitatea vizualizată în timpul meditației și apoi prin dizolvarea vizualizării înapoi în vacuitate. În acest fel, aspectul înțelepciunii zeității se unește cu propria noastră minte, precum apa turnată peste apă. Practicarea tantra yoga presupune meditația asupra celor cinci simboluri ale iluminării: luna, soarele, silaba de rădăcină, obiectele simbolice ale zeității și corpul sau forma zeității. În comparație cu calea sutra, acest vehicul conține mai multe metode iscusite, cum ar fi cele cinci aspecte menționate mai sus, iar iluminarea poate fi atinsă în aproximativ șaisprezece vieți, în funcție de capacitatea și inteligența fiecăruia.

În timp ce practica *tantrei acțiunii* pune un puternic accent pe conceptele de puritate și de curățenie, aceste teme nu sunt atât de importante în *tantra conduitei* și în *tantra yoga*. Pe măsură ce practicantul progresează spre etapele superioare, concentrarea i se îndreaptă mai mult spre interior și practica sa este din ce în ce mai puțin preocupată de formele exterioare de conduită.

Tantrele interne

În *tantrele externe* practicantul lucrează cu cele două adevăruri ca fiind două obiecte de meditație diferite. Atunci când medităm asupra zeității și recităm mantre, lucrăm cu adevărul relativ, în timp ce meditația asupra vacuității, după ce zeitatea a fost dizolvată, reprezintă lucrul cu adevărul ultim. Pe măsură ce practicantul progresează spre *tantrele interne*, cele două moduri de meditație sunt combinate într-o uniune inseparabilă.

Așa cum vom prezenta detaliat în cele ce urmează, cele mai multe dintre aceste tantre sunt practicate în două etape. În *stadiul de generare* practicantul lucrează cu o zeitate meditațională pentru a transforma modul în care el percepe diferite aspecte ale experienței sale personale. Apoi, în *stadiul de întregire*, practicantul lucrează pentru a pune bazele unei stări de absorbție meditativă foarte puternică, care poate fi folosită pentru a realiza natura absolută a realității.

Pe baza tantrelor traduse în timpul *transmisiei timpurii*, tradiția Nyingma identifică trei tipuri de tantre care fac parte din această categorie:

7. **Mahayoga:** Mahayoga se concentrează în principal pe stadiul de generare. Ea începe cu meditația asupra vacuității sau asupra bodhicittei ultime, unde natura pură a fenomenelor este goală, ceea ce conduce la realizarea bodhicittei relative. Uniunea dintre bodhicitta relativă și bodhicitta absolută este exprimată ca o silabă de rădăcină, care emană raze de lumină, purificând întreaga Samsara. Silaba de rădăcină se transformă apoi în manifestarea pură a zeității: corpul nostru este văzut ca forma zeității, mediul înconjurător este văzut ca mandala sau palatul zeității și toate experiențele sunt percepute ca alaiul sau activitatea zeității. În plus, toate sunetele sunt recunoscute ca fiind mantra zeității și toate gândurile ca fiind înțelepciunea primordială.

8. **Anuyoga:** Anuyoga se concentrează pe stadiul de întregire, utilizând practici pentru a controla canalele, vânturile interioare și esențele corpului subtil ale practicantului. Vizualizarea zeităților este generată instantaneu și toate fenomenele relative sunt văzute ca mandala aspectului masculin, Buddha primordial Samantabhadra, iar natura lor absolută este percepută ca mandala lui Samantabhadri, Buddha primordial feminin. Uniunea acestor mandale este realizarea mandalei măreţului extaz, unde toate fenomenele există deopotrivă.

9. **Atiyoga:** Atiyoga, cunoscută și sub numele de Dzögchen, este realizarea directă a naturii goale a tuturor lucrurilor. Discipolul este introdus direct în natura minții și familiarizarea cu această perspectivă este cultivată prin meditație și apoi integrată în fiecare moment al experienței. Tantrele Dzogchen sunt împărțite în mai multe categorii: *minte* (Semdé), *spațiu* (Longde) și *instrucțiuni esențiale* (Mengakdé). Dintre cele trei, instrucțiunile esențiale sunt considerate superioare, deoarece conțin cele două căi cunoscute sub numele de "a tăia complet" (trekchö) și

"a sări peste" (tögal). Pentru a realiza puritatea primordială a tuturor fenomenelor, mai întâi trebuie să fie desăvârșită *trekchö*, o formă de meditație asupra conștientizării pure. Practica *tögal* ne permite apoi să "vedem" viziunile manifestându-se în mod natural ca discuri, raze de lumină, zei și tărâmuri Buddha care apar din interiorul canalului central, în segmentul care unește inima cu ochii.

Împreună, aceste nouă vehicule furnizează o gamă largă de practici adecvate pentru toți practicanții budiști, indiferent unde se află în călătoria lor spirituală. Individual, fiecare dintre ele reprezintă o abordare specifică a practicii. Diferența dintre abordări este adesea ilustrată prin intermediul analogiei cu o plantă otrăvitoare, care simbolizează perturbările noastre emoționale.

Primul grup de oameni care descoperă planta otrăvitoare recunosc pericolul pe care îl reprezintă și încep să o taie. În mod similar, practicantul Hinayana vede perturbările emoționale ca pe ceva care trebuie să fie abandonat și încearcă să se distanțeze de ele cât mai mult posibil. De aceea, concentrarea sa principală este pe o cale a renunțării.

Al doilea grup realizează, de asemenea, că planta este periculoasă, dar recunoaște că nu este suficient să îi taie tulpina, întrucât rădăcinile rămase vor încolți din nou. Ei aruncă cenușă sau apă fierbinte peste rădăcini pentru a împiedica planta să mai încolțească vreodată. Aceasta descrie abordarea Mahayana, în care realizarea vacuității este folosită ca antidot împotriva ignoranței, rădăcina tuturor perturbărilor emoționale.

În sfârșit, al treilea grup de oameni vede planta din perspectiva unui medic. Ei știu cum să transforme otrava din plantă în medicament și, de aceea, ei nu au nevoie să distrugă planta. Cu înțelepciune, este posibil să știe exact cum să folosească planta pentru a aduce beneficii. Similar, pe calea tantrică, energia perturbărilor poate fi folosită cu iscusință pentru a tăia întunecările, alimentând astfel procesul de realizare.

CEA MAI ÎNALTĂ TANTRA YOGA CONFORM TRADIȚIILOR SARMA

În cea mai mare parte, primele șase vehicule ale tradiției Nyingma sunt comune cu cele din tradițiile Sarma. Diferă doar clasificările folosite pentru a descrie practicile cele mai avansate. În timp ce în tradiția Nyingma aceste sisteme sunt grupate în categoria *tantrelor interne*, tradiția Sarma le numește *Cea mai înaltă Tantra Yoga (anuttarayoga tantra)*. Tantrele care fac parte din aceste clase se diferențiază pe baza învățăturilor strânse în timpul fiecărei perioade.

Din perspectiva *Celei mai înalte Tantra Yoga*, practicarea celor trei tantre externe - a acțiunii, a conduitei și tantra yoga - este insuficientă pentru a realiza iluminarea. În cele din urmă, toți practicanții vor trebui să practice cele mai înalte tantra yoga, acestea fiind singurele sisteme care pot furniza mijloacele pentru atingerea tuturor aspectelor corpului formă (*rupakaya*) al unui Buddha.

Toate sistemele de la acest nivel sunt căi independente, complete, care oferă practicantului (cu înclinații potrivite) toate metodele necesare pentru a atinge iluminarea într-o singură viață. Diferențele dintre sisteme se bazează pe aspectul pe care îl accentuează, în conformitate cu nevoile specifice ale practicanților care le urmează. Astfel, putem identifica trei categorii:

1. **Tantrele "tată"**: Aceste tantre se concentrează pe practicile din stadiul de generare, cum ar fi recitarea de mantre și vizualizarea. Există trei tipuri de tantre tată bazate pe factorii mentali perturbatori cu care lucrează cel mai mult: dorință, furie sau ignoranță. Exemple de tantre tată sunt *Guhyasamaja* și *Yamantaka*.

2. **Tantrele "mamă"**: Aceste tantre pun accentul pe meditația asupra sublimei vacuități din practicile stadiului de întregire. Aceste căi se concentrează, în general, pe utilizarea dorinței ca metodă de generare a unei puternice conștientizări extatice. Această clasă include tantre cum ar fi *Chakrasamvara, Vajrayogini, Hevajra* și *Chandamaharoshana*.

3. **Tantrele non duale**: Aceste tantre pun un accent egal atât pe mijloacele iscusite din stadiul de generare, cât și pe înțelepciunea profundă din stadiul de întregire. Accentul e pus aici pe uniunea sublimei vacuități cu măreţul extaz. Principalul exemplu pentru această clasă este *tantra Kalachakra*.

Chiar și în cadrul *Celei mai înalte Tantra Yoga* este posibil ca unele practici să fie mai mult sau mai puțin profunde decât altele. Puritatea liniei de transmitere, instrucțiunile esențiale ale liniei de descendență și capacitatea practicantului sunt cele care determină, în ultimă instanță, profunzimea la care poate ajunge o practică. În cadrul tradițiilor Sarma din budismul tibetan, tantra Kalachaka este considerată, în general, ca fiind cea mai profundă și extinsă dintre toate tantrele care au fost predate direct de către Buddha Shakyamuni.

Sursă	Vehicul	Nyingma	Sarma
Sutra	Hinayana	Shravakayana	
		Pratyekabuddhayana	
	Mahayana	Bodhisattvayana	
Tantra	Vajrayana	Kriya Tantra (tantra acțiunii)	
		Charya Tantra (tanta conduitei)	
		Yoga Tantra	
		Maha Yoga	Anuttarayoga tantra (Cea mai înaltă Yoga Tantra)
		Anu Yoga	
		Ati Yoga	

Tabelul 14-2: Clasificarea căilor în budismul tibetan.

FUNDAMENTUL—NATURA DE BUDDHA

După cum am văzut, Mahayana poate fi împărțită în două abordări principale: sutra și tantra. În sutra, accentul este pus pe spulberarea concepției greșite a existenței intrinseci prin meditația asupra vacuității. Deoarece ignoranța ne leagă de existența ciclică, suntem capabil să rupem acest ciclu prin realizarea la început a vacuității propriului nostru sine. Apoi, prin realizarea vacuității tuturor fenomenelor, suntem capabili să îndepărtăm agățarea subtilă de existența inerentă, care ne împiedică să realizăm starea de Buddha atotcunoscătoare.

Atunci când lucrăm cu acest tip de vacuitate, putem spune că avem o abordare negativă, în sensul în care negăm ceva ce nu există. În tantra, pentru că am stabilit deja natura relativă a realității (cunoscută ca uniunea manifestărilor și a vacuității), putem să ne mutăm atenția spre felul în care există fenomenele de fapt. Acest lucru se face prin lucrul cu natura ultimă a realității, numită adesea natura de Buddha.

În *Cea mai înaltă Tantra Yoga*, natura de Buddha mai este cunoscută și ca mintea luminii clare. Natura de Buddha reprezintă baza fundamentală din care apar toate manifestările. Există două aspecte care caracterizează, de obicei, această minte:

1. **Crearea manifestării (claritatea):** Mintea este asemenea spațiului, infinită ca potențial și complet liberă de toate limitările. În acest spațiu, orice poate să apară. Deoarece mintea este goală de existență proprie, ea are capacitatea de a da naștere la nenumărate tipuri de manifestări dependente.

2. **Conștientizarea (luminozitatea):** Mintea este capabilă să cunoască tot ceea ce apare în ea. Aceasta nu este o cunoaștere conceptuală, ci o conștientizare directă a orice apare. Asemenea soarelui din care pornesc raze de lumină strălucitoare, conștientizarea este cea care luminează și dă formă la ceea ce este experimentat.

Din interacțiunea acestor două aspecte ale naturii de Buddha, toate experiențele din Samsara și Nirvana apar în mod natural. Din păcate, din cauza ignoranței noastre, nu suntem capabili să recunoaștem această natură și, de aceea, suferim incontrolabil. Suntem prinși într-o viziune unilaterală asupra lumii și astfel ne limităm potențialul înnăscut. În loc de libertate, creăm sclavie.

Tantra este numită *calea rezultatului*, deoarece metoda sa principală se axează pe a ne sprijini să recunoaștem calitățile evidente ale naturii de Buddha în cadrul experiențelor noastre. Din perspectiva naturii de Buddha, avem deja tot ce ne trebuie pentru a manifesta iluminarea. Nimic nou nu trebuie adăugat sau produs. Chiar acum, în această clipă, este posibil să ne conectăm cu adevărul nostru cel mai sacru.

Cheia realizării acestui lucru este să recunoaștem mai întâi că adevărul ultim al fundamentului nostru ca ființe simțitoare este același cu adevărul absolut al unui Buddha pe deplin luminat. În cele din urmă, nu există nici o diferență. Putem spune că această natură nu are nici început, nici sfârșit. Nu există nimic care să poată distruge mintea sau care să o oprească și, prin urmare, din punct de vedere relativ, ea este o continuitate eternă. Însă, în timp ce natura de Buddha nu are sfârșit, existența ciclică are.

Samsara este doar un mod în care se poate manifesta natura de Buddha. Din moment ce natura de Buddha are capacitatea de a da naștere la orice, ea poate da naștere și ignoranței. Atunci când apare ignoranța, se naște Samsara și urmează suferința. Odată ce mintea este prinsă într-o astfel de stare, ea nu poate scăpa până când nu este eliminată rădăcina ignoranței.

Astfel, putem spune că natura de Buddha este precum cerul, iar mințile afectate de ignoranță, atașament și aversiune sunt asemenea norilor ce apar întâmplător pe cer. Cât timp norii rămân pe cer, ei ne împiedică să vedem cerul. Și totuși, indiferent de forma norilor sau de perioada mai lungă sau mai scurtă pentru care ei se află pe cer, cerul rămâne neatins și la fel de pur ca întotdeauna. La fel, natura noastră de Buddha rămâne fundamental pură, nepătată de întunecările noastre. Acest lucru face posibilă iluminarea.

Un alt mod de a ne gândi la natura de Buddha este să ne-o imaginăm ca pe o piatră prețioasă ce îndeplinește dorințe, adânc îngropată în pământ. Deasupra acestui giuvaier se află casa unui om sărac, care duce o viață aspră și plină de suferințe. Într-o zi, un înțelept clarvăzător observă bijuteria îngropată în pământ. El știe că săracul ar avea mult de câștigat dacă ar avea acces la bijuterie și îi spune să sape sub casă. Omul începe să sape prin noroi și pietre, descoperă un depozit de argint și este nespus de fericit de norocul lui. Dar înțeleptul îi spune: "Continuă să sapi! Nu te mulțumi cu pietre care arată ca argintul". Săracul continuă să sape. În curând el ajunge la un filon de aur și din nou înțeleptul îi spune: "Continuă să sapi! Nu te mulțumi cu pietre care seamănă cu aurul." În cele din urmă, omul îndepărtează ultimele urme de murdărie și este orbit de strălucirea luminii care provine de la giuvaerul ce îndeplinește dorințele. Din acest moment, toate greutățile vieții lui dispar.

La fel, natura noastră de Buddha este îngropată adânc sub multe straturi de întunecări grosiere și subtile, dar prin practicarea Dharmei suntem capabili să săpăm prin aceste straturi. Mergând pe cale vom întâlni diverse tipuri de concepte. Unele sunt ca argintul, acționând ca antidot pentru stările mentale perturbate. Ele se aseamănă cu plasturii și nu ne pot aduce libertatea de durată. Altele sunt ca aurul și ne ajută să recunoaștem natura goală a lumii atribuite, dar aceste idei arată doar un aspect al adevăratei noastre naturi. În cele din urmă, trebuie să trecem dincolo de concepte și să ne stabilizăm conștientizarea în sublima vacuitate, care este înzestrată cu toate posibilitățile. Doar atunci vom putea manifesta potențialul nostru complet, liber de toate limitările.

Distingerea cu claritate a adevărului absolut

Pornind de la această premisă de bază, putem începe să distingem câteva concepte cheie care ne vor ajuta să înțelegem cum funcționează calea tantrică spre iluminare. Aceste concepte sunt prezentate cel mai clar în sutrele celei de a treia Întoarceri a Roții Dharmei și în tantre. Din acest motiv, ele reprezintă înțelegerea definitivă a învățăturilor lui Buddha asupra adevărului absolut.

Două tipuri de rezultate

Atunci când spunem că fundamentul este același cu rezultatul, trebuie să ne amintim că vorbim din perspectiva adevărului absolut. La nivel ultim, natura de Buddha, care există la nivelul fundamentului este aceeași cu natura de Buddha care există la nivelul rezultatului. Din această perspectivă, ele sunt identice. Aceasta nu înseamnă că și manifestarea lor este identică. În general, putem vorbi de două tipuri de rezultate care pot fi experimentate:

1. **Rezultate separative:** Acestea sunt calitățile intrinseci ale naturii noastre de Buddha care se manifestă natural atunci când stările mentale perturbate sunt eliminate. Nu trebuie să facem nimic pentru a crea aceste calități, ele sunt deja prezente în natura noastră ultimă. Un exemplu de rezultat separativ este mintea atotcunoscătoare, capabilă să cunoască toate fenomenele în mod direct.

2. **Rezultate produse:** Acestea sunt calitățile generate prin condiționarea naturii noastre de Buddha prin practicarea Dharmei. Ceea ce facem creează condițiile pentru ca apariția ignoranței să nu mai fie posibilă și astfel împiedică manifestarea Samsarei. Un exemplu de rezultat produs este înțelepciunea care realizează vacuitatea existenței inerente.

Două tipuri de linii de descendență

Pe baza înțelegerii acestor două tipuri de rezultate, se pune întrebarea dacă toți avem capacitatea de a realiza aceste calități. Când ne uităm la potențialul diferitelor persoane, putem identifica două linii principale (sau familii) cărora le aparținem noi toți:

1. **Linia de descendență naturală:** Toate ființele simțitoare, indiferent de formă sau mărime, aparțin aceleiași familii, în sensul că toți avem, în mod egal, calitățile naturii de Buddha. Tot ceea ce apare în minte este doar un aspect manifestat al acestei naturi și, de aceea, ne putem gândi la natura de Buddha ca fiind firul comun care ține totul laolaltă. Faptul că avem cu toții această natură înseamnă că toți putem atinge iluminarea. Indiferent de locul în care ne-am născut, indiferent de ceea ce am făcut, indiferent de situația noastră actuală, toți purtăm în interior acest giuvaier prețios. Acesta e adevărul nostru absolut.

2. **Linia de descendență de dezvoltare:** Deoarece aparținem cu toții descendenței naturale, aparținem și descendenței de dezvoltare. Aceasta reprezintă capacitatea de bază de a ne instrui mintea prin practica spirituală. Prin angajarea în diverse feluri de activități, putem elimina întunecările impure și astfel putem dezvălui calitățile pure ale descendenței noastre naturale. Acesta este adevărul nostru relativ. Din această perspectivă, putem identifica practicanți aflați în trei stadii: ființe simțitoare care experimentează manifestări impure bazate pe întunecările accidentale, ființe Bodhisattva care experimentează un amestec de manifestări pure și impure și Buddha care experimentează doar manifestări pure.

Două tipuri de vacuitate

Pe măsură ce începem să realizăm mai clar diferența dintre adevărul ultim și adevărul relativ, ne dăm seama că, deși ambele moduri de experiență sunt goale, ele nu sunt goale în același fel. Această diferență între tipurile de vacuitate este cea care stabilește modul în care cele două adevăruri pot să dea naștere întregii game de manifestări.

1. **Vacuitatea goală de sine:** Această formă de vacuitate este puternic accentuată în *a doua Întoarcere a Roții Dharmei*. Este recunoașterea faptului că toate fenomenele apărute dependent se manifestă în cadrul unei perspective relative și, de aceea, sunt goale de sine. Când astfel de

fenomene sunt analizate, ele nu pot fi găsite. Totul se dizolvă, iar mintea rămâne cu conștientizarea unei simple absențe, similară spațiului.

2. **Vacuitatea goală de celelalte:** Prin familiarizarea cu vacuitatea goală de sine, un meditator este capabil să taie toate straturile grosiere și subtile de conceptualizare. În cele din urmă, chiar și conceptele dualiste foarte subtile, cum ar fi realitatea obiectivă a unei simple absențe sau realitatea subiectivă a minții conștiente de această absență, se dizolvă. În acest moment, poate fi experimentată propria natură de Buddha într-o manieră non duală, non conceptuală. Această experiență nu este totuși doar o simplă absență, ci este o experiență plină de manifestări pure care apar din luminozitatea înnăscută a minții. Acest nivel extrem de profund al realității este complet gol de toate convențiile care îl limitează la a fi "aceasta" ori "aceea". Din acest motiv, acest nivel este cunoscut fie sub numele de *vacuitatea goală de celelalte* (orice altceva în afară de sine însuși), fie ca *sublima vacuitate plină de toate posibilitățile*. Oricum i-ați spune, nu e nimic altceva decât starea deplină a naturii de Buddha.

Două tipuri de puritate

Din analiza de mai sus, putem vedea acum că fundamentul ultim al naturii de Buddha poate fi considerat pur din două puncte de vedere:

1. **Puritatea primordială naturală:** Din moment ce tot ceea ce apare în minte derivă din natura noastră de Buddha, toate fenomenele sunt pure prin natura lor. Aceasta înseamnă că oricărui fenomen impur pe care îl experimentăm ca ființe simțitoare îi corespunde un fenomen pur, experimentat de o ființă iluminată. De exemplu, cele cinci elemente pe care le experimentăm ca baza lumii noastre externe pot fi experimentate în mod pur ca cele cinci Buddha feminine, iar cele cinci agregate care alcătuiesc ansamblul minte-corp pot fi experimentate în mod pur ca cei cinci Buddha masculini. Orice aspect al realității impure are deci potențialul de a fi transformat prin recunoașterea purității sale primordiale.

2. **Puritatea impurităților accidentale (exterioare):** Dacă un fenomen este experimentat ca impur sau pur depinde în întregime de prezența

ignoranței sau a oricărei perturbări mentale derivate din aceasta. De aceea, pentru a experimenta puritatea naturală a fenomenelor, trebuie să eliminăm mai întâi întunecările. Această formă de puritate este realizată prin practicarea unei căi spirituale. Ea nu apare natural și necesită efort din partea practicantului.

Pe scurt, ar trebui să abordăm cele două adevăruri ca fiind distincte. Ele nu sunt două fețe ale aceleiași monede. În timp ce adevărul relativ se manifestă dependent și e gol de existență inerentă, adevărul absolut este pe deplin manifestat de o minte non duală, liberă de toate convențiile. Considerând în mod greșit că natura goală a adevărurilor relative este adevărul ultim, negăm de fapt adevărul absolut, deoarece vacuitatea de sine este ea însăși o convenție și, prin urmare, este goală de ea însăși. În absența adevărului absolut rămânem doar cu o perspectivă relativă.

CALEA—CELE DOUĂ STADII

Cum evităm atunci această concepție greșită? În cele din urmă, trebuie să transcendem toate conceptele și să experimentăm această realitate în mod direct. Din acest motiv, vehiculul Vajra se concentrează în principal pe practicile contemplative și mai puțin pe teorii intelectuale și dezbateri. Când mintea este eliberată de gânduri conceptuale, ea poate să cunoască realitatea așa cum este și, din această perspectivă, puritatea înnăscută a experienței noastre se poate manifesta pe deplin, fără limitări.

Împuternicirea

Intrarea pe calea Vajrayana se realizează printr-un proces de "coacere", cunoscut sub numele de "împuternicire". Împuternicirea are loc atunci când un *maestru vajra* creează condițiile necesare ca un practicant să obțină o perspectivă directă asupra naturii sale absolute. Acest lucru se poate întâmpla formal, printr-o ceremonie specifică de împuternicire sau, informal, prin interacțiunea directă între maestru și discipol.

Împuternicirile servesc două scopuri principale. În primul rând, ele oferă ocazia ca un discipol să intre într-o relație vajra cu un maestru vajra calificat. Această relație este esențială pentru ca discipolul să poată practica tantra. Baza pentru stabilirea unei astfel de relații se realizează prin luarea de jurăminte și angajamente.

În al doilea rând, împuternicirea oferă discipolului o bază experiențială cu care să lucreze. În timpul ceremoniei de împuternicire, discipolul poate experimenta un anumit aspect al naturii sale de Buddha. Această experiență este ca și cum ai vedea doar o bucățică din lună, la începutul primului pătrar. Cu timpul, pe măsură ce discipolul se angajează în diferite practici, descoperă din ce în ce mai multe bucăți din lună, până când, într-o zi, o vede în întregime.

În general, *cele mai înalte tantra yoga* folosesc patru împuterniciri pentru maturizarea discipolilor: împuternicirea vazei, împuternicirea secretă, împuternicirea înțelepciunii și împuternicirea cuvântului. Cu fiecare împuternicire se relevă un aspect mai adânc și mai profund al naturii de Buddha, oferind astfel discipolilor baza pentru angajarea în diferite stadii ale practicii.

Stadiul de generare

În timpul procesului de împuternicire, practicantul este introdus într-o reprezentare specială a universului iluminat, cunoscut sub numele de *mandala*. Mandala este o reprezentare simbolică a purității înnăscute a tuturor fenomenelor. Fiecare aspect al mandalei este conceput pentru a ajuta practicantul să-și concentreze atenția pentru a deveni mai conștient de această puritate. Scopul principal al acestei faze a practicii este de a înlocui percepțiile impure ale realității pe care le avem cu percepții pure. Chiar dacă aceste percepții pure au încă o natură conceptuală, ele sunt în acord cu natura ultimă a realității și, astfel, funcționează ca o punte care ne apropie de această realitate. Practica principală a stadiului de generare este *yoga zeității*, care constă din trei aspecte:

1. **Manifestarea clară:** Acesta este actul prin care se stabilește în minte o vizualizare vie și stabilă a zeității. Practicantul dezvoltă această manifestare în cadrul contextului în care înțelepciunea își înțelege propria natură goală. Pe baza acestei manifestări, practicantul atinge starea de concentrare într-un singur punct, cunoscută sub numele de *shamatha*.

2. **Reamintirea purității:** Fiecare aspect al zeității este bogat în semnificații. Familiarizându-se cu înțelesul lor, practicantul poate să-și amintească toate aceste calități simultan, generând astfel multe merite.

3. **Mândria divină:** Acesta reprezintă actul de a dezvolta certitudinea fermă că adevărata noastră natură este chiar acea zeitate. Aceasta este cel mai important aspect al practicii stadiului de generare, deoarece îl ajută pe practicant să facă trecerea de la identificarea cu manifestările obișnuite la identificarea cu manifestările pure.

Stadiul de întregire (desăvârșire)

Odată ce practicantul și-a consolidat percepția pură, el se poate angaja în practicile stadiului de întregire. Aceste puternice metode yoga furnizează diverse moduri de a lucra cu corpul energetic subtil al practicantului pentru a produce stări extrem de concentrate de absorbție meditativă. Această minte foarte subtilă poate fi apoi utilizată pentru a familiariza practicantul cu propria sa natură de Buddha, eliminând astfel ignoranța întunecărilor perturbatoare și cognitive. O persoană cu minte pătrunzătoare, care a acumulat multe merite în viețile anterioare, poate folosi aceste tehnici pentru a realiza starea de Buddha într-o singură viață, fără a fi nevoie să se bazeze pe nicio altă cale. Metodele unice ale stadiului de întregire se concentrează pe folosirea a trei aspecte ale corpului subtil:

1. **Canale și chakre:** În corpul nostru există spații prin care curge energia. La nivel grosier putem vorbi de sistemul nervos, care susține mișcarea impulsurilor electrice. La un nivel subtil, vorbim de trei *canale* principale: canalul central (*avadhuti*), canalul stâng (*lalana*) și canalul drept (*rasana*). Aceste trei canale se ramifică din anumiți centri energetici, cunoscuți sub numele de *chakre*. Împreună, canalele și chakrele constituie un sistem prin care circulă energia subtilă, ce susține atât stările conceptuale cât și pe cele nonconceptuale.

2. **Vânturi:** Într-o zi respirăm de aproximativ 21.600 de ori. Aceste respirații poartă cu ele diferite tipuri de energie, care acționează ca suport pentru diferite funcții ale corpului sau pentru stările mentale. În mod normal, aceste vânturi se deplasează prin canalul stâng și prin canalul drept, producând mintea dualistă. Atunci când aceste vânturi sunt aduse în canalul central se produce mintea non duală.

3. **Esențe:** La nivel grosier, mișcarea vânturilor impulsionează circulația fluidelor corpului. Controlând modul în care curg aceste vânturi, controlăm circulația și putem să direcționăm unde se adună energia subtilă. Această energie subtilă poate produce o stare de conștientizare extatică și concentrată, ce poate fi folosită pentru a tăia ignoranța, rupând astfel lanțurile Samsarei.

REZULTATUL—STAREA DE BUDDHA ÎNTR-O SINGURĂ VIAȚĂ

Vehiculul Vajra este cunoscut și sub numele de "calea fulgerului", datorită gamei sale vaste de tehnici utilizabile pentru a conduce foarte repede un practicant la starea sa iluminată, la natura de Buddha. Deși practicantul tantric va progresa pe aceleași cinci căi și *bhumi* ca și un practicant sutra, el o va face într-un ritm mult mai rapid. Ce se întâmplă în fiecare etapă a acestui proces depinde de sistemul de tantra practicat. În general, putem lua în considerare următoarele etape, bazate pe tradițiile Sarma:

1. **Calea acumulării:** Calea acumulării are trei niveluri. La primul nivel ne angajăm în patru contemplări asupra corpului, sentimentelor, minții și fenomenelor, cunoscute sub numele de cele patru practici ale atenției conștiente. Din punctul de vedere al sutrelor, corpul este văzut ca ceva dezgustător, cu scopul de a dezvolta detașarea și realizarea lipsei sinelui. În tantra, în loc să considerăm corpul dezgustător, ne antrenăm să vedem corpul și mediul înconjurător ca fiind complet pure. Contemplarea corpului înseamnă, așadar, să ne familiarizăm cu forma iluminată a unei zeități, cu toate sunetele ca fiind mantra zeității și cu toate gândurile și fenomenele ca fiind manifestarea minții sale iluminate.

   La al doilea nivel al căii acumulării vom practica *cele patru perseverențe*, care implică renunțarea la activitățile non virtuoase și cultivarea virtuții. Vom face însă acțiuni virtuoase conform viziunii tantrice asupra lumii, fiecare acțiune devenind o expresie a celor cinci înțelepciuni sau a activităților celor cinci familii de Buddha. Vom ajunge să vedem meditația, perioada de după meditație și starea de vis ca fiind echivalente. Aceasta este etapa intermediară a căii acumulării. În timp ce pe calea sutra există o distincție clară între bine și rău, în tantra ne antrenăm să trăim permanent într-o "lume pură".

La nivelul cel mai înalt al căii de acumulare, concentrarea profundă aduce progrese rapide și vom realiza stări rafinate de concentrare bazate pe aspirație, minte, efort și analiză, cunoscute sub numele de cele patru baze ale puterilor miraculoase. În această etapă vom realiza un nivel sporit al clarității și al beatitudinii și putem obține chiar și diferite *siddhi*-uri sau puteri magice. Chiar dacă nu am intrat încă pe calea vederii, în tantra meditâm asupra vacuității prin vizualizarea adevărului ultim, mai degrabă decât să încercăm să înțelegem lumea convențională într-un mod analitic, ca în calea sutra. Acest lucru ne permite să ne identificăm cu calitățile unei anumite zeități și să acționăm ca și cum am fi acea zeitate.

2. **Calea pregătirii:** În primele două etape ale căii pregătirii învățăm să experimentăm pacea și beatitudinea prin practica stadiilor de generare și de întregire, folosind cinci facultăți: credință, efort, atenție conștientă, concentrare și înțelepciune. Continuăm practica până când realizăm stăpânirea asupra corpului fizic și mișcării subtile a minții. În acest stadiu, nu ne-am dezvoltat o formă cu adevărat iluminată, dar suntem capabili să ne manifestăm într-un corp subtil, în concordanță cu zeitatea practicată. Cu un astfel de corp, avem capacitatea specială de a experimenta stări mentale, cum ar fi tărâmurile celor douăzeci și patru de *dakini* sau putem practica cu ființele umane sau non-umane pentru a obține trei din cele patru bucurii atunci când vânturile se dizolvă în canalul central și intră în chakrele coroanei, gâtului și inimii. În această etapă sunt îndepărtate cele optzeci de perturbări ce apar natural, deoarece stările minții ce corespund aversiunii, dorinței și ignoranței se dizolvă, chiar dacă tendințele către acestea încă mai rămân.

Intrăm apoi în a treia etapă a căii pregătirii pe parcursul căreia vom practica uniunea cu consoartele (fizice sau vizualizate), având mintea goală și extatică, atât în timpul meditației, cât și în etapele de după meditație. Prin continuarea acestei practici putem dezvolta cinci puteri miraculoase bazate pe cele cinci facultăți, cum ar fi capacitatea de a vedea obiectele îndepărtate cu o claritate extraordinară sau clarviziunea. De asemenea, vom experimenta primele două din cele trei niveluri de absorbție, cunoscute sub numele de apariția albă, creșterea roșie și realizarea neagră. Acestea corespund etapelor finale ale dizolvării din momentul morții și disparițiaei stărilor minții asociate cu mânia, dorința și ignoranța.

Dacă ne concentrăm pe realizările lumești, e posibil să dezvoltăm cele cinci puteri miraculoase și cele opt *siddhi*-uri: abilitatea de a produce medicamente și alifii oculare pentru îmbunătățirea vederii, călătoria în subteran, sabia magică, deplasarea rapidă, invizibilitatea, prevenirea morții și vindecarea bolilor. Astfel, veți putea controla cele cinci elemente și face acte de magie. Cu toate acestea, concentrarea pe realizările lumești va întârzia realizarea calităților iluminate și realizarea iluminării depline într-o singură viață, deși vă puteți prelungi durata vieții prin intermediul acestor puteri miraculoase lumești.

3. **Calea înțelegerii:** Când atingem nivelul final al căii pregătirii, eliminăm cele optzeci de perturbări ce apar natural și experimentăm două dintre cele trei absorbții, apariția albă și creșterea roșie. Când atingem realizarea lumească finală, intrăm pe calea înțelegerii și experimentăm și a treia absorbție, realizarea neagră, care duce direct la experimentarea minții primordiale a luminii clare. În această absorbție stăpânim cele două etape ale practicii și experimentăm pentru prima dată în mod direct adevărul nostru sacru. Eliminăm toate înclinațiile pentru cele optzeci de perturbări ce apar natural și primim inițieri de la emanații ale ființelor iluminate. Începând cu acest stadiu, practicăm cu înțelepciune non duală cei șapte factori de iluminare: atenția conștientă iluminată, investigarea, efortul, bucuria, lipsa de efort, contemplarea și echilibrul imparțial.

4. **Calea deprinderii:** După ce am eliminat cele optzeci de perturbări ce apar natural, vom practica unirea stadiilor de generare și de întregire. Vom trăi întotdeauna corect și vederile, acțiunile și realizările noastre vor fi mereu corecte, aducând beneficii tuturor celor pe care îi întâlnim.

Această cale este împărțită în nouă etape formate din trei niveluri pentru fiecare dintre cele trei absorbții (apariție, creștere și realizare). Aceste etape sunt similare cu *bhumi*-urile unui *bodhisattva*, dar pe calea tantrică există o diferență mai mică între experiența din timpul meditației și cea din etapa de după meditație. Există, de asemenea, diferențe minore între metodele utilizate pentru a elimina întunecările înnăscute.

5. **Calea de dincolo de învățare:** Eliminarea continuă a întunecărilor înnăscute și a înclinațiilor către ele, așa cum s-a descris mai sus, conduce la starea de Vajradhara. Acest lucru este cunoscut sub numele de calea de dincolo de învățare, iluminarea completă sau starea de Buddha. Nu mai este nimic de învățat.

Cele patru kaya (corpuri) ale lui Vajradhara

Atât abordarea cauzală a vehiculului Bodhisattva, cât și abordarea rezultantă a vehiculului Vajra fac parte din Mahayana și au capacitatea de a conduce la starea de Buddha. Ceea ce diferă este gradul de subtilitate folosit pentru a descrie această stare și termenii folosiți.

Din perspectiva tantrică, natura ultimă a unui Buddha este denumită Vajradhara. De aceea, în aceste sisteme, veți întâlni adesea starea de Buddha numită și starea de Vajradhara. Această stare nu este nimic altceva decât mintea care rămâne inseparabilă de realizarea directă a propriei sale naturi de Buddha.

Această stare poate fi descrisă în diferite moduri, concentrându-ne pe diferite aspecte. De exemplu, atunci când privim aspectul final și relativ ale naturii de Buddha, putem vorbi de două corpuri: *dharmakaya* și *rupakaya*. Dacă luăm în considerare natura diferitelor forme *rupakaya*, putem vorbi de trei, cinci sau sute de aspecte diferite. Ideea principală este că toate acestea se referă la starea primordială a naturii de Buddha. Deși manifestarea relativă a minții unui Buddha este infinită, niciuna dintre aceste manifestări nu este altceva decât adevărul ultim.

Acestea fiind spuse, în sistemul Kalachakra sunt adesea subliniate patru aspecte:

1. **Corpul esență (svabhavikakaya):** Natura esențială de Buddha reprezintă dubla puritate a naturii de Buddha. Aceasta este puritatea naturală a spațiului fundamental al realității și puritatea rezultată din a fi liber de impuritățile accidentale. Aceasta este esența care se manifestă în mod continuu în aspectele celorlalte corpuri.

2. **Corpul de adevăr al înțelepciunii (dharmakaya):** Acesta este aspectul minții iluminate care rămâne într-o permanentă stare de conștientizare a realității așa cum este (corpul esență). Este complet liber de toate întunecările, eliberat atât de experiența stărilor perturbate ale minții, cât și de orice întunecare conceptuală care împiedică atotcunoașterea. Ca atare, corpul *dharmakaya* poate să cunoască toate fenomenele în mod direct și fără distorsiuni.

3. **Corpul desfătării (sambhogakaya):** În timp ce mintea unui Buddha rămâne în starea non-duală de conștientizare a realității, el se manifestă în mintea altora, potrivit înclinațiilor lor individuale. Pentru bodhisattva având un nivel foarte înalt de realizare, Buddha se manifestă sub forma corpului desfătării Sambhogakaya. Această formă extrem de subtilă se află dincolo de atașamentul dualist și este, prin urmare, în măsură să se manifeste într-un număr infinit de posibilități.

4. **Corpul emanat (nirmanakaya):** Pentru toți ceilalți, Buddha se manifestă prin corpuri emanate. Aceste forme sunt precum luna care se reflectă într-un număr infinit de bazine de apă. Aspectul pe care o iau aceste forme depinde în totalitate de mintea ființelor care o percep. Shakyamuni, Buddha istoric, este un exemplu al unui *corp emanat suprem*, o formă deosebit de pură care s-a manifestat acum 2500 de ani pentru un număr de discipoli ce trăiau în India antică. În practica Vajrayana, guru este considerat a fi un corp emanat deosebit de prețios, întrucât el este modul principal prin care Dharma este comunicată ființelor simțitoare.

RECAPITULAREA PUNCTELOR CHEIE

- Vajrayana reprezintă punctul culminant al învățăturilor lui Buddha, așa cum sunt ele prezentate atât în sutre, cât și în tantre. A fost nevoie de multe secole până ce aceste învățături ezoterice să se răspândească și să ia amploare în India. Pentru cei mai mulți ele au rămas secrete, fiind transmise sub forma instrucțiunilor orale de la guru la discipol.

- Sistematizarea acestor învățături s-a realizat în marile universități monahale precum Nalanda și Vikramashila. Ele sunt sursele primare pentru forma budismului exportată mai târziu în Tibet.

- Budismul tibetan poate fi împărțit în două mari perioade, bazându-ne pe afluxul de învățături budiste în această țară. Avem astfel transmisia timpurie (Nyingma) și transmisia ulterioară (Sarma).

- Pe baza învățăturilor colectate pe parcursul acestor două perioade, în Tibet au apărut șase tradiții spirituale: Bön, Nyingma, Sakya, Kagyü, Jonang și Geluk.

- Toate aceste tradiții promovează o cale structurată graduală, care integrează învățăturile din vehiculul Fundație și Marele Vehicul. În conformitate cu tradiția Nyingma, există trei vehicule cauzale (shravakayana, pratyekabuddhayana și bodhisattvayana) și șase vehicule rezultante. Vehiculele rezultante cuprind trei tantre externe (kriyatantra, charyatantra și yogatantra) și trei tantre interne (mahayoga, anuyoga și atiyoga).

- Tradiția Sarma se bazează pe Cea mai înaltă Tantra Yoga (anuttarayoga tantra) în locul celor trei tantre interne din tradiția Nyingma. Ele pot fi grupate în tantre "tată", "mamă" și non-duale.

- Fundamentul tantric se bazează pe dezvoltarea unei înțelegeri a suportului ultim al tuturor fenomenelor, cunoscut ca natura de Buddha.

Acest termen se referă la capacitatea minții de: 1) a produce apariții și 2) a fi conștientă de aceste apariții.

- Există două tipuri de rezultate care pot fi identificate în legătură cu natura de Buddha: rezultate separative și rezultate produse. Rezultatele separative sunt inerente calităților minții, în timp ce rezultatele produse sunt calitățile care apar bazate pe condiționarea minții prin practică.

- Toate ființele fac parte din două linii de descendență: descendența naturală (ceea ce înseamnă că toți avem natura de Buddha, adică toți avem potențialul de a manifesta iluminarea) și descendența dezvoltată (care reprezintă capacitatea tuturor ființelor de a-și elimina întunecările prin antrenament).

- Există două tipuri de vacuitate care corespund celor două niveluri ale realității: toate adevărurile relative sunt goale de existența unui sine inerent (vacuitatea sinelui) și toate adevărurile ultime sunt goale de convențiile relative (vacuitatea goală de celelalte).

- Adevărul ultim este pur în două moduri: puritatea primordială naturală a naturii de Buddha, care nu este alterată niciodată de întunecările accidentale sau exterioare și puritatea realizată când întunecările accidentale sau exterioare sunt îndepărtate prin practica spirituală.

- Poarta de acces la practica Vajrayana este reprezentată de primirea împuternicirilor de la un maestru vajra calificat.

- După ce a primit împuternicirea, practicantul tantric se va angaja mai întâi în stadiul de generare și apoi în practicile stadiului de întregire.

- Practica stadiul de generare se concentrează pe practicile de vizualizare, cunoscute sub numele de yoga zeității, care ajută practicantul să stabilească percepția pură a experiențelor sale. Există trei aspecte ale acestei practici: apariția clară, amintirea purității și mândria divină.

- Practicile stadiului de întregire lucrează cu energiile subtile ale corpului pentru a crea o stare nonconceptuală și non duală a minții, care poate fi folosită pentru a ne stabiliza în natura noastră de Buddha. Acest corp subtil este format din canale, vânturi și esențe.

- Când un practicant atinge calea de dincolo de învățare el realizează de fapt starea de Vajradhara. Această stare se caracterizează prin patru aspecte ale naturii de Buddha: corpul esență (Svabhavikakaya), corpul adevărului (Dharmakaya), corpul desfătării (Sambhogakaya) și corpul emanat (Nirmanakaya).

Anexe

ANEXA I

Cei cincizeci și unu de factori mentali

Clasificarea celor cincizeci și unu de factori mentali este derivată din textul lui Asanga, *Abhidharmasamuccaya*. Acest text constituie una din sursele principale ale literaturii Mahayana Abhidharma, furnizând informații detaliate despre calea budistă în general și, în special, despre cadrul psihologiei budiste.

Trebuie să remarcăm că următoarea clasificare nu este destinată acumulării de cunoștințe pur intelectuale. În schimb, descrierile sunt făcute astfel încât să ne ofere suficiente informații pentru a identifica fiecare stare mentală în timpul experiențelor cotidiene. Dezvoltarea unei mai bune conștientizări a acestor stări ne permite să ne folosim cu abilitate mintea pentru diminuarea stărilor sale distructive și pentru a le cultiva pe cele constructive.

În acest scop, vă recomand să folosiți următorul exercițiu pentru a lucra cu fiecare stare mentală:

Exercițiu — Învățați să vă cunoașteți mintea

- *Într-o poziție relaxată, stabiliți o stare mentală neutră prin atenția conștientă asupra respirației.*

- *Alegeți un factor mental pe care să-l analizați. Citiți-i mai întâi descrierea, astfel încât caracteristicile sale să vă fie proaspete în minte. Observați-vă apoi mintea, pentru a vedea dacă puteți experimenta factorul mental descris. Chiar dacă factorul mental nu este prezent în mod natural, imaginați-vă cum ar fi dacă ar apărea chiar acum.*

- *Odată ce v-ați făcut o idee despre cum s-ar percepe factorul mental, acordați-vă timp pentru a vă scana amintirile și identificați situații când a apărut această stare. Folosiți mai multe scenarii pentru a înțelege dinamica acestei stări mentale.*

- *Acum analizați intensitatea factorului mental. Cum se manifestă el când e puternic? Dar când este slab? Identificați câteva exemple pentru a înțelege întreaga gamă a experiențelor.*

- *Analizați efectul pe care îl are factorul mental în mintea voastră. Este ceva ce v-ați dori să se consolideze acolo sau preferați să vă lipsiți de el? Găsiți câteva modalități în care puteți lucra cu acest factor.*

- *Relaxați-vă în orice înțelegere apare.*

CINCI FACTORI MENTALI OMNIPREZENȚI

1. **Senzația (tshor-ba):** Senzația furnizează baza și este absolut necesară pentru ca mintea să experimenteze un obiect prin cele șase simțuri (inclusiv conștiința mentală). Când o conștiință senzorială percepe un obiect printr-un organ de simț, apare o senzație. Aceasta nu este doar sentimentul grosier pe care toată lumea îl recunoaște, ci include senzații mai subtile, care pătrund fiecare percepție. Această calitate a senzației este inerentă fiecărei stări mentale, cuprinde toate asocierile imediate cu obiectul (indiferent dacă sunt plăcute, neplăcute sau neutre) și se produce într-o nanosecundă. Principalul punct ce trebuie înțeles este că orice tip de conștiință ar apărea, în fiecare clipă de experiență, el conține un element al senzației. Orice ființă vie posedă acest tip de senzație, indiferent dacă este o ființă obișnuită sau o ființă Arya.

2. **Discriminarea ('du-shes):** Discriminarea apare atunci când câmpul nostru senzorial detectează o trăsătură neobișnuită a unui obiect sau o caracteristică distinctă a acestuia și îi atribuie o semnificație convențională. Nu etichetează și nici nu denumește obiectul, doar distinge că obiectul este ceva și nu altceva. De exemplu, distinge lumina de întuneric sau o masă de fundal. Pentru aceasta, nu e nevoie de cuvinte. Indiferent ce experimentăm, totul se întâmplă imediat,

simultan și constant. Fără a face distincții, mintea nu ar putea lega obiectul de procesele mentale ulterioare.

3. **Intenția (sems-pa):** Intenția reprezintă impulsul conștient și spontan care face mintea să se angajeze în experimentarea obiectelor sau un scop conștient care ghidează acțiunea. Fără intenție, mintea nu și-ar putea direcționa atenția spre un obiect. Orice activitate mentală are intenție. Ne referim aici la toate tipurile de intenție, inclusiv la cea care apare în fiecare fracțiune de secundă și care poate sau nu să creeze karma. Acest lucru include intenția principală care generează toată karma, binefăcătoare sau nu.

4. **Contactul (reg-pa):** Contactul reprezintă modul în care ne conectăm cu un obiect. El apare atunci când se întâlnesc trei factori: momentul precedent al conștiinței (care poate fi oricare din tipurile de conștiință), obiectul și facultatea senzorială, cu conștiința asociată ei. Fără contact, mintea nu s-ar întâlni cu obiectul și nu ar putea apărea o relație sau o senzație a minții în legătură cu acesta. Se distinge aici că un obiect al cunoașterii este plăcut, neplăcut sau neutru, oferind fundamentul pentru experimentarea sentimentelor de fericire, nefericire sau indiferență.

5. **Angajarea mentală (yid la byed-pa):** Angajarea mentală reprezintă pătrunderea conștiinței într-un obiect, acordându-i un anumit nivel de atenție. Orice tip de conștiință, indiferent pentru cât de puțin timp apare, este întotdeauna fixată pe un anumit obiect. Atenția este prezentă în fiecare fracțiune de secundă pentru toate ființele. Fără ea, mintea nu ar putea rămâne fixată pe un obiect experimentat de oricare dintre cele șase simțuri și nu ar exista stabilitate.

CEI CINCI FACTORI CARE DETERMINĂ OBIECTUL

1. **Aspirația ('dun-pa):** Aspirația reprezintă dorința sau intenția de a realiza sau de a obține ceva, fie că este util sau nu. Aspirația acționează ca bază pentru efort și generează stăruința.

2. **Credința (mos-pa):** Credința este menținerea stabilă a unui anumit obiect sau subiect așa cum este, cu convingerea fermă că obiectul este ceva, nu altceva. Poate exista o dovadă evidentă că această credință este

adevărată sau pot exista multe dovezi că este aşa, obţinute prin experienţă directă, raţionament logic sau prin referinţă la scripturi. De asemenea, cineva poate să adopte un punct de vedere sau să creadă "orbeşte", fără nicio dovadă. În toate aceste cazuri, credinţa apare în legătură directă cu obiectul sau subiectul.

3. **Atenţia conştientă (dran-pa):** Atenţia conştientă poate fi asemănată cu un fel de "lipici mental" care păstrează un obiect în centrul atenţiei, menţinându-l clar în minte, aşa cum cineva evocă o imagine în timpul unei conversaţii. Acest lucru se poate face pe o perioadă mai lungă sau mai scurtă de timp, iar obiectul poate include şi momentul prezent. Atenţia conştientă se realizează prin cultivarea conştientizării propriilor gânduri, acţiuni şi motivaţii.

4. **Concentrarea (ting nge-'dzin):** Concentrare înseamnă că cineva îşi fixează mintea într-un singur punct, pe un singur obiect sau temă de investigaţie, fără nicio distragere. Aceasta este o stare de concentrare netulburată, ca atunci când trecem aţa prin urechea unui ac.

5. **Înţelepciunea (shes-rab):** Înţelepciunea este antidotul îndoielii. Este o conştientizare care discerne şi care are un rol decisiv în a distinge obiectul cunoaşterii, percepând realitatea obiectului, indiferent ce este acesta. Înţelegerea că toată existenţa convenţională este nepermanentă la un nivel subtil este un exemplu de înţelepciune. Adevărata înţelepciune conduce întotdeauna la pace şi linişte, întrucât ne învaţă că totul este interdependent şi ne face să ştim, în interiorul nostru, ce este cel mai bine pentru noi şi pentru ceilalţi. Acest lucru este foarte diferit de alte tipuri de cunoaştere, care pot fi dăunătoare şi pot duce la multă suferinţă, cum ar fi cunoaşterea proiectării armelor. Desigur, cunoaşterea în sine nu este dăunătoare, dar ea nu se bazează pe adevărata înţelepciune.

ŞASE PERTURBĂRI MENTALE DE RĂDĂCINĂ

1. **Ataşamentul ('dod-chags):** Ataşamentul apare atunci când ne agăţăm sau când ne place prea mult un obiect, exagerându-i calităţile dezirabile şi fiindu-ne foarte greu să renunţăm la el, indiferent de ce este acest obiect.

Îndepărtarea ataşamentului este la fel de greu de realizat ca îndepărtarea uleiului de pe haine.

2. **Aversiunea (khong-khro):** Aversiunea reprezintă percepţia unui obiect ca fiind neplăcut, uneori exagerându-i proprietăţile nedorite, indiferent dacă este bun sau rău. Orice fiinţă care manifestă aversiune afişează o neplăcere pentru un anumit obiect.

3. **Ignoranţa faţă de adevăr (ma-rig-pa):** Ignoranţa reprezintă lipsa de înţelegere a adevărului despre cauză şi efect şi a adevărului existenţei interdependente. La nivel ultim, aceasta reprezintă eşecul de a ne realiza natura iluminată. Este asemănată cu o persoana săracă, care nu ştie că are casa aşezată pe o mină de aur.

4. **Mândria (nga-rgyal):** Mândria reprezintă diferenţierea între noi şi ceilalţi şi apare din cauza concepţiei greşite a unui sine care are existenţă inerentă, ceea ce conduce la lipsă de respect şi la o mult prea mare siguranţă de sine. Aceasta face să ne considerăm superiori sau inferiori faţă de ceilalţi.

5. **Vederile greşite (lta-ba):** Vederile greşite înseamnă să avem o idee fixă şi incorectă asupra a ceea ce examinăm. Aceasta include punctele de vedere extreme: eternalismul şi nihilismul. Eternalismul susţine ideea că există ceva permanent, cum ar fi un Dumnezeu creator, care este sursa a tot. Nihilismul e punctul de vedere care neagă existenţa fenomenelor subtile, cum ar fi un creator sau Nirvana şi fie respinge, fie nu reuşeşte să investigheze ideea de viaţă dincolo de moarte. De asemenea, nu reuşeşte să înţeleagă corect cauzele şi consecinţele. Din punct de vedere budist, ambele viziuni extreme eşuează în a dezvolta o investigare logică şi nu rezistă atunci când sunt supuse unei analize raţionale riguroase.

6. **Îndoiala perturbatoare (the-tshoms):** Îndoiala perturbatoare este o stare foarte negativă. De multe ori oamenii cred că îndoiala nu este o perturbare atât de gravă, însă este imposibil să atingem iluminarea dacă în mintea noastră există îndoieli. Pentru a realiza orice, chiar şi în viaţa obişnuită, trebuie să avem încredere că putem îndeplini ceea ce ne propunem. Dacă acţionăm ezitând, acţiunile noastre vor fi slabe şi, în cele din urmă, vom renunţa. Chiar şi acţiunile minore pe care le facem

vor fi mai slabe și mai puțin stabile din cauza îndoielii. Îndoiala despre care vorbim aici ne îndepărtează de înțelepciune sau ne ține într-o stare continuă de incertitudine, fără niciun folos. Aceasta este diferită de îndoiala inteligentă, care duce la înțelepciune.

DOUĂZECI DE PERTURBĂRI MENTALE DERIVATE

Derivate din aversiune

1. **Furia (khro-ba):** Furia este diferită de supărare sau ură, întrucât este o reacție temporară orientată spre a face rău, dar care nu durează.

2. **Resentimentul (khon du 'dzin-pa):** Să porți ranchiună și să te agăți de intenția de a întoarce răul făcut. Înseamnă să nu dorești să ierți.

3. **Ostilitatea ('tshig-pa):** Dorința de a face rău care ia naștere din furie sau supărare.

4. **Nocivitatea (rnam-par 'tshe-ba):** O lipsă de căldură și de grijă față de sine și față de ceilalți. Este dorința de a provoca rău sau de a vătăma alte persoane sau chiar pe tine însuți și include plăcerea față de suferința altora. Este opusul iubirii și compasiunii.

Derivate din atașament

5. **Zgârcenia (ser-sna):** Să fii strâns legat de posesiunile tale, să nu vrei să renunți la ele ori să le împarți cu alții.

6. **Surescitarea (rgod-pa):** Nestatornicia minții în legătură cu un obiect dorit. Este diferită de distragere, întrucât atenția ne zboară de la obiect la o amintire sau la un lucru atrăgător experimentat anterior.

7. **Îngâmfarea (rgyas-pa):** A avea o atitudine vanitoasă și a fi îngâmfat din cauza atașamentului pentru ceva ce posezi, cum ar fi bogăție, tinerețe sau copii. Este un tip de surescitare diferit de mândrie sau aroganță.

Derivate din aversiune și atașament

8. **Invidia (phrag-dog):** Incapacitatea de a suporta succesul sau norocul altora, din cauza dorinței de a primi tu însuți câștiguri și onoruri.

Derivate din ignoranță

9. **Tăinuirea ('chab-pa):** Dorința de a ascunde orice acțiuni imorale sau fără virtute pe care tu sau altcineva le-a comis, mai degrabă decât să ai cu adevărat remușcări.

10. **Lenea (le-lo):** Când mintea nu se angajează în ceva constructiv sau nu face cu plăcere fapte virtuoase din pricina atașamentului său din dorința pentru plăceri temporare și pentru activități frivole, cum ar fi dormitul. Lenea este opusul sârguinței.

11. **Letargia (rmugs-pa):** O îngreunare a minții și a corpului. Ea face mintea neclară și greoaie.

12. **Lipsa de credință (ma dad-pa):** Lipsa de încredere în tine însuți sau în orice fenomen care există la nivel subtil. De asemenea, se referă la lipsa de interes față de ceea ce este adevărat și virtuos sau față de calitățile bune ale altora. Ea este un suport pentru lene.

13. **Uitarea (brjed ngas-pa):** Uitarea face mintea să piardă obiectul pe care se concentrează și să nu își mai amintească acțiunile virtuoase cu claritate. Se produce atunci când atenția conștientă este „umbrită" de emoții perturbatoare și menține o stare de distragere a atenției care este mai mult decât ceea ce numim "simplă uitare".

14. **Nepăsarea (bag-med):** O minte neglijentă, indiferentă, care dorește să acționeze liber, fără restricții și fără să cultive virtuți. Este căutarea intenționată a distragerilor mentale, cum ar fi visarea cu ochii deschiși. Este opusul conștiinciozității.

Derivate din atașament și ignoranță

15. **Înșelăciunea (sgyu):** A înșela pe alții, pretinzând că ai niște calități virtuoase inexistente, cu scopul de a primi câștig și onoruri.

16. **Ipocrizia (gYo):** O atitudine înșelătoare motivată de dorința de câștig sau onoruri, care presupune găsirea unui mod de a-ți ascunde defectele, pretinzând că ai calități pe care nu le ai. Este puțin diferită

de tăinuire, care este dorința de a ascunde ceva, deoarece ipocrizia implică găsirea unui mod de a ascunde acel ceva.

Derivate din aversiune, atașament și ignoranță

17. **Lipsa de conștiință (khrel med-pa):** Nerenunțarea la acțiunile negative, chiar dacă acestea pot fi dăunătoare pentru alții. Incapacitatea de fi atent cu alte persoane.

18. **Nerușinarea (ngo-tsha med-pa):** Eșecul de a evita să faci fapte imorale, fără a îți păsa de impactul acestor acțiuni asupra altora. Lipsă de respect de sine.

19. **Lipsa de introspecție (shes-bzhin ma-yin):** Când mintea nu este pe deplin conștientă sau vigilentă față de acțiunile corpului, vorbirii și minții și nu ia măsuri pentru a preveni comportamentul necorespunzător.

20. **Distragerea (rnam-pa gYeng-ba):** O rătăcire mentală spre un obiect, ceea ce duce la incapacitatea de a rămâne concentrat pe un obiect virtuos. Este diferită de surescitare, pentru că nu se manifestă neapărat în legătură cu un obiect atractiv, ci poate fi îndreptată spre orice obiect.

CEI UNSPREZECE FACTORI VIRTUOȘI

1. **Credința (dad-pa):** Să ai încredere, să crezi sau să fii devotat față de ceva adevărat și virtuos. Aceasta include interesul sau admirația pentru fenomenele ascunse sau calitățile benefice ale celorlalți. Credința generată prin simpla ascultare este considerată instabilă, în timp ce credința bazată pe înțelepciunea dobândită prin examinarea și analizarea propriei experiențe este de nezdruncinat și nu se poate pierde.

2. **Decența morală (ngo-tsha):** Simțul moral al demnității care respectă calitățile virtuoase și, astfel, simțim rușine și remușcare atunci când comitem fapte imorale. Este o bază pentru abținerea de la acțiuni negative, prin grija față de felul în care comportamentul se reflectă asupra noastră.

3. **Frica de aspectele nesănătoase (khrel-yod-pa):** Similară decenței morale în sensul abținerii de la acțiuni negative, dar apare mai degrabă

ca urmare a unui sentiment de jenă. Grija față de modul în care comportamentul nostru se reflectă asupra altora, în special asupra ființelor sfinte și practicanților nobili.

4. **Lipsa de atașament (ma chags-pa):** A nu avea dorințe legate de existența lumească sau îngrijorări lumești și a te mulțumi cu mijloacele necesare pentru supraviețuire, fără a dori mai mult. Aceasta previne implicarea în acțiuni negative.

5. **Lipsa de ură (zhe-sdang med-pa):** Lipsa dorinței de a face rău sau de a avea o atitudine ostilă față de un obiect sau de a provoca durere altei ființe vii. Ne împiedică să ne implicăm în acțiuni negative.

6. **Lipsa de ignoranță (gti-mug med-pa):** Să înțelegi și să conștientizezi adevărul, mai degrabă decât să îl lași acoperit de suferințele iluziei și îndoielii. Este o conștientizare discriminatorie, dobândită prin citirea și ascultarea Dharmei, prin contemplare și meditație asupra sensurilor ei.

7. **Sârguința (brtson-'grus):** Năzuința entuziastă și plină de bucurie de a face acțiuni virtuoase. Este antidotul lenei.

8. **Flexibilitatea mentală (shin-tu sbyangs-pa):** Reprezintă o flexibilitate a corpului și a minții de a rămâne angajate în acte virtuoase oricât de mult dorești, fără a fi întrerupte de stări fizice și mentale dăunătoare, cum ar fi agitația sau rătăcirea mentală.

9. **Conștiinciozitatea (bag yod):** Aplicarea cu seriozitate a conștientizării și a grijii față de ceea ce trebuie să adoptăm și ce trebuie să abandonăm. Ajută la realizarea calmului mental.

10. **Echilibrul imparțial (btang-snyoms):** O minte limpede, care nu e distrasă de emoțiile perturbatoare. Ea permite activității mentale să se desfășoare fără efort și să nu fie tulburată de nestatornicie sau moleșeală.

11. **Lipsa de violență (rnam-par-mi-'tshe-ba):** Atitudinea compasională, plină de căldură și grijă față de alții, înțelegerea suferinței lor și dorința ca ceilalți să fie liberi de suferință și de cauzele sale. Funcția sa este de a evita vătămarea celorlalți.

CEI PATRU FACTORI VARIABILI

1. **Somnul (gnyid):** Somnul determină conștiințele asociate porților celor cinci simțuri să se dizolve în interior. Dacă mintea este virtuoasă în momentul în care se retrage, somnul se va transforma într-unul virtuos, dar dacă avem gânduri nesănătoase, atunci somnul ni se va duce într-o direcție lipsită de virtute. De aceea, acest factor este considerat schimbător. Pentru practicanții Dharma, somnul și starea de vis oferă oportunități valoroase și importante pentru a practica (mai multe detalii în volumul al doilea, capitolul 24).

2. **Regretul ('gyod):** Regretul se referă la nemulțumirea mentală cauzată de reflectarea asupra unei acțiuni anterioare, ceea ce conduce la schimbarea stării mentale actuale și a potențialului karmic viitor. Dacă ați greșit cu ceva în trecut sau într-o viață anterioară, aceasta imprimă karma negativă în fluxul vostru mental. Cu toate acestea, un regret autentic sau remușcarea purifică fluxul mental și previne apariția consecințelor negative.

3. **Identificarea grosieră (rtog-pa):** Reprezintă examinarea generală a unui obiect, căutând idei generale și detalii. Este schimbătoare, deoarece viziunea se poate schimba în urma unor investigații suplimentare, iar investigația însăși poate fi de natură virtuoasă sau lipsită de virtute. Prin urmare, ea poate fi foarte utilă în stabilirea unei viziuni corecte a practicii Dharma.

4. **Discernământul (dpyod-pa):** Reprezintă analiza mai exactă a unui obiect pentru a-i examina și distinge detaliile specifice și înțelesul. De exemplu, atunci când corectăm o carte, identificarea grosieră verifică dacă toate paginile sunt acolo, în timp ce discernământul detectează greșelile de ortografie. Cu cât discernământul este mai puternic, cu atât veți fi mai eficienți în schimbarea viziunii sau percepției, ceea ce conduce la motivație și acțiuni corecte.

ANEXA II

Cuprinsul volumului întâi

PARTEA ÎNTÂI: CREAREA SPAȚIULUI PENTRU REFLECȚIE

1. Înțelegerea minții 1
   1.1 Ce este mintea? 3
   1.2 Continuitatea minții 6
   1.3 Subtilitatea minții 8
   1.4 Un model al minții 11
      1.4.1 Mintea primară și cea secundară 11
      1.4.2 Cele opt forme de conștiință 12
         1.4.2.1 Conștiința senzorială 13
         1.4.2.2 Conștiința mentală 14
      1.4.3 Cum apare o conștiință mentală 18
   1.5 Recapitularea punctelor cheie 21

2. Lucrul cu stările distructive ale minții 23
   2.1 Cei cincizeci și unu de factori mentali 23
      2.1.1 Factori mentali omniprezenți 24
      2.1.2 Factori care determină obiectul 26
      2.1.3 Perturbări mentale de rădăcină 29
      2.1.4 Perturbări mentale derivate 29
      2.1.5 Factori mentali virtuoși 30
      2.1.6 Factori mentali variabili 31
   2.2 Stabilirea unei percepții valide 32
      2.2.1 Percepția directă 33
      2.2.2 Raționamentul logic 34
      2.2.3 Încrederea într-o autoritate 35

2.3 Gestionarea stărilor mentale distructive ... 37
    2.3.1 Cele șase perturbări de rădăcină și antidoturile lor ... 38
        2.3.1.1 Atașamentul ... 38
        2.3.1.2 Aversiunea ... 39
        2.3.1.3 Ignoranța (adevărului) ... 41
        2.3.1.4 Vederile greșite ... 43
        2.3.1.5 Mândria (aroganța) ... 44
        2.3.1.6 Îndoiala perturbatoare ... 45
    2.4 Recapitularea punctelor cheie ... 48

3. Cum să medităm ... 49
3.1 Ce este meditația? ... 49
3.2 Categorii de meditații ... 51
3.3 Structura de bază a unei practici meditative ... 52
3.4 Beneficiile meditației ... 54
3.5 Cum să începem o practică meditativă ... 55
    3.5.1 Alegerea obiectului meditației ... 56
    3.5.2 Crearea mediului adecvat pentru meditație ... 59
        3.5.2.1 Locul potrivit ... 59
        3.5.2.2 Postura corectă ... 60
        3.5.2.3 Atitudinea corectă ... 64
        3.5.2.4 Practicile preliminarii ... 64
3.6 Obstacole în calea practicii meditative ... 66
    3.6.1 Cele cinci greșeli și cele opt antidoturi ... 67
        3.6.1.1 Lenea ... 67
        3.6.1.2 A nu cunoaște sau a uita instrucțiunile ... 68
        3.6.1.3 Moleșeala mentală și agitația ... 68
        3.6.1.4 Aplicarea insuficientă a remediilor ... 71
        3.6.1.5 Aplicarea excesivă a remediilor ... 71
    3.6.2 Cele cinci obstacole ... 72
        3.6.2.1 Dorința senzorială ... 72
        3.6.2.2 Rea-voința ... 72
        3.6.2.3 Moleșeala și lâncezeala ... 72
        3.6.2.4 Agitația ... 73
        3.6.2.5 Nesiguranța sau îndoiala ... 73
3.7 Recapitularea punctelor cheie ... 74

4. Etapele meditației **75**
4.1 Folosirea respirației ca obiect al meditației 76
4.2 Cele cinci etape ale meditației și cele nouă stări ale atenției ... 77
4.2.1 Atenția conștientă asupra momentului prezent 78
4.2.2 Plasarea minții asupra obiectului meditației 79
4.2.2.1 Plasarea minții asupra unui obiect 81
4.2.2.2 Plasarea continuă 82
4.2.3 Păstrarea minții asupra obiectului de meditație 83
4.2.3.1 Plasarea „peticită" 84
4.2.3.2 Plasarea apropiată 85
4.2.3.3 Disciplinarea minții 85
4.2.4 Reglajul fin al minții 86
4.2.4.1 Pacificarea minții 89
4.2.4.2 Pacificarea completă a minții 89
4.2.5 Unificarea minții 90
4.2.5.1 Concentrarea într-un punct 90
4.2.5.2 Echilibrul imparțial 91
4.3 Realizarea Shamatha 91
4.4 Cele patru aplicații ale atenției conștiente 92
4.5 Calea Shamatha pe scurt 93
4.6 Recapitularea punctelor cheie 96

PARTEA A DOUA: REFLECTÂND ASUPRA SITUAȚIEI ACTUALE

5. Cum să practicăm Dharma **99**
5.1 Cele opt dharme lumești 101
5.1.1 Pierderea și câștigul 101
5.1.2 Plăcerea și durerea 103
5.1.3 A fi recunoscut și a fi ignorat 104
5.1.4 Lauda și critica 105
5.2 Practica Dharmei 107
5.3 Dezvoltarea înțelegerii prin meditația analitică 110
5.4 Cele patru convingeri pentru renunțare 113
5.5 Recapitularea punctelor cheie 116

6. Legea karmică a cauzei şi efectului 117
  6.1 Seminţele karmice şi fluxul mental 120
      6.1.1 Renaşterea continuă 122
  6.2 Cele patru legi naturale ale karmei 124
      6.2.1 Rezultatele sunt categorice 125
      6.2.2 Dacă există un rezultat, trebuie să existe o cauză 125
      6.2.3 Dacă există o cauză, trebuie să existe şi un rezultat 126
      6.2.4 Karma se amplifică 127
  6.3 Căi de înţelegere a karmei 129
      6.3.1 Karma experimentată de noi înşine şi de alţii 129
          6.3.1.1 Karma colectivă 130
          6.3.1.2 Karma individuală 131
      6.3.2 Karma bazată pe intensitatea intenţiei 132
          6.3.2.1 Karma cu intenţie slabă şi incompletă 133
          6.3.2.2 Karma cu intenţie slabă şi completă 133
          6.3.2.3 Karma cu intenţie puternică, dar incompletă 133
          6.3.2.4 Karma cu intenţie puternică şi completă 134
      6.3.3 Karma bazată pe amploarea rezultatului 135
          6.3.3.1 Rezultat experimentat în aceeaşi viaţă 136
          6.3.3.2 Rezultat karmic ce va fi experimentat în viaţa următoare 136
          6.3.3.3 Rezultat karmic ce va fi experimentat în vieţile viitoare 137
      6.3.4 Karma în momentul morţii 138
          6.3.4.1 Ordinea în care karma se coace 139
          6.3.4.2 Karma proiectoare şi karma de completare 140
      6.3.5 Karma bazată pe tipul rezultatului 142
          6.3.5.1 Rezultatul karmic similar cu cauza 142
          6.3.5.2 Efectele karmice asupra mediului 142
          6.3.5.3 Numărul incert de rezultate karmice 143
  6.4 Dezvoltarea unui fundament moral pentru viaţă 144
      6.4.1 Abandonarea celor zece acţiuni lipsite de virtute 146
      6.4.2 Cultivarea celor zece acţiuni virtuoase 148
  6.5 Recapitularea punctelor cheie 150

CUPRINS

7. Suferința existenței ciclice **153**
  7.1 Cum dă karma naștere existenței ciclice 154
      7.1.1 Cele douăsprezece legături ale originii dependente 155
          7.1.1.1 Cauzele proiectoare 155
          7.1.1.2 Rezultatele proiectării 157
          7.1.1.3 Cauzele maturării 160
          7.1.1.4 Rezultatele maturării 161
  7.2 Înțelegerea naturii suferinței 165
      7.2.1 Cele trei niveluri de suferință 166
          7.2.1.1 Suferința durerii 167
          7.2.1.2 Suferința schimbării 167
          7.2.1.3 Suferința atotpătrunzătoare 168
      7.2.2 Suferințele individuale din cele șase tărâmuri 170
          7.2.2.1 Tărâmurile infernurilor 171
          7.2.2.2 Tărâmurile fantomelor flămânde 176
          7.2.2.3 Tărâmurile animalelor 178
          7.2.2.4 Tărâmurile oamenilor 180
          7.2.2.5 Tărâmul semizeilor 186
          7.2.2.6 Tărâmurile zeilor 187
  7.3 Recapitularea punctelor cheie 193

8. Prețioasa oportunitate a nașterii umane **195**
  8.1 Caracteristicile unei prețioase vieți umane 196
      8.1.1 Cele opt libertăți 196
      8.1.2 Cele zece avantaje 200
          8.1.2.1 Cele cinci avantaje individuale 201
          8.1.2.2 Cele cinci avantaje circumstanțiale 203
  8.2 Raritatea obținerii acestei prețioase vieți umane 206
      8.2.1 Cauzele obținerii prețioasei vieți umane 206
      8.2.2 Exemple ce ilustrează raritatea obținerii prețioasei vieți umane 207
      8.2.3 Comparația numărului de ființe din cele șase tărâmuri 208
  8.3 Marele beneficiu al obținerii acestei prețioase vieți umane 210
  8.4 Obstacole în calea practicării Dharmei 212
      8.4.1 Cele opt circumstanțe temporare 212
      8.4.2 Cele opt atitudini nepotrivite 214
  8.5 Folosiți cât mai bine această oportunitate 215
  8.6 Recapitularea punctelor cheie 216

9. Reflecția asupra morții și nepermanenței — 217
9.1 Nepermanența grosieră și subtilă — 219
9.2 Șapte contemplări asupra nepermanenței grosiere — 221
9.2.1 Evoluția lumii exterioare — 221
9.2.2 Nepermanența ființelor lumești — 225
9.2.3 Nepermanența marilor conducători — 226
9.2.4 Nepermanența ființelor iluminate — 227
9.2.5 Alte exemple de nepermanență — 228
9.2.6 Moartea — 230
9.2.6.1 Certitudinea morții — 230
9.2.6.2 Incertitudinea momentului morții — 232
9.2.7 Recunoașterea constantă a nepermanenței — 233
9.3 Recapitularea punctelor cheie — 237

PARTEA A TREIA: DEZVOLTÂND CREDINȚA ÎNTR-O CALE

10. Alegerea unei căi spirituale — 241
10.1 Tipuri de căi — 242
10.1.1 Căi bazate pe scop — 242
10.1.2 Căi bazate pe motivație — 243
10.1.3 Căi bazate pe autenticitate — 244
10.2 Stabilirea unei filosofii Rimé — 247
10.2.1 Toleranța — 248
10.2.2 Receptivitatea — 249
10.2.3 Curiozitatea — 251
10.2.4 Flexibilitatea — 253
10.3 Importanța de a ne baza pe o linie de descendență autentică — 256
10.4 Stabilirea contextului pentru calea Kalachakra — 258
10.5 Recapitularea punctelor cheie — 258

11. Introducere în budism — 261
11.1 Viața lui Buddha — 262
11.2 Cele trei Întoarceri ale Roții Dharmei — 268
11.3 Categorii de vehicule budiste — 270
11.3.1 Vehicule bazate pe propagare — 271
11.3.2 Vehicule bazate pe abordare — 272
11.3.3 Vehicule în funcție de învățătura principală — 273

    11.4 Fundament, cale și rezultat 275
        11.4.1 Fundamentul—Cele patru peceți 276
            11.4.1.1 Toate fenomenele compuse sunt nepermanente 276
            11.4.1.2 Toate fenomenele condiționate sunt nesatisfăcătoare 279
            11.4.1.3 Toate fenomenele sunt lipsite de existență reală 282
            11.4.1.4 Nirvana este pacea totală, dincolo de orice extreme 286
        11.4.2 Calea—Cele trei antrenamente înalte 288
        11.4.3 Rezultatul—Cele două acumulări 290
    11.5 Recapitularea punctelor cheie 291

12. Vehiculul de bază   **293**

    12.1 Vehiculele de bază 295
        12.1.1 Vehiculul ascultătorului 295
        12.1.2 Vehiculul realizatului solitar 296
    12.2 Fundamentul—Cele patru nobile adevăruri 297
        12.2.1 Adevărul suferinței 298
            12.2.1.1 Nepermanența 298
            12.2.1.2 Suferința 299
            12.2.1.3 Vacuitatea 299
            12.2.1.4 Lipsa sinelui 299
        12.2.2 Adevărul originii 300
            12.2.2.1 Originea 300
            12.2.2.2 Cauza 301
            12.2.2.3 Condiția 301
            12.2.2.4 Producerea 301
        12.2.3 Adevărul încetării 302
            12.2.3.1 Încetarea 302
            12.2.3.2 Pacea 303
            12.2.3.3 Excelența 303
            12.2.3.4 Emergența 303
        12.2.4 Adevărul căii 304
            12.2.4.1 Calea 304
            12.2.4.2 Raționamentul 304
            12.2.4.3 Realizarea 305
            12.2.4.4 Eliberarea totală 305
        12.2.5 Succesiunea celor patru nobile adevăruri 305

12.3 Calea—Nobila cale cu opt brațe ... 307
    12.3.1 Vederea corectă ... 308
    12.3.2 Intenția corectă ... 308
    12.3.3 Vorbirea corectă ... 308
    12.3.4 Acțiunea corectă ... 309
    12.3.5 Modul de viață corect ... 310
    12.3.6 Efortul corect ... 310
    12.3.7 Atenția conștientă corectă ... 311
    12.3.8 Concentrarea corectă ... 311
12.4 Rezultatul—Eliberarea personală ... 312
    12.4.1 Cele patru niveluri ale ființelor Arya ... 313
12.5 Recapitularea punctelor cheie ... 317

13. Marele vehicul ... **319**
13.1 Vehiculul Bodhisattva ... 322
13.2 Fundamentul—Cele două adevăruri ... 323
    13.2.1 Doctrine filosofice budiste ... 325
13.3 Calea—Calea unui bodhisattva ... 328
    13.3.1 Bodhicitta ... 328
    13.3.2 Cele șase perfecțiuni ... 329
        13.3.2.1 Generozitatea ... 329
        13.3.2.2 Disciplina etică ... 330
        13.3.2.3 Răbdarea ... 330
        13.3.2.4 Sârguința entuziastă ... 331
        13.3.2.5 Concentrarea ... 332
        13.3.2.6 Înțelepciunea ... 332
13.4 Rezultatul—Iluminarea ... 334
    13.4.1 Cele zece bhumi ale unui bodhisattva ... 336
        13.4.1.1 Primul bhumi—Bucuria supremă ... 337
        13.4.1.2 Al doilea bhumi—Nepătarea ... 338
        13.4.1.3 Al treilea bhumi—Strălucirea ... 339
        13.4.1.4 Al patrulea bhumi—Radianța ... 340
        13.4.1.5 Al cincilea bhumi—Dificil de depășit ... 340
        13.4.1.6 Al șaselea bhumi—Apropierea ... 340

CUPRINS

  13.4.1.7 Al șaptelea bhumi—Departe ajuns 341

  13.4.1.8 Al optulea bhumi—Neclintirea 342

  13.4.1.9 Al nouălea bhumi—Inteligență bună 343

  13.4.1.10 Al zecelea bhumi—Norul Dharmei 343

 13.4.2 Starea de Buddha 345

13.5 Recapitularea punctelor cheie 345

14. Vehiculul Vajra   347

14.1 Budismul tibetan 348

 14.1.1 Bön 351

 14.1.2 Nyingma 351

 14.1.3 Sakya 352

 14.1.4 Kagyu 352

 14.1.5 Jonang 353

 14.1.6 Geluk 354

14.2 Cele nouă vehicule progresive ale tradiției Nyingma 355

 14.2.1 Vehicule cauzale (Sutrayana) 356

 14.2.2 Vehiculele rezultante (Tantrayana) 356

  14.2.2.1 Tantre Externe 357

  14.2.2.2 Tantre Interne 358

14.3 Cea mai înaltă Yoga Tantra conform tradițiilor Sarma 361

14.4 Fundamentul—Natura de Buddha 362

 14.4.1 Distingerea cu claritate a adevărului absolut 365

  14.4.1.1 Două tipuri de rezultate 365

  14.4.1.2 Două tipuri de linii de descendență 365

  14.4.1.3 Două tipuri de vacuitate 366

  14.4.1.4 Două tipuri de puritate 367

14.5 Calea—Cele două stadii 368

 14.5.1 Împuternicirea 368

 14.5.2 Stadiul de generare 369

 14.5.3 Stadiul de întregire (desăvârșire) 370

14.6 Rezultatul—Starea de buddha într-o singură viață 371

 14.6.1 Cele patru kaya (corpuri) ale lui Vajradhara 374

14.7 Recapitularea punctelor cheie 375

Glosar

- A -

ABHIDHARMA (sanscr.): unul dintre cele *trei coșuri* de învățături ale lui Buddha care pune accentul pe psihologia și logica budistă. Acesta conține o descriere a universului, a diferitelor tipuri de ființe, pașii pe calea spre iluminare, vederi greșite și așa mai departe.

ABHIDHARMAKOSHA (sanscr.): un text clasic budist scris de Vasubandhu. Cea mai timpurie tentativă de reprezentare sistematică a filozofiei, psihologiei și cosmologiei budiste.

ACȚIUNE NEGATIVĂ: acțiune lipsită de virtute, acțiune distructivă, amprentă karmică negativă. Acțiune care lasă o amprentă asupra fluxului mental și care va conduce în viitor la SUFERINȚĂ.

ADEVĂR ABSOLUT: a se vedea ADEVĂR ULTIM.

ADEVĂR CONVENȚIONAL: a se vedea ADEVĂR RELATIV.

ADEVĂR RELATIV: tot adevărul "fals" (spre deosebire de ADEVĂRUL ULTIM), existență convențională (de ex: așa cum apare celor șase simțuri); interdependența fenomenelor.

ADEVĂR ULTIM: (1) starea de Buddha (sau omnisciența); (2) natura ultimă a realității, cunoscută sub numele de "vacuitate"; (3) înțelepciunea care realizează direct această vacuitate; (4) natura noastră de Buddha sau potențialul pentru ILUMINARE. Sinonime: VACUITATE, fără EXISTENȚĂ INERENTĂ, vedere corectă, natura fundamental adevărată, fără existență adevărată, fără existență de sine, sfera DHARMEI, realitatea naturală, natura minții, mintea înnăscută a luminii clare, vacuitate, gol de existență proprie, adevăr sacru.

AGREGAT: colecție de elemente mentale sau fizice. A se vedea cele CINCI AGREGATE.

AKSHOBYA (sanscr.): numele unei ZEITĂȚI. Una dintre cele CINCI FAMILII DE BUDDHA, reprezentând AGREGATUL *conștiință* al tuturor Buddha și înțelepciunea spațiului atotcuprinzător (înțelepciunea Dharmadhatu).

ALAYA (sanscr.): conștiința fundație, unde este "depozitată" toată karma. Aceasta are atât aspecte pure cât și impure. A se vedea cele OPT CONȘTIINȚE.

AMITABHA (sanscr.): numele unei ZEITĂȚI. Una dintre cele CINCI FAMILII DE BUDDHA, reprezentând AGREGATUL *percepție* al tuturor Buddha și înțelepciunea lor discriminatorie.

AMOGHASIDDHI (sanscr.): numele unei ZEITĂȚI. Una dintre cele CINCI FAMILII DE BUDDHA, reprezentând AGREGATUL *formațiune mentală* al tuturor Buddha și înțelepciunea realizării desăvârșite.

ANGAJAMENTE: promisiuni şi legăminte luate atunci când cineva se angajează în practici spirituale.

ANUTTARAYOGA TANTRA (sanscr.): *Cea mai înaltă TANTRA YOGA*. A se vedea PATRU CLASE DE TANTRA. Această clasă tantrică conţine metoda de a transforma experienţa sexuală în cale spirituală.

ANUYOGA (sanscr.): a doua dintre cele trei yoga interioare şi al optulea vehicul din cele nouă (yana), în conformitate cu clasificarea şcolii Nyingma. Aceasta pune accentul pe STADIUL DE ÎNTREGIRE, în special pe meditaţia asupra canalelor, vânturilor interioare şi esenţelor subtile.

ARHAT (sanscr.): cel care a distrus inamicul ego-ului dualist sau agăţarea de ego şi care astfel a obţinut ELIBERAREA din EXISTENŢA CICLICĂ; cunoscut şi sub numele de distrugătorul inamicului. Există trei tipuri de arhat: SRAVAKA, PRATYEKABUDDHA, BUDDHA (sau arhat bodhisattva).

ARYA (sanscr.): superior, cel înalt. Cel care a atins experienţa meditativă directă a VACUITĂŢII, ajungând cel puţin pe *Calea înţelegerii*, una din cele CINCI CĂI. A se vedea şi ARHAT.

ASURA (sanscr.): fiinţă ce trăieşte în tărâmul *asura* sau al semizeilor, tărâm din EXISTENŢA CICLICĂ, dorind să ajungă în tărâmul ZEILOR.

ATAŞAMENT: incapacitatea de separare de o persoană sau de un lucru şi care, în cele din urmă, duce la SUFERINŢĂ, exagerând de obicei calităţile bune ale obiectului respectiv. Este una dintre cele mai puternice perturbări mentale care împiedică atingerea ILUMINĂRII.

ATISHA: cunoscut şi sub numele de Dipamkara, un mare erudit indian care a ajuns în Tibet în anul 1042 şi a provocat o purificare majoră a budismului prezent în acel moment, fondând şcoala Kadampa.

ATIYOGA (sanscr.): cea mai înaltă dintre cele trei yoga interioare şi ultimul dintre cele nouă vehicule (yana), conform şcolii Nyingma. Acesta include sistemul de practică cunoscut sub numele Dzogchen, Marea Perfecţiune.

ATRIBUIRE (IMPUTAŢIE): a eticheta, a denumi, a desemna sau a da semnificaţie unui obiect.

AUTO-GENERARE: practică în TANTRA prin care cineva se imaginează pe sine însuşi ca fiind ZEITATEA respectivă. A se vedea STADIUL DE GENERARE.

AVADHUTI (sanscr.): a se vedea CANALUL CENTRAL.

AVALOKITESHVARA (sanscr., *Chenrezig* **în tib.):** 1. numele unei ZEITĂŢI specifice, ce reprezintă COMPASIUNEA tuturor BUDDHA. 2. unul din principalii discipoli ai lui BUDDHA SHAKYAMUNI.

- B -

BARDO (tib.): stare intermediară de existenţă; orice perioadă de tranziţie. Există în total şase *BARDO*: starea de veghe, vis, meditaţie, moarte, *dharmata* (strălucirea iluminării) şi starea de devenire (intervalul de timp dintre moarte și o nouă naștere). De regulă, termenul BARDO se referă doar la *bardo*-ul devenirii.

BAZĂ (FUNDAMENT): bază pentru viziunea și calea budistă, împărțită în bază temporară (echivalentă ADEVĂRULUI RELATIV) și bază ultimă (echivalentă ADEVĂRULUI ULTIM).

BHAGAVAN (sanscr.): un epitet acordat lui Buddha. Cineva care a depășit cele PATRU MARA, care posedă toate calitățile realizării și care este dincolo de SAMSARA și NIRVANA.

BHUMI (sanscr.): nivel. De obicei se referă la unul dintre cele zece stadii din antrenamentul unui *bodhisattva* (*bodhisattva-bhumi*) pe parcursul *Căii deprinderii*, una dintre cele CINCI CĂI, ce urmează *Căii înțelegerii*. Pe parcursul fiecărui nivel se pune accentul pe câte una din cele ZECE PERFECȚIUNI.

BODHICITTA (sanscr.): mintea iluminării sau inima minții iluminate. Aspirația de a atinge iluminarea completa pentru binele altora. Mintea dedicată realizării stării de Buddha, cu scopul de a ajuta toate FIINȚELE SIMȚITOARE. "*Bodhicitta* relativă" este fie *bodhicitta* de ANGAJARE, fie *bodhicitta* de ASPIRAȚIE. "*Bodhicitta* absolută" sau "*bodhicitta* realității naturale" este ÎNȚELEPCIUNEA bazată pe *bodhicitta* relativă, care a realizat în mod direct VACUITATEA.

BODHICITTA DE ANGAJARE: *bodhicitta* deținută prin jurămintele de *bodhisattva* (spre deosebire de *bodhicitta* de ASPIRAȚIE) care include practica celor ȘASE PERFECȚIUNI.

BODHICITTA DE ASPIRAȚIE: *Bodhicitta* realizată prin antrenarea minții prin practici precum cele PATRU NEMĂSURABILE și TONGLEN (diferită de BODHICITTA DE ANGAJARE.

BODHISATTVA (sanscr., *Changchup Sempa* în tib.): un războinic al iluminării, o ființă care se străduie să atingă starea de Buddha pentru a aduce cele mai mari beneficii tuturor FIINȚELOR SIMȚITOARE. 1. În general, cineva care și-a asumat jurămintele de *bodhisattva*. 2. Mai specific, o ființă care a luat acel jurământ și, de asemenea, a realizat *bodhicitta* în mod spontan.

BRAHMA: în budism, Brahma nu este considerat o zeitate veșnică (ca în tradiția hindusă), ci un conducător al zeilor din TĂRÂMUL FORMELOR.

BUDDHA (sanscr., *Sang-gye* în tib.): *Cel Iluminat, Cel Trezit, Cel Atotcunoscător*. Cel care a purificat toate întunecările și a dezvoltat toate calitățile și cele două tipuri de omnisciență: cunoașterea naturii ultime și a diversității tuturor fenomenelor. Termenul "Buddha" se referă, de obicei, la BUDDHA SHAKYAMUNI, totuși în realitate există un număr infinit de Buddha care au atins sau care vor atinge iluminarea.

BUDDHA-DHARMA (sanscr.): 1. Învățăturile lui BUDDHA (Dharma transmiterii). 2. REALIZĂRILE interne, obținute prin practicarea învățăturilor lui Buddha (Dharma realizării).

BUDDHA SHAKYAMUNI (sanscr.): numele lui BUDDHA istoric, a trăit în secolul al VI-lea î.e.n.

BUDISM: religie, filozofie fondată de către BUDDHA SHAKYAMUNI. Toate școlile budiste acceptă cele PATRU PECEȚI.

BUDIST: Persoană cere și-a luat REFUGIUL în cele TREI GIUVAIERURI și acceptă filozofia celor PATRU PECEȚI.

- C -

CANAL (*nadi* în sanscr., *tsa* în tib.): venă subtilă prin care circulă energia subtilă sau vântul interior. Canalele laterale principale, stâng și drept, încep de la nări și coboară până la ombilic, unde se alătură CANALULUI CENTRAL.

CANAL CENTRAL (*avadhuti* în sanscr., *uma* în tib.): principalul canal energetic din corp, axa centrală a corpului subtil. Începe de la frunte, în spațiul dintre sprâncene, continuă înspre spate, pe sub craniu, și apoi în jos, până la nivelul ombilicului sau mai jos. Descrierea sa exactă variază în funcție de diferite tipuri de practică.

CANAL ENERGETIC: vene subtile din corp prin care curge energia subtilă sau vântul interior (*LUNG* în tib., *PRANA* în sanscr.).

CÂMP DE MERIT (CÂMP DE REFUGIU): centrul atenției sau obiectul: ofrandei, devotamentului, rugăciunii, prosternărilor etc. ale unui practicant, prin care se pot realiza acumulările necesare de merit și de înțelepciune. Se folosește, de obicei, ca centrul vizualizării în practici cum ar fi: zeitățile de refugiu, învățătorul din practica *guru yoga*, etc. Direcționarea acțiunilor cuiva spre o astfel de întruchipare a Celor Trei Giuvaieruri conferă acestor acțiuni o putere mult mai mare.

CEL CARE AUDE: a se vedea SRAVAKA.

CHAKRA (sanscr.): roată, cerc. Un centru focal unde canalele (energetice) secundare se ramifică din CANALUL CENTRAL.

CHENREZIG (tib.): a se vedea AVALOKITESHVARA.

CHITTAMATRA (sanscr.): școala *doar minte*, un sistem filozofic budist ce susține că există doar mintea. A se vedea PATRU DOGME.

CLOPOT: un instrument folosit în practica VAJRAYANA, simbolizând corpul și vorbirea lui BUDDHA, precum și aspectul feminin al iluminării, înțelepciunea și forma goală. Împreună cu VAJRA simbolizează uniunea dintre înțelepciune și metodă, dintre forma-goală și extazul imuabil sau dintre feminin și masculin.

COMPASIUNE: dorința ca ceilalți să fie eliberați de SUFERINȚĂ și de cauzele suferinței.

CONSOARTĂ (*yum* în tib.): ZEITATE feminină reprezentată în uniune cu o zeitate masculină (*yab* în tib.). Simbolizează înțelepciunea inseparabilă de mijloacele iscusite, reprezentate de aspectul masculin. Ele simbolizează spațiul vacuității inseparabile de conștientizare sau extazul vacuității inseparabil de forma goală. În practica Kalachakra există PATRU CONSOARTE, fiecare având un nivel de semnificație din ce în ce mai subtil.

CORPUL DESFĂTĂRII: a se vedea SAMBHOGAKAYA.

CORPUL EMANAT: a se vedea NIRMANAKAYA.

CORPUL FORMĂ GOALĂ (corpul formei goale): specific practicii Kalachakra, un "corp" imaterial care apare în meditație și este transformat în RUPAKAYA sau "corpul formă" al unui Buddha. Uneori este comparat cu *corpul curcubeu* al altor practici tantra, dar acestea sunt descrise ca fiind din materie subtilă. Totuși, *corpul formă goală* este un produs al minții și este imaterial.

- D -

DAKA (sanscr.): echivalent masculin al DAKINI.

DAKINI (sanscr.): BUDDHA tantrici feminini și femei care au obținut REALIZAREA DIRECTĂ A VACUITĂȚII prin MINTEA LUMINII CLARE. De asemenea, reprezintă principiul feminin, asociat cu înțelepciunea.

DECĂDERE: O greșeală ca urmare a încălcării unui jurământ (monahal sau de altă natură).

DECĂDERE DE RĂDĂCINĂ: atunci când sunt prezenți cei PATRU FACTORI CE CONDUC SPRE ÎNCĂLCAREA UNUI JURĂMÂNT și practicantul nu mărturisește aceasta înainte de trecerea unei sesiuni (fiecare douăzeci și patru de ore sunt împărțite în șase sesiuni).

DEVADATTA (sanscr.): numele unui văr al lui BUDDHA SHAKYAMUNI care îl vedea pe BUDDHA ca fiind plin de defecte.

DHARMA (sanscr.): doctrină, lege, adevăr. 1. Cea ce împiedică SUFERINȚA, de obicei se referă la BUDDHA-DHARMA. 2. Orice obiect al cunoașterii. 3. Religie sau cunoaștere religioasă. 4. REALIZĂRI ale căii ce conduc către încetarea SUFERINȚEI.

DHAMMAPADA (pali): cea mai populară colecție de învățături ale lui Buddha în canonul Pali.

DHANYAKATAKA: loc din sudul Indiei unde se spune că BUDDHA a predat TANTRA KALACHAKRA.

DHARMADHATU (sanscr.): spațiu sau bază atotpătrunzătoare pentru toate ființele, precum și sursă a tuturor fenomenelor. Toate cele trei *kaya* (corpuri) ale iluminării se manifestă din această realitate, precum și toate fenomenele convenționale. DHARMAKAYA este aspectul iluminat al DHARMADHATU și sursa tuturor activităților iluminate.

DHARMAKAYA (sanscr.): corpul adevăr al unui BUDDHA, mintea pură, atotcunoscătoare a unui BUDDHA, rezultat al transformării MINȚII obișnuite. De asemenea, se referă la aspectul VACUITĂȚII STĂRII DE BUDDHA. A se vedea TREI CORPURI DE BUDDHA.

DHARMAPALA (sanscr.): a se vedea PROTECTOR AL DHARMEI.

DHARMODGATA: *bodhisattva* de la care Sadaprarudita a primit învățăturile despre înțelepciunea transcendentă.

DHYANA (sanscr.): a se vedea JHANA.

DOCTRINĂ: punct de vedere filozofic, școală. A se vedea PATRU DOCTRINE.

DOLPOPA SHERAB GYALTSEN: (1292 - 1361) maestru cu realizări înalte și un fondator al tradiției Jonang cum este cunoscută astăzi, care a unificat liniile de descendență ale sutrei *Shentong* cu linia tantrei Kalachakra.

DZOGCHEN (tib.): practică profundă a tradiției NYINGMA, cunoscută și sub numele de *Marea Perfecțiune*.

- E -

ECHILIBRU IMPARȚIAL: nepărtinire, imparțialitate. Stare a MINȚII în care nu se face distincția între prieten, inamic și străin, dar nu o stare de indiferență nepăsătoare.

ELIBERARE (eliberarea individuală): stare obținută după îndepărtarea ÎNTUNECĂRILOR PERTURBATOARE și a KARMEI ce determină RENAȘTEREA necontrolată în EXISTENȚA CICLICĂ.

EON: "eon mare": durata vieții unui univers (sanscr. KALPA). "Eon mic": a douăzecea parte dintr-un eon mare.

ERA DE AUR A SHAMBHALEI: o perioadă de 1000 sau 1800 ani de după "înfrângerea barbarilor" de către regele Rudra Chakrin, în care vor înflori DHARMA și TANTRA KALACHAKRA.

ERĂ DEGENERATĂ: o perioadă în care sunt prezente cele CINCI DEGENERĂRI.

ESENȚĂ INDESTRUCTIBILĂ: esența cea mai subtilă, situată la inimă, formată din esența lichidului seminal și a ovulului părinților. Nu se topește până la moarte, când se deschide și permite ansamblului minte și vântul foarte subtil să renască.

ESENȚĂ SUBTILĂ (*bindu* în sanscr., *thiklé* în tib.): esența subtilă a lichidului seminal și a sângelui (ovul) care se află în CANALELE ENERGETICE (*nadi* în sanscr.). În TANTRA KALACHAKRA acestea se referă, de obicei, la cele patru esențe (ale stărilor de veghe, de somn adânc, de visare și de absorbție extatică).

ETERNALISM: credința într-o entitate veșnic existentă, de exemplu un suflet. Una din cele DOUĂ EXTREME. A se vedea de asemenea și NIHILISM.

EXISTENȚĂ INERENTĂ: sin.: existență adevărată, obiectivă, ultimă, alimentată de la sine, suficientă de la sine, independentă, intrinsecă. Existență: din punctul de vedere al obiectului, datorită naturii proprii a obiectului, din interiorul unei baze de desemnare, având un mod propriu de a fi, având o realitate proprie, într-un mod care funcționează de la sine. EXISTENȚA INERENTĂ este o concepție greșită, o calitate inexistentă pe care o proiectăm asupra persoanelor și fenomenelor și care nu există nici măcar la nivel convențional. Ea descrie o existență care este independentă de cauze și condiții (părți) sau o existență pe care MINTEA O ATRIBUIE.

EXISTENȚĂ CICLICĂ: ciclul morții și renașterii, având RENAȘTERI necontrolate sub influența stărilor mentale perturbatoare și a amprentelor karmice. Procesul apare din IGNORANȚĂ și este caracterizat de SUFERINȚĂ. A se vedea TREI TĂRÂMURI și ȘASE TĂRÂMURI.

- F -

FIINȚĂ CE ȘI-A ASUMAT ANGAJAMENTUL (*samayasattva* în sanscr.): BUDDHA vizualizat sau practicant vizualizându-se ca un BUDDHA. O FIINȚĂ A ÎNȚELEPCIUNII (*jnanasattva* în sanscr.) reprezintă un BUDDHA real care este invitat să se unească cu *ființa ce și-a asumat angajamentul*.

FIINȚĂ A ÎNȚELEPCIUNII: a se vedea FIINȚĂ CE ȘI-A ASUMAT ANGAJAMENTUL.

FIINȚĂ SIMȚITOARE: ființă (trans)migratoare. Ființa care are MINTEA contaminată de ÎNTUNECĂRI sau de AMPRENTELE acestora, trăind în EXISTENȚA CICLICĂ (plantele sunt în general excluse).

- G -

GANDHARVA (sanscr.): mâncător de mirosuri. Spirit care se hrănește cu mirosuri. De asemenea, se poate referi la ființe aflate în starea intermediară (*bardo*).

GELUG(PA) (tib.): pălăriile galbene. Cea mai mare școală în tradiția tibetană, fondată de către TSONGKHAPA. Ea pune accentul pe etică și studiul foarte serios înainte de practica intensă a meditației.

GESHE (tib.): 1. Grad echivalent doctoratului în teologie, acordat de principalele colegii monastice ale tradiției GELUGPA. 2. Titlul unor maeștri ai tradiției Vechiul KADAM.

GURU (sanscr., *lama* în tib.): ad litteram, cel care este plin (greu) de calități. Învățător spiritual, prieten, mentor.

GURU YOGA (sanscr.): practica în care cineva își vede propriul GURU ca fiind BUDDHA sau contopirea minții practicantului cu mintea învățătorului său.

- H -

HINAYANA (sanscr.): vehiculul de bază (spre deosebire de MAHAYANA). Cale budistă ce conduce spre ELIBERAREA individuală din EXISTENȚA CICLICĂ (ca SRAVAKA sau ca PRATYEKABUDDHA) și care reprezintă baza tuturor învățăturilor lui Buddha.

- I -

IGNORANȚĂ: Lipsă de conștientizare, nerecunoaștere a naturii noastre lipsite de sine, iluminate. 1. Conotație lumească: necunoașterea principiilor KARMEI. 2. Conotație transcendentă: eșecul de a cunoaște sau de a realiza VACUITATEA.

ILUMINARE: sin.: stare de Buddha, iluminare completă, trezire completă. Cel mai înalt nivel de dezvoltare care a eliminat pentru totdeauna toate ÎNTUNECĂRILE și AMPRENTELE karmice și a dezvoltat toate calitățile și ÎNȚELEPCIUNEA în mod complet. Iluminarea înlocuiește ELIBERAREA individuală.

INIȚIERE: a se vedea ÎMPUTERNICIRE.

IUBIRE: dorința ca ființele să fie fericite și să aibă cauzele fericirii.

- Î -

ÎMPUTERNICIRE (*abhisheka* în sanscr.): acordarea permisiunii și a unei puteri potențiale speciale de a practica o anumită parte din TANTRA. Este oferită de un GURU tantric prin intermediul unui ritual ce implică, de obicei, un legământ de a menține anumite angajamente tantrice.

ÎNCĂLCARE A UNUI JURĂMÂNT: atunci când sunt prezenți cei PATRU FACTORI CE CONDUC LA ÎNCĂLCARE și a trecut o anumită perioadă de timp fără a simți remușcare.

ÎNȚELEPCIUNE: 1. (*prajña* în sanscr., *sherab* în tib.) conștientizare discriminatorie. 2. (*jñana* în sanscr., *yeshe* în tib.) conștientizare profundă, înțelepciune a cunoașterii, înțelepciune primordială.

ÎNTUNECĂRI: concepte greșite și stările mentale perturbate rezultate, incluzând atât ÎNTUNECĂRILE PERTURBATOARE (întunecările către Nirvana), cât și ÎNTUNECĂRILE COGNITIVE, mai subtile (întunecări spre omnisciență). Ele mai pot fi clasificate în ÎNTUNECĂRI DOBÂNDITE și ÎNTUNECĂRI ÎNNĂSCUTE.

ÎNTUNECĂRI COGNITIVE: acestea includ toate conceptele despre subiect, obiect și acțiune și alte impurități sau idei mai subtile, care ne împiedică să obținem omniscienta sau să vedem simultan atât adevărul ultim, cât și pe cel relativ. De exemplu, cineva ar putea avea o idee că trecutul, prezentul și viitorul există cu adevărat sau că suferința și Nirvana (sfârșitul suferinței) există. Totuși, acestea sunt doar idei, deoarece trecutul, prezentul și viitorul există numai în relație reciprocă, iar suferința este doar o idee care există în relație cu Nirvana. Similar, gândul că suferința noastră este separată de suferința tuturor celorlalți este, de asemenea, doar o idee și acest lucru este depășit prin practicarea *căii bodhisattva*. Ele sunt diferite de ÎNTUNECĂRILE PERTURBATOARE, care sunt depășite prin realizarea NIRVANEI.

ÎNTUNECĂRI DOBÂNDITE: acele stări ale minții dobândite intelectual care apar datorită adoptării de sisteme de credințe false sau de vederi greșite și care ne influențează pe parcursul mai multor vieți. Aceste întunecări sunt depășite prin avansarea pe *calea vederii*. Ele sunt diferite de ÎNTUNECĂRILE ÎNNĂSCUTE, care sunt depășite pe *calea deprinderii*.

ÎNTUNECĂRI EMOȚIONALE: a se vedea ÎNTUNECĂRI PERTURBATOARE.

ÎNTUNECĂRI ÎNNĂSCUTE: stări defectuoase ale minții înnăscute, prezente din timpuri fără de început, în toate ființele, care funcționează fără să depindă de învățături eronate sau de raționament. Acestea sunt diferite de ÎNTUNECĂRILE DOBÂNDITE.

ÎNTUNECĂRI PERTURBATOARE: sin.: întunecări emoționale, impurități, perturbări mentale, emoții perturbatoare. Funcții mentale contaminate care sunt obstacole în calea ELIBERĂRII și sunt cauze ale SUFERINȚEI. Ele ne perturbă pacea mentală și ne împing spre acțiuni vătămătoare asupra altora sau asupra noastră. Perturbările de rădăcină sunt: IGNORANȚA, dorința sau ATAȘAMENTUL, mânia sau ura (aversiunea), mândria, îndoiala și vederile greșite. Ele includ și întunecările karmice (întunecări cauzate de orice tip de karma încă nepurificată, inclusiv karma pozitivă). Sunt diferite de ÎNTUNECĂRILE COGNITIVE mai subtile și sunt complet abandonate atunci când este atinsă NIRVANA.

- J -

JHANA (pali): formă avansată de concentrare meditativă, după ce s-a atins SHAMATHA. Există patru *jhana cu formă* și patru *jhana fără formă*, care corespund experiențelor meditative echivalente stărilor mentale ale diferitelor ființe din TĂRÂMUL ZEILOR.

JONANG(PA) (tib.): tradiție a budismului tibetan ce combină studierea viziunii SHENTONG MADHYAMIKA cu practicarea celor ȘASE YOGA KALACHAKRA, fondată de către Khunphang Thukje Tsondru.

JURĂMÂNT: un angajament sacru pentru beneficiul nostru sau al celorlalți, având trei niveluri: jurămintele PRATIMOKSHA, BODHISATTVA și VAJRAYANA.

JURĂMINTE BODHISATTVA (sau jurămintele *bodhicitta*): angajamente sacre luate pentru beneficiul nostru și al altora, care conduc spre iluminare, oferind îndrumări specifice privind dezvoltarea și menținerea *bodhicittei*. Există optsprezece jurăminte *bodhisattva* de rădăcină și patruzeci și șase de jurăminte secundare.

JURĂMINTE TANTRICE: angajamente sacre (SAMAYA în sanscr.) în VAJRAYANA pentru beneficiul personal și al celorlalți, punând accentul pe percepția pură a învățătorului și celorlalți practicanți. Există multe jurăminte tantrice, dar nucleul acestora include douăzeci și cinci de reguli specifice, legămintele care ne conectează cu cele cinci (sau șase) familii de Buddha, cele paisprezece jurăminte de rădăcină și cele unsprezece legăminte de ramură.

- K -

KADAM(PA) (tib.): tradiție a budismului tibetan fondată de către ATISHA. Înainte de lama TSONGKHAPA este cunoscută sub numele de *Vechiul Kadam*, iar apoi este numită GELUGPA.

KAGYU (tib.): Școală a budismului tibetan fondată de către Marpa Chökyi și Khyungpo Nyaljor în secolul al XI-lea. Linie de descendență filosofică și de meditație a cărei practică principală specifică este MAHAMUDRA.

KALACHAKRA (sanscr.): roata timpului, numele unei ZEITĂȚI specifice din clasa *Celei mai înalte TANTRA YOGA* care reprezintă baza practicii principale din tradiția Jonang, practică denumită *Cele șase yoga Kalachakra*. Această clasă de tantra a fost predată de către Buddha și păstrată în regatul Shambhalei înainte să apară în India și Tibet, în jurul secolului al X-lea. Deși zeitatea este descrisă de obicei ca având douăzeci și patru de brațe, tradiția Jonang folosește în cadrul STADIULUI DE GENERARE forma KALACHAKRA cu două brațe, cunoscută sub numele de *Dukor Lhangkye* în tibetană.

KALAGNI (sanscr., *dume* în tib.): În sistemul KALACHAKRA, *kalagni* este o "planetă" sau un corp ceresc cu semnificație spirituală, reprezentat de un disc galben pe care stă KALACHAKRA. El este asociat cu nodul sudic al lunii, eclipsele solare și "capul dragonului" din astrologia chineză.

KALAPA: capitala tărâmului SHAMBHALA.

KALKI (sanscr.): a se vedea KULIKA.

KALPA (sanscr.): durata de viață a unui univers, cunoscută și ca un EON "mare".

KALYANAMITRA (*gewi shinyen* în tib.): un prieten care te conduce spre Dharma, o persoană dintr-o linie autentică de descendență care predă calea spre iluminare pentru a te elibera. A se vedea de asemenea și GURU.

KANGYUR (tib.): colecția tuturor SUTRELOR și TANTRELOR traduse din sanscrită în tibetană. A se vedea de asemenea și TENGYUR.

KARMA (sanscr.): acțiune, acțiune intenționată, impuls. De asemenea, este și AMPRENTA pe care acțiunea o lasă în fluxul mental al cuiva, precum și consecințele acesteia. *Legea karmei:* doctrină care susține că: a) toate experiențele sunt rezultatul AMPRENTELOR acțiunilor anterioare asupra fluxului nostru mental; b) acțiunile virtuoase conduc spre fericire, acțiunile NEGATIVE conduc spre SUFERINȚĂ și stări neplăcute.

KAYA (sanscr.): corp al unui BUDDHA. A se vedea și TREI CORPURI DE BUDDHA.

KRIYAYOGA (sanscr., *tantra acțiunii*): prima din cele PATRU CLASE DE TANTRA, pune accentul pe purificare, iar practicantul vede zeitatea ca fiind superioară față de el.

KULIKA (sanscr., *rigden* în tib.): deținător al castelor, deținător al cunoașterii din Shambhala. Titlu acordat regilor SHAMBHALEI, de la al optulea până la al douăzeci și patrulea.

- L -

LAGHUTANTRA (sanscr.): *Kalachakra Laghutantra*, formă prescurtată a textului original, *Kalachakra MULATANTRA*, care există doar în Shambhala. *Laghutantra* a fost scrisă de către regele MANJUSHRIKIRTI (sau Manjushri Yashas) al SHAMBHALEI. Acest text îndeplinește pentru noi funcția de tantra de rădăcină, deoarece *Mulatantra* nu este disponibilă.

LALANA (sanscr.,*roma* în tib.): canalul principal stâng al corpului subtil.

LAM RIM (tib.): lampa pe cale. Stadiile căii spre ILUMINARE. Prezentarea sistematică a tuturor învățăturilor lui BUDDHA, prezentată pentru prima dată în această formă de către ATISHA și utilizată în prezent în principal de școala GELUG.

LAMA (tib.): ad litteram "cineva care este deasupra", sinonim cu GURU.

LINIE DE DESCENDENȚĂ (LINIE DE MAEȘTRI): linie neîntreruptă de învățători budiști, mergând înapoi până la BUDDHA, care au realizat învățăturile (numiți și *deținători ai liniei*) și prin care se transmite DHARMA. O linie de descendență autentică neîntreruptă este esențială pentru a păstra puritatea DHARMEI.

LIPSA SINELUI: a se vedea VACUITATE.

LUNG (tib., *prana* în sanscr.): vânt, energie. 1. Vânt sau energie subtilă a vieții. În tantra, aceste vânturi sunt vehiculul conștiinței, iar când ele se dizolvă în canalul central, determină apariția MINȚII subtile a LUMINII CLARE. 2. Boală, perturbare sau dezechilibru energetic în corp. 3. Transmisia orală a unui text DHARMA.

- M -

MADHYAMIKA (sanscr.): școala *Căii de Mijloc*. A se vedea PATRU DOCTRINE.

MAHAMUDRA (sanscr.): *Marele sigiliu*. 1. Conform învățăturilor din SUTRE: Viziunea profundă a VACUITĂȚII. 2. Conform învățăturilor din TANTRE: uniunea măreţului extaz cu VACUITATEA.

MAHAYANA (sanscr.): *Marele Vehicul* (*maha* = mare, *yana* = vehicul, spre deosebire de HINAYANA). Cale budistă ce conduce spre starea de Buddha, urmărind realizarea stării complete de iluminare pentru binele tuturor ființelor. Numită și *Bodhisattvayana*. Include SUTRAYANA și TANTRAYANA.

MAITREYA: *Cel Iubitor*, numele viitorului BUDDHA, atât învățător cât și discipol principal al lui BUDDHA SHAKYAMUNI.

MANDALA (sanscr.): centru și circumferință, cerc sau sferă. 1. Reprezentarea simbolică a unei vizualizări meditative, de obicei sub forma unui palat, în care sunt prezente una sau mai multe ZEITĂȚI. 2. Reprezentare simbolică a universului (a se vedea OFRANDA MANDALEI).

MANDALA CORPULUI: în TANTRA KALACHAKRA reprezintă MANDALA de bază, înconjurată de patru căi de acces uriașe. Ea conține MANDALA VORBIRII și, în centru, MANDALA MINȚII.

MANDALA MINȚII: în TANTRA KALACHAKRA reprezintă nivelurile centrale superioare ale mandalei Kalachakra. Ea înconjoară și conține atât mandala centrală a măreţului extaz, cât și mandala înțelepciunii extatice.

MANDALA VORBIRII: în TANTRA KALACHAKRA este zona MANDALEI dintre MANDALA MINȚII și MANDALA CORPULUI.

MANJUSHRI (sanscr.): unul din principalii discipoli ai lui BUDDHA și unul dintre cei OPT BODHISATTVA. Numele unei ZEITĂȚI reprezentând înțelepciunea tuturor BUDDHA.

MANJUSHRIKIRTI (sau Manjushri Yashas): al optulea rege al SHAMBHALEI (primul rege KULIKA), autorul textul condensat TANTRA KALACHAKRA.

MANTRA (sanscr.): instrument pentru gândire. 1. Silabe stabilite (în limba sanscrită) pentru a proteja mintea (de PERTURBĂRI). Ele exprimă esenţa unor energii specifice. Recitarea mantrelor se face întotdeauna împreună cu vizualizări specifice. 2. De multe ori, cuvântul *mantra* este folosită ca sinonim pentru VAJRA sau TANTRA.

MANTRA DE O SUTĂ DE SILABE: mantra lui Vajrasattva, reprezentând puritatea tuturor Buddha și esenţa celor o sută de familii, respectiv cele patruzeci și două de zeități pașnice și cele cincizeci și opt de zeități în formă amenințătoare.

MARA (sanscr.): demon. Orice întrerupe realizarea ELIBERĂRII sau a ILUMINĂRII. A se vedea PATRU MARA.

MÂNDRIE DIVINĂ: mândria neamăgită a celui care se privește pe sine ca fiind o ZEITATE și care vede spaţiul înconjurător și desfătările ca fiind asemenea cu cele ale ZEITĂȚII. Este un antidot pentru concepţiile obișnuite.

MEDITAȚIE (*gom* în tib.): obișnuire, familiarizare. Familiarizarea cu stări pozitive și realiste ale minţii, în special cu descoperirea minţii iluminate. Poate fi împărțită în meditaţie de liniștire a minţii (cunoscută și sub numele de SHAMATHA sau meditaţie de menţinere a calmului) și MEDITAȚIE ANALITICĂ.

MEDITAȚIE ANALITICĂ: o metodă de meditaţie prin care practicantul formulează o întrebare (de exemplu: "Există un sine permanent?") și se concentrează pe aceasta până când este atinsă o formă de înţelegere directă. A se vedea și VIPASHYANA.

MERIT: virtute, potențial pozitiv, calitate meritorie. Amprente în fluxul mental datorate acțiunilor pozitive, conducând spre fericirea viitoare. Acumularea de merite și înțelepciune sunt două aspecte esenţiale ale căii spre iluminare.

MIGRATOR (sau transmigrator): a se vedea FIINȚĂ SIMȚITOARE.

MILAREPA (tib.): măreţ practicant tibetan (1040-1123), faimos pentru realizarea stării de Buddha într-o singură viață și pentru greutăţile îndurate.

MINTE: "ceea ce este clar și care cunoaște", flux mental. Fenomen non-fizic care percepe, gândește, recunoaște, experimentează și reacționează emoțional la mediul înconjurător. 1. Facultăți mentale (tib.: *thugs*) 2. Moduri de a fi conștient, fenomene conștiente (tib.: *shespa*).

MINTEA LUMINII CLARE: minte foarte subtilă care, atunci când se manifestă, percepe totul ca pe un spațiu gol, clar. Ea conține aspectul spontan, luminos și de cunoaștere al acestei naturi esențiale a minții.

MUDRA (sanscr.): sigiliu. 1.Gest tantric al mâinii, 2. Consoartă tantrică.

MUDRA ACȚIUNII: o consoartă în *Cea mai înaltă TANTRA YOGA* care ajută la generarea măreţului extaz astfel încât practicantul să poată dizolva vânturile interioare și realiza vacuitatea. A se vedea și CONSOARTĂ.

MULATANTRA (sanscr.): sau *Kalachakra Mulatantra*. Acesta este textul de rădăcină original al tantrei KALACHAKRA. Un comentariu condensat al acestui text a fost compus de regele SUCHANDRA al Shambhalei, dar ambele texte sunt disponibile doar în Shambhala. Cele două texte de bază pe care noi le folosim sunt: *Laghutantra* (care îndeplinește funcția de tantra de rădăcină) a lui MANJUSHRIKIRTI și comentariul *VIMALAPRABHA* compus de Pundarika.

MUNCHUN (tib.): o țesătură groasă folosit pentru a acoperi ochii, dar care permite mișcări ale acestora, folosită ca substitut pentru o camera întunecată de către practicanții implicați în practica meditației în întuneric.

MUNTELE MERU: munte uriaș aflat în centrul universului, conform cosmologiei tibetane, utilizat frecvent în practicile de vizualizare.

- N -

NADI (sanscr.): a se vedea CANAL ENERGETIC.

NAGA (sanscr.): un tip de spirit care trăiește îndeosebi în râuri, oceane sau lacuri, dar poate trăi și în alte locuri. Sunt, în general, invizibili. De obicei, sunt descriși având un corp asemănător unui șarpe.

NAGARJUNA (sanscr.): măreț maestru budist indian ce a revigorat tradiția MAHAYANA în secolul I e.n., după dispariția ei aproape completă, prin aducerea la lumină a SUTRELOR *Perfecțiunii înțelepciunii*.

NAMCU (tib.): cel puternic înzecit, simbolul ("emblema") Kalachakra, compus din zece simboluri ale mantrei.

NATURĂ ATRIBUITĂ: conceptele, denumirile și etichetele pe care le atribuim lucrurilor în general cum ar fi "copac", "casă", "bun" sau "rău". Acești termeni sunt pur și simplu concepte pe care le folosim pentru a descrie obiecte și a comunica idei, ei neavând existență ultimă.

NATURĂ DE BUDDHA (*tathagathagarba* în sanscr.): potențialul tuturor FIINȚELOR SIMȚITOARE de a deveni BUDDHA.

NATURĂ DEPENDENTĂ: sin.: natură alimentată de altele. Existența lucrurilor în relație unele cu altele, indiferent de conceptele și atribuirile noastre. Ele nu există cu adevărat, deoarece depind de cauze și condiții, de agregarea părților lor componente sau de crearea de concepte pentru existența lor.

NATURĂ PRIMORDIALĂ: ADEVĂRUL ULTIM al iluminării, dincolo de toate extremele conceptuale. Conform școlii *Shentong*, acestă natură există cu adevărat, este goală de adevărul relativ, dar nu este goală de propria sa natură iluminată.

NGÖNDRO (tib.): ceva care precede, ce este înainte. Practică preliminară a practicilor TANTRICE care implică, în general, cele PATRU CONVINGERI PENTRU RENUNȚARE și preliminariile interne ale *refugiului, generarea bodhicitta*, practica *Vajrasattva, ofranda mandalei* și *guru yoga*.

NIRMANAKAYA (sanscr.): corpul emanat al unui BUDDHA. Rezultatul transformării corpului obișnuit și a experienței sinelui. Este transformarea corpului SAMBHOGAKAYA într-un corp fizic obișnuit. O rețea de forme grosiere, emanată din Sambhogakaya, forme ce pot fi văzute uneori de către persoane obișnuite. Nirmanakaya este vizibilă celor cu KARMA pură, ceilalți văzând doar o ființă obișnuită. BUDDHA SHAKYAMUNI este un exemplu de emanație supremă Nirmanakaya.

NIRVANA (sanscr.): dincolo de suferință, de durere; depășirea suferinței. Stare dincolo de cauzele SUFERINȚEI și insatisfacției. Stare în afara EXISTENȚEI CICLICE, obținută de un ARHAT. Aceasta este diferită de STAREA DE BUDDHA sau nestatornicia în Nirvana, care descrie o experiență mult mai profundă a iluminării.

NYINGMA (tib.): cea mai veche tradiție budistă tibetană fondată de către PADMASAMBHAVA. Ea pune accentul pe practica tantrică și pe practicarea DZOGCHEN.

- O -

OFRANDĂ INTERNĂ: în *Cea mai înaltă Yoga Tantra*, această ofrandă e produsă prin transformarea celor zece substanțe ale corpului în nectar.

OFRANDA MANDALEI: transformarea mentală a universului într-un TĂRÂM PUR și oferirea lui. *Ofranda mandalei interne*: oferirea corpului, bunurilor, fericirii, etc. proprii.

ORIGINE DEPENDENTĂ: doctrină referitoare la interdependența fenomenelor, foarte apropiată de VACUITATE. A se vedea cele DOUĂSPREZECE LEGĂTURI ALE ORIGINII DEPENDENTE.

OSPĂȚUL OFRANDEI (*ganachakra* în sanscr., *tsok* în tib.): un ritual în care cineva binecuvântează, oferă și consumă alimente și băuturi ca nectar al înțelepciunii.

- P -

PADMASAMBHAVA (sanscr., *Guru Rinpoche* în tib.): măreț maestru tantric indian, care a ajuns în Tibet în anul 817 e.n. A îndepărtat forțele rele care împiedicau răspândirea budismului în Tibet folosindu-se de *SIDDHI*-urile pe care le avea.

PARAMITA (sanscr.): PERFECȚIUNE. A se vedea ȘASE și ZECE PERFECȚIUNI.

PARAMITAYANA (sanscr.): *vehiculul perfecțiunii*. MAHAYANA, dar excluzând TANTRAYANA.

PERCEPȚIE PURĂ: principala practică în VAJRAYANA, prin care practicantul se antrenează să perceapă întreaga lume și conținutul acesteia ca pe un tărâm Buddha pur, ca o afișare a tuturor KAYA-urilor și ÎNȚELEPCIUNILOR. Acest lucru se realizează prin vizualizarea proprie sub forma unei zeități, a lumii exterioare ca MANDALA acestei zeități, a sunetelor ca fiind MANTRA acesteia și a gândurilor ca mintea iluminată a zeității.

PERFECȚIUNE: mergând dincolo, ajungând dincolo de orice limitare. (*paramita* în sanscr.). A se vedea ȘASE și ZECE PERFECȚIUNI.

PICĂTURI: a se vedea ESENȚE SUBTILE.

POSTURĂ VAJRA: Poziție cu picioarele încrucișate, având fiecare picior pe coapsa opusă.

PRANA (sanscr.): a se vedea LUNG.

PRATIMOKSHA (sanscr.): jurăminte pentru eliberarea individuală. Precepte stabilite de către BUDDHA SHAKYAMUNI pentru persoane laice, călugări și călugărițe.

PRATYEKABUDDHA (sanscr.): Buddha solitar, realizat solitar. Adept al tradiției HINAYANA ce atinge ELIBERAREA, dar nu starea de Buddha, prin propriul său merit, descoperind învățăturile budiste de bază cum ar fi cele DOUĂSPREZECE LEGĂTURI ALE ORIGINII DEPENDENTE.

PRETA (sanscr.): fantomă flămândă. O ființă obsedată de lăcomie și ATAȘAMENT ce trăiește în tărâmurile *preta* din TĂRÂMUL DORINȚEI și care suferă, în principal, de lipsa alimentelor, băuturii și adăpostului.

PROTECTOR AL DHARMEI (PROTECTOR DHARMA): gardian al învățăturilor lui BUDDHA, ce se asigură că, prin transmiterea lor, aceste învățături nu se diluează sau sunt distorsionate. 1. Aspect lumesc: ZEI obișnuiți, spirite, etc., legați de un GURU tantric să protejeze budismul și practicanții săi. 2. Aspect transcendent: manifestări ale unor BUDDHA sau *bodhisattva* în formă amenințătoare, care protejează practicanții.

PUJA (sanscr.): ceremonie, act de venerare, ofrandă.

PUNDARIKA (sanscr.): al doilea rege KULIKA al SHAMBHALEI, renumit pentru celebrul său comentariu asupra TANTREI KALACHAKRA, intitulat *Vimalaprabha* (*Lumina imaculată*).

PURIFICARE: prevenirea coacerii KARMEI negative. Aceasta contracarează impactul faptelor negative din trecut și elimină întunecările și obstacolele din calea realizării spirituale. Există multe metode de purificare, dar una dintre cele mai eficiente este practica VAJRASATTVA.

- R -

RAHU (sanscr., *dachan* în tib.): în sistemul KALACHAKRA, Rahu este o "planetă" sau un corp ceresc cu semnificație spirituală, reprezentat de un disc negru pe care stă KALACHAKRA. Este asociat cu nodul nordic al lunii, eclipsele lunare și "coada dragonului" în astrologia chineză.

RANGTONG (tib.): vacuitatea sinelui sau vacuitatea intrinsecă (ca distincție față de *Shentong*).

RASANA (sanscr., *roma* în tib.): canalul drept principal al corpului subtil.

RATNASAMBHAVA (sanscr.): numele unei ZEITĂȚI. Una dintre cele CINCI FAMILII DE BUDDHA, reprezentând AGREGATUL *senzație* al tuturor Buddha și înțelepciunea egalității.

REALIZARE: o înțelegere profundă și puternică, cunoaștere interioară (dincolo de înțelegerea intelectuală) care devine parte din noi și ne schimbă percepția asupra lumii.

REALIZAT SOLITAR: a se vedea PRATYEKABUDDHA.

REFUGIU: luarea refugiului înseamnă încredințarea dezvoltării spirituale către BUDDHA, DHARMA și ARYA SANGHA. *Refugiul intern* se referă la refugierea în propria noastră NATURĂ DE BUDDHA, propria noastră ÎNȚELEPCIUNE naturală. Acest lucru are mai multe niveluri de înțelegere.

RENUNȚARE: determinarea de a fi liber sau de a ieși din SUFERINȚA EXISTENȚEI CICLICE, nemaiavând ATAȘAMENT față de plăcerile din EXISTENȚA CICLICĂ, care conduc spre mai multă SUFERINȚĂ și PERTURBĂRI.

RIMÉ (tib.): ad litteram: fără părtinire; mișcare ecumenică sau non-sectariană. Se caracterizează printr-o atitudine de respect față de toate învățăturile și școlile budiste.

RINPOCHE (tib.): cel prețios. Se referă la un TULKU sau uneori e doar un titlu de respect.

RUDRA CHAKRI (sanscr., *Rigden Dragpo* în tib., 2327 - 2427 e.n.): Cel Mânios, Purtătorul Roții. Rege al SHAMBHALEI despre care sunt preziceri că va învinge "barbarii" în anul 2424 e.n., într-un război spiritual.

RUPAKAYA (sanscr.): corpul (*kaya*) formă (*rupa*) al unui BUDDHA. Manifestare fizică a unui BUDDHA. Poate fi împărțit în SAMBHOGAKAYA și NIRMANAKAYA.

- S -

SADHANA (sanscr.): metodă tantrică prin care practicantul se identifică cu sau se vizualizează drept figura de Buddha pentru care a primit ÎMPUTERNICIREA. Text ritualic din TANTRAYANA care stabilește o practică specifică de MEDITAȚIE.

SAKYA (tib.): școală a budismului tibetan, fondată de către Khon Könchok Gyelpo în secolul al XI-lea. Principala lor practică este *Lamdré* sau *viziunea triplă*. Cei din școala Sakya au condus Tibetul timp de peste 100 de ani, înainte ca puterea seculară să fie înmânată lui Dalai Lama din tradiția GELUGPA (secolele al XIII-lea și al XIV-lea).

SAMADHI (sanscr.): stabilizare meditativă, concentrare. Angajare a atenției într-un singur punct în MEDITAȚIE, unde obiectul meditației și practicantul sunt percepuți ca inseparabili și identici. Deoarece există multe tipuri de *samadhi*, termenul nu indică nimic despre REALIZĂRILE practicantului.

SAMAYA (sanscr.): legătură sacră sau promisiune între învățător și discipol și, de asemenea, între discipoli, în VAJRAYANA. Există multe obligații detaliate, dar cea mai importantă este a vedea corpul, vorbirea și mintea învățătorului ca fiind pure. A se vedea și JURĂMINTE TANTRICE.

SAMAYASATTVA (sanscr.): a se vedea FIINȚĂ CE ȘI-A ASUMAT ANGAJAMENTUL.

SAMBHOGAKAYA (sanscr.): corpul desfătării sau corpul extatic al unui BUDDHA. Corp ce poate fi perceput doar de către *BODHISATTVA* care au realizat al zecelea nivel *bhumi* și din care emană forme *nirmanakaya* pentru beneficiul altora. Forma fizică, transcendentală, a ÎNȚELEPCIUNII lui BUDDHA. Rezultatul transformării vorbirii, comunicării și vântului interior.

SAMSARA (sanscr.): a se vedea EXISTENȚĂ CICLICĂ.

SANGHA (sanscr.): comunitate spirituală. 1. În sensul cel mai larg: întreaga comunitate de budiști, de la călugări, călugărițe și laici până la *BODHISATTVA* iluminați (aceasta nu este semnificația originală a termenului *Sangha*). 2. Sens mai restrâns: călugări și călugărițe. 3. Sensul cel mai exact: ființele ARYA.

SEMIZEU: a se vedea ASURA.

SEMNE ȘI CARACTERISTICI: cele treizeci și două de semne majore și optzeci de caracteristici minore ale unui BUDDHA: pielea de aur, membrane la degetele mâinilor și picioarelor, etc.

SHAMATHA (sanscr.): menținerea stării de calm, concentrare. 1. Metodă de MEDITAȚIE pentru a obține calmul, liniștea. 2.2. Starea meditativă calmă rezultantă, abilitatea de a păstra concentrarea într-un singur punct asupra unui obiect, cu o MINTE flexibilă și extatică. Liniștire mentală, stare nemișcată și stabilă a conștiinței.

SHAMATHA TANTRICĂ: un tip special de meditație ce se desfășoară cu ochii larg deschiși, într-o cameră în întuneric. A doua practică preliminară specifică înainte de cele ȘASE YOGA KALACHAKRA, în conformitate cu tradiția JONANG.

SHAMBHALA (sanscr.): regat mitic numit și tărâmul pur al KALACHAKREI. Regele SUCHANDRA al Shambhalei i-a cerut lui Buddha să predea această TANTRA, iar învățăturile Kalachakra au fost păstrate și practicate acolo.

SHENTONG (tib.): *Shentong Madhyamika* sau *Marea cale de mijloc*. Aceasta este considerată cea mai înaltă dintre toate școlile filosofice budiste. Ad litteram înseamnă *vacuitatea extrinsecă*, *cealaltă vacuitate* sau *vacuitatea goală de celelalte*, toate fenomenele fiind goale de ele înseși, cu excepția naturii de Buddha, care este plină de calități iluminate. Această abordare se deosebește de viziunea vacuității din școala *Rangtong Madhyamika* (*vacuitatea intrinsecă* sau *vacuitatea goală de sine*) care susține că ADEVĂRUL ULTIM este negarea existenței inerente a tuturor fenomenelor, dincolo de toate extremele conceptuale.

SHUNYATA (sanscr.): a se vedea VACUITATE.

SIDDHI (sanscr.): 1. *Siddhi* obișnuit: realizare supranaturală, puterea paranormală. 2. *Siddhi* suprem: realizare iluminată.

SKANDHA (sanscr.): a se vedea AGREGAT.

SRAVAKA (sanscr., uneori scris *shravaka*): ascultător. Cineva care aude, practică și proclamă învățăturile lui BUDDHA. Practicant al tradiției THERAVADA care se concentrează asupra RENUNȚĂRII și asupra pacificării emoțiilor pentru a atinge ELIBERAREA.

STADIU DE GENERARE: stadiu din practica *Celei mai înalte TANTRA YOGA*, în care practicantul se generează mental ca fiind ZEITATEA respectivă și percepe tot ceea ce-l înconjoară ca fiind MANDALA zeității. Practicantul meditează asupra formelor, sunetelor și gândurilor ca și cum acestea ar avea natura zeităților, mantrelor și înțelepciunii.

STADIU DE ÎNTREGIRE (DE DESĂVÂRȘIRE): stadiu final în practica *Celei mai înalte TANTRA YOGA* care folosește metode ce determină vânturile interioare ale corpului (*prana* în sanscr., *lung* în tib.) să intre, sa rămână și să se dizolve în CANALUL CENTRAL, rezultatul final fiind STAREA DE BUDDHA. În practica KALACHAKRA acest proces este descris în șase stadii.

STARE (CONDIȚIE) DE BUDDHA: iluminarea completă sau omnisciența, liberă atat de extrema *Samsarei* cât și de cea a păcii individuale a *Nirvanei*, numită și nestatornicia în Nirvana (*non-abiding nirvana* în engleză).

STARE INTERMEDIARĂ: a se vedea BARDO.

STUPA (sanscr.): monument, relicvariu budist. Stupele indiene budiste sunt monumente în formă de cupolă, care conțin relicve ale lui BUDDHA sau ale discipolilor acestuia. Stupele tibetane sunt de obicei pur simbolice, de orice dimensiune sau din orice material, dar cu o formă și proporții atent calculate și definite, reprezentând mintea lui BUDDHA.

SUCHANDRA (sanscr.): rege al SHAMBHALEI, care a cerut lui BUDDHA să predea TANTRA KALACHAKRA.

SUFERINȚĂ: orice condiție nesatisfăcătoare ce se referă la: a) durerea fizică și psihică, b) toate situațiile problematice și c) insatisfacție, toate acestea făcând parte din natura schimbătoare și condiționată a existenței ciclice. A se vedea CELE TREI TIPURI DE SUFERINȚĂ și CELE PATRU ADEVĂRURI NOBILE.

SUTRA (sanscr.): învățături, discursuri, etc. ale lui BUDDHA, excluzând învățăturile despre TANTRA.

SUTRAYANA (sanscr.): *vehiculul SUTRA*, calea exoterică, calea comună. Nume ce combină căile HINAYANA și PARAMITAYANA, dar din care este exclusă TANTRAYANA (calea ezoterică).

SVABHAVIKAKAYA (sanscr.): *corpul naturii* unui BUDDHA. Natura goală a MINȚII omnisciente a lui Buddha sau a înțelepciunii sale. Se referă la toate TREI KAYA luate împreună.

- T -

TANTRA (sanscr.): continuitate, flux, a țese, a împleti. Continuitate sau împletire menținută pe tot parcursul practicii. 1. În general se referă la sistemele de MEDITAȚIE descrise în textele

GLOSAR

TANTRAYANA, practici implicând cele PATRU PURITĂȚI, meditația asupra CANALELOR ENERGETICE, CHAKRELOR și ESENȚELOR SUBTILE din corp. Aceste învățături ezoterice nu se găsesc în SUTRAYANA și necesită ÎMPUTERNICIRI de la un GURU tantric. 2. Mai specific, un text care descrie o practică TANTRAYANA.

TANTRA YOGA (sanscr.): a treia dintre cele PATRU CLASE DE TANTRA care folosește generarea sub forma unei zeități iluminate.

TANTRAYANA (sanscr.): *vehiculul tantric* sau *calea tantrică*. Este parte din MAHAYANA. A se vedea și VAJRAYANA.

TARA (sanscr.): *Salvatoarea*. Numele unei ZEITĂȚI feminine reprezentând activitățile iluminate ale tuturor BUDDHA.

TARANATHA (sanscr., *Kunga Nyingpo* **în tib., 1575 - 1635):** maestru cu realizări foarte înalte din tradiția Jonang.

TATHAGATA (sanscr.): *Cel astfel plecat*. Nume dat unui BUDDHA.

TĂRÂM PUR: tărâm din afara EXISTENȚEI CICLICE unde locuiesc diferiți BUDDHA, BODHISATTVA și practicanți cu suficientă VIRTUTE. Toate condițiile de acolo sunt favorabile practicării DHARMEI și atingerii ILUMINĂRII. *Budismul tărâmului pur* este o tradiție MAHAYANA care pune accentul pe metode pentru a renaște acolo.

TĂRÂMUL DORINȚEI: unul din cele TREI TĂRÂMURI ale EXISTENȚEI CICLICE, în care ființele se bucură de cele cinci obiecte ale simțurilor exterioare (formă, sunet, miros, atingere și gust) și în care este prezentă SUFERINȚA durerii. Este alcătuit din ȘASE TĂRÂMURI (conținând inclusiv zeii dorinței) și este diferit de TĂRÂMUL FORMEI și FĂRĂ FORMĂ.

TĂRÂMUL FĂRĂ FORMĂ: starea cea mai înaltă a EXISTENȚEI CICLICE. Ființele de aici au renunțat la formă și la ATAȘAMENTUL pentru plăcerile formelor și există doar în propriul lor flux mental. MINTEA lor este încă legată de dorința subtilă și de ATAȘAMENTUL față de stări mentale și ego. A se vedea TREI TĂRÂMURI.

TĂRÂMUL FORMEI: stare a EXISTENȚEI CICLICE unde nu se experimentează deloc SUFERINȚA durerii. Ființele de aici au renunțat la plăcerea obiectelor simțurilor externe, dar au în continuare ATAȘAMENT față de formele interne (propriul lor corp subtil și MINTE).

TĂRÂMUL IADURILOR: stare sau un tărâm lipsit complet de bucurie din cadrul EXISTENȚEI CICLICE, în care este experimentată SUFERINȚA intensă. În general, aici cineva experimentează efectele acțiunilor proprii, mai degrabă decât se creeze noi cauze pentru suferințele viitoare. A se vedea ȘASE TĂRÂMURI.

TĂRÂMUL ZEILOR (TĂRÂMUL DEVA): rai, stare din EXISTENȚA CICLICĂ. Unele tărâmuri ale zeilor se află în TĂRÂMUL DORINȚEI, altele sunt în TĂRÂMUL FORMEI și în TĂRÂMUL FĂRĂ FORMĂ. A se vedea TREI și ȘASE TĂRÂMURI.

TENDINȚE (TIPARE) RECURENTE: modele recurente de gândire, vorbire sau acțiuni create de ceea ce a fost făcut de cineva în viețile sale anterioare. Acestea rămân ca amprente subtile, chiar și după ce nivelurile mai grosiere de întunecări au fost îndepărtate, împiedicând realizarea omniscienței. Ele sunt forma cea mai subtilă a ÎNTUNECĂRILOR spre omnisciență sau a ÎNTUNECĂRILOR COGNITIVE și sunt abandonate în timpul celor trei bhumi pure de *bodhisattva*.

TENGYUR (tib.): colecție de comentarii la învățăturile lui BUDDHA, traduse din sanscrită în tibetană.

THERAVADA (pali): *Tradiția bătrânilor* (cu sensul de înaintași înțelepți). Tradiție budistă larg răspândită în Asia de sud-est și în Sri Lanka. În general, se poate spune că practicile sale țin de HINAYANA.

TIRTHIKA (sanscr.): cineva care nu urmează *Calea de Mijloc*, care nu este budist, de regulă referindu-se la un hindus.

TONGLEN (tib.): a dărui și a primi. Antrenament al MINȚII pentru a depăși egoismul și a dezvolta COMPASIUNEA față de alții. Oferirea propriei fericiri și preluarea SUFERINȚEI celorlalți.

TORMA (tib.): prăjitură rituală de ofrandă, folosită în practicile tantrice.

TRIPITAKA (sanscr.): *trei coșuri*. Trei colecții de texte budiste: 1. *Vinaya* (sanscr.): disciplină, jurăminte, 2. *Sutra*: pune accentul pe concentrare și meditație; 3. *Abhidharma* (sanscr.): cunoaștere, înțelepciune, fenomenologie.

TSOK (tib.): Ofrandă tantrică (de obicei alimente).

TSONGKHAPA (tib., 1357-1419): Măreț învățat tibetan, fondatorul tradiției GELUGPA.

TULKU (tib.): reîncarnare sau emanație recunoscută a unui GURU sau a unei ființe iluminate. Există multe niveluri diferite de TULKU, cea mai înaltă fiind o emanație supremă precum BUDDHA SHAKYAMUNI (*Choki Tulku*).

TUMMO (tib., *kundalini* în sanscr.): căldură metafizică, căldura interioară generată în practicile speciale de meditație tantrică.

TUSHITA (sanscr.): *Tărâmul bucuriei*. TĂRÂMUL PUR de *bodhisattva* al celor o mie de BUDDHA din acest EON. Se spune că Buddha Shakyamuni a coborât din *Tushita* atunci când s-a născut în India.

- U -

UPASAKA (sanscr.): persoană laică budistă ce respectă cele OPT PRECEPTE.

UPAYOGA (sanscr., *tantra conduitei*): a doua dintre cele PATRU CLASE DE TANTRA sau vehicule, în care ADEVĂRUL ULTIM este reprezentat printr-o zeitate la fel de pură ca noi înșine, privită ca un prieten.

USHNISHA (sanscr.): proeminența cărnoasă de pe coroana capului unui BUDDHA.

UTPALA (sanscr.): floare albastră de lotus.

- V -

VACUITATE: expresia completă este: *vacuitatea EXISTENȚEI INERENTE*. Doctrină în care toate conceptele și fenomenele sunt lipsite de EXISTENȚĂ INERENTĂ. A se vedea ADEVĂRUL ULTIM.

VAIROCHANA (sanscr.): numele unei ZEITĂȚI. Una dintre cele CINCI FAMILII DE BUDDHA, reprezentând AGREGATUL *formă* (sau *corp*) al tuturor Buddha și înțelepciunea asemenea oglinzii.

VAJRA (sanscr., *dorje* în tib.): indestructibil, diamant, adamantin. 1. Sceptru ritualic tibetan (*dorje*), care simbolizează mintea lui BUDDHA, cele cinci înțelepciuni, mărețul extaz și calitatea masculină a ILUMINĂRII. Împreună cu CLOPOTUL simbolizează uniunea: a) metodei și a înțelepciunii, b) extazului imuabil și a formei goale și c) masculinului cu femininul. 2. Orice este folosit în practica TANTRA pentru a-l diferenția de lucrurile cotidiene. 3. Utilizat ca sinonim pentru TANTRA sau MANTRA.

VAJRADHARA (sanscr.): numele unei ZEITĂȚI ce reprezintă aspectul DHARMAKAYA al lui BUDDHA SHAKYAMUNI. *Vajradhara* este adeseori considerat drept fondatorul budismului VAJRAYANA.

VAJRAPANI (sanscr.): *Deținătorul vajra*. Unul din principalii discipoli ai lui BUDDHA. Numele unei ZEITĂȚI mânioase care reprezintă puterea tuturor BUDDHA.

VAJRASATTVA (sanscr.): numele unei ZEITĂȚI (*ființă vajra*), legată în mod special de practicile de PURIFICARE, cum ar fi recitarea mantrei de o sută de silabe.

VAJRAYANA (sanscr.): sin.: vehiculul mantra, vajra, secret, neobișnuit, ezoteric. Cale budistă din MAHAYANA ce conduce spre ILUMINARE. A se vedea și TANTRA.

VAZĂ: instrument, emblemă, simbol al ZEITĂȚILOR, simbolizând, de obicei, prima ÎMPUTERNICIRE.

VÂNTURI INTERIOARE: a se vedea LUNG.

VIMALAPRABHA (sanscr.): *Lumina imaculată*. Un comentariu asupra TANTREI KALACHAKRA scris de către PUNDARIKA, al doilea rege KULIKA al SHAMBALEI. Împreună cu *Laghutantra* formează baza cunoașterii noastre asupra tantrei Kalachakra.

VINAYA (sanscr.): disciplină. Reguli ce guvernează conduita celor din SANGHA (aplicându-se de obicei călugărilor și călugărițelor).

VIPASHYANA (sanscr.): a vedea dincolo, vedere superioară sau clară, înțelegere. 1. Tehnică meditativă care identifică și analizează tiparele MINȚII și lumea pe care aceasta o proiectează. 2. ÎNȚELEPCIUNEA rezultată sau cunoașterea perfectă care distinge în mod clar și complet fenomenele. A se vedea și MEDITAȚIE ANALITICĂ.

VIRTUTE: a se vedea MERIT.

VISHVAMATA (sanscr.): Consoarta lui KALACHAKRA.

- Y -

YAMA (sanscr.): numele *Stăpânului Morții* (incontrolabile).

YAMANTAKA (sanscr.): *Adversarul lui YAMA*. Numele unei ZEITĂȚI specifice ce reprezintă forma mânioasă a lui MANJUSHRI.

YANA (sanscr.): vehicul. De obicei, cale sau sistem specific practicii budiste.

YIDAM (sanscr.): ZEITATE iluminată sau formă a unui Buddha, folosită în meditații, așa cum sunt KALACHAKRA sau AVALOKITESHVARA. Aceasta reprezintă baza practicii personale tantrice.

YOGA (sanscr.): practică, strădanie, aplicare. În sistemul tibetan există în general o tradiție pur mentală, deși *Cele șase yoga Kalachakra* au un sistem foarte precis de posturi fizice și tehnici de respirație.

YOGINI (sanscr.): practicantă, în română tradus *yoghină*. De obicei, TANTRA KALACHAKRA se referă la cele optzeci de yoghine din *Mandala vorbirii*.

YOJANA (sanscr.): unitate de măsură a distanței, de circa o milă.

- Z -

ZEITATE: formă simbolică a unei ființe pure, manifestată din înțelepciunea lui BUDDHA. Formă a unui BUDDHA asupra căreia se meditează sau o ființă de înțelepciune. Uneori acest termen se referă la o zeitate a bogăției sau la un PROTECTOR AL DHARMEI.

ZEN: variantă japoneză a cuvântului chinezesc *chan*. O tradiție budistă MAHAYANA originară din China sub numele *Chan*, dezvoltată ulterior în Japonia.

ZEU (*deva* în sanscr.): o ființă din EXISTENȚA CICLICĂ ce se află temporar într-o stare cerească, ca rezultat al karmei sale virtuoase.

GLOSAR NUMERIC

- 2 -

DOUĂ ACUMULĂRI: colecția de MERITE (virtute, metodă) și de ÎNȚELEPCIUNE.

DOUĂ ADEVĂRURI: ADEVĂRUL RELATIV și ADEVĂRUL ULTIM.

DOUĂ CATEGORII DE FENOMENE: permanente și funcționale.

DOUĂ CAUZE PENTRU LUAREA REFUGIULUI: frica și credința.

DOUĂ CORPURI DE BUDDHA: DHARMAKAYA și RUPAKAYA.

DOUĂ EXTREME: punctele de vedere eternaliste și nihiliste.

DOUĂ ÎNTUNECĂRI: ÎNTUNECĂRI PERTURBATOARE și ÎNTUNECĂRI COGNITIVE sau întunecări față de *Nirvana* și întunecări față de omnisciență. A se vedea și NOUĂ ÎNTUNECĂRI.

DOUĂ PRACTICI PRELIMINARE UNICE ÎN TANTRA KALACHAKRA: generarea ca zeitatea Kalachakra și practica tantrică *shamatha* în camera întunecată.

DOUĂ STADII ÎN TANTRA: STADIUL DE GENERARE și STADIUL DE ÎNTREGIRE.

- 3 -

TREI ABSORBȚII (în practica tantrică): apariția albă (*nangwa* în tib.), creșterea roșie (*chedpa* în tib.) și realizarea neagră (*thopa* în tib.)

TREI ANTRENAMENTE: antrenarea 1) moralității sau disciplinei, 2) concentrării și 3) ÎNȚELEPCIUNII sau discernământului (antrenamentele esențiale din SUTRAYANA).

TREI ASPECTE PRINCIPALE ALE CĂII: RENUNȚAREA, *BODHICITTA* și ÎNȚELEPCIUNEA CE REALIZEAZĂ VACUITATEA, conform unui text al lui Lama TSONGKHAPA.

TREI CATEGORII DE FENOMENE: fenomene evidente, fenomene ascunse și fenomene foarte ascunse.

TREI CATEGORII DE VIRTUTE: virtutea naturală, virtutea asociată, virtutea mijlocită.

TREI CORPURI DE BUDDHA: DHARMAKAYA (corpul de adevăr), SAMBHOGAKAYA (corpul desfătării) și NIRMANAKAYA (corpul emanat).

TREI COȘURI: A se vedea TRIPITAKA.

TREI DEFECTE ALE RECIPIENTULUI: 1) un recipient cu gura în jos (reprezentând o minte obtuză, care nu e deschisă), 2) un recipient găurit (reprezentând o memorie slabă) și 3) un recipient ce conține otravă (reprezentând contaminarea cu idei preconcepute sau fixe).

TREI GIUVAIERURI: cele trei obiecte ale REFUGIULUI: BUDDHA, DHARMA si SANGHA. La nivel extern: BUDDHA SHAKYAMUNI, învățăturile sale și comunitatea de persoane hirotonisite sau de prieteni spirituali. La nivel intern: propria noastră NATURĂ DE BUDDHA, adevărul atotpătrunzător și ființele ARYA.

TREI ILUZII (OTRĂVURI, NEGATIVITĂȚI): 1) IGNORANȚA, 2) aversiunea sau furia și 3) ATAȘAMENTUL sau dorința.

TREI INSTRUMENTE ALE ÎNȚELEPCIUNII: înțelepciunea ascultării, înțelepciunea contemplării și înțelepciunea MEDITAȚIEI.

TREI ÎNTOARCERI ALE ROȚII DHARMEI: *prima întoarcere* pune accentul pe învățăturile THERAVADA, *a doua întoarcere* evidențiază învățăturile SUTRA din MAHAYANA, iar *a treia întoarcere* pune accentul pe NATURA DE BUDDHA și pe învățăturile VAJRAYANA.

TREI KAYA: a se vedea TREI CORPURI DE BUDDHA.

TREI MODURI DE A MULȚUMI UN ÎNVĂȚĂTOR: 1) practicarea în conformitate cu ceea ce predă, 2) îndeplinirea nevoilor lui personale și 3) aducerea de ofrande materiale.

TREI MODURI DE A OBȚINE BODHICITTA: calea regelui, calea luntrașului și calea păstorului.

TREI NATURI: natura atribuită, natura dependentă și natura primordială.

TREI NIVELURI DE PRACTICANȚI BUDIȘTI: 1) nivelul inițial / de bază: realizarea unei RENAȘTERI bune, 2) nivelul mediu / intermediar: realizarea ELIBERĂRII individuale și 3) nivelul cel mai înalt / scopul măreț: realizarea STĂRII DE BUDDHA pentru binele tuturor ființelor.

TREI NIVELURI ALE REFUGIULUI: refugiul THERAVADA, refugiul MAHAYANA, refugiul VAJRAYANA.

TREI OTRĂVURI: ATAȘAMENT, aversiune și ignoranță.

TREI PRACTICI ALE BODHICITTA DE ASPIRAȚIE: 1) a considera celelalte ființe ca fiind egale cu tine însuți, 2) a te pune pe tine în locul celorlalți, 3) a considera pe ceilalți ca fiind mai importanți decât tine însuți.

TREI PORȚI: corpul, vorbirea și MINTEA.

TREI SEMNE ALE EXISTENȚEI: impermanența, suferința și lipsa sinelui.

TREI SOLITUDINI: izolarea corpului, izolarea vorbirii și izolarea minții.

TREI TĂRÂMURI: TĂRÂMUL DORINȚEI, TĂRÂMUL FORMEI și TĂRÂMUL FĂRĂ FORMĂ.

TREI TIMPURI: trecut, prezent și viitor.

TREI TIPURI DE ACȚIUNI: acțiunile minții, ale vorbirii și ale corpului.

TREI TIPURI DE CREDINȚĂ: credința spontană, credința dornică, credința certă.

TREI TIPURI DE FENOMENE FUNCȚIONALE: materie, fenomene mentale și factori compuși.

TREI TIPURI DE JURĂMINTE: jurăminte: 1) PRATIMOKSHA (de eliberare individuală), 2) de *BODHISATTVA* și 3) TANTRICE.

TREI TIPURI DE LENE: 1) complacerea, 2) lipsa de încredere în sine și 3) a fi mereu ocupat.

TREI TIPURI DE PERCEPȚIE VALIDĂ: 1) percepția validă bazată pe cele cinci conștiințe și pe conștiința mentală, 2) raționamentul logic și 3) încrederea într-o autoritate.

TREI TIPURI DE SUFERINȚĂ: suferința durerii, suferința schimbării și suferința atotpătrunzătoare (potențialul de a suferi).

TREI YOGA ALE NEMIȘCĂRII: nemișcarea corpului, nemișcarea vorbirii, nemișcarea minții (elemente ale practicii SHAMATHA TANTRICE).

TRIPLA MORALITATE: păstrarea jurămintelor, acumularea VIRTUȚII și ajutarea FIINȚELOR SIMȚITOARE.

- 4 -

PATRU ACTIVITĂȚI EXTRAORDINARE: a se vedea PATRU ACȚIUNI SUBLIME.

PATRU ALTE SUFERINȚE UMANE NATURALE: suferința: 1) de a-ți întâlni inamicii, 2) separării de cei iubiți, 3) de a nu primi ceea ce-ți dorești și 4) de a primi ceea ce nu-ți dorești.

PATRU ANGAJĂRI (ÎN PRACTICA MEDITAȚIEI): angajare fermă în concentrare, angajare întreruptă, angajarea neîntreruptă, angajarea spontană.

PATRU APLICAȚII ALE ATENȚIEI CONȘTIENTE: atenția conștientă asupra corpului, sentimentelor, minții și fenomenelor (*dharmelor*).

PATRU AUTENTICI: învățător autentic, comentarii autentice, cuvintele autentice ale lui Buddha și experiența autentică a adevărului.

PATRU BAZE PENTRU PUTERI MIRACULOASE: concentrarea bazată pe: voință, minte, efort și analiză.

PATRU CORPURI DE BUDDHA: SVABHAVIKAKAYA, DHARMAKAYA, SAMBHOGAKAYA și NIRMANAKAYA.

PATRU CONSOARTE: consoartă fizică (*legya* în tib.), consoartă vizualizată (*yegya* în tib.), focul interior *tummo* (*damsik gya* în tib.) și măreața consoartă a formei goale (*shagya chenmo* în tib.)

PATRU CONTINENTE: 1) *Purvavideha* (sanscr.) în est, *Pământul corpului nobil,* 2) *Jambudvipa* (sanscr.) la sud sau *lumea oamenilor,* 3) *Aparagodiniya* (sanscr.) în vest, *Desfătările bovine,* 4) *Uttarakuru* (sanscr.) la nord, *Vocea neplăcută.* Aceste continente apar în OFRANDA MANDALEI și sunt părți ale reprezentării simbolice a întregului univers, în conformitate cu ABHIDHARMA. În KALACHAKRA, descrierea universului e diferă pe alocuri.

PATRU CONVINGERI PENTRU RENUNȚARE: contemplări asupra karmei, suferinței, impermanenței și asupra valorii prețioasei vieți umane.

PATRU DEMONI: a se vedea PATRU MARA.

PATRU FACTORI CARE LEAGĂ: a se vedea PATRU FACTORI CE CONDUC LA RUPEREA UNUI JURĂMÂNT.

PATRU DOCTRINE: patru școli filosofice budiste, diferențiate prin viziunea asupra VACUITĂȚII: 1) *Vaibhashika,* 2) *Sautrantika,* 3) *Chittamatra* și 4) *Madhyamika* (ce include atât *Rangtong Madhyamika* cât și *Shentong Madhyamika*). Școlile 1) și 2) sunt școli HINAYANA, iar 3) și 4) sunt școli MAHAYANA. Prima dintre aceste școli postulează că există cu adevărat particule care nu se pot diviza și momente indivizibile ale timpului. Celelalte școlile au o viziune mai profundă, iar deținătorii doctrinei *Madhyamika* resping existența reală a tuturor fenomenelor relative.

PATRU ESENȚE: esența somnului profund (esența minții), esența viselor, esența stării de veghe și esența fericirii extatice transcendentale (esența celei de-a patra ocazii).

PATRU FACTORI CE CONDUC LA RUPEREA UNUI JURĂMÂNT: 1) recunoașterea: acționarea cu bună știință contrar jurământului, 2) motivația: încălcarea intenționată a jurământului (fără regret sau fără răzgândire), 3) efectuarea acțiunii în sine și 4) producerea unui rezultat specific. Acești factori sunt, în general, obligatorii pentru ca oricare dintre jurăminte să fie considerate încălcate, dar unele jurăminte pot fi încălcate și dacă sunt prezenți doar o parte din factori.

PATRU FACTORI MENTALI VARIABILI: somnul, regretul, percepția grosieră, discernământul.

PATRU GÂNDURI CE ÎNTORC MINTEA CĂTRE DHARMA: a se vedea PATRU CONVINGERI PENTRU RENUNȚARE.

PATRU INTENȚII CORECTE: 1) dorința de a avea condiții mai bune în această viață și în cele viitoare, având încredere în cele *Trei Giuvaieruri,* 2) renunțarea și dorința de eliberare proprie, 3) *bodhicitta,* dorința de a atinge iluminarea deplină pentru binele celorlalți și 4) percepția pură, privind toate ființele ca fiind iluminate, motivat de *bodhicitta* la nivelul relativ.

PATRU INTENȚII GREȘITE: 1) a profita de învățător, 2) a primi învățături pentru atingerea unor scopuri lumești, 3) a întemeia relația cu învățătorul pe baza unor scopuri egoiste și 4) a primi învățăturile pentru un câștig personal.

PATRU ÎNCĂLCĂRI: 1) încălcarea unei promisiuni, 2) încălcarea unui jurământ *Vinaya*, 3) încălcarea unui jurământ de *bodhisattva*, 4) încălcarea unui jurământ tantric.

PATRU JHANA CU FORMĂ: patru niveluri de absorbție meditativă al căror fruct este renașterea în patru tipuri de tărâmuri ale zeilor din tărâmul formei.

PATRU JHANA FĂRĂ FORMĂ (SAU TĂRÂMURI FĂRĂ FORMĂ): numite și: *spațiul infinit, conștiința infinită, neantul, dincolo de percepție*.

PATRU ÎMPUTERNICIRI: împuternicirea vazei, împuternicirea secretă, împuternicirea înțelepciunii și împuternicirea cuvântului sacru sau a patra împuternicire.

PATRU MARA: 1) AGREGATELE (baza suferinței), 2) perturbarea, 3) moartea (*YAMA*) și 4) obiectele plăcerilor (ad litteram: *fii zeilor*, adică distrageri sau gânduri de atașament față de obiectele exterioare).

PATRU MARI FLUXURI ALE SUFERINȚEI UMANE: suferința datorată: nașterii, îmbătrânirii, bolii și morții.

PATRU MODURI DE A ATRAGE FIINȚE (DISCIPOLI): 1) a fi generos, 2) a vorbi într-o manieră plăcută, 3) a acorda învățături potrivit nevoilor individuale ale fiecăruia și 4) a acționa în conformitate cu învățăturile.

PATRU NEÎNFRICĂRI ALE UNUI BUDDHA: 1) neînfricarea față de cunoașterea tuturor lucrurilor, 2) neînfricarea față de cunoașterea încetării, 3) neînfricarea în a declara că toate întunecările au fost depășite definitiv și 4) neînfricarea că tocmai a fost realizată calea renunțării prin care toate atributele excelente urmează a fi obținute.

PATRU MODURI GREȘITE DE A-ȚI AMINTI ÎNVĂȚĂTURILE: 1) să-ți amintești cuvinte care îți plac, dar sa uiți sensul lor, 2) să-ți amintești semnificația, dar să uiți cuvintele, 3) să memorezi cuvintele și sensul lor, dar fără a le înțelege și 4) să-ți amintești cuvintele în ordine greșită sau cu semnificație incorectă.

PATRU [ACTIVITĂȚI] NEGATIVE GRAVE: 1) să accepți omagiu de la un practicant mai avansat decât tine, 2) să profiți de avuția unui practicant sincer, 3) să-ți împiedici adepții să acumuleze merite și 4) să-ți înșeli învățătorul Dharma.

PATRU NEMĂSURABILE: 1) IUBIREA nemăsurată sau bunătatea iubitoare, 2) COMPASIUNEA, 3) ECHILIBRUL IMPARȚIAL sau imparțialitatea și 4) bucuria empatică.

PATRU NOBILE ADEVĂRURI: adevărul: 1) SUFERINȚEI, 2) cauzei suferinței, 3) încetării suferinței și 4) NOBILEI CĂI CU OPT BRAȚE.

PATRU NOBILE DISCIPLINE: A evita să răspunzi: 1) la mânie cu mânie, 2) la agresiune fizică cu agresiune fizică, 3) la criticism cu criticism și 4) la argumente verbale cu argumente verbale. Aceste tipuri de disciplină se spune că sunt dovada practicanților adevărați, deoarece ei controlează cauzele mâniei și nerăbdării. (Cele patru nobile discipline fac parte din jurămintele secundare ale unui *bodhisattva*, legate de perfecțiunea răbdării).

PATRU PARADOXURI ALE ILUMINĂRII: 1) natura de Buddha este primordial pură și totuși este învăluită de impurități temporare, 2) deși impuritățile nu au făcut niciodată parte din natura de Buddha, atunci când practicăm calea, aparent eliminăm aceste impurități, 3) deși toate calitățile de Buddha există în ființele obișnuite, totuși nu le vedem și 4) deși compasiunea unui Buddha este infinită, omniprezentă și atotpătrunzătoare, totuși un Buddha nu are nicio intenție.

PATRU PECEȚI: 1) toate fenomenele compuse sunt nepermanente, 2) tot ce e asociat cu perturbările mentale conține prin natura sa suferință, 3) sinele și toate fenomenele sunt lipsite de existență reală și 4) iluminarea este pacea completă, dincolo de toate extremele.

PATRU PERSEVERENȚE: 1) a nu cultiva noi acțiuni lipsite de virtute, 2) a renunța la actualele acțiuni lipsite de virtute, 2) a cultiva virtutea și 4) a nu permite actualei virtuți să degenereze.

PATRU PORȚI CE CONDUC LA RUPEREA UNUI JURĂMÂNT: 1) poarta ignoranței, 2) poarta lipsei de respect, 3) poarta nepăsării și 4) poarta denaturărilor mentale.

PATRU PURITĂȚI (în PRACTICA TANTRICĂ): 1) locul (mediul este văzut ca MANDALA ZEITĂȚII), 2) corpul (corpul obișnuit este văzut ca fiind corpul ZEITĂȚII), 3) plăcerile (plăcerile simțurilor sunt văzute ca ofrande către ZEITATE) și 4) acțiunea (toate acțiunile proprii sunt privite ca fiind acțiuni ale ZEITĂȚII).

PATRU PUTERI (pentru PURIFICARE): 1) regretul, 2) sprijinul, 3) acțiuni antidot (mantre, prosternări etc.) și 4) hotărârea de a nu repeta acțiunile negative.

PATRU PUTERI SUBLIME (în PRACTICA TANTRICĂ): pacificarea, dezvoltarea, controlul și supunerea mânioasă.

PATRU RECUNOAȘTERI CORECTE: 1) suntem bolnavi, 2) Buddha și învățătorii Dharmei sunt precum doctorii, 3) Dharma este precum medicamentul și 4) practicarea Dharmei este precum administrarea medicamentului.

PATRU sau ȘASE CLASE DE TANTRA: 1) *Kriyayoga tantra* (tantra acțiunii), 2) *Upayoga tantra* (tantra conduitei), 3) *Yoga tantra*, 4) *Annutarayoga tantra* (Cea mai înaltă Tantra Yoga). În tradiția Nyingma, *Cea mai înaltă Tantra Yoga* este împărțită în *Mahayoga*, *Anuyoga* și *Atiyoga*, rezultând în total șase clase.

PATRU STADII ALE CĂII THERAVADA: 1) cel intrat în curent, 2) cel care se întoarce doar o dată, 3) cel care nu se mai întoarce și 4) *Arhat*.

- 5 -

CINCI ABILITĂȚI EXTRASENZORIALE LUMEȘTI: 1) auzul divin ce aude sunete apropiate și îndepărtate, 2) clarviziunea sau vederea divină care cunoaște moartea și renașterea tuturor ființelor, 3) amintirea existențelor trecute, 4) cunoașterea gândurilor altora, 5) abilitățile supranaturale care implică controlul celor patru elemente, cum ar fi zborul prin spațiu sau deplasarea prin obiecte solide.

CINCI AGREGATE: 1) formă (corp), 2) senzație, 3) percepție (discriminare, recunoaștere), 4) formațiune (voință, factori compuși, forțe motivaționale) și 5) conștiință (cinci conștiințe senzoriale și conștiința mentală).

CINCI CĂI: calea: *acumulării, pregătirii, înțelegerii, deprinderii* și cea *dincolo de învățare*. Cineva care a realizat *calea înțelegerii* a devenit o ființă ARYA. Definițiile acestor căi diferă în THERAVADA față de MAHAYANA.

CINCI CHAKRE: în budism, în general, centrele energetice din: 1) frunte, 2) coroana capului (centrul măreţului exataz), 3) gât (centrul desfătării), 4) inimă (centrul Dharmei) și 5) la patru degete sub ombilic (centrul emanației). În sistemul KALACHAKRA se folosesc ȘASE CHAKRE.

CINCI COMORI SUBLIME: învățătorul perfect, învățătura perfectă, locul perfect, discipolul perfect și timpul perfect.

CINCI CRIME ODIOASE (SAU CU EFECT IMEDIAT): 1) uciderea tatălui, 2) uciderea mamei, 3) uciderea unui ARHAT, 4) încercarea de a răni (a însângera) un BUDDHA, 5) provocarea unei schisme (disensiuni) în SANGHA.

CINCI DEGENERĂRI: degenerearea: 1) duratei vieții, 2) timpurilor (proliferarea războaielor și a foametei), 3) ființelor (ajutarea lor devenind mai dificilă), 4) punctelor de vedere (sunt răspândite credințe false) și 5) a emoțiilor negative.

CINCI ELEMENTE: pământ, apă, foc, aer (vânt) și spațiu. Aceste elemente au calități atât grosiere, cât și subtile, ce determină modul în care corpul și mintea se dizolvă în momentul morții.

CINCI FACTORI AI CONCENTRĂRII MEDITATIVE: investigația, analiza, fericirea mentală, extazul și concentrarea într-un singur punct.

CINCI FACTORI (MENTALI) CE DETERMINĂ OBIECTUL: aspirație, credință, atenție conștientă, concentrare, înțelepciune.

CINCI FACTORI MENTALI OMNIPREZENȚI: senzație, discriminare, intenție, contact, atenție.

CINCI FACULTĂȚI: facultatea spirituală a: credinței, efortului, atenției conștiente, concentrării și înțelepciunii.

CINCI FAMILII DE BUDDHA: AMITABHA, AKSHOBHYA, RATNASAMBHAVA, VAIROCHANA și AMOGHASIDDHI.

CINCI GREȘELI ÎN CONCENTRAREA MEDITATIVĂ (se vedea și OPT ANTIDOTURI): lenea, a uita instrucțiunile, moleșeala și agitația, practicarea insuficientă a antidoturilor, aplicarea excesivă a antidoturilor.

CINCI ÎNȚELEPCIUNI: înțelepciunea: 1) spațiului atotcuprinzător sau Dharmadhatu, 2) asemenea oglinzii, 3) imparțialității, 4) discriminării și 5) cea a realizării desăvârșite.

CINCI OBSTACOLE: 1) dorința senzorială, 2) rea voința, 3) lenea și lâncezeala, 4) neliniștea și remușcarea, 5) îndoiala.

CINCI PRECEPTE: a evita: omorul, furtul, comportamentul sexual inadecvat, minciuna cu intenție negativă și substanțele intoxicante care întunecă mintea.

CINCI PRELIMINARII TANTRICE OBIȘNUITE (preliminarii interne): luarea Refugiului, generarea de *bodhicitta*, practica Vajrasattva, ofranda mandalei și guru yoga.

CINCI PUTERI MIRACULOASE: puterea: credinței, sârguinței, atenției conștiente, concentrării și înțelepciunii.

CINCI STADII ALE MEDITAȚIEI CORECTE: mișcarea, perceperea, deprinderea, stabilizarea, perfecțiunea (conform instrucțiunilor tantrice despre shamatha).

CINCI ȘTIINȚE: gramatica, logica, medicina (repararea lucrurilor), arte și meșteșuguri, filosofia.

CINCI VÂNTURI DE RĂDĂCINĂ (principale) și CINCI VÂNTURI DE RAMURĂ (secundare): vânturi de rădăcină: 1) *vântul descendent de golire* (controlează eliminarea și retenția excrețiilor din orificiile inferioare, situate în regiunea genitală), 2) *vântul ascendent* (controlează înghițirea, vorbirea și alte activități ale gâtului), 3) *vântul care susține viața* (menține esența vieții, localizat în inimă), 4) *vântul egalizator* (controlează digestia și separarea deșeurilor, localizat la ombilic) și 5) *vântul atotpătrunzător* (susține activitățile locomotorii, localizat în tot corpul). Cele cinci vânturi de ramură: 1) *mișcător* (localizat în ochi), 2) *deplin mișcător* (urechi), 3) *perfect mișcător* (nas), 4) *rapid mișcător* (limbă) și 5) *sigur mișcător* (suprafața pielii).

- 6 -

ȘASE BARDO: starea de veghe, visul, meditația, moartea, *Dharmata* (strălucirea iluminării) și devenirea (perioada dintre moarte și renaștere).

ȘASE CHAKRE: de regulă: frunte, coroană, gât, inimă, ombilic și chakra secretă (localizată la baza organelor genitale, cunoscută de asemenea ca centrul ce păzește extazul). Uneori fruntea și coroana sunt considerate ca fiind o singură CHAKRĂ.

ȘASE ERORI DE EVITAT ATUNCI CÂND ASCULȚI ÎNVĂȚĂTURILE: 1) mândria sau aroganța minții înguste, 2) lipsa de credință sau atitudinea prea critică, 3) lipsa de efort și de interes, 4) distragerea exterioară, 5) tensiunea interioară și 6) descurajarea.

ȘASE FUNDAMENTE ALE PRACTICII DHARMEI (PRELIMINARII EXTERNE): contemplări asupra: karmei, suferinței, beneficiilor eliberării, valorii prețioasei existențe umane, nepermanenței, găsirii și urmării unui învățător DHARMA.

ȘASE MODALITĂȚI DE CLASIFICARE A KARMEI: 1) karma individuală și colectivă, 2) karma bazată pe intenție, 3) karma bazată pe amplitudinea rezultatului, 4) karma în relație cu momentul morții, 5) karma proiectoare și cea de completare, 6) karma bazată pe tipul rezultatului.

ȘASE PERCEPȚII EXTRASENZORIALE: 1) auzul divin ce aude sunete apropiate și îndepărtate, 2) clarviziunea sau vederea divină care cunoaște moartea și renașterea tuturor ființelor, 3) amintirea existențelor trecute, 4) cunoașterea gândurilor altora, 5) abilitățile supranaturale care implică controlul celor patru elemente, cum ar fi zborul prin spațiu sau deplasarea prin obiecte solide, 6) cunoașterea eliberării.

ȘASE PERFECȚIUNI: generozitatea, disciplina, răbdarea, sârguința bucuroasă, concentrarea și ÎNȚELEPCIUNEA.

ȘASE PERTURBĂRI MENTALE DE RĂDĂCINĂ: atașamentul (agățarea), aversiunea (furia), mândria, ignorarea adevărului, vederile greșite, îndoiala.

ȘASE PUTERI (în PRACTICA MEDITAȚIEI): puterea: ascultării, reflecției, atenției conștiente, vigilenței, sârguinței entuziaste și familiarizarea totală.

ȘASE SESIUNI DE PRACTICĂ: set de meditații tantrice zilnice, efectuat de șase ori pe zi pentru a menține angajamentele tantrice zilnice. Cei mai buni practicanți se vor implica în această practică de șase ori pe zi, însă cel mai important este să ne amintim aceste angajamente cel puțin de șase ori în fiecare perioadă de douăzeci și patru de ore. În unele tradiții, această practică este cunoscută sub denumirea de șase sesiuni guru yoga.

ȘASE SIMȚURI: văz, auz, simț tactil, gust, miros, mental.

ȘASE TĂRÂMURI ALE SAMSAREI: IADURI, tărâmul PRETA (fantomele flămânde), tărâmul animalelor, tărâmul oamenilor, tărâmul ASURA (semizeii) și TĂRÂMUL ZEILOR.

ȘASE YOGA ALE LUI NAROPA: sistem de meditație a TANTREI obișnuite, ce reprezintă esența practicii STADIULUI DE ÎNTREGIRE din școala KAGYU a budismului tibetan.

ȘASE YOGA ALE LUI NIGUMA: Sistem de meditație similar celor ȘASE YOGA ALE LUI NAROPA.

ȘASE YOGA KALACHAKRA: sistem de practică a *Celei mai înalte Tantra Yoga* implicând canalele energetice, vânturile interioare și esențele subtile și care este baza STADIULUI DE ÎNTREGIRE KALACHAKRA, așa cum este păstrat de tradiția JONANG. Aceste *șase yoga* includ șase practici specifice, practicate secvențial, folosind o cameră întunecată de-a lungul diverselor etape: retragerea, stabilizarea meditativă, forța vieții, retenția, amintirea și absorbția meditativă.

- 7 -

METODA ÎN ȘAPTE PUNCTE A CAUZEI ȘI EFECTULUI: o metodă pentru cultivarea *bodhicitta* care implică șapte contemplări secvențiale: 1) recunoașterea tuturor ființelor ca fiind mamele noastre, 2) conștientizarea bunătății lor, 3) dorința de a le răsplăti bunătatea, 4) iubirea din adâncul inimii, 5) compasiunea, 6) intenția fermă, 7) credința în rezultat.

POSTURA ÎN ȘAPTE PUNCTE A LUI VAIROCHANA: 1) picioarele încrucișate, 2) mâinile în poală (dreapta peste stânga), 3) spatele drept, 4) coatele și umerii trași în spate și ușor depărtați de corp, 5) bărbia ușor coborâtă, 6) fața relaxată, cu limba atingând bolta palatină, 7) ochii întredeschiși, cu privirea deasupra vârfului nasului.

PRACTICA (RUGĂCIUNEA) CU ȘAPTE RAMURI: prosternare, ofrandă, confesiune, bucurie, cerere către BUDDHA să rămână și să predea Dharma și dedicare.

ȘAPTE CONTEMPLĂRI ASUPRA NEPERMANENȚEI: nepermanența lumii exterioare, a ființelor lumești, a ființelor Arya, a marilor conducători. Alte exemple de nepermanență sunt moartea și recunoașterea constantă a nepermanenței.

ȘAPTE FACTORI AI ILUMINĂRII: atenția conștientă, investigarea, capacitatea discriminatorie, energia, bucuria, liniștea (calmul vigilent), concentrarea, echilibrul imparțial.

ȘAPTE OBIECTE PREȚIOASE: posesiunile unui *monarh universal* (simbolizând cei ȘAPTE FACTORI AI ILUMINĂRII): prețioasa roată (atenția conștientă), prețiosul elefant (ÎNȚELEPCIUNEA), prețiosul cal (energia, LUNG), prețiosul giuvaier (bucuria), prețioasa regină (liniștea), prețiosul ministru (concentrarea) și prețiosul general (echilibrul imparțial).

ȘAPTE PUNCTE VAJRA (ASPECTE ALE ILUMINĂRII): BUDDHA, DHARMA, SANGHA, NATURA DE BUDDHA (elementul), calitățile, activitățile.

- 8 -

NOBILA CALE OCTUPLĂ (CU OPT BRAȚE): vederea corectă, intenția corectă, vorbirea corectă, acțiunea corectă, modul de viață corect, strădania corectă, atenția conștientă corectă și concentrarea corectă.

OPT ACȚIUNI VICIOASE: a se vedea OPT MODURI GREȘITE DE CONDUITĂ.

OPT ANTIDOTURI în PRACTICA MEDITAȚIEI: aspirația, credința, sârguința, flexibilitatea, atenția conștientă, vigilența, aplicarea remediilor, imparțialitatea.

OPT BODHISATTVA: (discipolii apropiați ai lui BUDDHA SHAKYAMUNI): MANJUSHRI, VAJRAPANI, AVALOKITESHVARA, Kshitigarbha, Sarvanivaranaviskambini, Akashagarbha, MAITREYA, Samantabhadra.

OPT CALITĂȚI ALE ILUMINĂRII: trei calități de care beneficiază ființa iluminată însăși (nealcătuit din părți, realizat spontan, conștient de sine), trei calități pentru beneficiul celorlalți (măreață înțelepciune, compasiune și puterea de a aduce beneficii), calitatea de a fi benefic sie însuși, calitatea de a fi benefic celorlalți.

OPT CARACTERISTICI MENTALE NEPOTRIVITE: a se vedea OPT CIRCUMSTANȚE INADECVATE ȘI OPT CARACTERISTICI MENTALE NEPOTRIVITE.

OPT CIRCUMSTANȚE INADECVATE ȘI OPT CARACTERISTICI MENTALE NEPOTRIVITE: opt circumstanțe inadecvate: 1) perturbări mentale puternice, 2) intelect limitat, 3) urmarea unui prieten spiritual neautentic, 4) lenea sau complacerea, 5) karmă negativă grea, copleșitoare, 6) înrobirea de preocupări lumești sau de angajamente ce nu pot fi rupte, 7) practica motivată de frică sau de dorința de a scăpa, 8) motivare dată de preocupări lumești. Opt caracteristici mentale nepotrivite: 1) a fi ținut captiv de angajamente lumești,

2) lipsa modestiei, 3) lipsa înțelegerii adevărate sau a hotărârii de a fi liber, 4) lipsa credinței în învățător sau învățături, 5) găsirea plăcerii în acțiuni lipsite de virtute, 6) indiferență față de practica Dharmei, 7) încălcarea jurămintele PRATIMOKSHA sau BODHISATTVA, 8) încălcarea jurămintelor TANTRICE.

OPT CONȘTIINȚE: conștiințele principale ale ochiului, urechii, nasului, limbii, corpului, minții, minții amăgite și conștiința fundament (*alaya* în sanscr.)

OPT DHARME LUMEȘTI: dorința de: faimă, plăcere lumească, câștig material și laudă și a te simți nefericit atunci când pierzi: faima, plăcerea lumească, câștigul material și când auzi critici dure sau neplăcute la adresa ta.

OPT LEGĂMINTE TANTRICE DE RAMURĂ: a se vedea volumul al III-lea (de asemenea, se menționează trei jurăminte tantrice de ramură suplimentare).

OPT LIBERTĂȚI și ZECE AVANTAJE: opt libertăți: libertatea de a nu te fi născut ca: 1) ființă din iaduri, 2) ființă *preta*, 3) animal, 4) zeu longeviv, 5) o persoană neinteresată de valorile etice sau spirituale, 6) într-o locație din regiuni mărginașe, 7) cu capacități senzoriale sau cognitive limitate sau 8) într-un eon întunecat unde nu a apărut niciun Buddha. Zece avantaje: 1) nașterea umană, 2) născut într-un loc spiritual central, 3) cu facultăți intacte, 4) fără a avea un stil de viață conflictual, 5) a avea credință în Dharma, 6) născut într-un eon unde a apărut un Buddha, 7) născut într-un timp în care un Buddha a acordat învățături despre Dharma, 8) născut într-un timp în care Dharma încă există, 9) născut într-un timp în care Dharma este considerată prețioasă, 10) un învățător spiritual te-a acceptat ca discipol.

OPT MODURI GREȘITE DE CONDUITĂ: 1) criticarea binelui, 2) lăudarea răului, 3) întreruperea acumulării de merit a unei persoane virtuoase, 4) tulburarea minții celor ce au devoțiune, 5) părăsirea maestrului spiritual, 6) abandonarea angajamentelor față de propria ta zeitate, 7) părăsirea fraților și surorilor vajra, 8) profanarea unei mandale sau încălcarea regulilor în timpul unei retrageri.

OPT PRECEPTE: a te abține de la: 1) a răni sau a lua viața, 2) a lua ceea ce nu ți-a fost oferit, 3) comportament sexual inadecvat, 4) a minți intenționat sau a folosi cuvinte care rănesc, 5) intoxicanți care tulbură mintea, 6) a mânca la perioade nepotrivite (cea corectă este o singură dată, după răsăritul soarelui și înainte de amiază), 7) a cânta, dansa sau a purta podoabe, 8) a dormi într-un loc înalt sau luxos sau a dormi excesiv.

OPT PRECEPTE MAHAYANA: angajamentul de a nu: 1) ucide, 2) fura, 3) avea activitate sexuală, 4) minți, 5) consuma substanțe intoxicante, (6) lua mai mult de o masă în douăzeci și patru de ore, 7) sta într-un loc înalt, paturi sau scaune scumpe, 8) purta podoabe, dansa și cânta cu ATAȘAMENT. Aceste angajamente se pot lua pentru perioade variate de timp.

OPT SIDDHI-URI: capacitatea de a face pastile și loțiuni de ochi pentru a spori vederea, călătoriile sub pământ, sabia magică, mersul rapid, invizibilitatea, prevenirea morții și vindecarea bolii.

OPT SIMBOLURI DE BUN AUGUR: umbrela, peștele auriu, vaza comorii, lotusul, cochilia, nodul (de viață lungă), steagul victoriei, roata Dharmei.

OPT TIPURI PRINCIPALE DE CONȘTIINȚE: a se vedea OPT CONȘTIINȚE.

OPT VERSURI PENTRU ANTRENAREA MINȚII: un scurt text esențial al maestrului Kadampa Langri Thangpa, ce pune accentul pe practica TONGLEN.

OPT ZEIȚE ALE OFRANDEI: zeița: frumuseții, ghirlandelor, cântecului, dansului, florilor, tămâii, candelelor și a parfumului.

- 9 -

NOUĂ CONTEMPLĂRI ASUPRA LOCURILOR FUNERARE: 1) un cadavru vechi de două sau trei zile, umflat, livid și supurând, 2) un cadavru ce este devorat de ciori, șoimi, vulturi, câini, șacali sau viermi, 3) un schelet cu carne și sânge, menținut laolaltă de tendoane, 4) un schelet descărnat dar cu sânge, menținut laolaltă de tendoane, 5) un schelet fără carne și sânge, menținut laolaltă de tendoane, 6) oasele împrăștiate în toate direcțiile, 7) oase albite, de culoarea scoicilor, 8) oase îngrămădite, 9) oase mai vechi de un an, putrezite și fărâmițate.

NOUĂ ÎNTUNECĂRI: șapte ÎNTUNECĂRI PERTURBATOARE: (1-3) trei otrăvuri în starea lor latentă, 4) șase întunecări secundare ce apar din cele trei otrăvuri, 5) nivelul instinctiv al ignoranței, 6) abandonările de pe *calea vederii* din Theravada, 7) abandonările de pe *calea meditației* din Theravada și două ÎNTUNECĂRI COGNITIVE: 8) abandonările celor șapte nivele impure de *bodhisattva*, 9) abandonările celor trei niveluri pure de *bodhisattva* sau a tendințelor recurente.

NOUĂ STADII ALE MEDITAȚIEI: plasarea minții, plasarea continuă, plasarea „peticită", plasarea apropiată, disciplinarea minții, pacificarea, pacificarea completă, concentrarea într-un singur punct, echilibrul imparțial.

NOUĂ YANA: Vehiculele progresive ale căii budiste în conformitate cu tradiția Nyingma din budismul tibetan. Ele includ: Shravakayana, Pratyekabuddhayana, Mahayana, Kriyayoga, Upayoga, Yoga-tantra, Mahayoga, Anuyoga și Atiyoga.

- 10 -

ZECE AMINTIRI: Buddha, Dharma, Sangha, virtutea, generozitatea, zeitățile, atenția conștientă asupra morții, atenția conștientă asupra corpului, atenția conștientă asupra respirației, amintirea păcii.

ZECE AVANTAJE (ALE PREȚIOASEI NAȘTERI UMANE): a se vedea OPT LIBERTĂȚI ȘI ZECE AVANTAJE.

ZECE BHUMI (STADII sau BAZE): stadii ale căii spre starea de Buddha, după ce cineva a realizat *calea înțelegerii*. Acestea sunt (în ordine crescătoare): bucuria supremă, nepătarea, strălucirea, radianța, dificil de depășit, apropierea, departe ajuns, neclintirea, inteligență bună, norul Dharmei. Al "unsprezecelea bhumi" este starea de Buddha.

ZECE CĂTUȘE: perspectiva identității, îndoiala, agățarea greșită de reguli și ritualuri, dorința senzuală, rea voința, dorința de a exista în tărâmurile cu formă sau fără formă, vanitatea, agitația, ignoranța.

ZECE DIRECȚII: cele opt puncte cardinale împreună cu în sus și în jos.

ZECE ACȚIUNI LIPSITE DE VIRTUTE: trei ale corpului: uciderea, furtul, comportamentul sexual inadecvat; patru ale vorbirii: minciuna, cuvintele ce învrăjbesc, cuvintele grele, pălăvrăgeala; trei ale minții: lăcomia, rea voința, vederile greșite.

ZECE PERFECȚIUNI: ȘASE PERFECȚIUNI plus: mijloace iscusite, aspirația, puterea și înțelepciunea exaltată.

ZECE PUTERI ALE UNUI BUDDHA: 1) a ști ce merită sau este recomandat și ceea ce nu merită sau nu este recomandat, 2) cunoașterea coacerii tuturor acțiunilor (karma), 3) cunoașterea diferitelor abilități și potențialului tuturor ființelor, 4) cunoașterea temperamentelor tuturor ființelor, 5) cunoașterea dorințelor și aspirațiilor tuturor ființelor, 6) cunoașterea căilor care duc la toate experiențele din *Samsara* și *Nirvana*, 7) cunoașterea stabilității meditative și așa mai departe, precum și când aceasta este perturbată sau când este necontaminată, 8) amintirea existențelor anterioare, 9) cunoașterea transferului conștiinței la naștere și la moarte prin vedere divină, 10) cunoașterea că toate perturbările au încetat și că pacea ultimă a fost atinsă.

ZECE SEMNE (în practica stadiului de întregire Kalachakra): fumul, mirajul, norii, licuricii, lumina soarelui, lumina lunii, strălucirea nestematelor, eclipsa, lumina stelelor, raze de lumină.

ZECE VIRTUȚI: trei ale corpului: salvarea vieții altora, practicarea generozității, dezvoltarea disciplinei etice și încurajarea celorlalți să procedeze similar; patru ale vorbirii: a spune adevărul, reconcilierea disputelor, vorbirea blândă și cu calm, a spune lucruri cu sens (precum rugăciuni sau învățături); trei ale minții: a avea puține dorințe, a fi binevoitor cu ceilalți și a avea vederi corecte.

- 11 -

UNSPREZECE FACTORI MENTALI VIRTUOȘI: credința, demnitate morală, frica de imoralitate, lipsa atașamentului, lipsa furiei, lipsa ignoranței, sârguința, maleabilitatea minții, conștiinciozitatea, imparțialitatea, lipsa acțiunilor vătămătoare.

UNSPREZECE MODALITĂȚI DE A AJUTA FIINȚELE: a-i ajuta pe cei ce: SUFERĂ, nu cunosc KARMA, te-au ajutat în trecut, sunt în pericol, sunt profund îndurerați, sunt săraci, sunt lipsiți de adăpost, sunt deja pe calea adevărată, sunt pe o cale greșită; a ajuta cu iscusință; a ajuta folosindu-te de orice *SIDDHI*-uri ai avea.

- 12 -

DOUĂSPREZECE ACTE ALE UNUI BUDDHA: locuirea în Tushita, coborârea și intrarea în uter, nașterea, talentul artistic, se bucură de plăcerile senzuale, renunțarea la lume, practicarea ascetismul, atingerea punctul iluminării, învingerea forțele demonice, obținerea iluminării perfecte, întoarcerea roții Dharmei și trecerea în Nirvana.

DOUĂSPREZECE LEGĂTURI ALE ORIGINII DEPENDENTE: ignoranța, formațiunea karmică, conștiința, numele și forma, cele șase porți senzoriale, contactul, senzația, dorința, agățarea, devenirea, (re)nașterea, îmbătrânirea și moartea.

-13-

TREISPREZECE ORNAMENTE ALE UNUI BUDDHA SAMBHOGAKAYA: cinci veșminte de mătase: 1) panglică pentru frunte, 2) veșmânt superior, 3) eșarfă lungă, 4) centură, 5) veșmânt inferior. Opt ornamente încrustate cu diamante: 1) coroană, 2) cercei, 3) colier scurt, 4) brățări pe fiecare braț, 5) două coliere lungi, unul mai lung decât celălalt, 6) o brățară la încheietura fiecărei mâini, 7) inel pe fiecare mână, 8) o brățară la fiecare gleznă.

- 16 -

ȘAISPREZECE ASPECTE ALE CELOR PATRU NOBILE ADEVĂRURI: nepermanența, suferința, vacuitatea, lipsa sinelui, originea, cauza, condiția, producerea, încetarea, pacea, excelența, emergența, calea, raționamentul, realizarea, libertatea totală.

ȘAISPREZECE TIPURI DE ATENȚIE CONȘTIENTĂ ASUPRA RESPIRAȚIEI: conștientizarea: respirației lungi, respirației scurte, întregului corp, liniștirii corpului, senzațiilor, liniștirii senzațiilor, bucuriei, fericirii, minții, bucurării minții, concentrării minții, eliberării minții, nepermanenței, estompării (suferinței), eliberării, desprinderii.

- 18 -

OPTSPREZECE JURĂMINTE DE RĂDĂCINĂ BODHISATTVA: Șase jurăminte pentru conducători și administratori (primele patru se numără de două ori), opt jurăminte pentru oamenii obișnuiți. Uneori sunt incluse și cele patru jurăminte de rădăcină din tradiția lui Asanga. A se vedea Volumul al II-lea pentru detalierea jurămintelor specifice.

- 20 -

DOUĂZECI DE PERTURBĂRI MENTALE DERIVATE: furia, resentimentul, tăinuirea, ostilitatea, gelozia, zgârcenia, înșelăciunea, ipocrizia, infatuarea, răutatea, lipsa de conștiință, nerușinarea, letargia, agitația, lipsa de credință, lenea, nepăsarea, uitarea, lipsa de introspecție, distragerea.

- 25 -

DOUĂZECI ȘI CINCI DE REGULI SPECIALE DE CONDUITĂ: cinci acțiuni ce trebuie abandonate; cinci acțiuni ce trebuie evitate; cinci omoruri interzise; cinci [acțiuni] de respectat; cinci grupe care nu trebuie disprețuite; cinci non atașamente.

- 31 -

TREIZECI ȘI UNA DE CARACTERISTICI NEATRACTIVE ALE CORPULUI UMAN: părul de pe cap, părul de pe corp, unghiile, dinții, pielea, carnea, tendoanele, oasele, măduva, rinichii, inima, ficatul, diafragma, splina, plămânii, intestinele, mezenterul, stomacul, fecale, bila, flegma, puroiul, sângele, transpirația, grăsimea, lacrimile, sebumul, saliva, mucozități, lichid sinovial, urina.

- 32 -

TREIZECI ȘI DOUĂ DE SEMNE MAJORE ALE UNUI BUDDHA: 1) tălpile plate și însemnate cu roți, 2) picioare late și glezne invizibile, 3) degetele de la mâini și de la picioare sunt lungi, 4) degete înconjurate de o membrană palmară delicată, 5) piele moale și corpul tineresc, 6) corpul prezintă șapte părți elevate și rotunjite (palmele, tălpile, umerii și gâtul), 7) gambe ca ale unei antilope, 8) organele genitale ascunse, ca ale unui elefant, 9) bustul ca al unui leu, 10) scobitura dintre clavicule plină, 11) curba umerilor perfectă și frumoasă, 12) mâinile și brațele rotunjite, moi și egale, 13) brațe lungi, 14) corpul înconjurat de o aură de lumină, 15) gât ca o scoică, de o nuanță imaculată, 16) obraji ca ai unui leu, 17) patruzeci de dinți, egal distribuiți pe maxilarul inferior și pe cel superior, 18) dinți extraordinar de puri și frumos așezați, 19) dinți imaculați, egali și perfect aliniați, 20) caninii superiori de un alb perfect și ascuțiți, 21) limbă lungă, vorbire nelimitată și înțeles inimaginabil, 22) simțul suprem al gustului, 23) discurs binevoitor, ca melodia lui Brahma, 24) ochii puri precum lotușii albaștri uptala, 25) gene dense și strălucitoare ca ale unui bivol, 26) smoc de păr din frunte, de un alb nepătat, ce îi înfrumusețează fața, 27) o *ushnisha* (protuberanța coroanei) încoronându-i creștetul capului, 28) piele pură și delicată, 29) piele de culoare aurie, 30) firele de păr de pe corpul lui sunt fine și moi, fiecare crescând dintr-un singur por și unduindu-se în sus spre coroană, (31) păr imaculat, de culoarea unei pietre prețioase de culoare albastru profund, (32) structură fizică bine proporționată precum un copac *nyagrodha* și un corp ferm și indestructibil cu puterea lui Narayana. Există, de asemenea, optzeci de caracteristici minore ale unui Buddha, cum ar fi calitatea unghiilor și așa mai departe.

- 37 -

TREIZECI ȘI ȘAPTE DE PRACTICI ALE UNUI BODHISATTVA: set secvențial de practici, ce cuprind toate aspectele căii BODHISATTVA către iluminare (cunoscute de asemenea și sub numele de *Cele treizeci și șapte de aripi ale iluminării*, ele sunt aplicabile și căii THERAVADA). Ele includ: CELE PATRU APLICAȚII ALE ATENȚIEI CONȘTIENTE, PATRU PERSEVERENȚE, PATRU BAZE PENTRU PUTERI MIRACULOASE, CINCI FACULTĂȚI, CINCI PUTERI MIRACULOASE, ȘAPTE FACTORI AI ILUMINĂRII și NOBILA CALE OCTUPLĂ.

- 40 -

PATRUZECI DE OBIECTE DE MEDITAȚIE (conform THERAVADA): zece *kasina* (obiecte reprezentând elementele, culorile, lumina și spațiul), zece feluri de murdării (stadii de descompunere a rămășițelor umane), ZECE AMINTIRI, PATRU NEMĂSURABILE, PATRU JHANA FĂRĂ FORMA, o percepție (respingerea alimentelor și a hrănirii), o definire (cele patru elemente).

- 46 -

PATRUZECI ȘI ȘASE DE JURĂMINTE DE RAMURĂ ALE UNUI BODHISATTVA: 1-6) perfecțiunea generozității, 7-16) perfecțiunea disciplinei, 17-20) perfecțiunea răbdării, 21-23) perfecțiunea sârguinței pline de bucurie, 24-26) perfecțiunea concentrării, 27-34) perfecțiunea înțelepciunii, 35-46) etica de a realiza binele pentru ceilalți.

- 50 -

CINCIZECI DE VERSURI ALE DEVOȚIUNII FAȚĂ DE GURU: Text de referință scris de către Ashvagosha, care descrie atitudinea corectă față de maestrul tantric.

- 51 -

CINCIZECI ȘI UNU DE FACTORI MENTALI: CINCI FACTORI MENTALI OMNIPREZENȚI, CINCI FACTORI CE DETERMINĂ OBIECTUL, ȘASE PERTURBĂRI MENTALE DE BAZĂ, DOUĂZECI DE PERTURBĂRI MENTALE DERIVATE, UNSPREZECE FACTORI MENTALI VIRTUOȘI, PATRU FACTORI MENTALI VARIABILI.

- 80 -

OPTZECI DE PERTURBĂRI CE APAR NATURAL (conform TANTRA): Treizeci și trei de perturbări ce apar din aversiune, patruzeci de perturbări ce apar din atașament, șapte perturbări ce apar din ignoranță. (Acestea dispar pe măsură ce se dizolvă vânturile interioare și corespund celor TREI ABSORBȚII ale apariției albe, creșterii roșii și realizării negre).

Despre autor

Khentrul Rinpoche este un maestru non-sectarian (*rimé*) al budismului tibetan. El și-a dedicat viața unei largi varietăți de practici spirituale, studiind cu peste douăzeci și cinci de maeștri din toate marile tradiții tibetane. Deși are un respect autentic și apreciază toate sistemele spirituale, el are cea mai mare încredere și experiență pe calea sa personală a tantrei Kalachakra, așa cum este expusă în tradiția Jonang-Shambhala.

Rinpoche are o minte ascuțită și iscoditoare în tot ceea ce face. Învățăturile sale sunt accesibile și directe în același timp, cu un accentuat simț pragmatic. De-a lungul anilor, Rinpoche a scris diverse cărți pentru a-și îndruma elevii. În special, a făcut mari eforturi pentru a traduce și oferi comentarii asupra unor texte care prezintă etapele treptate ale căii Kalachakra.

Rinpoche crede că lumea noastră are în mod sigur potențialul de a dezvolta pacea și armonia autentice și, în același timp, de a conserva mediul înconjurător și umanitatea. Această *Eră de Aur a Shambhalei* este posibilă prin studiul și practicarea sistemului Kalachakra. În acest scop, Rinpoche a început să călătorească prin lume pentru a împărtăși cunoștințele sale despre această linie unică, cunoștințe libere de orice formă de părtinire.

Viziunea lui Rinpoche

Organizația Dzokden a fost fondată cu scopul explicit de a-l sprijini pe Khentrul Rinpoche în realizarea viziunii sale și anume dezvoltarea păcii și armoniei în această lume. Pe măsură ce comunitatea noastră continuă să crească și să se dezvolte, tot mai mulți oameni se implică în acest efort extraordinar.

Pentru a vă oferi o idee despre viziunea lui Rinpoche, putem vorbi de opt obiective care reflectă priorităţile sale pe termen scurt și lung:

OBIECTIVE IMEDIATE

La nivel ultim, fericirea autentică, de durată, este posibilă numai prin transformarea personală profundă. Acum, mai mult ca oricând, avem nevoie de metode pentru a ne dezvolta înțelepciunea și să ne realizăm potențialul nostru maxim. De aceea, Rinpoche acordă o prioritate maximă conservării liniei de descendență Jonang-Kalachakra. Există patru moduri prin care Rinpoche își propune să facă acest lucru:

1. **Crearea oportunității de conectare cu o linie de descendență autentică și completă Kalachakra, în strânsă colaborare cu meditatorii dedicați din îndepărtatul Tibet.** Scopul nostru este de a oferi întregul sprijin practicării Kalachakra, în conformitate cu maeștrii autentici ai liniei de descendență, care, de mii de ani, au susținut această tradiție. Facem acest lucru prin realizarea de statui și picturi, scriind cărți și oferind învățături în întreaga lume. Punem un accent deosebit pe autenticitatea materialelor noastre, bazându-ne pe profunda experiență a unor meditatori deosebit de realizați, care și-au dedicat viața acestor practici.

2. **Crearea de centre internaționale de retragere pentru studiul și practica Kalachakra.** Pentru a integra în mintea noastră învățăturile, este esențial să avem posibilitatea de a ne angaja în perioade de practică intensivă. Lucrăm pentru a crea infrastructura necesară cu scopul de

a sprijini și educa membrii comunității noastre în vederea realizării de retrageri, atât pe termen scurt, cât și pe termen lung. Aceasta include achiziționarea de terenuri și construcția a tot ceea ce este necesar pentru efectuarea retragerilor de grup și solitare. Scopul nostru pe termen lung este de a dezvolta o rețea de astfel de centre în întreaga lume, formând o comunitate globală care susține o varietate largă de practicanți.

3. **Traducerea și publicarea unor texte unice și rare ale maeștrilor Kalachakra.** Pe parcursul lungii istorii a Tibetului, sistemul Kalachakra a fost subiectul a nenumărate texte. Până în prezent, doar o mică parte din aceste texte au fost traduse și sunt disponibile în occident. Deși textele teoretice sunt importante, ne propunem să ne concentrăm în special asupra instrucțiunilor ce îi vor ghida pe practicanții dedicați spre experimentarea mai intensă a acestor învățături profunde.

4. **Dezvoltarea instrumentelor și a programelor pentru o experiență de învățare structurată.** Având discipoli răspândiți în întreaga lume, credem că este important să folosim în cea mai mare măsură tehnologiile moderne, pentru a facilita procesul de învățare a studenților noștri. Scopul nostru este de a dezvolta o platformă educațională on-line robustă, care să permită comunității internaționale să acceseze programe de studiu de calitate, intuitive, structurate și interesante.

OBIECTIVE PE TERMEN LUNG

În timp ce noi lucrăm, fiecare, în vederea atingerii păcii absolute și a armoniei în propriile noastre minți, nu trebuie să pierdem din vedere faptul că existența noastră se desfășoară în contextul unei lumi pline de o mare diversitate de oameni. Aceste persoane dau naștere unei mari varietăți de credințe și practici care, la rândul lor, transformă modul în care ne raportăm și interacționăm unii cu alții. În această realitate interdependentă, este esențial să se găsească strategii viabile pentru promovarea unei mai mari toleranțe și a respectului. În acest scop, Rinpoche propune patru arii de acțiune:

5. **Promovarea dezvoltării filosofiei Rimé prin dialogul cu alte tradiții.** Cu dorința de a fi membrii constructivi ai unei societăți pluraliste, trebuie să învățăm modalități de reconciliere a diferențelor noastre. În

acest scop, ne propunem să ajutăm oamenii să dezvolte calități utile promovării unei atitudini de respect reciproc, deschiderii față de idei noi și dorinței pline de curiozitate de a ne depăși ignoranța.

6. **Oferirea de sprijin financiar practicanților dedicați, contribuind astfel la dezvoltarea de modele de realizare.** Pentru a asigura autenticitatea tradițiilor noastre spirituale, este obligatoriu să existe oameni care să obțină cele mai înalte realizări. De aceea, intenționăm să creăm un program de burse, care să îi sprijine financiar pe practicanții autentici care doresc să își dedice viața dezvoltării spirituale, indiferent de sistemul lor de practică. Cei care sunt ajutați astfel să integreze învățăturile, devin modele pozitive pentru cei din jurul lor, inspirând și îndrumând generațiile viitoare.

7. **Dezvoltarea măreţului potenţial al femeilor, prin dezvoltarea de programe de formare specializate.** Cultura tibetană are o lungă istorie de cultivare a unor maeştri cu înalte realizări, prin formarea intensivă a persoanelor recunoscute ca având un mare potenţial. Din păcate, poate prea adesea căutarea de potenţial s-a concentrat doar asupra candidaţilor de sex masculin. Rinpoche consideră că este important să existe și modele feminine puternice, înalt realizate, care pot aduce un echilibru mai mare în lumea noastră. Din acest motiv, lucrăm la dezvoltarea unui program unic de formare, pentru a oferi femeilor posibilitatea să-și dezvolte potenţialul lor spiritual. Scopul nostru este de a proiecta o programă specială și de a crea infrastructura financiară necesară pentru a sprijini pe deplin toate aspectele legate de educaţia lor.

8. **Promovarea unei mai mari flexibilităţi a minţii și a unei înţelegeri mai bune a realităţii prin programe educaţionale moderne.** Într-o lume în evoluţie rapidă, trebuie să regândim tipurile de abilităţi pe care le predăm copiilor noștri. Structurile rigide ale trecutului sunt adesea prost echipate pentru a pregăti studenţii pentru provocările cu care se vor confrunta în timpul vieţii lor. Prin urmare, ne propunem să dezvoltăm o varietate de programe educaţionale, care pot ajuta copiii să devină mai flexibili și mai adaptabili în faţa circumstanţelor

vieții. O parte importantă a acestor programe reprezintă dezvoltarea unei mai mari conștientizări a rolului pe care mintea noastră îl joacă în experiențele vieții noastre de zi cu zi. De asemenea, ne propunem să reformăm sistemul de învățământ monahal, pentru a-l ajuta să devină mai relevant pentru această lume modernă.

CUM POT AJUTA?

Nici unul dintre aceste obiective nu va fi realizabil fără sprijinul și participarea dumneavoastră. Această viziune necesită o mare cantitate de merite și generozitate de la mai mulți binefăcători, de-a lungul multor ani. Dacă doriți să ne ajutați, nu ezitați să ne contactați.

DZOKDEN
3436 Divisadero Street
San Francisco, California
USA 94123

office@dzokden.org
https://dzokden.org/

www.ingramcontent.com/pod-product-compliance
Lightning Source LLC
Chambersburg PA
CBHW081152070526
44583CB00021B/2798